Udo Brückmann

DAS ENDE DER ENDZEIT

Anleitung zur Göttlichkeit

1,-€

printed in Germany
AMA DEUS - Verlag
Postfach 63
74576 Fichtenau

ISBN 3-9805733-8-9

Meinen Eltern
Sophie und Artur Brückmann
sowie meinem Bruder Willy
gewidmet.

Ich denke an meine Mutter,
die mich aus der Ferne sieht
- und sich freut.

INHALTSVERZEICHNIS

VORWORT

Mit meinem Erstlingswerk „Das Ende der Endzeit" blicke ich auf die letzten zwölf Jahre meines noch jungen Lebens zurück. Jetzt könnte ich Ihnen, liebe Leserin, lieber Leser, etwas vorschwindeln, indem ich behaupte, die aufwendige Recherche für dieses Buch habe ganze zwölf Jahre gedauert... Das wäre nicht einmal falsch, nur hat es sich vielmehr im Lauf der Zeit einfach so ergeben! Wenn man allen Dingen aufgeschlossen und offen entgegentritt, geschehen immer wieder die sogenannten 'Zufälle' - nach dem Prinzip „eine Tür öffnet die nächste". Vielleicht ist es auch der Drang nach Wissen und Überprüfbarkeit, der einem hin und wieder Publikationen in die Hände fallen läßt, die aufgrund ihrer Brisanz längst 'vergriffen' oder nicht mehr zugänglich sind. Ungewöhnliche Begegnungen mit ungewöhnlichen Menschen, auch in und aus verschiedenen Ländern, kommen hinzu.

Viele interessante Bücher habe ich zu diesen und zu jenen ('esoterischen') Themen gelesen und mußte dabei immer wieder feststellen, daß sich dieses oder jenes Buch inhaltlich meist auf nur eine ganz bestimmte 'Schublade' begrenzt. So reifte schon vor ein paar Jahren die Idee heran, endlich einmal eine verständliche Gesamt-Übersicht zu schaffen, die - ohne einen Anspruch auf Vollständigkeit - viele (auch grundlegende) Themen behandelt, über die man als aufgeschlossener und offener Mensch irgendwann stolpert. Inhaltlich gibt es daher keine großartigen Neuigkeiten, ***neu*** aber ist die Verbindung der Themen untereinander, die - aufeinander aufbauend - in einer oft bildhaften Erläuterung in ein logisches 'Gerüst' gekleidet sind. Nebenbei setze ich das stilistische Mittel der Komik ein.

Entscheidend aber ist die Verantwortung gegenüber allen Mitgeschöpfen und unserem Heimatplaneten: Der Untertitel „Anleitung zur Göttlichkeit" ist daher nicht philosophisch verklärt aufzufassen, sondern wörtlich zu nehmen! Es ist eine Anleitung, die sich im Einklang mit den Universalgesetzen in das tägliche Leben integrieren läßt, ohne Institutionen oder Organisationen welcher Art auch immer, ohne Mystik und Geheimniskrämerei. „Das Ende der Endzeit" ist der Beginn einer Transformation, der Beginn eines neues Bewußtseins, die Entdeckung des „ICH BIN" als Bestandteil eines ewigen Ganzen.

Sie werden am Ende der Lektüre nicht am „Ende der Endzeit" angelangt sein, vielleicht aber werden Sie am Ende der Lektüre ganz konkret mit daran arbeiten wollen, das „Ende der Endzeit" einzuleiten... Dieses Buch wird später - wie viele andere - etwas vergilbt in Ihrem Bücherschrank stehen; Ihre Gedanken und Taten aber werden - immer wieder neu - ein Stück der Schöpfung sein.

Udo Brückmann, Mai 1998

EINLEITUNG

Es gibt so unglaublich viele Gedanken und Erfahrungen, die ich nicht länger für mich behalten kann. Ich muß endlich einmal damit beginnen, ein Buch zu schreiben. Sie, liebe Leserin, lieber Leser, werden sich fragen: „Wo ist das Problem? Das Buch liegt doch vor mir und ich stecke gerade meine Nase hinein!" Mag sein...

Doch in dem Moment, in dem ich diese Zeilen in den Computer tippe, existieren nur ***diese*** Zeilen; der Rest ist noch Idee und Konzept. Und eine der Ideen dieses (späteren) Buches ist es, Sie an dem Prozeß des Schreibens direkt teilhaben zu lassen, so auch an spontanen Überlegungen. Außerdem ist mir die ***Kombination*** von Gedankengängen und einer Fülle von ***Zitaten*** aus unterschiedlichster Sekundärliteratur sehr wichtig. Diese manchmal unkonventionellen Zeilen möchte ich nicht für ***den Leser***, irgendein abstraktes Etwas, sondern für ganz lebendige und unkonventionell denkende Menschen schreiben - und für solche, die es werden wollen. Statt Belehrungen zu erteilen, geht es mir darum, mehr oder weniger bekannte Themen durch Querverbindungen neu zu verknüpfen, aus anderen Perspektiven zu betrachten, anregende Hinweise oder hinweisende Anregungen zu geben, und Vorschläge zu unterbreiten; Vorschläge für eine bessere Orientierung in einer dramatischen Zeit.

Außerdem soll dieses Buch trotz beziehungsweise gerade wegen aller Ernsthaftigkeit gut unterhalten, überraschen und kreativ beeinflussen. Informationen, Erlebnisse und Erfahrungen sind genug vorhanden, doch die Zeit- und Energieräuber sind nervenderweise allgegenwärtig: Beim Schreiben müssen nebenbei dauernd irgendwelche Dinge erledigt werden, wie Schlafen, Geldverdienen, Einkaufen, Kochen, Essen, Zur-Toilette-Gehen, Duschen und vor allem, immer und immer wieder, Geschirrspülen! Meine Lieblingstätigkeit! Manchmal glaube ich sogar, daß ich mit 'Geschirrspülen' irgendwann ins 'Guinness-Buch-der-Rekorde' aufgenommen werde... Oder ich bekomme einen 'Sonder-Oscar' für mein Lebenswerk als Geschirrspüler! Und dann dieses ewige Vor-Roten-Ampeln-Stehen, um irgendeiner Lampe (!) zu gehorchen... Halt! Das soll jetzt kein Aufruf zur Anarchie sein! Bestimmte Regeln ***muß*** man beachten, wenn man es vorzieht, einen ***harmonischen*** Ablauf innerhalb einer Ordnung (griech. = Kosmos) zu garantieren; in diesem Fall den Straßenverkehr, und daß man nicht vom nächstbesten Bus angefahren wird. Genau so verhält es sich mit der ***Freiheit*** die nur innerhalb bestimmter Regeln beziehungsweise durch das ***Wissen*** von bestimmten Regeln existieren kann.

Wir haben die Freiheit zu wählen. Wir haben die Freiheit, uns für diese und nicht für die andere Möglichkeit zu entscheiden. Wir haben die Freiheit, uns ***für die Freiheit*** zu entscheiden! (Und auch für das Geschirrspülen...)

Das Problem aber ist immer dasselbe: Um etwas zu erreichen, muß man ***selbst*** etwas tun! Ohne persönlichen Einsatz keine persönliche Entwicklung, ganz klar. Es gibt da nun allerhand „Steine, die einem in den Weg gerollt werden", mit der eindeutigen Absicht, Verwirrung zu stiften. Vor lauter 'Steinen' ist der Weg gar nicht mehr zu erkennen. Es entstehen Orientierungslosigkeit, Zweifel, Chaos und Angst. Chaos und Angst schaffen Gewalt, Resignation und Gleichgültigkeit, also eine geradezu prädestinierte Basis für jede Art von ***Kontrolle***. Dazu gibt es Ablenkung ohne Ende: „Brot und Spiele" (lat. „panem et circences")! Das Motto aus dem alten Rom wird zur Universallösung schlechthin - in unzähligen Variationen: Fernsehen, Video, Computerspiele, Werbung, Kaufhäuser undsoweiter... Konsum-Terror total! Die bunte Pest der Massenmedien scheint alles im Griff zu haben - durch das Erzeugen künstlicher Bedürfnisse und perforierter Ansichten und Meinungen, die vollkommen überflüssig sind. Schluß damit!

Die Einleitung hätte vielleicht stilgerecht und seriös mit einem Goethe-Zitat beginnen können, ich gebe es zu. Um ehrlich zu sein, habe ich kein passendes gefunden:

> *„Die frische Dirne kehrt' sich um*
> *Und sagte: Nun, das find ich dumm!"*
> (Johann Wolfgang Goethe: „Faust - Der Tragödie erster Teil")

Was wollte der verehrte Geheimrat wohl damit sagen? Ich persönlich finde, wir sollten das alle einmal zusammen ausdiskutieren... Was meint der Männerkreis „Wir töpfern Frauenzeichen in der Toskana" dazu?

Spaß beiseite, aber Sie merken, liebe Leser, worauf ich hinaus will: Es gibt so viel Unsinn um uns herum, so viel Unpassendes, so viel Unwichtiges; Probleme, die keine sind, aber zu solchen hochstilisiert werden. Schauen Sie sich nur einmal die täglichen Fernseh-Talkshows an, wo es an 'bewußtseinserweiternden' Themen nur so hagelt: „Meine Freundin will mir den Kopf absägen, kann sie das auch leise machen?", „Mit Mundgeruch bin ich einsam, aber glücklich" oder „Ich mache mir täglich einen Schoko-Maracuja-Einlauf" et cetera.

Auf der anderen Seite gibt es einige unantastbare Figuren mit einem versteinerten, aber einflußreichen Lebenswerk, welches nicht hinterfragt werden darf. Muß man wirklich überall vor Ehrfurcht erstarren?

Dieses Buch will keine neue Lehre verkünden und keine neuen Gruppierungen erzeugen; es verfolgt lediglich den bescheidenen Anspruch, ein paar der „im Weg liegenden Steine" zu identifizieren und/ oder zu beseitigen, also der allgemeinen Angst und Verwirrung entgegenzuwirken. Nichts und niemand soll hier verurteilt werden. Es gilt schlicht die

Wiederherstellung der Souveränität des freien Geistes -

oder wenigstens, einen Anstoß in diese Richtung zu geben. Es ist selbstverständlich, daß dabei auch mit unangenehmen Konsequenzen zu rechnen ist, welche mitunter ziemlich große Risse in unserem Weltbild hinterlassen können. Das ist keine Drohung, sondern ein Hinweis; ein Hinweis auf mehr Wissen, auf mehr Verständnis, aber ebenso auf mehr Verantwortung.

„Was kann ich schon tun, es wird sich ja sowieso nichts verändern", werden Sie vielleicht seufzend denken? Staunen Sie ruhig, denn im Moment verändert sich ***alles!*** Und ob Sie es glauben oder nicht, ***Sie selbst*** , wir alle sind Teil dieser Veränderung! ***Jeder*** ist Teil der Veränderung, der Erneuerung, der Evolution. Dennoch scheint es überall Blockierungen zu geben. Mit anderen Worten:

„Stell' Dir vor, es ist 'New Age' – und keiner macht mit!"

Das 'Goldene Zeitalter' oder 'Wassermann-Zeitalter' (ausführliche Erläuterung folgt später) scheint längst begonnen zu haben, nur hat es kaum jemand bemerkt. Oder vielleicht doch?

Man muß heute kein Hellseher sein, um festzustellen, daß wir in einer Zeit größter politischer, wirtschaftlicher und gesellschaftlicher Umwälzungen leben, in einer Zeit äußerer wie innerer Unruhe, in einer Zeit der Maßlosigkeit. Altbewährte Strukturen und Systeme greifen nicht mehr, sind in sich zusammengefallen und aufgeweicht, werden aber weiterhin mit großem Aufwand von außen gestützt: Künstlich aufrechterhaltene ***Fassaden!***

Diese sind meist so geschickt angebracht, daß man die Fassaden als solche oft nicht wahrnimmt. Das wäre auch nicht im Sinne des Erfinders. (Und derer gibt es viele.) Trotzdem spüren immer mehr Menschen, daß Ihnen etwas vorgegaukelt wird. Es ist nur so mühsam, sich außerhalb der vielen Verpflichtungen - wie zum Beispiel Geschirrspülen (...) - auch noch Gedanken über Gott und die Welt zu machen. Doch exakt darum geht es: Es geht um unsere ***Gedanken!***

Seien wir gleichzeitig offen und kritisch und nehmen die Dinge nicht so hin, wie sie vordergründig dargestellt werden. Nehmen wir uns Zeit! Fangen wir damit an, die Fassaden zu entdecken, die überall vorhanden sind. Ganz bewußt wird nämlich versucht, das ***'Neue Zeitalter'*** vor uns zu verstecken, nur haben alte Fassaden die Angewohnheit, daß sie anfangen zu bröckeln. Hektisch werden sie daher ständig repariert und ausgebessert; doch es hilft alles nichts: Das gewaltige ***Licht*** des Neuen Zeitalters findet ständig neue Löcher und Lücken, um in hellen Strahlen nach außen zu dringen. Sie kennen bestimmt das Sprichwort: „Wo Licht ist, ist auch Schatten." Jetzt muß es heißen: „Wo Schatten ist, läßt sich Licht nicht verstecken." Im Gegenteil, denn Licht hat die Beschaffenheit, sich nach allen Seiten hin zu verbreiten. Dieses Buch soll allen Wahrheitssuchenden dabei helfen, Fassaden zu erkennen, um sie dann niederzureißen beziehungsweise in Licht aufzulösen. Licht ist Wahrheit. Licht beleuchtet wahres Wissen.

„Die Strahlen der Sonne vertreiben die Nacht,
Zernichten der Heuchler erschlichene Macht."

(Johann Emanuel Schikaneder/ Wolfgang Amadeus Mozart: „Die Zauberflöte" - Oper in zwei Aufzügen, Schluß-Szene)

„Lebt als Kinder des Lichts; die Frucht des Lichts ist lauter Güte und Gerechtigkeit und Wahrheit. [....] *Alles aber wird offenbar, wenn's vom Licht aufgedeckt wird; denn alles was offenbar wird, das ist Licht."*

(Die Bibel, Epheser 5, 8/9, 13)

Ein Bibel-Zitat mag vielleicht einige Leser verwundern oder gar in Stolz schwelgen lassen: „***Meine*** Religion liefert das Zitat zur Beweisführung!" Nun, das sogenannte 'Buch der Bücher' beziehungsweise das Neue Testament steckt oft voller Weisheit und angeblich verlorenem Wissen, wie wir später noch sehen werden. Zum Beispiel wurde die Lehre von der Reinkarnation oder Wiedergeburt auf dem 5. Ökumenischen Konzil von Konstantinopel im Jahr 553 offiziell als Irrlehre verworfen, obgleich man diese Thematik im Neuen Testament (zu lat. testis = Zeuge, Mitwisser) entdecken kann. Nur repräsentiert die ***Bibel*** (grch. biblion = Buch) mit ihren 31.000 Versen in 1.189 Abschnitten letztenendes auch nur eine Fassade, eine von vielen. Dennoch soll dem ***Neuen Testament*** der Bibel als eine Grundlage der westlichen Kultur des Abendlandes besondere Aufmerksamkeit geschenkt werden, denn ganz zu verstehen ist es erst unter anderem mit dem Hintergrund der östlichen Religionen. Die christliche Tradition steht aus machtpolitischen Gründen nicht im Zeichen von ***Jesus*** und seinen Lehren, sonders vielmehr im Zeichen des Apostels ***Paulus***, dem unheilsbringenden Wegbereiter der christlichen Weltkirche.

Jede Glaubensrichtung aber, jedes Dogma, jede Tradition und jede Art von Urteil oder Mode ist eine Fassade. All das nimmt dem Menschen die Freiheit, die Freiheit der eigenen Souveränität - und gibt ihm statt Wissen nur unüberprüfbare Abhängigkeit und vorgestanzten ***Glauben***. So herrschen Bedingungen vor, um Menschen unter Kontrolle zu halten. Es kommt ja noch viel schlimmer: Religion, Dogma und Tradition sind zudem verbunden mit Nationalität und Rasseneinteilung (wieder Fassaden!); eine Verbindung, die ausschließlich Trennung hervorbringt! Und all das soll bitteschön - ich sage es noch einmal - nicht verurteilt werden, ganz im Gegenteil: Es geht vielmehr darum, sich den ***anderen*** Nationalitäten, Religionen und Traditionen zu nähern, sich mit ihnen auseinanderzusetzen, sie mit der ***eigenen*** Nationalität, Religion und Tradition (soweit noch vorhanden) zu vergleichen. Im Erkennen der Gemeinsamkeiten liegt das Überwinden der Unterschiede.

Ziemlich schnell wird man feststellen, daß die Belange der Menschen überall auf der Erde die gleichen sind: Es gibt keine feindliche Armee zu besiegen, sondern feindliche Intoleranz und feindliches Nicht-Wissen. Dann wird es irgendwann einmal den ‘Nobelpreis für Herzensbildung’ geben!

Es besteht also überhaupt kein zwingender Grund, die Fassaden abzuschaffen, aber es besteht ein zwingender Grund, die Fassaden im Erkennen zu überwinden beziehungsweise bedeutungslos oder - wie schon formuliert - im Licht des Wissens transparent werden zu lassen.

Aber Vorsicht: Der erste, neugierige Blick ***hinter*** die Fassaden ist nicht erwünscht; er könnte uns darüber hinaus vor lauter Licht auch blenden oder gar schockieren! ***Was*** glauben Sie wohl, werden Sie hinter den Fassaden in erster Linie vorfinden? Tief in Ihrem Inneren 'wissen' Sie es bereits. Blinzeln Sie in das grelle Licht hinein! Erst wenn sich Ihre Wahrnehmung an diesen neuen Zustand langsam gewöhnt hat, erkennen Sie eine vertraute Gestalt. Richtig! Sie sehen in einen ***Spiegel***. Und was ***sehen*** Sie in diesem Spiegel? ***Sich selbst*** natürlich. Was denn sonst.

Und jedem anderen, suchenden Menschen wird es genauso gehen: Ist das nicht bemerkenswert? Fantastisch? Grandios?

„Mein einziges Interesse besteht darin, den Menschen absolut, unbedingt frei zu machen."
(Jiddu Krishnamurti)

„Es gibt keine andere Erlösung für die Menschheit, als sich ihrer Göttlichkeit bewußt zu werden. Ihr seid die Samenkörner dieser Bewußtwerdung. In dem Maße, wie jeder von euch seine eigene Kostbarkeit und seinen Wert und die Ewigkeit seines Lebens erkennt, werdet ihr, einer nach dem andern, beitragen zum Bewußtsein grenzenlosen Denkens, grenzenloser Freiheit und grenzenloser Liebe."
(Ramtha)

„Ein freies Leben führen wir,
Ein Leben voller Wonne."
(Friedrich Schiller: „Die Räuber")

Kümmern wir uns also im Folgenden um diese neue Bewußtwerdung der Freiheit, ganz behutsam, ohne überstürzte Eile und Schritt für Schritt.

I. DIE VORAUSSETZUNG:

AUS GLAUBE WIRD WISSEN
Kapitel 1 - 12

1. DAS SPIEL DES LEBENS

Betrachten wir zunächst einmal unsere offensichtliche Umgebung, eine dreidimensionale (Länge, Breite, Höhe), also recht primitive Umgebung aus ***Materie*** (zu lat. materia = Urstoff, der etwas hervorbringt; zu lat. mater = Mutter); Materie, die ohne weiteres höhere Dimensionen vermuten läßt. Doch scheint uns diese Vermutung für die Bewältigung des täglichen Lebens nicht gravierend weiterzuhelfen. Schon mit drei Dimensionen ist es schwierig genug, wenn unsere Naturwissenschaft erklärt, alle Materie bestehe aus winzigen, nicht sichtbaren Atomen, um dessen Kerne auch noch ständig eine gewisse Anzahl von Elektronen flitzen. Mit anderen Worten: Alle Materie ist in Bewegung! Stellen Sie sich das einmal vor! Alles um uns herum ist ***ständig*** in Bewegung und wir merken es nicht einmal! Nun, es hätte auch wenig, um nicht zu sagen gar keinen Sinn, diese naturwissenschaftliche Tatsache in das tägliche Leben zu integrieren. Wenn man zum Beispiel während des Fahrradfahrens plötzlich mit dem Gedanken innehält: „Oh, mein Gott, der Lenker meines Fahrrades besteht eigentlich aus sich bewegenden Teilchen; das irritiert mich und ich mag den Lenker nicht mehr anfassen" (nebenbei wieder ein nachmittagfüllendes Thema für eine Fernseh-Talkshow), was glauben Sie, wird passieren? Natürlich würde man ziemlich unelegant auf die Schnauze fallen! Aber ist es nicht trotzdem faszinierend, wie Materie letztenendes wissenschaftlich verstanden wird?

„Vergrößert man zum Beispiel ein Atom 40billionenfach, so wird der Atomkern etwa 20 Meter im Durchmesser groß und die Elektronen etwa so groß wie ein Fußball. Jetzt kommt das Wichtigste, was man sich unbedingt bewußtmachen muß: Die fußballgroßen Elektronen umkreisen den Atomkern in einem Radius von etwa 2.000 Kilometern. Wir würden also ein 40billionenfach vergrößertes Atom als eine riesige Kugel mit einem Durchmesser von 4.000 km sehen. Darüber hinaus würden wir diese riesige Kugel als feste Masse erkennen, aber in Wirklichkeit wäre diese fast

ausschließlich leerer Raum. Der Atomkern nimmt nur den billionsten Teil des Raumes ein, den ein Atom ausmacht.“

(Arthur Laubach: „Der Weg des Geistes“)

Es gibt also in der Tat mehr als genügend Platz für andere Dimensionen. Dennoch wollen wir uns im Moment noch auf die Materie und ihre naturwissenschaftlichen Gesetzmäßigkeiten beschränken, denn nur so ist unsere Situation auf dem ‘Blauen Planeten’ als Ausgangsposition zu umschreiben; ich möchte es ***‘das Spiel des Lebens’*** nennen.

Nebenbei fällt mir noch zum Thema ‘Erdanziehungskraft’ eine schmunzelhafte Begebenheit aus meiner Gymnasialzeit ein. Unser Deutschlehrer stellte einer Mitschülerin die Frage: „Stellen Sie sich vor, Sie spielen mit Boris Becker Tennis auf dem Dach unseres Schulgebäudes und der Tennisball fällt ‘runter... Welches Naturgesetz tritt in Kraft?“ Antwort (nach langem Überlegen): „Die Schulordnung.“

Um nun das ‘Spiel des Lebens’ spielen zu können, müssen vor Spielbeginn bestimmte ***Vereinbarungen*** getroffen werden.

Erstens: Man benötigt als Austragungsort eine materiell-räumliche Begrenzung als Spielbrett, in unserem Fall ist es der Planet „Erde“.

Zweitens: Man benötigt verschiedene Spielregeln, die es, will man einen sinnvollen und harmonischen Spielablauf garantieren, einzuhalten gilt: Alle auf der Erde wirkenden Gesetzmäßigkeiten. Auch diese sind vor Spielbeginn festgelegt worden.

Drittens: Man benötigt eine zeitliche Begrenzung.

Um den Spielbetrieb aufnehmen zu können, müssen Spielbrett und Spielregeln aufeinander abgestimmt sein. Bekanntlich hat jedes Spiel seine spezifischen Regeln, die nur in ***Verbindung*** mit dem Spiel ihre Gültigkeit haben. Das ‘Spiel des Lebens’ setzt also gleichermaßen Raum und Zeit und die ***nur*** in dieser räumlich-zeitlichen Begrenzung wirkenden Regeln, sprich Naturgesetze, voraus.

Für die Spielenden ist das so Geschaffene die ***Wirklichkeit***, in der sie leben. Es ist jedoch festzuhalten, daß es sich lediglich um ***eine*** Wirklichkeit handelt, um eine ***Möglichkeit*** von Wirklichkeit!

Die Naturwissenschaft formuliert aufgrund einzelner Beobachtungen allgemeingültige Zusammenhänge, deren Allgemeingültigkeit jedoch nicht immer der Wahrheit letzter Schluß ist; als Beispiel ist die Atomspaltung zu nennen (grch. atomos = unteilbar).

Unsere Wahrnehmung erfährt also immer und immer wieder eine ***Beschreibung*** der Welt, zusammengesetzt aus den jeweiligen ***Einzelbeobachtungen*** der jeweiligen Sinnesorgane. Die Wirklichkeit eines jeden entsteht somit aus einem ständig sich erneuernden Gesamteindruck aus Sehen, Hören, Riechen, Schmecken und aus körperlichem Fühlen oder Tasten (sowie Geschirrspülen).

Dennoch gibt es Phänomene innerhalb einer so erfaßten Wirklichkeit, die sich der Wahrnehmung durch die Sinnesorgane entziehen, zum Beispiel Radio- oder Fernsehwellen, die erst durch eigens dafür entwickelte Geräte 'eingefangen' werden konnten, um so neu aufbereitet in das menschliche Wahrnehmungsfeld zu treten. Sicherlich existierten Radio- und Fernsehwellen auch bereits vor ihrer 'Entdeckung', nicht aber für die menschliche Sinne.

Das Lebensspiel ist nun einmal auf dem Spielbrett „Erde" auszutragen, innerhalb bestimmter Regeln; trotzdem oder gerade deshalb sollte man nicht davon ausgehen, die sich uns ermöglichende Sicht der Wirklichkeit als unumstößlich wahr oder vollkommen aufzufassen.

Noch einmal:

Die Wahrnehmung als Beschreibung der Wirklichkeit ist nur EINE Möglichkeit von Wirklichkeit.

Wird das 'Spiel des Lebens' nicht als solches erkannt, was leider noch größtenteils der Fall ist, muß auch weiterhin damit gerechnet werden, daß sich Menschen durch ihre beschränkte Sicht in sinnlosen, geistig armen und oft blutigen Auseinandersetzungen gegenüberstehen: Schließlich wollen sie törichterweise „das Spiel gewinnen", im schlimmsten Fall den Krieg.

Wir, die Spielfiguren, machen hauptsächlich materielle Erfahrungen, weil wir vorwiegend materiell denken. Der 'schnöde Mammon' ist bewußt oder unbewußt längst zur obersten 'Spielregel' geworden: „Geld regiert die Welt!" Die meisten von uns spielen in der Tat ausschließlich 'MONOPOLY' und drehen die Runden ihres Lebens auf der hektischen Jagd nach einer stetig steigenden Konsumbefriedigung; ein Leben ohne konkrete, das heißt ohne faßbare oder bleibende Inhalte, ein Leben der kaschierten Langeweile, ein Leben der überschminkten Depression, ein Leben auf der Überholspur der Einsamkeit.

Es sind die Kennzeichen unserer modernen Verbrauchergesellschaft.

An dieser Stelle muß ich noch ein kleines, aber unvergessenes Erlebnis einfügen: Vor einiger Zeit lernte ich beim Einkaufen einen jungen Araber kennen, der den undankbaren Studenten-Job übernommen hatte, die Einkaufswagen nach Gebrauch zusammenzuschieben. Neben der Rücksichtslosigkeit vieler Kunden regte er sich allein schon über die Bezeichnung 'Verbrauchermarkt' auf und sagte dazu: „Ich bin kein Verbraucher, ich will nur 'was essen!"

Besser kann man es kaum ausdrücken.

Konsum wird zu einem fast krankhaften Zwang. Aus einem ***Spiel***, das eigentlich von einer gewissen Leichtigkeit und Beschwingtheit bestimmt sein sollte, ist der unumstößliche Ernst der Wirklichkeit geworden; aber, liebe Leute, es ist eine ***Möglichkeit*** von Wirklichkeit! Trotzdem: Von einem „sinnvollen Spielablauf" kann nicht mehr die Rede sein, von einem „harmonischen" schon gar nicht.

„In der Existenzweise des Habens gibt es keine lebendige Beziehung zwischen mir und dem, was ich habe. Es und ich sind Dinge geworden, und ich habe e s , weil ich die Möglichkeit habe, es mir anzueignen. Aber es besteht auch die umgekehrte Beziehung: E s h a t m i c h , da mein Identitätsgefühl bzw. meine psychische Gesundheit davon abhängt, es und so viele Dinge wie möglich zu haben. Die Existenzweise des Habens wird nicht durch einen lebendigen, produktiven Prozeß zwischen Subjekt und Objekt hergestellt. Sie macht Subjekt und Objekt zu Dingen. Die Beziehung ist tot, nicht lebendig."

(Erich Fromm: „Haben oder Sein")

Erschreckend viele Menschen definieren sich tatsächlich durch das, was sie besitzen: ***„Mein*** Auto, ***mein*** Haus, ***mein*** Job, ***mein*** Konto, ***mein*** Körper, ***meine*** Versicherung, aber auch ***mein*** Mann/***meine*** Frau, ***mein*** Arzt, ***meine*** Partei, ***mein*** Glaube, ***meine*** Intoleranz undsoweiter. Das Motto, welches auf sehr vielen Fahnen weht, lautet: ***„Ich bin, was ich habe."***

Die festgelegte Begrenzung der Spiel- oder Lebenszeit wird zudem gerne vergessen oder verdrängt.

Die Möglichkeit der Wirklichkeit ist die alles beherrschende ***Materie***. Und **Materie ist die am schwersten erkennbare Fassade.**

Wie gesagt, es geht nicht darum, Fassaden abzuschaffen - in diesem Fall würde man wie 'Don Quijote' gegen die Windmühlen der Naturgesetze anrennen - sondern es geht darum, Fassaden zu durchleuchten.

Erinnern wir uns kurz an den Anspruch, sich einer Göttlichen Bewußtwerdung zu nähern, so ist es unabdingbar Voraussetzung, den Bereich der naturwissenschaftlichen Erkenntnis mit dem 'Spiel des Lebens' in all seinen Facetten zu verlassen. Auch dieses soll ganz behutsam und sanft geschehen, indem Sie die Augen schließen, tief durchatmen und langsam, langsam mit dem Buch in der Hand einschlummern... Lassen Sie sich entführen in das so naheliegende und wissenschaftlich nicht einzugrenzende Reich der ***Träume***.

Aufwachen! Es geht weiter...

2. TRÄUME / BEWUSSTSEIN UND UNTERBEWUSSTSEIN

Nahezu ein Drittel unseres irdischen Lebens verbringen wir in - mehr oder weniger - regelmäßigen Abständen mit Schlafen, um unseren müden, gähnenden Körper von den physischen und psychischen Anstrengungen eines jeden Tages zu erholen beziehungsweise neu aufzutanken, um die Teilnahme am 'Spiel des Lebens' zu sichern. (Und um die Gestaltung dieser Teilnahme und um die weiteren Grundbedingungen geht es im weiteren Verlauf dieses Buches.)

Der willentliche Versuch, aufgrund einer besonders interessanten oder angenehmen Tätigkeit den Schlaf zu umgehen, wird irgendwann einfach scheitern: Der Körper fordert die notwendige Ruhezeit ein und nimmt sie sich, ob es uns nun paßt oder nicht. Was bedeutet ***Schlaf***?

Fragen Sie das einmal einen Komponisten, der seit 30 Jahren versucht, ein Schlaflied zu komponieren!

In einem allgemeinen Lexikon findet man folgende (oder ähnliche) Definition: Ausgelöst wird der Schlaf durch Ermüdung des Zentralnervensystems und besonders des Großhirns; die Körpertemperatur und die Muskelspannung werden herabgesetzt, die Atmung verlangsamt und vertieft sich. Man unterscheidet zwei voneinander abweichende Schlafformen: Im 'langsamen oder orthodoxen Schlaf', der jeweils etwa eine Stunde dauert, kommt es zu besonders langsamen Gehirnstromwellen (feststellbar durch das 'EEG'), im 'schnellen oder paradoxen Schlaf' kommt es zu schnellen Augenbewegungen in der 'REM-Phase' (engl. = rapid eye movements). Fünfmal pro Nacht wechseln sich beide Schlafformen jeweils ab, wobei allerdings nur ein Viertel der Schlafzeit im 'schnellen Schlaf' verbracht wird.

Der schlafende oder auch schnarchende Mensch wird von seinem ***Unterbewußtsein*** beherrscht, denn das ***Bewußtsein*** - Wille, Gedächtnis und Lernfähigkeit - ist während des Schlafes ausgeschaltet; beide Bereiche sind voneinander getrennt, aber nicht gespalten. Anatomisch gesehen wird das Bewußtsein im Großhirn und das Unterbewußtsein im rückwärtigen Teil des Kopfes - im Kleinhirn - lokalisiert. Der Schlaf ist also keine Form der Bewußtlosigkeit, sondern eine andere Form von Bewußtheit auf der Basis einer anderen Form der Gehirntätigkeit. (Diese ***andere*** Form der Gehirntätigkeit kann man im Wachzustand besonders bei Politikern beobachten...)

Im Schlaf gewinnt das Unterbewußtsein Oberhand über das Bewußtsein. Das Unterbewußtsein äußert sich in bildhaften Erlebnissen und Vorstellungen besonders während der REM-Phase: Seine Ausdrucksformen sind ***Träume***.

Wir haben es mit einem Phänomen zu tun, das ***allen*** Menschen - egal welcher Rasse, Nationalität, Religion oder politischer Anschauung - eigen ist. Im Schlaf werden nachwirkende Tageserlebnisse aufgearbeitet und unbefriedigte Wünsche, auch solche von sexueller Natur, finden ihre Erfüllung zum Teil in der Vorstellung.

Träume zeigen eine andere Möglichkeit von Wirklichkeit;
sie haben mit unserer 'Realität' nichts zu tun. Ein Traumbild ist aus 'Versatzstücken' unseres bewußtheitlichen Erlebens ***außerhalb*** unserer Wirklichkeit und ihren 'Spielregeln' zusammengesetzt: Es kennt keine normale Raumbegrenzung und keinen normalen Zeitsinn. Ein Traumbild läßt sich in die Erfahrungen der bewußten Wirklichkeit nicht einordnen. Kein Wunder, daß Träume so schwer zu verstehen sind! Träume erscheinen unlogisch, konfus, widersprüchlich, fantastisch oder glückselig, aber auch lächerlich, beängstigend, bedrohlich und furchteinflößend (Alptraum).

„Die allgemeine Funktion der Träume besteht in dem Versuch, uns das psychische Gleichgewicht wiederzugeben, indem sie Traummaterial produzieren, das auf subtile Weise die gesamte psychische Balance wiederherstellt."

(C.G. Jung: „Zugang zum Unbewußten", ein Beitrag aus „Der Mensch und seine Symbole")

Das im Schlaf aktivierte Unterbewußtsein schafft durch seine Träume eine Art 'psychisches Reinigungsbad', als ob jemand seine dritten Zähne über Nacht in ein Wasserglas gibt. (Hat man Kummer, versucht man am besten, „eine Nacht darüber zu schlafen"; am nächsten Morgen geht es einem meistens schon besser.) Es mag so etwas wie ein Schutzmechanismus sein, wenn der größte Teil der geträumten Erlebnisse dem 'aufwachenden Bewußtsein' nicht mehr zugänglich ist. Vielleicht soll einer größeren Verwirrung vorgebeugt werden? Vielleicht wurde es im Lauf der vorwiegend materiell geprägten Zivilisation aber auch verdrängt, auf das wirklichkeitsfremd erscheinende Traumleben bewußt zu achten.

Eine weitere Funktion der Träume besteht darin, dem Träumenden durch ***Hinweise*** und ***Warnungen*** aus dem Unterbewußtsein gezielt anzudeuten, die innere Haltung einer bestimmten Sache gegenüber zu ändern. Träume können Situationen vor dem Eintreten ankündigen, und Lösungen für Probleme anbieten.

„So hielt der deutsche Chemiker Friedrich Kekulé von Stradonitz (1829-1865) eines Tages seinen Nachmittagsschlaf. Im Traum sah er sechs Kohlenstoff-Atome herumtanzen. Plötzlich bildeten sie einen Ring und jedes Häkchen hatte ein Gegenhäkchen gefunden. Nach dem Erwachen erinnerte er sich seines Traumes, und es wurde ihm klar, daß ihm dort die Lösung der ringförmigen Kohlenstoffverbindung gezeigt worden war. Er und viele andere Chemiker hatten lange versucht, das Rätsel um die ringförmige Kohlenstoffverbindung zu lösen. Die Anordnung, die er träumte, entsprach der chemischen Formel für Benzol."

(Arthur Laubach: „Der Weg des Geistes")

Die Sehnsucht nach einer ***anderen*** Wirklichkeit erklärt vielleicht die große Popularität von Gemälden eines Marc Chagall oder Salvador Dalí, von Science-Fiction-Filmen oder Fantasy-Romanen. Das ist nichts anderes als der willentliche Versuch des Bewußtseins, außerhalb des Schlafes einen traumähnlichen Zustand ***bewußt*** zu erleben. Steckt noch sehr viel mehr dahinter?

Eine weitere Möglichkeit von Wirklichkeit ist die Transformierung des Unterbewußtseins in das Bewußtsein.

„Um etwas wirklich Außergewöhnliches zu realisieren, erträumen Sie es erst einmal. Dann können Sie in aller Ruhe aufwachen und in einem Zug Ihren Traum realisieren, ohne jemals zu verzagen. Dies ist die einzige Methode, die ich kenne. Ich hatte immer Erfolg damit."

(Walt Disney)

Naturwissenschaft adé! Träume lassen sich nicht sezieren oder in wissenschaftliche Schubladen packen; trotzdem wird versucht, ein nichtmaterielles Phänomen mit den Spielregeln der Materie zu betrachten: Allgemeingültige ***Traumdeutungen*** oder ***Traumanalysen*** gibt es nicht! Die Individualität eines jeden Menschen entspricht der Individualität seiner Träume. Geben wir unsere Souveränität nicht an der nächstbesten Garderobe ab, denn nur ***jeder für sich selbst*** kann seine Träume deuten, sollte es denn überhaupt notwendig sein. (Einen immer wiederkehrenden Traum sollte man aber auf jeden Fall beachten.) Von der Zuhilfenahme gebrauchsfertiger und symbolerklärender Nachschlagewerke oder Analyse-Anleitungen ist abzuraten. Das beste 'Nachschlagewerk' ist der einzelne Mensch selbst.

Träume repräsentieren also das ***Unterbewußtsein***, doch das Unterbewußtsein ist nur eine Seite der Medaille. Die andere Seite ist das menschliche ***Bewußtsein***. Die eigentliche ***Zusammengehörigkeit*** dieser ***Gegensätze*** zeigt sich erst im Schlaf beziehungsweise im Traumzustand.

Zu betrachten sind also zwei verschiedene Bereiche, die in ihrer Verbindung als ***Einheit*** zu verstehen sind.

Gegensätze können nur bestehen, indem sie sich gegenseitig bedingen: Licht und Dunkelheit, Sommer und Winter, Tag und Nacht, Frost und Hitze, Mann und Frau, östliche und westliche Religion, positiv und negativ undsoweiter.

Somit ist ein Schema aufgezeigt, das ein Erklärungsmodell für unsere gesamte Weltauffassung darstellt:

Es ist die ***Dualität der Welt!***

3. DIE DUALITÄT DER WELT / DAS REICH DES GEISTIGEN

Fangen wir noch einmal von vorne an als Teilnehmer am 'Spiel des Lebens'. (Und mit 'MONOPOLY' kommen wir jetzt nicht weiter: „Gehen Sie nicht über LOS, ziehen Sie nicht 4.000.- DM ein und begeben Sie sich direkt... und in Gedanken in den Bereich außerhalb des Spielbretts!")

Wir kennen die Spielbedingungen, halten diese als Spielregeln ein und formulieren Phänomene wie das Träumen, die sich nicht in diese Spielregeln hineinzwängen lassen.

Wie geht es ungezwungen weiter?

Nach einer genaueren Betrachtung des Unterbewußtseins kommen wir nun zu einer genaueren Betrachtung des Tages- oder Normal-***Bewußtseins:*** Das Großhirn als Stätte des Intellekts und des Verstandes. Ist ein Mensch sich dem Gebrauch seiner Sinnesorgane bewußt, ist er in der Lage, von seinem Bewußtsein Gebrauch zu machen. Das klingt jetzt sehr kompliziert, ist es aber nicht. (Ein neues Talkshow-Thema: „Ist die Verwendung des Bewußtseins mit Hilfe der Benutzung der Sinnesorgane zu gebrauchen oder kann man die Benutzung der Sinne auch durch den Gebrauch des Bewußtseins verwenden?")

Der ***Wille*** als Voraussetzung für zielgerichtetes, geplantes und absichtliches Handeln ist - wie Gedächtnis und Lernfähigkeit - Bestandteil des Bewußtseins; der Wille beherrscht die Gliedmaßenmuskulatur des materiellen menschlichen Körpers.

Die Tätigkeit des willentlichen Handelns kann mittels der ***Hypnose*** (grch. hypnos = Schlaf) gezielt ausgeschaltet werden. Es ist der Zustand der ***Spaltung*** zwischen Bewußtsein und Unterbewußtsein. Die Vorbereitungsphase der Hypnose wird ausschließlich unter der Bedingung der inneren Bereitschaft des Patienten in der Entspannung erreicht, wobei der Ruhezustand den ganzen Körper betrifft. Wird die Entspannung mit Hilfe der ***Suggestion*** (seelische Beeinflussung durch Einreden auf andere Personen) derart intensiviert, daß die Tätigkeit des willentlichen Handelns mehr und mehr nachläßt und die Tätigkeit des Unterbewußtseins die 'freiwerdende Stelle' nach und nach einnimmt, kommt es schließlich zu einer Spaltung zwischen Bewußtsein und Unterbewußtsein. Wird in diesem Zustand einem Patienten suggeriert, er könne zum Beispiel sein aufgerichtetes Bein nicht mehr bewegen, so vermag er diese Handlung trotz Willensanstrengung nicht auszuführen. Das Bewußtsein ist nach wie vor in der Lage, diesen Vorgang zu erfassen, doch bleiben die Muskeln bei einem Bewegungsversuch steif. Der Konflikt zwischen Wille und Einbildung entscheidet sich zugunsten der Einbildung.

Die hypnotische Wirkung kann weiter intensiviert werden: Wird in dieser Phase zum Beispiel der Arm eines Patienten hin- und herbewegt und ihm suggeriert, diese Pendelbewegung verlaufe von ihm selbst weiter, so geschieht dies gegen den Widerstand des Muskels beziehungsweise gegen den Widerstand des Willens (***Automatische Bewegung***). Das Unterbewußtsein tritt immer stärker in Erscheinung, so daß das Bewußtsein nur passiv und immer weniger die Vorgänge der Umgebung erfassen kann. Die Erinnerung an das Geschehene wird sodann lückenhaft und bleibt bei völligem Zurücktreten des Bewußtseins aus, wodurch ein schlafähnlicher Zustand erreicht ist. Der Patient kann auf Veranlassung des Hypnotiseurs Handlungen ausführen.

Darüber hinaus gibt es sogenannte ***paranormale Phänomene*** (grch. para = wider), die ebenfalls auf ein überaktives Unterbewußtsein zurückzuführen sind; die Grenzen unserer definierten Wirklichkeit werden aufgehoben, zum Beispiel die selten beobachtete Levitation (freies Schweben von Personen und Objekten im Raum) oder Teleportation (Versetzen eines Menschen oder Objektes an einen anderen Ort).

„Die Seltenheit unerklärlicher Ereignisse hat ganz entschieden nichts mit der Realität solcher Phänomene zu tun, allenfalls mit unserem Unvermögen oder auch Widerwillen, uns unangenehme, störende Bewußtseinsphänomene in ein erweitertes physikalisches Bezugssystem einzuordnen.“

(Ernst Meckelburg: „Transwelt - Erfahrungen jenseits von Zeit und Raum“)

Nach den Träumen und diesem kleinen, zusätzlichen Ausflug in das Unterbewußte kann es nun ganz willentlich weitergehen:

Um die Voraussetzung für zielgerichtetes, geplantes und absichtliches Handeln zu bestimmen, kommt an dieser Stelle etwas Fundamentales dazu: Machen wir uns einmal Gedanken über unsere ***Gedanken***!

Das ***Denken*** ist die eigentliche Grundlage von Handlung. Will man zum Beispiel einen 'Unterwasser-Anrufbeantworter' auf den Markt bringen, benötigt man zunächst eine ***Vorstellung*** davon, eine ***Idee*** für die Konstruktion. (Ein selten dämliches Beispiel, ich weiß... Da bleibe ich doch lieber bei meinem 'Eiswürfel-Versand'!)

Das Denken ist mit Hilfe der Sinnesorgane nicht zu erfassen. ***Gedanken*** sind nicht-materiell und dennoch, anders als bei Radio- oder Fernsehwellen, ***direkt*** wahrnehmbar. Der Mensch selbst ist das 'Gerät mit der Empfängerantenne', das dazu befähigt ist, Gedanken zu registrieren, um sie in Handlung - als willentliche Absicht, auf die materielle (Möglichkeit von) Wirklichkeit einzuwirken - umzusetzen. Dabei wird diese Gabe vorwiegend als vernünftiges, logisches Denkvermögen genutzt, auf der isolierten Ebene des Bewußtseins, auf der Ebene des Verstandes. Als Grund hierfür ist wiederum das Festklammern an die materielle Ebene anzuführen.

Wir können demnach Gedanken auch einfach nur ***haben***, wenn wir sie 'ungenutzt' vorüberziehen lassen, das heißt wenn wir uns auf den materiellen Bereich des Habens beschränken. Und trotzdem oder gerade dann kommt etwas Entscheidendes hinzu:

Es werden - ähnlich wie im Unterbewußtsein mit seinen Träumen - zusätzlich Phänomene wahrgenommen, die verstandesmäßig oder vernünftig-logisch ***nicht*** mehr einzugrenzen oder greifbar sind: Die ***Gefühle!***

Auch diese sind wie die Gedanken ***direkt*** und bei vollem Bewußtsein wahrnehmbar. Das mag sich jetzt so anhören, als ob noch nie jemand darauf gekommen wäre, doch ist mir diese Formulierung sehr wichtig: Bereits die uns immer begleitenden Gefühle (welcher Art auch immer) sind in das bewußte 'Spiel des Lebens' nicht mehr einzuordnen und können uns im wahrsten Sinne des Wortes „aus der Bahn werfen". Gefühle sind ein zusätzliches Beispiel für die Einheit der Gegensätze 'Bewußtsein und Unterbewußtsein'; sie sind in beiden Bereichen stark vertreten. Diese Dinge sind derart selbstverständlich und banal, daß solche Gedankengänge fast lächerlich wirken... Macht sich aber wirklich jemand ***Gedanken*** darüber, welch ein gewaltiges Potential und Reservoir an unerschöpflichen ***schöpferischen*** Möglichkeiten in den ***Gedanken*** liegen?

„Hey kuck doch nicht so irritiert
Du glaubst nicht, daß so was passiert
Du glaubst nur an das,
was man sieht, riecht und schmeckt
doch da ist eine Welt
hinterm Spiegel versteckt

[REF.] *Alles ist möglich*
und Wunder geschehn
bist im Kopf du beweglich
dann kannst du sie sehn
und alles verstehn,
auch wie Wunder geschehn."

(Ausschnitt aus einem Song des Kinder-Musicals „Das Kind & der Kater" von Kathrin Brigl und Andreas Bicking; Veronika Fischer und das Deutsche Filmorchester Babelsberg)

Genau hier befindet sich der Ausgangspunkt als zu verfolgende Spur für die weiteren Betrachtungen: Will man nämlich den ***Kern*** seiner Persönlichkeit knacken und das (Selbst-) Bewußtsein erweitern, um auf dem Weg zu einer Göttlichen Bewußtwerdung ein wenig vorwärts zu kommen, kann der Verstand nicht mehr als Maßstab gelten. Es ist es notwendig, den Bereich der Welt als Materie zu verlassen und dennoch mit diesem in Kontakt zu bleiben. Der materielle Bereich birgt also gewissermaßen die 'Strickleiter' in sich, die 'ausgeworfen' werden muß, um ***'das Reich des Geistigen'*** zu erreichen. Das 'Material', aus dem diese 'Strickleiter' besteht, ist ***emotionales Begreifen***: Das ***Denken*** auf der Grundlage des Verstandes ***und*** des Gefühls!

Der Begriff ***'Esoterik'*** ist ***das*** Mode- und Schlagwort unserer Zeit und wird allzuoft mißverstanden und mißgedeutet: Nicht selten ist es überzogen mit einem geheimnisvollen Schleier, hinter dem die unheilsvollen Gefahren mitternächtlicher Geisterbeschwörungen oder dergleichen lauern... Unwissenheit verbreitet bekanntlich Angst und Verwirrung.

'Esoterisch' besagt laut Fremdwörterlexikon: „nur für Eingeweihte zugänglich oder begreiflich". Damit ist nicht irgendein mystischer Firlefanz gemeint, sondern schlicht ein vorhandenes Defizit an Wissen. So wäre zum

Beispiel der Lernprozeß eines Schulkindes beim Erlernen der Schriftsprache mit der Bedeutung des Wortes 'esoterisch' zu erklären: Nachdem es das Alphabet zu beherrschen gelernt hat und selbst praktisch anwenden kann, gehört es zu den 'Eingeweihten' einer bestimmten Gruppe von Menschen, die sich mit Hilfe der entsprechenden Schriftsprache untereinander verständigen.

Die Suche nach dem esoterischen Wissen erfolgt weitgehend im ***'Reich des Geistigen'***: Neue Gebiete müssen erobert, erschlossen und fruchtbar gemacht werden, um neue heranreifende Erkenntnisse zu ernten.

Die klassische ***Philosophie*** (grch. philos = liebend + sophia = Weisheit), die Wissenschaft (!) von den Gründen des Erkennens und des Daseins, ist ebenfalls eine Fassade, eine Begrenzung.

Meines Erachtens gibt es - wie es die Philosophie sieht - ***keine*** Erkenntnis des Seins auf der alleinigen Grundlage des Verstandes beziehungsweise der ***Vernunft***. Es sind wissenschaftliche Mittel für den falschen Zweck. Wie gesagt, die 'Strickleiter', die hier 'ausgeworfen' werden muß, ist die, um 'das Reich des Geistigen' zu erreichen; die universitäre Philosophie, die sich sogar als 'Krone der Wissenschaft' versteht, bleibt auf halbem Wege in dieser 'Strickleiter' stecken, trotzdem sie große Bewußtseins- oder Horizonterweiterungen herbeiführen kann. Philosophie hört da auf, wo es eigentlich erst interessant zu werden beginnt. Gerade die universitäre Philosophie ist der 'Gameboy' unter den Erkenntnissen, er führt zu keinem befriedigenden Ergebnis, denn man fängt das Spiel immer wieder von vorne an - und ***nur*** der Weg ist nicht das Ziel.

Und so sehr ich den Begriff der 'Esoterik' in seiner gesellschaftlichen Verwendung nicht mag, so sehr paßt er als Brücke an diese Stelle.

Einerseits ist es sehr zu begrüßen, daß der ***esoterische Markt*** sich der Allgemeinheit öffnet und so eigentlich zu einem ***exoterischen*** - „für weitere Kreise bestimmt, allgemeinverständlich" - geworden ist, denn nur auf diese Weise kann Unwissenheit beseitigt werden. Andererseits handelt es sich mittlerweile um eine ganze 'Esoterik-Industrie', deren Produkte - und dieses Buch gehört zweifelsohne dazu - sich durchaus mit den Produkten eines Verbrauchermarktes vergleichen lassen. Die ***Freiheit*** der Entscheidung ***für*** ein bestimmtes Produkt - und damit ***gegen*** viele andere - kann aufgrund der kaum überschaubaren Vielfältigkeit zu einem Problem werden. Und so kann auch die Verbreitung von Wissen Verwirrung und Unsicherheit stiften. An dieser Stelle sehen Sie schon, was für eine große ***Verantwortung*** der Begriff 'Freiheit' mit sich bringt: Die Qual der Wahl!

Statt Rasenmäher, Stereoanlagen und nützlichen Haushaltsgeräten wie Strickmaschinen oder Eierschneider kann man Heiligenbilder, Persönlichkeits-Sofort-Analysen, magische Edelstein-Amulette, interplanetarische Gebetskekse, Camping-Pyramiden mit praktischem Klettverschluß oder bügelfreie Meditations-Biberbettwäsche mit lustigen Einweihungsmotiven ***haben*** oder ***konsumieren***. (Für den 'Grünen Punkt' und den 'Gelben Sack'!)

„Aber sind denn so wenige Menschen Denker? Jawohl, liebe Leser, so wenige denken; darin liegt es eben! Nicht einer von Tausenden hat auch nur die geringste Neigung zum Denken, sondern nur zu passivem Träumen und Nachsagen und zu aktiver Phrasenmacherei."

(Thomas Carlyle: „Arbeiten und nicht verzweifeln")

Auf dem Petersplatz in Rom konnte ich 1987 sogar einen Dauerlutscher mit dem Bildnis des Papstes kaufen... Das ist kein Witz! So frage ich mich denn, ob wohl mittlerweile ein Patent für diesen 'Lolly Pope' erteilt worden ist? Und auf einer 'Esoterik-Messe' vor ein paar Jahren war folgender Slogan einer ausstellenden Brauerei zu lesen: „Reiner Geist durch reines Bier!" Ja, was soll man dazu noch sagen? Prost!

Was sich ändert, ist nur die 'Verpackung'! Die Verpackungsgestaltung richtet sich jeweils nach einer gezielt anvisierten Verbrauchergruppe; es dreht sich nach wie vor alles um die 'Verpackungen', um die ***Fassaden***. Ein wertvoll funkelnder Diamant entpuppt sich oft als billiger Glitzerstein. Die wieder künstlich geschaffenen Bedürfnisse des ***Konsumierens*** steigern sich bis hin zu kostspieligen Seminaren, Sitzungen, Therapien, Workshops und dergleichen mehr...

Seien wir also kritisch und wachsam, besonders wenn für angebliche Bewußtseinserweiterungen ein nicht unerheblicher Geldbetrag für recht ominöse Veranstaltungen hingeblättert werden soll, zum Beispiel „Das Amadeus-Seminar: Wecke den inneren Mozart in Dir!", „Sakralbauten - aus Salzteig nachgebacken", „Der Aktions-Workshop: Wie passe ich mit Engelsflügeln in mein Auto?" oder „Die-Rote-Grütze-Ganzkörper-Therapie: Mit Rhabarberkompott das Leben meistern".

Das einzige, was Sie bei solchen Veranstaltungen erreichen, ist ein prall gefülltes Portemonnaie ihres Gastgebers. (Obgleich es natürlich Ausnahmen gibt.)

Das Prinzip bleibt dasselbe: Die Interessen, Anschauungen und Ziele einer bestimmten ***Institution***, ***Organisation*** oder ***Interessengemeinschaft*** stehen im Vordergrund - und ***nicht*** der ***einzelne*** Mensch!

Den ***einen*** Weg gibt es nicht, aber viele Wege führen in eine Sackgasse.

Jedoch kann man auch als ***einzelner*** Mensch schnell in einer Sackgasse landen, wie ich es anhand der Praktiken des ***Pendelns*** und des ***Gläser- und Tischerückens*** beschreiben möchte. Stichwort: ***'Geisterbeschwörung'!***

Die mutmaßlichen 'Geister' entlarven sich als Vorgänge, die vom Unterbewußtsein durch eine Art 'Selbsthypnose' gesteuert werden. Es geschehen Bewegungsabläufe, die nur scheinbar mit der Muskelkraft nichts zu tun haben. Die besonders unter Jugendlichen verbreitete Annahme, ein Kontakt zur 'Geisterwelt' könne zwecks Beantwortung persönlicher Anliegen auf diese Weise hergestellt werden ***(Spiritismus)***, ist meistens blanker Unsinn, mit der Einschränkung, daß es in seltenen Ausnahmefällen geistig sehr hochentwickelten oder hellseherisch begabten Menschen gegönnt ist, Voraussagungen tatsächlich exakt zu treffen. Letzteres kann ich aus eigener Erfahrung bestätigen: Mir selbst wurde zum Beispiel das Endergebnis des Abiturs und das Thema für die mündliche Prüfung vorausgesagt; beides traf hundertprozentig zu! (Steckt dahinter nur ein Mechanismus?)

Ich kann davon nicht sprechen, ohne gleichzeitig von den heute recht zweifelhaften Erfahrungen als 16jähriger Teilnehmer an 'spiritistischen Sitzungen' zu berichten. Diese fanden privat, zusammen mit einem guten Freund und auf der (schlechten) Grundlage purer Neugierde statt: Ein auf dem Kopf stehendes Weinglas wurde in die Mitte eines aus Papierstückchen gelegten Kreises auf einen Tisch mit glatter Oberfläche gestellt. Auf den Papierstückchen waren das Alphabet, die Grundzahlen sowie die Antworten „Ja“ und „Nein“ zu sehen; wir 'Ghostbuster' waren durch sanften Fingerkontakt mit dem Weinglas in Berührung. Nach einiger Zeit der Entspannung fing das Glas auf das Stellen von Fragen hin wirklich damit an, auf dem Tisch hin- und herzuwandern!

Auf den ersten Blick mag dieses nicht-rationale Erlebnis zwar sehr verwundern, überraschen oder beängstigen, doch handelt es sich bei den meist konfusen Antworten aus anderen Spähren lediglich um einen ***Selbstbetrug*** durch das Unterbewußtsein! Der Mechanismus entspricht der ***automatischen Bewegung*** in der ***Hypnose***; die Antworten werden zudem erzwungen.

Das Unterbewußtsein ist eben auch Stätte unserer Leidenschaften, Fehler und Schwächen - und ***kann*** somit bei einem noch wenig ausgeprägten, geistigen Entwicklungszustand die 'spiritistische Antriebskraft' all dessen sein, was wir uns gerade ***nicht*** wünschen...

Das soll nebenbei, bevor Sie sich beim Weiterlesen in Luft auflösen, als Hinweis genügen.

Unsere Welt setzt sich aus ***zwei*** Bereichen zu einer ***Einheit*** zusammen: Sie besteht zum einen aus dem uns bekannten ***gegenständlichen*** oder ***materiellen Bereich*** und zum anderen aus dem uns weitgehend unbekannten ***geistigen Bereich***.

„Es ist der Geist, der sich den Körper baut."
(Friedrich Schiller: „Wallensteins Tod")

Dadurch, daß die Menschen nach und nach nur noch den Bereich der Materie für sich zuließen, hat sich 'das Geistige' mehr und mehr in einem langsamen Prozeß der Ablösung von der Materie getrennt und ist ihm entwichen, aber trotzdem noch da!

„Und was die Menschen glauben, bestimmt den Lauf der Welt. Deshalb treiben die Welten, die einmal eins waren, auseinander."
(Marion Zimmer-Bradley: „Die Nebel von Avalon")

Diejenigen Dinge, denen keinerlei Beachtung mehr geschenkt wird, treten aus dem menschlichen Wahrnehmungsfeld heraus; schließlich werden sie ja nicht mehr gebraucht. Sie 'verstauben' in einer dunklen Ecke auf dem 'Dachboden des Bewußtseins'. Was meinen Sie, ***wo*** sich der 'Schlüssel', der die Tür zu diesem Dachboden 'öffnet', befindet? ***Sie selbst*** haben den Schlüssel! Sie - wir alle - ***sind*** der Schlüssel!

Die Veränderung der Welt unterliegt den Gedanken der Menschen!

Die Welt, die sich den Sinnen zeigt, hat ihren Ursprung und der Lauf der Welt seine Erklärung im Geistigen. Die Welt ist nur ***deshalb*** so, wie sie ***ist***, weil die Mehrzahl der Menschen die starre Ansicht vertreten, ***daß*** die Welt so ist, ***wie*** sie ist. Unter dieser Voraussetzung werden Phänomene, die ***nicht*** auf diesem 'Radarschirm' zu sehen sind, demzufolge nicht erfaßt, obgleich sie vorhanden sind. Die Möglichkeit der Erfassung ist ganz einfach nicht gegeben. Wird 'das Reich des Geistigen' nicht beachtet, bleibt es unsichtbar und daher völlig nutzlos.

„Es gab eine Zeit, in der ein Reisender, wenn er den Willen besaß und auch nur einige der Geheimnisse kannte, mit seinem Boot auf den Sommersee hinausfahren konnte und nicht im Glastonbury der Mönche ankam, sondern auf der Heiligen Insel Avalon. Damals trieben die Pforten zwischen den Welten in den Nebeln und waren in beide Richtungen offen - wie der Reisende es dachte und wollte. Es ist das große Geheimnis, das in unserer Zeit jeder Wissende kannte: Die Menschen schaffen die Welt, die uns umgibt, durch das, was sie denken, jeden Tag neu."

(Marion Zimmer-Bradley: „Die Nebel von Avalon")

Es ist zu bemerken, daß der Zustand der Nicht-Beachtung des ***Geistigen*** zugunsten der ***Materie*** vorherrscht. Die ***Gefühle*** bleiben auf der Oberfläche oder dienen falschen Zwecken. Wahrscheinlich liegt es in der Entwicklung des Menschen, ***eigene*** Erkenntnisse, Anschauungen oder Meinungen zuallererst durch die einfachste, gegebene (wirklichkeitsfestlegende) Möglichkeit zu erlangen, nämlich durch ***Nachahmung***.

Diese gefährliche ***Bequemlichkeit*** ist fast zu einer menschlichen Charaktereigenschaft geworden, wodurch sämtliche ***Organisationen*** oder ***Interessengemeinschaften***, sei es nun eine politische Partei oder ein Karnevalsverein, ihre Verbreitung finden. Die jeweilige Mitgliedschaft verbindet die Anhänger untereinander und verschiedene Gruppen werden voneinander unterscheidbar. Um nun als 'Mitglied' aufgenommen und anerkannt zu werden, erhält jeder Neuling zwecks Identifikation eine speziell auf die Interessen, Anschauungen und Ziele abgestimmte 'Ausrüstung', ähnlich wie die Wehrpflichtigen zu Beginn ihrer Soldatenzeit. Durch Nachahmung lernt das neue Mitglied mit dieser 'Ausrüstung' umzugehen.

Man sollte es vermeiden, die eigene Bequemlichkeit in den Dienst religiöser Interessen zu stellen: Das Christentum als Beispiel einer Religion lenkt die Aufmerksamkeit der suchenden Menschen, die bereits in das Grenzgebiet vorgedrungen sind, auf den einen grell beleuchteten, gut ausgebauten und somit äußerst bequemen Weg, der nicht nur als solcher angepriesen, sondern auch überwacht und kontrolliert wird. Der 'Schlagbaum' an der 'Grenze' wird für 'Einreisewillige' jedoch nicht geöffnet: Entweder sind die 'diensthabenden Grenzbeamten' nicht beziehungsweise nicht mehr in der Lage, dieses zu tun - oder aber die Grenzundurchlässigkeit wird mit bedachter Absicht aufrechterhalten. Beide Male ist die Machtsicherung gewährleistet und der alleinige Wahrheitsanspruch bleibt erhalten.

„Es hing mit dem Wissen zusammen, die Welt war nur das, was die Menschen glaubten... In den vergangenen drei oder vier Generationen hatte sich der Geist der Menschen Jahr für Jahr mehr in dem Glauben verhärtet, daß es nur einen Gott gab, nur eine Welt und einen Weg, die Wirklichkeit zu beschreiben. Alles andere, was in den Bereich dieser großen Einheit hineindrang, konnte nur vom Bösen und vom Teufel geschickt sein... Und da mehr und mehr Menschen daran glaubten, war es inzwischen so."

(Marion Zimmer-Bradley: „Die Nebel von Avalon")

Diejenigen, die sich diesem Weg anschließen, bekommen über '***das Reich des Geistigen***' lediglich Informationen aus zweiter Hand, denn sie selbst können den 'Grenzübergang' ja nicht passieren, sondern werden schon im Vorfeld zurückgewiesen. Anstelle von 'Wissen' herrscht 'Glaube'. Um das 'Reich des Geistigen' für uns nutzbar zu machen, sollten wir damit beginnen, uns auf die Suche nach ***eigenen*** 'Grenzübergängen' zu machen.

„Denn das wissen die Priester mit ihrem Einen Gott und der Einen Wahrheit nicht: Die eine wahre Geschichte gibt es nie und nimmer. Die Wahrheit hat viele Gesichter, und die Wahrheit ist wie der alte Weg nach Avalon: Es hängt von deinem Willen und deinen Gedanken ab, wohin der Weg dich führt. Es hängt von dir ab, ob du am Ende die Heilige Insel der Ewigkeit erreichst, oder ob du bei den Mönchen mit ihren Glocken, ihrem Tod, ihrem Teufel, ihrer Hölle und ihrer Verdammnis ankommst..."

(Marion Zimmer-Bradley: „Die Nebel von Avalon")

Dazu noch zwei Jesus-Zitate aus der Bibel:

„Wehe euch Schriftgelehrten! Ihr habt den Schlüssel zur Erkenntnis weggenommen. Ihr seid nicht hineingegangen und habt auch die gehindert, die hinein wollten.“

(Lukas 11, 52)

„Das Reich Gottes kommt nicht mit erkennbaren Zeichen; man wird euch nicht sagen: Siehe, hier ist es! oder Da ist es! Denn siehe, das Reich Gottes ist mitten unter euch.“

(Lukas 17, 20/21)

4. DIE VIER ELEMENTE

Unter der Voraussetzung einer dualen Weltauffassung muß der Bereich der Materie aus einer anderen Perspektive gesehen werden: Maßgebend sind die ***Vier Elemente*: *Feuer, Wasser, Luft und Erde.***

Die Annahme, den Urgrund aller Dinge in den Vier Elementen zu sehen, geht zurück auf den griechischen Philosophen Empedokles (ca. 490-430 v.u.Z.). Durch das von Anziehung und Abstoßung bewirkte Ver- und Entmischen der Elemente erklärte er alles Werden und Vergehen.

Die Grundelemente ***Feuer*** und ***Wasser*** stellen eine gegensätzliche Polarität dar, sie sind ein Beispiel für die Dualität der Welt: Das eine würde ohne das andere nicht existieren und umgekehrt. Die Eigenschaften ***Ausbreitung*** und ***Hitze (Feuerelement)*** verhalten sich konträr zu den Eigenschaften ***Zusammenziehung*** und ***Kälte (Wasserelement)***.

Erwähnt sei auch das chinesische Polaritäts-Symbol ***'Yin und Yang'*** für die unzertrennliche Einheit der Gegensätze; beide Teile enthalten sich wiederum gegenseitig.

Das Element ***Luft*** fungiert gleichzeitig als 'Botschafter' und als ***neutrales Gleichgewicht*** zwischen dem Feuer- und dem Wasserelement. Es bringt dadurch die Eigenschaften ***Wärme*** und ***Feuchtigkeit*** mit sich, ohne die kein irdisches Leben möglich wäre. Eine Formgebung beziehungsweise konkrete Eingrenzung erfahren die eben genannten drei Elemente durch einen gemeinsamen Zusammenschluß im Element ***Erde***. Dieses hat die Entstehung von ***Masse, Raum und Zeit*** zur Folge - und somit die Grundlage für das 'Spiel des Lebens'. Alle Elemente entfalten also im vierten Element ihre Wirksamkeit.

Das System der Vier Elemente wird nun auf den menschlichen Körper übertragen:

Das aufbauend wirkende Element des ***Feuers*** wird dem ***Kopfbereich*** als Ort des ***Denkens*** zugeordnet und das abbauend wirkende Element des ***Wassers*** dem ***Bauchbereich*** als Ort des ***Ausscheidens***.

Die so entstehende Polarität wird durch das ausgleichend wirkende Element der ***Luft***, das im ***Brustbereich*** als Ort des ***Atmens*** angesiedelt ist, reguliert. Das gestaltgebend wirkende Element der ***Erde*** ist mit ***Knochen und Fleisch*** beziehungsweise mit dem ***materiellen, physischen Körper*** gleichzusetzen.

„Die Elemente gleichen doch der Materie. Entscheidend ist aber das, was sie zusammenhält, was immer es sein mag."
(Aristoteles: „Von der Seele", Erstes Buch)

Das ***Wirken*** der Vier Elemente durchzieht, wie im weiteren Verlauf diese Buches gezeigt werden soll, darüber hinaus **alles, was erschaffen wurde, alles, was existiert, alles, was ist.**

Ein paar Zitate mögen hierzu ergänzend erwähnt sein:

„Erst zu begegnen dem Tiere,
Brauch ich den Spruch der Viere:
Salamander [Anm.: Feuer] *soll glühen,*
Undene [Anm.: Wasser] *sich winden,*
Sylphe [Anm.: Luft] *verschwinden,*
Kobold [Anm.: Erde] *sich mühen.*
Wer sie nicht kennte,
Die Elemente,
Ihre Kraft und Eigenschaft,
Wäre kein Meister
Über die Geister."
(Johann Wolfgang Goethe: „Faust - Der Tragödie erster Teil")

Und aus dem Libretto der Oper „Die Zauberflöte" von Emanuel Schikaneder, vertont von Wolfgang Amadeus Mozart:

„Der, welcher wandert diese Straßen voll Beschwerden,
Wird rein durch Feuer, Wasser, Luft und Erden;
Wenn er des Todes Schrecken überwinden kann,
Schwingt er sich aus der Erde himmelan. ..."

Friedrich Schiller schreibt in seinem „Punschlied“ von 1803 bestätigend:

„Vier Elemente,
Innig gesellt,
Bilden das Leben,
Bauen die Welt.“

Die erste Tarot-Karte beschreibt zudem die geistige Beherrschung der Elemente; symbolisiert durch das Schwert (Feuer), den Kelch (Wasser), den Stab (Luft) und die Scheibe (Erde).

5. <u>DER TOD /</u> <u>DIE VERSCHIEDENEN KÖRPER DES MENSCHEN</u>

Der materielle, dreidimensionale Bereich ist mit Hilfe der Vier Elemente beschrieben. Unser Leben und alles, was in unserem Leben geschieht, hat einen Anfang und ein Ende. Ebenso verhält es sich im Tier-, Pflanzen- und Mineralreich. Alles entsteht, reift heran, entwickelt sich und vergeht in einem nie enden wollenden Kreislauf. Der Gedanke der Vergänglichkeit ist allgegenwärtig. Alles unterliegt der Spielregel 'Zeit'. Bereits bei der Geburt ist jedem Lebewesen ein unausweichlicher 'Begleiter' zur Seite gestellt: Der ***Tod!***

Ist Leben nur eine Zeitspanne langsamen Sterbens?

Mit der Gewißheit des physischen Todes stellt sich die Frage nach dem ***Sinn des Lebens***. „Woher komme ich, wohin gehe ich, habe ich eine bestimmte Aufgabe zu erfüllen und wenn ***ja***, welche? Rechtfertigt allein das Geschirrspülen mein irdisches Dasein?" Fragen über Fragen.

Viele Menschen sehen ihre Existenz darin begründet, möglichst viel materiellen Besitz anzuhäufen, eine angesehene berufliche oder gesellschaftliche Stellung zu erreichen, Momente des persönlichen Glücks zu *haben* oder vielleicht auch in den eigenen Kindern 'weiterzuleben'. Doch immer und immer wieder stolpert man über das alles beherrschende Phänomen der ***Vergänglichkeit***.

Vergleichbar mit einer nicht zu entschärfenden Zeitbombe rückt der Tod unaufhaltsam näher, unumgehbar.

Inkonsequenterweise kann man dieses elementare und gewaltige Ereignis auch weiterhin ignorieren oder verdrängen, ratsamer jedoch ist es, sich bereits frühzeitig mit der ungewissen Gewißheit des Sterbens auseinanderzusetzen.

Die ureigene Angst vor dem 'Sterben', nicht zuletzt auch als Bestandteil der Selbsterhaltung, ist zwar verständlich, aber dennoch völlig unbegründet:

Der sichtbare Teil des Lebens geht schlicht und ergreifend in den nichtsichtbaren Teil über.

„Auf der Heiligen Insel, auf der ich groß wurde, lehrt man, daß der Tod immer das Tor zu einem neuen Leben ist. Er führt zu größerer Weisheit.“
(Marion Zimmer-Bradley: „Die Nebel von Avalon“)

Der physische Tod ist nur das Ende des irdischen Lebens in der dreidimensionalen Ebene und zugleich das Tor in ‘das Reich des Geistigen’! Mit dem Eintritt des Todes wird so jedem Menschen die Offenbarung zuteil, die ‘Dualität der Welt’ zu erkennen und das Geheimnis des Lebens zu enträtseln, nur ist es dann für diese Einweihung verständlicherweise zu spät; nur zu Lebzeiten sind uns die Möglichkeiten des planmäßigen Handelns gegeben - und nur dann wird uns die vorweggenommene, ***esoterische*** ‘Offenbarung des Todes’ von höchstem Nutzen sein: Wir können ***bewußt*** - und nicht unbewußt wie im Zustand des Träumens - in ‘das Reich des Geistigen’ eindringen, ohne dabei die Handlungsfreiheit aufgeben zu müssen.

Diese Fähigkeit ist - mehr oder weniger ausgeprägt - jedem Menschen eigentümlich, muß aber entdeckt, ausgebildet und weiterentwickelt werden. Dieses geistige Wachstum sollte ein wichtiger Aspekt des ***Sinn des Lebens*** sein!

„Der Tod ist, wie das Leben, ewig und immer gegenwärtig. Ständig sterben individuelle Formen, während andere ins Dasein treten. Ohne den Tod, der das Alte wegräumt, würde nichts Neues einen Platz in der Welt finden. [...] Wenn wir sterben, verwest unser Fleisch und nur das Skelett bleibt zurück. Auch dies wird eines Tages verschwinden, aber es bleibt lange genug bestehen, um zumindest einen Hinweis auf die Ewigkeit zu geben. [...] Jeder Tod bringt neues Leben. Viele Menschen finden es schrecklich, über die Vorstellung nachzudenken, daß sie von Würmern zerfressen werden. Der moderne Brauch, Leichen einzubalsamieren und zu schminken, so daß sie wie lebendig aussehen, um sie dann in einem versiegelten Metallkasten zu begraben, rührt von dem Wunsch her, die Getrenntheit des Körpers von der Natur selbst im Tod noch aufrechtzuerhalten.“
(Rachel Pollack: „Tarot - 78 Stufen der Weisheit“)

Und die zu schnell beiseite geschobene, spannende und unbewußt immer gegenwärtige Frage lautet:
Was passiert im Augenblick des Todes?

Um diese Frage verständlich beantworten zu können, muß neben der materiellen, dreidimensionalen Ebene eine weitere, stofflich wesentlich feinere Ebene definiert werden: Die ***Astral-Ebene***!

Diese wäre nach religiöser Auffassung mit dem Begriff ***'Jenseits'*** gleichzusetzen. Durch den Tod erfolgt ein Wechsel aus dem materiell-irdischen in den geistig-astralen Bereich: Das Dasein als solches bleibt existent, nur die Form des Daseins ändert sich. 'Sterben' könnte auch mit dem Ausdruck 'die Ebene wechseln' beschrieben werden.

Unser sichtbarer Körper ist aufgrund der Polarität der Elemente durch die sogenannte ***'Silberschnur'***, benannt nach ihrer Erscheinungsform, mit dem nicht-sichtbaren, feinstofflichen ***Astralkörper*** verbunden: Der zweite und ***eigentliche*** Körper des Menschen wird auch als ***Seele*** bezeichnet.

Der vielleicht seltsame Vergleich mit einem ***Pilz*** drängt sich geradezu auf: Der 'eigentliche Pilz' ist das aus Fäden bestehende, unterirdische und daher 'un-sichtbare' Pilzgeflecht und nicht der 'sichtbare' Fruchtkörper. Anschaulicher kann Biologie kaum sein...

(Nebenbei bietet sich erneut ein Esoterik-Seminar-Thema an: „Wir nähen uns einen Astralkörper!“)

Wird die ***Nabelschnur*** durchtrennt, beginnt das menschliche Leben mit der Geburt, wird die ***Silberschnur*** durchtrennt, tritt der physische Tod ein, so daß nach außen hin keine Lebenssignale mehr zu erkennen sind. Der Funktionsausfall von Herz- und Atemtätigkeit sowie des zentralen Nervensystems ist unwiderruflich. Der Tod hat bekanntlich viele Ursachen und kann zum einen durch Altersschwäche oder schwerer Krankheit als Zersetzungsarbeit der Elemente und zum anderen zum Beispiel durch einen Unfall oder Selbstmord als plötzliches Zerreißen der 'Silberschnur' geschehen. Der Ausdruck „Das Leben hängt an einem seidenen Faden“ ist Ihnen vielleicht bekannt.

Ich selbst wurde übrigens in einer Altbauwohnung fast von einem herunterstürzenden Gardinenkasten erschlagen... (Stellen Sie sich nur einmal diese lächerliche Todesanzeige vor!)

„Den Tod gibt es natürlich nicht, so wie es auch keinen Untergang, keine Vernichtung gibt. Unser Leben ist eine ununterbrochene Folge von Veränderungen, und das, was man als Tod bezeichnet, ist nicht mehr als der Übergang aus der einen Daseinsform in die andere.

Diese andere Form kommt uns nur neu vor, tatsächlich verbringen wir bis zur endgültigen Abreise fast ebenso viel Zeit in ihr wie während unserer wachen Stunden: Der tiefe Traum bringt und in jene Zone, wo das aus dem Leben hinausführende Tor sich findet, und der Bewußtseinszustand, in dem wir uns zu solcher Zeit befinden, ist eben derselbe wie der des Todes.“

(Mária Szepes: „Academia Occulta - Die geheimen Lehren des Abendlandes“)

Selbstverständlich ist es schwierig, mit dem Tod eines besonders geliebten Menschen umzugehen. Wie unendlich viel Leid und Trauer aber könnte den betroffenen Angehörigen oder Freunden erspart bleiben, wenn die Illusion des ‘Todes’ Bestandteil des Allgemeinwissens wäre!

„Eine gesunde Einstellung zum Tod ist nur dann möglich, wenn das Leben unpersönlich und ohne Bindung an besondere Formen betrachtet wird. Gerade das aber empfindet der Weltmensch infolge seiner Verstrickung mit bestimmten Formen als schwierig. [....] *Verschwinden die Formen, die ihm lieb gewesen sind, so fällt er endloser Trauer anheim, obwohl das Leben als Ganzes die verlorenen Formen anderswo durch neue ersetzt haben mag. Bei näherer Betrachtung zeigt sich, daß der Schmerz des Trauernden in Eigensucht wurzelt. Der Mensch, der eine geliebte Person verliert, mag vom Verstand her wissen, daß das Leben als Ganzes diesen Verlust anderswo ersetzt hat, doch alles, was er fühlt, ist >Was kann m i r das bedeuten?< Wenn der Mensch den Tod von seinem eigenen persönlichen Gesichtspunkt betrachtet, wird er zur Ursache endlosen Leids. Vom Gesichtspunkt des Lebens als Ganzem jedoch ist der Tod eine Episode von untergeordneter Bedeutung.“*

(Meher Baba: „Darlegungen über das Leben in Liebe und Weisheit“)

Das System der Vier Elemente gilt auch für den Astralkörper des Menschen: In der Seele ist das ***Feuerelement*** aufbauend, das ***Wasserelement*** abbauend, das ***Luftelement*** ausgleichend und das ***Erdelement*** zusammenschließend wirksam. Die Dualität der Welt findet ihre Widerspiegelung in der ***Dualität des Menschen***:

Leib und Seele, physischer Körper und Astral-Körper, bilden eine Einheit.

Die Annahme, daß alles, was im Universum oder ***Makrokosmos*** im Großen existiert, sich im Menschen und somit im ***Mikrokosmos*** im Kleinen spiegelbildlich wiederfindet, ist eine universale Gesetzmäßigkeit („wie oben, so unten", „wie im Himmel, so auf Erden"; ***Gesetz der Analogie***). Es ***wirken*** die Vier Elemente.

Der physische Körper ist das zu benutzende Instrument für die materielle, dreidimensionale Ebene und der psychische Körper das zu benutzende Instrument für die ***Astral-Ebene***.

Letztere unterliegt nicht der Spielregel 'Zeit', ist aber als räumliche Gegebenheit aufzufassen, als ***vierte Dimension***.

Die Astral-Ebene bezeichnet man auch als „***höhere Schwingungsebene***" mit unterschiedlich ausgeprägten 'Dichtungsgraden'. Je nach Intensität des geistigen Entwicklungszustandes beziehungsweise je nach der Stufe der geistigen Reife, die ein Mensch während seines Erdenlebens erreicht hat, findet sein Astralkörper nach dem physischen Tod seinen entsprechenden 'Platz' in der Astral-Ebene: Je höher der Entwicklungszustand ist, je höher ist auch der Dichtungsgrad, den der Astralkörper einnimmt. Vom Standpunkt der Religion aus betrachtet kommen wir entweder „in den ***Himmel***" oder „in die ***Hölle***".

Besonders ist zu beachten, daß der Astralkörper - und somit auch der physische Körper - Kraft- oder Energiezentren aufweist, die 'Lotusse', ***Chakren*** oder ***Chakra*** (ind. Sanskrit: Chakra = Rad) genannt werden. [Anmerkung: In der Literatur finden sich beide Pluralformen.]

Die Chakren liegen meist über den Hauptknotenpunkten des Nervensystems und haben die Aufgabe, das ***Energiegleichgewicht*** der miteinander verbundenen Körper aufrecht zu erhalten. Die Störung dieses Gleichgewichts kann zu Erkrankungen führen.

Wird der Wechsel in eine andere Existenzform durch den 'Tod' eingeleitet, verläßt der Astralkörper den physischen Körper durch das siebte Chakra, das sich im Mittelpunkt des Kopfes befindet. Das entsprechende Organ ist die Hypophyse (grch. hypo = darunter + phyein = wachsen) oder Hirnanhangdrüse, welche durch das Bilden vieler Hormone für die Steuerung anderer Drüsen, wie die den Stoffwechsel regulierende Schilddrüse, verantwortlich ist. Die Hypophyse im Bereich der Schädelbasis ist Teil des

'Hypothalamus'-Bereiches, welche wichtige Funktionszentren des vegetativen Nervensystems beinhaltet, zum Beispiel Atmung, Wärme- und Wasserhaushalt, Blutdruck, Sexualtrieb et cetera.

Viele Menschen, die ein sogenanntes „Nah-Tod-Erlebnis" hatten, erinnern sich an eine beginnende Tunnelfahrt, welche auf ein am anderen Ende des Tunnels gleißend helles Licht zusteuert, begleitet von einem rasanten Wechsel von Bilder und Szenen aus dem eigenen Leben. (Übrigens kann ich auch selbst auf diese Erfahrung zurückgreifen und sie bestätigen.)

Der 'Tod' ist eine Rückkehr in die Existenzweise des Lichts, eine Rückkehr in die Existenzweise des Seins!

Der Astralkörper wird zunächst als 'nicht-sichtbarer Körper' beschrieben; dennoch ist er für ein geistig geschultes und gut geübtes Auge als Strahlungserscheinung wahrnehmbar: Die 'Strahlung der Seele' ist die ***Aura***! (Zu lat. aureolus = golden, schön, herrlich.)

Naturwissenschaftlich sind Aura-Strahlungen durch die sogenannte Kirlian-Fotographie zu beweisen, denn die Aura besitzt, wie alle Wellen-Strahlungen, die auf den Planeten Erde einwirken, ein elektromagnetisches Feld.

Um diese Strahlung nun zu 'sehen', die im Bereich des Kopfes (Feuerelement) sehr intensiv ist, ist es notwendig, bei einer ruhigen und entspannten Haltung den Blick der anfangs leicht geschlossenen Augen in ein konzentriertes Starren zu bringen. Auffallend ist, daß ein stärker entwickelter geistiger Zustand eine stärkere Aura-Strahlung hervorbringt, so jedenfalls meine Erfahrung.

Die Strahlen, die besonders den Kopf umschließen, sind mit den vielen sakralen Darstellungen des 'Heiligenscheins' gleichzusetzen.

„Und als er betete, bekam sein Antlitz ein anderes Aussehen, und sein Gewand wurde weiß und glänzte."

(Die Bibel, Lukas 9, 29)

Der Tod gehört nun einmal ganz normal und unspektakulär zum Leben - und gäbe es keinen Tod, dann gäbe es auch kein Leben.

„Aller Tod in der Natur ist Geburt, und gerade im Sterben erscheint sichtbar die Erhöhung des Lebens."

(Johann Gottlieb Fichte: „Die Bestimmung des Menschen")

Die eigene Erlebnisfähigkeit wird erst unter Beachtung der Vergänglichkeit des Lebens erweitert. Unser kostbarster Schatz scheint - neben der Gesundheit - die ***Zeit*** zu sein; die Zeit, den 'Tod' zu verdrängen, die Zeit, das Leben an sich in all seiner Schönheit zu verdrängen. „Zeit ist Geld". Aber können wir uns mit Geld 'Zeit' kaufen, um das Leben, an das wir uns klammern, zu verlängern? Was nützen Silikon-Brüste, ein 'face-lifting' oder andere, verzweifelte Eingriffe der 'Schönheits'-Chirurgie, um erste Spuren der eigenen Vergänglichkeit zu kaschieren?

„Die meisten von uns fürchten sich vor dem Sterben, weil wir nicht wissen, was es heißt, zu leben. Wir wissen nicht, wie wir leben sollen, daher wissen wir nicht, wie wir sterben sollen. Solange wir uns vor dem Leben fürchten, werden wir uns auch vor dem Tode fürchten. [....]

Um wirklich herauszufinden, was sich ereignet, wenn Sie sterben, müssen Sie sterben. Das ist kein Scherz. Sie müssen sterben - nicht körperlich, sondern seelisch - innerlich müssen Sie die Dinge preisgeben, die Sie gehegt haben und die Sie verbittert haben. Wenn Sie auch nur einen ihrer Lebensgenüsse aufgegeben haben, den kleinsten oder den größten, und zwar spontan, ohne Zwang, ohne Auseinandersetzung, dann werden Sie wissen, was es bedeutet zu sterben. Zu sterben heißt im Geiste vollkommen seiner selbst ledig zu sein, bar seiner täglichen Sehnsüchte, Vergnügungen und Schmerzen. Der Tod ist eine Erneuerung, eine Mutation, bei der das Denken nicht in Funktion tritt, weil es dem Vergangenen angehört. Wo der Tod ist, entsteht etwas völlig Neues. Freiheit von dem Bekannten ist Tod, und dann leben Sie wirklich."

(Jiddu Krishnamurti: „Einbruch in die Freiheit")

Der Tod ist tot! Es lebe der Tod!

6. DAS GÖTTLICHE / DIE VERSCHIEDENEN KÖRPER DES MENSCHEN

'Das Göttliche' - das Gute, Wahre, Schöne - ***Ursache aller Dinge*** und der Ursprung aller Gedanken und Ideen, liegt ***außerhalb*** der Dualität der Welt (beziehungsweise der Dualität des Menschen), ist aber dennoch mit ihr verbunden. Ein neuer Begriff ist an dieser Stelle einzuführen: Der ***Geist!*** Das System der Vier Elemente wird durch den Geist oder den ***Äther*** (grch. aither = feiner Urstoff, „die obere Luft") zusammengefaßt, umschlossen, ist in ihm eingebettet beziehungsweise „vom Geist durchdrungen" - als das ***Fünfte Element***. Es ist die Verbindung von Mensch zu Gott. Es ist die Idee aller Ideen. Es ist der Leim, der die Welt zusammenhält, das Prinzip des Kosmos und der Schöpfung.

„Die Religionen bezeichnen es mit Gott. Es ist die fünfte Kraft; es ist das, was alles erschaffen hat und alles im Gleichgewicht hält. [....] *Es ist A l l e s i n A l l e m."*
(Franz Bardon: „Der Weg zum wahren Adepten")

In dem indischen Epos „Bhagavadgita" sagt Krishna:
„Als Erde, Wasser, Feuer, Luft,
Als Äther, der die Welt umspannt,
Als 'Selbstgefühl', 'Verstand', 'Vernunft',
Wird achtfach dies mein Sein genannt."

Das System der Vier Elemente als Grundlage allen Seins funktioniert ***nur*** durch den Antrieb des Geistes. Es ist der 'Apfel der (göttlichen) Erkenntnis', die Menschwerdung des Menschen. Von einem 'Sündenfall' kann nun überhaupt keine Rede sein, es ist ein einziger Glücksfall! Nur wie gesagt, es unterliegt der Freiheit der Entscheidung: Wie in Mozarts „Zauberflöte" kann man der ewige 'Papageno' bleiben und sich mit „Wein, Weib und Gesang" zufriedengeben - oder aber als 'Tamino' sich der Göttlichen Einweihung unterziehen. Wir haben die Wahl.

So wie dem fleischlichen Körper die materielle, dreidimensionale Ebene und dem Astralkörper die vierdimensionale Astral-Ebene zugeordnet wird, so ist auch für den unsterblichen Geist ein eigener 'Bereich' definiert: Die Ebene des Geistes (in einer wiederum ***höheren*** Schwingungsfrequenz) bezeichnet man als ***Mental-Ebene***.

Während die materielle, dreidimensionale Ebene an die Spielregeln 'Zeit' und 'Raum' und die Astral-Ebene nur an die Spielregel 'Raum' gebunden ist, herrscht in der Mental-Ebene ***Zeit- und Raumlosigkeit***. Als Äquivalent ist der Begriff 'Ewigkeit' zu nennen.

Der Ebene entsprechend läßt sich dieser Körper des Menschen als ***Mentalkörper*** formulieren. Und auch ***das System der Vier Elemente*** als universale Gesetzmäßigkeit behält für den Mentalkörper seine Anwendbarkeit: Die Grundprinzipien heißen ***Wille (Feuerelement)***, ***Gefühl (Wasserelement)***, ***Intellekt (Luftelement)*** und - als Vereinigung der eben genannten Prinzipien - ***Ich-Bewußtsein (Erdelement)***. Diese Prinzipien bilden alle weiteren Qualitäten beziehungsweise Eigenschaften des Geistes. Es ***wirken*** die Vier Elemente.

„So können wir Kraft, Macht und Leidenschaft dem feurigen Prinzip zuschreiben; Gedächtnis, Unterscheidungs- und Urteilskraft dem luftigen Teil; Gewissen und Intuition dem wässerigen Teil; Egoismus, Selbsterhaltungs- und Fortpflanzungstrieb dem erdigen Teil des Geistes anheimstellen.“

(Franz Bardon: „Der Weg zum wahren Adepten“)

Ebenso wie der fleischliche Körper durch die 'Silberschnur' mit dem Astralkörper verbunden ist, ist der Astralkörper wiederum mit dem Mentalkörper verbunden, und zwar durch die sogenannte ***Mentalmatrize*** (nicht Matratze...). Sie ist Träger und Leiter der Gedanken und Ideen durch die astrale und materielle Ebene in das menschliche Ich-Bewußtsein - und somit Ursprung aller menschlichen Handlungen. (Vielleicht haben Sie auch schon einmal einen 'Geistesblitz' gehabt?)

Der Mensch ist also in vielen Fällen nicht selbst der Schöpfer seiner Gedanken und Ideen, sondern vielmehr der Empfänger! Sie werden ihm sozusagen von außen kommend 'durchgegeben', und zwar aus der Mental-Ebene. Künstlerische schaffende oder kreative (Gefühls-) Menschen sprechen dabei auch von 'Inspiration'.

Ein Fernsehgerät erfindet schließlich die Fernsehsendungen auch nicht eigenständig erst im Augenblick der Ausstrahlung, ...obwohl man dieses oftmals vermuten könnte!

Kommen wir noch einmal auf die menschliche ***Aura*** zu sprechen:

„Die Ausstrahlungen des Körpers umgeben den Organismus des Individuums in drei Schichten. Im Normalzustand entsprechen diese drei Schichten den Farben der physischen, der astralen und der mentalen Ebene. Diese Farben sind Rosa, Hellgrün, Hellgelb. Je nach Charakter des Individuums sind sie jedoch unterschiedlich intensiv. Bei Menschen, die zum Materialismus neigen, ist die Farbe der inneren Zone ein dunkles Karminrot. Das Hellgrün ist ganz blaß, kaum sichtbar, die Farbe Gelb überhaupt nicht wahrnehmbar. Bei Okkultisten, praktizierenden Magiern und Yogis ist die mittlere grüne Schicht dunkler, während eine philosophische Neigung die obere gelbe Schicht aufleuchten läßt. Mit etwas spezieller Übung kann jeder die Fähigkeit zur Wahrnehmung der okkulten Farben erarbeiten. Das ist besonders deshalb von Bedeutung, weil die Schwingungen der menschlichen Aura untrüglich den zugrundeliegenden Charakter enthüllen. Die Aura ist gedanklichen Veränderungen und Gefühlsrührungen gegenüber außerordentlich empfindlich. Die aurische Hülle verändert ihre Farbe praktisch von Minute zu Minute und zeigt nur im Ruhezustand ihre Grundgestalt."
(Mária Szepes: „Academia Occulta - Die geheimen Lehren des Abendlandes")

Aufgrund der ***Trinität des Daseins*** - Körper, Seele, Geist - hat jeder Mensch eine ***direkte*** Verbindung, einen 'Fahrstuhl' vom 'Erdgeschoß' der materiellen Ebene durch die Astral-Ebene ***in*** den Bereich des ***Göttlichen*** beziehungsweise in die Mental-Ebene.

Jeder Mensch ist Teil des Göttlichen.

Demnach kann jeder (!) Mensch ohne Anmaßung von sich behaupten, „Vertreter Gottes auf Erden" zu sein. Größtmöglicher Respekt, allumfassende Liebe und höchste Verehrung sollte dieser Vorstellung entgegengebracht werden. Wählen Sie ruhig das Motto: „Ich bin mein eigener Papst!"

Mit der gesellschaftlichen Realität hat diese Erläuterung meist sehr wenig zu tun und erscheint geradezu grotesk; so fällt es bei Massenveranstaltungen zugegeben schwer, die vielen 'Mit-Götter' um sich herum als solche wahrzunehmen. (Denken Sie nur an den Besuch einer überfüllten Messe oder an ein Fußballspiel und die dazugehörigen Fans.)

Auf keinen Fall aber sollte man sich von der doch sehr verbreiteten Richtung des ***Atheismus*** (grch. Vors. a = nicht + theos = Gott) - Verzicht auf die Annahme eines Gottesbegriffs - einfangen lassen, die für die neuzeitliche Naturwissenschaft der westlichen, 'abendländischen' Welt kennzeichnend ist. Dieses wäre eine törichte Leugnung der eigenen Existenz oder einfach Unwissenheit.

„Es ist wirklich so. Wir haben, um in dem altertümlichen Dialekt zu sprechen, Gott vergessen;" [...]
(Thomas Carlyle: „Arbeiten und nicht verzweifeln")

Die Formulierung eines 'Gottesbegriffs' wurde auf Kosten eines breiten intellektuellen Wissens vernachlässigt und zurückgedrängt. Als Ersatz fungieren naturwissenschaftliche Erkenntnisse wie zum Beispiel die Evolutionstheorie nach Darwin oder Einsteins Relativitätstheorie.

Es ist kaum verwunderlich, daß die so aufkeimende Sehnsucht nach etwas 'Höherem' - auch als Lebensstütze - einen äußerst fruchtbaren, undurchsichtigen Sumpf zur Etablierung für die verschiedensten Glaubensgemeinschaften, Sekten, Logen, Orden oder anderen okkulten und oft geheimen Vereinigungen bietet. Derartige 'Bauernfängerei' steht meistens in Verbindung zu finanziell teilweise sehr hohen Mitgliedsbeiträgen oder zu irgendwelchen obskuren Schwüren, die es zu leisten gilt. In Wahrheit geht es ausschließlich um Kontrolle. Einen 'Ablaßhandel' gab es bekanntlich schon im Mittelalter... Der 'Fassadendetektor' in uns müßte jetzt lautstark Alarm geben!

Geistige 'Einweihung' läßt sich mit bloßem Geldaufwand nicht einfach „aus dem Automaten ziehen" oder „in der Mikrowelle zubereiten", so sehr es auch den westlichen Gesellschaftsstrukturen heutzutage entspricht.

Als Mensch sollte man sich nicht nur darüber im klaren sein, daß man aufgrund der Trinität des Daseins Teil eines universellen 'Göttlichen' ist, sondern auch, daß diese Erkenntnis eine große und neue ***Verantwortung*** mit sich bringt; diese nämlich wird allzugern bequem einer pseudohaften Höheren Macht „in die Schuhe geschoben". Viele Gläubige fragen sich, warum 'ihr Gott' blutige Kriege, Gewalt, Umweltzerstörungen oder Naturkatastrophen zulasse, ohne sich allerdings der eigenen Verantwortung als einzelner Mensch bewußt zu sein. Dabei geht es nicht um ein bestimmtes 'Volk', sondern um ein universales ***Gesamtbewußtsein aller Individuen***.

Die Erfahrungen in unserem Leben können aber nicht andere für uns machen, keine geistige Organisation und kein geistiger Lehrer oder ein auserkorener Meister. Wir können Vorbilder haben, uns an den Taten anderer Menschen orientieren, doch der wahre geistige Lehrer ist jeder Einzelne für sich selbst.

Schmunzeln Sie an dieser Stelle über ein Gedicht von Wilhelm Busch mit dem Titel ***„Der Asket"***:

„Im Hochgebirg' vor seiner Höhle
Saß der Asket;
Nur noch ein Rest von Leib und Seele
Infolge äußerster Diät.
Demütig ihm zu Füßen kniet,
Ein Jüngling, der sich längst bemüht,
Des strengen Büßers strenge Lehren
Nachdenklich prüfend anzuhören.
Grad schließt der Klausner den Sermon
Und spricht: 'Bekehre dich, mein Sohn!
Verlaß das böse Weltgetriebe,
Vor allem unterlaß die Liebe,
Denn grade sie erweckt aufs neue
Das Leben und mit ihm die Reue.
Da, schau mich an. Ich bin so leicht,
Fast hab' ich schon das Nichts erreicht,
Und bald verschwind' ich in das reine
Zeit=, raum= und traumlos Allundeine.'
Als so der Meister in Ekstase,
Sticht ihm ein Bienchen in die Nase.
Oh, welch' ein Schrei!
Und dann das Mienenspiel dabei.
Der Jüngling stutzt und ruft: 'Was seh' ich?
Wer solchermaßen lebensfähig,

Wer so gefühlvoll und empfindlich,
Der, fürcht' ich, lebt noch viel zu gründlich
Und stirbt noch nicht zum letztenmal.'
Mit diesem kühlen Wort empfahl
Der Jüngling sich und stieg hernieder
Ins tiefe Tal und kam nicht wieder."
(Wilhelm Busch: „Der Asket", aus: „Zu guter Letzt")

Es existiert kein unterschiedliches menschliches Leben, es gibt nur eine unterschiedliche Rollenverteilung; „der König und der Bettler" sind wie ***alle*** anderen Menschen ihrem Wesen nach gleich, egal welcher Rasse, Nationalität, Religion oder politischen Anschauung.

Jesus:
„Der Knecht ist nicht größer als sein Herr und der Bote nicht größer als der, der ihn gesandt hat."
(Die Bibel, Joh. 13, 16)

Und es gibt da noch dieses wunderschöne, altmodische Wort '***Gottvertrauen***'. Vertrauen Sie sich selbst! Das ist das ganze Geheimnis.

„Hilf Dir selbst, dann hilft Dir Gott!"

„Der Mensch ist das wahre Abbild Gottes, er ist also nach dem Ebenbilde des Universums erschaffen worden."
(Franz Bardon: „Der Weg zum wahren Adepten")

„Gott ist die Gesamtheit des LEBENS - jeder pulsierende Augenblick. Er ist das Fortwähren und die Unendlichkeit von allem, was ist."
(Ramtha)

7. DAS LEBEN NACH DEM TOD

Die Erkenntnis, das menschliche Dasein als Trinität in 'Körper, Seele und Geist' aufzufassen, wäre ohne die Annahme eines 'Lebens ***nach*** dem Tod' absurd: Wie in Kapitel 5 bereits dargelegt, ist der Tod nur als das Ende des irdischen Lebens und 'Tor in das Reich des Geistigen' zu betrachten. Der Tod ist eine Geburt zu einer freieren Existenz, wobei der Astralkörper durch Zerreißen der 'Silberschnur' seine enge, materiell-körperliche Hülle sprengt und verfaulen läßt. Das Dasein 'wechselt die Ebene'. Äußeres Schauen wird zu innerem Schauen.

„Gott machte alles aus dem Nichts. Aber das Nichts schimmert hindurch."

(Paul Ambroise Valéry: „Schlimme Gedanken und andere")

Über der 'Welt der sinnlich wahrnehmbaren Dinge', so der griechische Philosoph ***Platon*** (427-347 v.u.Z.), gibt es die 'Welt der Ideen' - und die Dinge sind nur ein Abglanz der Ideen, sie sind eine unvollkommene Annäherung an diese. Die Dinge sind in Bewegung, während sich die Ideen ewig selbst gleichbleiben. Die unsterbliche Seele, so der Philosoph, erinnert sich an früher geschaute Ideen, wodurch ohne sinnliche Grundlage Erkenntnis möglich wird; die höchste Idee ist Gott als Gestalter der Welt aus dem Chaos. Sie sehen, auch die Philosophie sollte zurück auf ihre Wurzeln blicken und mit der „aktiven Phrasenmacherei" (Carlyle) der Neuzeit aufhören. Der Mensch, der nach wie vor Teil eines universellen 'Göttlichen' ist (Astral- und Mentalkörper ***bleiben*** in Verbindung), wird nach dem Tod nicht mehr an seinen physischen Körper und an die 'Spielregeln' der materiellen, dreidimensionalen Ebene gefesselt sein. Physische Entfernungen verlieren ihre Gültigkeit. Der Mensch wird auf seine primitiven Sinnesorgane nicht mehr angewiesen sein und uneingeschränkt Dinge wahrnehmen können, die ihm zu Lebzeiten verborgen waren.

Das ***Erleben der Natur*** und ihrer Schönheit wird sich grundlegend ändern: Vor dem Tod hatte der Mensch zwar die Möglichkeit, ***inmitten*** der Natur zu sein, doch war er trotzdem nur - bedingt durch die 'materiell-körperliche Gefangenschaft' - der ***äußere Betrachter***, und zwar auf einem fixierbaren Standpunkt.

Dem ‘Verstorbenen’ hingegen wird es möglich sein, die Natur zu ***durchdringen***; er wird Teil der Natur sein und selbst spüren, mit einem Blatt durch den Wind zu wehen oder mit einem rauschenden Wasserfall in die Tiefe zu stürzen... Er wird so auch die Wonne des Frühlings ‘trinken’ können. Keine schlechten Aussichten, oder?

Natürlich soll hier keine Todessehnsucht erweckt werden: Im Gegenteil! Das Erklimmen einer neuen Stufe des Daseins kann nur mit den dazugehörigen und passenden Hilfsmitteln geschehen. Alles andere wäre genauso zum Scheitern verurteilt, wie der Versuch, in einem Rollstuhl eine Bergbesteigung zu unternehmen. Geeignetes, der Situation angemessenes ***Werkzeug*** ist nicht nur Voraussetzung, man muß auch gelernt haben, damit umzugehen. (Oder ist Ihnen schon einmal gelungen, mit einem Tapezierpinsel einen Brief zu schreiben?) Das Kind im Mutterleib wächst heran, bis seine Gliedmaßen und Sinnesorgane entwickelt sind, ohne zu wissen, daß sie als ‘Werkzeuge’ für eine noch unbekannte, folgende Welt des Lichts, der Farben, Töne, Düfte, des Geschmacks und des körperlichen Fühlens gemacht sind. Das Ungeborene kann von der Nützlichkeit - geschweige denn vom bloßen Vorhandensein - dieser ‘Werkzeuge’ im bald beginnenden, ***eigenständigen*** Leben nichts wissen, und kann sie in seiner Situation auch noch gar nicht gebrauchen: Erst durch die ***Geburt*** werden die menschlichen ‘Werkzeuge’ ihrer jeweiligen Bestimmung übergeben, und erst durch die Weiterentwicklung des grobstofflichen Körpers wird sie der Mensch als dienstbare Teile seines Selbst erkennen ***(Äußeres Schauen)***.

Wer von der ‘Offenbarung des Todes’ und infolgedessen von seiner ‘zweiten Geburt’ ***weiß***, der wird ebenso um die Notwendigkeit, entsprechende ‘Werkzeuge’ für ihren Einsatz in einer wiederum neuen ‘Stufe des Daseins’ auszubilden, wissen. Das ***Wirken*** der Vier Elemente sollte in allen Ebenen - in Körper, Seele und Geist - ***harmonisch*** zueinander sein. Alle drei ‘Körper’ sind deshalb in der persönlichen Entwicklung im Zusammenhang zu sehen. Das ***Gesetz der Analogie „Wie oben, so unten“*** (Makrokosmos/Mikrokosmos) gilt für ***alle*** Existenzebenen, die ineinander verschachtelt sind.

Derjenige also, der behauptet, man könne ja doch „nichts mit ins Grab nehmen“, wird spätestens im Augenblick seines ‘Todes’ zugeben müssen, daß er sich geirrt hat: Sein geistiger Körper bleibt! Es ist der unsterbliche Teil des Menschen, der das Endergebnis aller seiner Schöpfungen, Gestaltungen, Handlungen, Ideen und Gedanken-Beiträge darstellt. Der Mensch wird ***dann*** in der Lage sein, ***alles*** zu erblicken, was ***in*** ihm ist *(**Inneres Schauen**).*

Das ‘Reich der Verstorbenen’ ist der nicht sichtbare Teil der dualen Welt: die Astral-Ebene!

Natürlich ist - um es noch einmal zu betonen - der Tod eines Menschen, den man sehr geliebt hat oder der einem freundschaftlich besonders nahe stand, eine zutiefst schmerzliche Erfahrung und ein berechtigter und würdiger Anlaß, um den Verlust zu trauern. Der ‘Verstorbene’ aber ist gar nicht ‘tot’, seine Existenz gar nicht erloschen, nur der äußere Kontakt und die Fähigkeit der vertrauten Kommunikation fehlt.

Wieviel Schmerz könnte wiederum gelindert werden, diese Kommunikation annähernd wiederherstellen? (Buchempfehlung: „Der Mann mit den zwei Leben - Reisen außerhalb des Körpers“ von Robert A. Monroe)

Der Tod ist kein Weg in Finsternis und Einsamkeit: Einst durch materielle Körper getrennte Seelen finden wieder zusammen.

Selbstmord aber ist ***keine*** Lösung, sondern nur eine Verschiebung einer vielleicht ausweglosen Situation; den törichten und irreführenden Begriff ‘Freitod’ sollte man aus dem Wortschatz streichen. Die Schöpfung gibt uns allen die Möglichkeit, auf dem ‘Spielbrett Erde’ mit dem Instrument eines materiellen Körpers ***Erfahrungen*** jeglicher Art zu machen. Wie wir im weiteren Verlauf der Argumentation sehen werden, sind es für jede Wesenheit jeweils ganz bestimmte Erfahrungen, welche die Erfüllung einer persönlichen ***Lebensaufgabe*** unterstützen. ***Jeder*** Mensch ist daher wichtig, wichtig für sich und wichtig für andere, sonst wäre er nicht hier. Wenn es Sie selbst, liebe Leser, nicht geben würde, würde die Lebensgeschichte vieler Menschen - Verwandte, Freunde, persönliche oder nicht persönliche Bekannte - völlig anders verlaufen beziehungsweise gar nicht stattfinden. Mit einem Selbstmord ver-hindern wir unsere eigene Entwicklung und behindern möglicherweise die Entwicklung anderer. Wenn sich in einer Kette aufgereihter und nacheinander umkippender Dominosteine eine Lücke befindet, können die restlichen Dominosteine eben nicht mehr umkippen.

Vielleicht kennen Sie den 1947 gedrehten Hollywood-Film „Ist das Leben nicht schön?“ (Originaltitel: „It’s a Wonderful Life“) mit Donna Reed und mit - für seine Rolle mit dem ‘Oscar’ ausgezeichneten - James Stewart? Wenn nicht, dann schauen Sie sich dieses Glanzstück der Filmgeschichte unbedingt einmal an!

Lesen Sie jetzt zum Thema Selbstmord eine Kurzgeschichte von Wolfgang Borchert mit dem Titel „***Das Holz für morgen***“:

„Er machte die Etagentür hinter sich zu. Er machte sie leise und ohne viel Aufhebens hinter sich zu, obgleich er sich das Leben nehmen wollte. Das Leben, das er nicht verstand und in dem er nicht verstanden wurde. Er wurde nicht von denen verstanden, die er liebte. Und gerade das hielt er nicht aus, dieses Aneinandervorbeisein mit denen, die er liebte. Aber es war noch mehr da, das so groß wurde, daß es alles überwuchs und das sich nicht wegschieben lassen wollte.

Das war, daß er nachts weinen konnte, ohne daß die, die ihn liebten, ihn hörten. Das war, daß er sah, daß seine Mutter, die er liebte, älter wurde und daß er das sah. Das war, daß er mit den anderen im Zimmer sitzen konnte, mit ihnen lachen konnte und dabei einsamer war als je. Das war, daß die anderen es nicht schießen hörten, wenn er es hörte. Das war dieses Aneinandervorbeisein mit denen, die er liebte, das er nicht aushielt. Nun stand er im Treppenhaus und wollte zum Boden hinaufgehen und sich das Leben nehmen. Er hatte die ganze Nacht überlegt, wie er das machen wollte, und er war zu dem Entschluß gekommen, daß er vor allem auf den Boden hinaufgehen müsse, denn da wäre man allein und das war die Vorbedingung für alles andere. Zum Erschießen hatte er nichts und Vergiften war ihm zu unsicher. Keine Blamage wäre größer gewesen, als dann mit Hilfe eines Arztes wieder in das Leben zurückzukommen und die vorwurfsvollen, mitleidigen Gesichter der anderen, die so voll Liebe und Angst für ihn waren, ertragen zu müssen. Und sich ertränken, das fand er zu pathetisch, und sich aus dem Fenster zu stürzen, das fand er zu aufgeregt. Nein, das beste würde sein, man ginge auf den Boden. Da war man allein. Da war es still. Da war alles ganz unauffällig und ohne viel Aufhebens. Und da waren vor allem die Querbalken vom Dachstuhl. Und der Wäschekorb mit der Leine. Als er die Etagentür leise hinter sich zugezogen hatte, faßte er ohne zu zögern nach dem Treppengeländer und ging langsam nach oben. Das kegelförmige Glasdach über dem Treppenhaus, das von ganz feinem Maschendraht wie von Spinngewebe durchzogen war, ließ einen blassen Himmel hindurch, der hier oben dicht unter dem Dach am hellsten war.

Fest umfaßte er das saubere hellbraune Treppengeländer und ging leise und ohne viel Aufhebens nach oben. Da entdeckte er auf dem Treppengeländer einen breiten weißen Strich, der vielleicht auch etwas gelblich sein konnte. Er blieb stehen und fühlte mit dem Finger darüber, dreimal, viermal. Dann sah er zurück. Der weiße Strich ging auf dem ganzen Geländer entlang. Er beugte sich etwas vor. Ja, man konnte ihn bis tief in die dunkleren Stockwerke nach unten verfolgen. Dort wurde er ebenfalls bräunlicher, aber er blieb doch einen ganzen Farbton heller als das Holz des Geländers. Er ließ seinen Finger ein paarmal auf dem weißen Strich entlangfahren, dann sagte er plötzlich: Das hab ich ja ganz vergessen.

Er setzte sich auf die Treppe. Und jetzt wollte ich mir das Leben nehmen und hatte das beinahe vergessen. Dabei war ich es doch. Mit der kleinen Feile, die Karlheinz gehörte. Die habe ich in die Faust genommen und dann bin ich in vollem Tempo die Treppen runtergesaust und habe dabei die Feile tief in das weiche Geländer gedrückt. In den Kurven habe ich besonders stark gedrückt, um zu bremsen. Als ich unten war, ging über das Treppengeländer vom Boden bis zum Erdgeschoß eine tiefe, tiefe Rille. Das war ich. Abends wurden alle Kinder verhört. Die beiden Mädchen unter uns, Karlheinz und ich. Und der nebenan. Die Hauswirtin sagte, das würde mindestens vierzig Mark kosten. Aber unsere Eltern wußten sofort, daß es von uns keiner gewesen war. Dazu gehörte ein ganz scharfer Gegenstand, und den hatte keiner von uns, das wußten sie genau. Außerdem verschandelte doch kein Kind das Treppengeländer in seinem eigenen Haus. Und dabei war ich es. Ich mit der kleinen spitzen Feile. Als keiner von den Familien die vierzig Mark bezahlen wollte, schrieb die Hauswirtin auf die nächste Mietrechnung je Haushalt fünf Mark mehr drauf für Instandsetzungskosten des stark demolierten Treppenhauses. Für dieses Geld wurde dann gleich das ganze Treppenhaus mit Linoleum ausgelegt. Und Frau Daus bekam ihren Handschuh ersetzt, den sie sich an dem aufgesplitterten Geländer zerrissen hatte. Ein Handwerker kam, hobelte die Ränder der Rille glatt und schmierte sie dann mit Kitt aus. Vom Boden bis zum Erdgeschoß. Und ich, ich war es. Und jetzt wollte ich mir das Leben nehmen und hatte das beinahe vergessen.

Er setzte sich auf die Treppe und nahm einen Zettel. Das mit dem Treppengeländer war ich, schrieb er da drauf. Und dann schrieb er oben drüber: An Frau Kaufmann, Hauswirtin. Er nahm das ganze Geld aus seiner Tasche, es waren zweiundfünfzig Mark, und faltete den Zettel da herum. Er steckte ihn oben in die kleine Brusttasche. Da finden sie ihn bestimmt, dachte er, da müssen sie ihn ja finden. Und er vergaß ganz, daß sich keiner mehr daran erinnern würde. Er vergaß, daß es schon elf Jahre her war, das vergaß er. Er stand auf, die Stufe knarrte ein wenig. Er wollte jetzt auf den Boden gehen. Er hatte das mit dem Treppengeländer erledigt und konnte jetzt nach oben gehen. Da wollte er sich noch einmal laut sagen, daß er es nicht mehr aushielte, das Aneinandervorbeisein mit denen, die er liebte, und dann wollte er es tun. Dann würde er es tun.

Unten ging eine Tür. Er hörte, wie seine Mutter sagte: Und dann sag ihr, sie soll das Seifenpulver nicht vergessen. Daß sie auf keinen Fall das Seifenpulver vergißt. Sag ihr, daß der Junge extra mit dem Wagen los ist, um das Holz zu holen, damit wir morgen waschen können. Sag ihr, das wäre für Vater eine große Erleichterung, daß er nicht mehr mit dem Holzwagen los braucht und daß der Junge wieder da ist. Der Junge ist extra los heute. Vater sagt, das wird ihm Spaß machen. Das hat er die ganzen Jahre nicht tun können. Nun kann er Holz holen. Für uns. Für morgen zum Waschen. Sag ihr das, daß er extra mit dem Wagen los ist und daß sie mir nicht das Seifenpulver vergißt.

Er hörte eine Mädchenstimme antworten. Dann wurde die Tür zu gemacht, und das Mädchen lief die Treppen hinunter. Er konnte ihre kleine, rutschende Hand das ganze Treppengeländer entlang bis unten verfolgen. Dann hörte er nur ihre Beine noch. Dann war es still. Man hörte das Geräusch, das die Stille machte.

Er ging langsam die Treppe abwärts, langsam Stufe um Stufe abwärts. Ich muß das Holz holen, sagte er, natürlich, das hab ich ja ganz vergessen. Ich muß ja das Holz holen, für morgen.

Er ging immer schneller die Treppen hinunter und ließ seine Hand dabei kurz hintereinander auf das Treppengeländer klatschen. Das Holz, sagte er, ich muß ja das Holz holen. Für uns. Für morgen. Und er sprang die letzten Stufen mit großen Sätzen abwärts.

Ganz oben ließ das dicke Glasdach einen blassen Himmel hindurch. Hier unten aber mußten die Lampen brennen. Jeden Tag. Alle Tage."

(Wolfgang Borchert: „Das Holz für morgen", aus „Liebe blaue graue Nacht - Erzählungen")

Diese Kurzgeschichte soll nochmals unterstreichen, daß wir alle während unseres irdischen Lebens bestimmte Aufgaben gestellt bekommen, die der Weiterentwicklung der Gemeinschaft aller Individuen dienen; mit einem Selbstmord ist das hier sinnbildliche 'Holz für morgen' jedoch nicht mehr gesichert, nicht nur für uns selbst.

Der 'Verstorbene' wird nach (!) der Erfüllung der ihm gestellten Lebensaufgaben wie ein längst erwarteter Gast im 'Reich der Toten' empfangen werden. Seine neue Existenz ist dann geprägt durch eine Gemeinschaft in geistiger Verwandtschaft. Diejenigen, die schon zu irdischen Lebzeiten durch gemeinsame Ideen oder tiefste Zuneigung miteinander verbunden waren, werden in geistiger Einheit zusammenwachsen. Diese Einheit wird umso fester sein, je mehr sie dem Guten, Wahren, Schönen - dem ***Göttlichen*** - gedient hat.

Dazu kommt, daß dem 'Verstorbenen' in der Astralebene eine bestimmte ***Schwingung***, ein bestimmter 'Platz' oder Dichtungsgrad analog seiner geistigen Haltung und Entwicklung zugewiesen wird, im sowohl positiven (der religiöse ***'Himmel'***), als auch negativen (die religiöse ***'Hölle'***) Sinn. Je weiter diese Entwicklung bis zum 'Tod' gediehen ist, je 'höher gelegen' wird auch der 'astrale Platz' - vergleichbar mit einer bestimmten Etage eines mehrstöckigen Hochhauses - nach dem 'Tod' sein.

Dieser Zusammenhang läßt sich am besten mit dem Erklärungsmodell einer ***Pyramide***, symbolische Einweihungsstätte der alten Ägypter, veranschaulichen:

Die Pyramidenspitze ist als 'Das Göttliche' aufzufassen. Nur wenigen, geistig reinsten und vollkommensten Menschen wie Mohammad, Buddha, Krishna oder Jesus ist es nach dem Eintritt oder Überwechseln in die astrale Ebene (der ägyptische Begriff „Ka“ bezeichnet die seelische Lebenskraft, welche nach dem Tod weiterlebt) gegönnt, auch diese zu überschreiten - und schließlich in die mentale Ebene einzutreten. Dieses bedeutet, mit dem 'Göttlichen' einszuwerden, ***Gottmensch*** zu werden!

„Der letzte Feind, der vernichtet wird, ist der Tod!“
(Die Bibel,1. Korinther 15, 26)

Der scheinbar ewige Kreislauf des Daseins wird überwunden und aufgehoben; das „Rad des Lebens“ kommt zum Stillstand.

Jesus: *„Dann werdet ihr erkennen und wissen* [!], *daß der Vater in mir ist und ich in ihm."*
(Die Bibel, Joh. 10, 38)

Es sei ausdrücklich betont, daß diese Möglichkeit ***jedem*** (!) 'freien Geist' offensteht. Die Stifter der großen Weltreligionen und viele andere sind ein ***Beispiel*** dafür. Nicht mehr und nicht weniger. Wann aber fangen die Religionen endlich damit an, ihre ***Gemeinsamkeiten*** zu entdecken?

„Und Allahs ist das Verborgene in den [!] *Himmeln und der Erde, und zu ihm kehren alle Dinge zurück. Drum diene Ihm und vertrau auf ihn, und dein Herr ist nicht achtlos eures Tuns."*
(Der Koran, Sure 11, 123)

Es sind die Gemeinsamkeiten, die im Erkennen zusammenführen, Begrenzungen niederreißen und Berührungsängste in Licht auflösen.

Diese Gemeinsamkeiten sind in ihrer Liebe zum Guten, Wahren, Schönen ALL-UM-FASSEND.

Der 'Sündenfall' der Erkenntnis kennt eben auch 'die andere Seite' der dualen Weltauffassung; es hat dennoch den Anschein, daß uns mögliche Veränderungen (Blockierungen?) mit auf den (Vererbungs-) Weg gegeben wurden, was jedoch in keinerlei Weise ein 'böses' Verhalten rechtfertigen würde.

Wir selbst können in selbstbestimmter Freiheit und Verantwortung daran mitarbeiten, die all-umfassenden Gemeinsamkeiten herbeizuführen: ***Auf*** der Basis unserer eigenen ***Religion*** (lat. religiosus = rücksichtsvolle, gewissenhafte Beachtung) sollten wir die anderen Religionen nicht mißachten und verurteilen, sondern allen mit größtem Interesse, größter Offenheit und Toleranz sowie freundschaftlich und respektvoll entgegentreten. Man muß die Vergangenheit kennen, um die Zukunft besser einzuordnen, das heißt, man muß sich von der Vergangenheit und den ***Fehlern*** der Vergangenheit lösen, ohne sie zu verurteilen. (Auch wenn es vielleicht schwerfällt...) ***Jede*** Religion weist auf das Vorhandensein des Göttlichen hin, es sind viele Wegweiser in ein- und dieselbe Richtung. Man muß sich ja nicht gleich jeder Weggabelung anschließen!

Der sogenannte 'Heilige Krieg' hat übrigens - zusammen mit seinen fanatischen, selbsternannten Predigern, die zu Terroranschlägen anheizen - nichts mit den islamischen Lehren zu tun. Der 'Heilige Krieg' war im Mittelalter die Bezeichnung für die christlichen Kreuzzüge. Ist 'Mord im Namen Gottes' zu rechtfertigen? Hier zeigt sich, ***was*** die Kirche in ihrer blutrünstigen Geschichte in der Tat bewirken konnte; an ihren Früchten wird man sie erkennen! Gott-sei-Dank bröckeln die Fassaden dieser Macht dahin, wenn auch viel zu langsam.

„Was die Kirche nicht verhindern kann, das segnet sie."
(Kurt Tucholsky: „Ein Pyrenäenbuch")

Die Unterschiede zwischen den Religionen gelten ***für*** die Religionen, nicht aber für nach Wahrheit und Freiheit suchenden ***Menschen*** in einem Leben ***vor*** dem Tod.

8. DIE WIEDERGEBURT ODER REINKARNATION / KAUSALITÄT UND KARMA

Der Übergang in die Mental-Ebene - durch Lösen der Mentalmatrize - stellt die höchste Stufe der geistigen Reife dar; um allerdings die Welt aus Raum und Zeit verlassen zu können, muß die ***absolute, geistige Reinheit*** vorausgesetzt werden.

Ist die höchste Stufe, das 'göttliche Ziel', noch nicht erreicht, beginnt der Kreislauf des Lebens wieder von vorne: Der unsterbliche Teil des Menschen tritt erneut in die materielle, dreidimensionale Ebene ein, so daß von ***Wiedergeburt***, ***Reinkarnation*** oder ***'Auferstehung'*** gesprochen werden kann. Dieser ***universalen Gesetzmäßigkeit*** entsprechend wird dem Menschen durch die Wiederverkörperung eine neue Chance gegeben, noch bestehende geistige Mängel auszugleichen. Diesen Vorgang könnte man mit dem Nicht-Versetzt-Werden eines Schulkindes in die nächste Klasse vergleichen: Aufgrund mangelnder Reife muß das Schuljahr wiederholt werden.

Der Mensch durchläuft also je nach geistigem Entwicklungszustand verschieden viele Wiederverkörperungen oder ***Inkarnationen*** (lat. incarnatio = Fleischwerdung).

Schauen wir einmal auf die biologischen Vorgänge während der Vorbereitungsphase zu einer neuen Inkarnation oder zu einer neuen ***Geburt***, also nach der Befruchtung während der Schwangerschaft:

„Ein menschlicher Samenfaden hat eine Länge von siebentausendstel Millimetern und eine Breite von dreitausendstel Millimetern. Das weibliche Ei hat einen Durchmesser von 1/5 Millimeter. In diesen kleinen Räumen ist die gesamte elterliche Erbmasse enthalten. In ihnen befinden sich eine unvorstellbare Fülle von Energien, die in genauer gesetzmäßiger Reihenfolge die Teilung der Geschlechtszellen, das Wachsen des Embryos, die Entwicklung und das Leben des fertigen Menschen bedingen. Es handelt sich um astronomische Zahlen der verschiedensten physikalischen und chemischen Reaktionen, die sich bei diesem Wachstum ereignen. Noch größer ist das Wunder der Keimzelle, wenn wir bedenken, daß in ihr nicht nur das gegenwärtige Zustandsbild der Eltern enthalten ist, nein, auch die ganze Geschichte der Vorfahren, nicht nur bis über die Großeltern hinweg, sondern bis in Jahrmillionen zurück. So hat infolgedessen das Embryo einige Zeit ein Schwänzchen, dann einige Zeit fünf Kiementaschen auf der

rechten und der linken Seite der Halsgegend (Fischstadium), ja, wir finden sogar eine blasige Wirbelsäule, die jener der Urfische entspricht. Im Embryo werden drei Nieren angelegt: die Urniere, die Vorniere und die Nachniere. Urniere und Vorniere werden zu anderen Organen umgebildet, nur die Nachniere bleibt als eigentliches Nierenorgan erhalten. [...]

Die Unmöglichkeit einer materiellen Erklärung des Lebens wird weiter gesteigert, weshalb es einer Geschlechtszelle möglich sein soll, sich in verschiedenartigste Zellen zu differenzieren, wie zum Beispiel in Herz, Niere, Nerven, Leber, Blutgefäß. Wenn wir bedenken, daß hierbei Stoffwechsel und Abfallprodukte, die bei der Zellteilung entstehen, zur Seite geschafft und anderweitig umgebaut werden müssen, und daß eine Zellteilung an sich schon eine große technische Leistung darstellt, dann kann die befruchtete Geschlechtszelle nur eine Fähigkeit haben, und zwar die Fähigkeit, sich zu teilen. Alles andere, was sich darüber hinaus an sinnvollem Lebensaufbau vollzieht, kann nicht in der Eiweißsubstanz der Geschlechtszelle begründet sein."

(Dr. med. Josef Gemassmer: „Geistige Heilweisen")

Es muß also noch etwas 'Zusätzliches' geben, um die Schöpfung des Lebens in Vollendung zu betrachten.

„Wir sind hier zur Annahme gezwungen, daß es ein Schöpfungsbild gibt, das an der Geschlechtszelle ankert. Dieses Urbild kann sich selbst multiplizieren und inkarniert sich in jeder abgetrennten Zelle. [...]

Dieses Urbild, dieses Schöpfungsbild, das in der Geschlechtszelle inkarniert, d.h. eingeboren ist, kann nicht mehr der atomaren Sphäre angehören, es muß in einer höheren Sphäre zu suchen sein, die wir zwar logisch annehmen müssen, von der wir aber wissenschaftlich nichts wissen."

(Dr. med. Josef Gemassmer: „Geistige Heilweisen")

Der Inkarnations-Begriff durchzieht alle Schriften der großen Religionen. Fangen wir an mit der Bibel:

Jesus sagt:

„Wenn jemand nicht von neuem geboren wird, kann er das Reich Gottes nicht sehen."

(Die Bibel, Joh. 3, 3)

Im Heiligen Buch des Islam ist zu lesen:

„Er [Anm.: Allah] *läßt das Lebendige aus dem Toten erstehen und läßt das Tote aus dem Lebendigen erstehen, und Er belebt die Erde nach ihrem Tode. Und demgemäß werdet ihr entstehen."*

(Der Koran, Sure 30, 19)

Und Buddha sagt:

„Durch das Nichtverstehen der edlen Wahrheit vom Leiden, ihr Mönche, durch das Nichterkennen ist diese lange Strecke des Weges von mir wie von euch durchlaufen worden, wurden wir wiedergeboren im Kreislauf von Geburt und Tod."

(„Reden des Buddha", II,10.)

Die Annahme, das Schicksal des Menschen hänge ***nach*** dem 'Tod' von seinen Taten in seinem letztvergangenem und seiner früheren Leben ab, bezeichnet man als ***Karma*** (ind. Sanskrit = Tat, das Geschaffene).

Sind parallel zur geistigen Entwicklung alle im Lauf einer irdischen Inkarnation angesammelten 'karmischen Belastungen' aus dem Weg geräumt, kann der Eintritt des Geistes in die Mental-Ebene vollzogen werden; eine neue Inkarnation ist dann nicht mehr notwendig - und bleibt aus. Im Buddhismus bezeichnet man diesen Zustand als 'Nirwana' (ind. Sanskrit = erloschen).

„Durch das Aufhören der Geburt vergehen Alter und Tod, es schwinden Leid, Klagen, Unglück, Verzweiflung und Ruhelosigkeit."

(„Reden des Buddha", II., 5)

Man könnte nun annehmen, daß in den 'karmischen Belastungen' der einzige Grund zu suchen ist, warum man in seinem Leben die verschiedensten körperlichen Qualen erdulden und meistern muß.

Nebenbei finden Talente, Veranlagungen und Neigungen so ihre Erklärung. (Achtung! Vor bequemen Schubladen wird weiterhin gewarnt!) Man unterscheidet hier zwischen den Aufgaben, die man noch aus einem früheren oder dem vorangegangenen Leben zu bewältigen hat und den Aufgaben, welche einem in diesem Leben gestellt sind; letztere stehen ***weit*** im

Vordergrund: Schließlich leben wir ***jetzt*** und nicht in irgendeiner Vergangenheit.

Dazu ein weiteres Jesus-Zitat:
„Ich will Dir die Schlüssel des Himmelreichs geben, und alles, was Du auf Erden binden wirst, soll auch im Himmel gebunden sein, und alles, was Du auf Erden lösen wirst, soll auch im Himmel gelöst sein.“
(Die Bibel, Matt. 16, 19)

Viele Menschen haben bruchstückhafte Erinnerungen an frühere Leben, viele überhaupt nicht. Diese Schutzfunktion bekommt einen Sinn, wenn Sie sich vorstellen, daß Sie vielleicht in einer vorangegangenen Inkarnation brutal gefoltert und anschließend zerstückelt wurden. Oder Sie sind zum Beispiel durch soziale Umstände obdachlos geworden und waren früher ein König mit verschwenderischer Hofhaltung.

Oder Sie leisten heute einen Teil zur Verbreitung eines göttlichen Bewußtseins und waren vorher Staats- und Regierungschef eines Landes dieser Erde... undsoweiter.

Es kann durchaus vorkommen, daß man in seinem jetzigen Leben auf alte Bekannte, Freunde oder auch Feinde ‘von früher’ trifft. Sicher ist Ihnen jenes Gefühl vertraut, wenn Sie einer unbekannten und ungewöhnlich sympathischen Person begegnen, daß Sie den seltsamen Eindruck haben, diese in eigenartiger Weise vertraute Person schon jahrelang zu kennen; wahrscheinlich ist dem auch so: Wahre und tiefe Freundschaft endet eben nie!

„Karma bedeutet Tat, aber auch Schicksal, weil sich das Schicksal aus Taten zusammensetzt. Es handelt sich also um das Gesetz der schicksalhaften Konsequenzen von Taten. Dieser oft verwendete okkulte Begriff birgt wie viele andere die Möglichkeit der Mißdeutung. Einige verstehen unter Karma eine starre und unabwendbare Endgültigkeit; dabei ist das Karma elastisch. Es wird in dem Maße formbar, in welchem sich der Charakter verändert und entwickelt, die Erkenntnis sich vermehrt und die inneren Kräfte frei werden.“
(Mária Szepes: „Academia Occulta - Die geheimen Lehren des Abendlandes“)

Das auf die Bibel (Galater 6, 7) zurückgehende Sprichwort
„Denn was der Mensch sät, das wird er ernten!“
ist eine universale Gesetzmäßigkeit. Wenn man Kartoffeln pflanzt, wird man keinen Kürbis ausgraben können! Logisch. Jede ***Ursache*** hat eine entsprechende ***Wirkung***. Es ist das ***Kausalitätsgesetz***.

Das, was man sich ***zudem*** als ‘karmische Suppe eingebrockt’ hat, bekommt man ‘zum Auslöffeln’ gnadenlos wieder zurück. Dabei ist es der Suppe beziehungsweise dem Karma egal, ob es sich um einen guten oder schlechten Gedanken beziehungsweise um eine gute oder schlechte Tat handelt. ‘Auslöffeln’ müssen wir es so oder so. Hier muß es heißen: „Denn was der Mensch bereits ***gesät hat***, das wird er ernten.“ Wenn wir also jemanden in diesem Leben vergewaltigen und brutal ermorden, werden wir auch in diesem oder einem nächsten Leben vergewaltigt und/oder ermordet werden, um das selbtgeschaffene Karma auszugleichen. Kein Welteroberer und blutrünstiger Diktator oder angeblicher ‘Staatsmann’ wird davon verschont, sein Karma abzutragen. Jeder bekommt ***den*** ‘Bumerang’ zurück, ***den*** er ‘weggeworfen’ hat, und zwar völlig wertneutral. Es ist das universale ***Gesetz des karmischen Ausgleichs***.

Der Bumerang kommt erst dann ***nicht*** mehr zurück, wenn man ein bestimmtes Problem gelöst oder eine bestimmte Situation endlich in den Griff bekommen hat.

„Es löst der Mensch nicht, was der Himmel bindet.“
(Friedrich Schiller: „Die Braut von Messina“)

Die ***eigene Verantwortung und Souveränität*** rückt erneut umso mehr in den Mittelpunkt. Alles Gute bringt Gutes hervor; alles Schlechte kann nur Schlechtes zur Folge haben. Wie immer haben wir die Wahl.

„Denn wir müssen alle vor dem Richterstuhl Christi offenbar werden, damit jeder seinen Lohn empfängt für das, was er bei Lebzeiten getan hat, es sei gut oder böse.“
(Die Bibel, 2. Korinther 5, 10)

„Wer mit Gutem kommt, soll Gutes dafür erhalten, und wer mit Bösem kommt - jene, die Böses tun, belohnen Wir nur nach ihren Taten."
(Der Koran, Sure 28, 84)

Man kann sich jetzt leicht vorstellen, wieviel Kraft und Energie in der kausalen Gesetzmäßigkeit steckt, wenn man sie bewußt ***positiv*** anwendet - und sich nicht dauernd durch den Gedanken an eine 'karmische Belastung' blockiert. Blockierungen, Begrenzungen und Fassaden haben den Zweck, daß man sie beseitigt!

Sind wir aufmerksam, bekommen wir Aufmerksamkeit zurück! Sind wir aufrichtig, bekommen wir Aufrichtigkeit zurück! Sind wir ehrlich, bekommen wir Ehrlichkeit zurück! Lächeln wir, bekommen wir ein Lächeln zurück! Sind wir fröhlich, bekommen wir Fröhlichkeit zurück! Sind wir liebevoll, bekommen wir Liebenswürdigkeit zurück! Haben wir Vertrauen und Zuversicht, bekommen wir es zurück! Undsoweiter, undsoweiter, undsoweiter.

Ist das nicht wundervoll? Die Kraft liegt in unseren Gedanken und Emotionen, die wir in unsere Umwelt hinein ausstrahlen: Es ist die vielzitierte Kraft des positiven Denkens.

Wenn nun aber jemand geringfügig und schlecht von sich denkt, wird das, was ihm daraufhin passiert, geringfügig und schlecht ***sein***. Wir können unser Leben in positivster Weise ändern, genau ***jetzt*** in ***diesem*** Augenblick - sowie in allen Augenblicken unseres Lebens.

Diese universale Gesetzmäßigkeit ***in*** der Gesetzmäßigkeit läßt sich auf eine einfache Formel bringen:

Gleiches zieht Gleiches an. Es ist das ***Gesetz der Resonanz.***

(Es ist die ***bewußte*** Nutzung des Kausalitätsgesetzes.)

Zwei passende Jesus-Zitate sollen Ihnen nicht vorenthalten werden:

„Bittet, so wird euch gegeben; sucht, so werdet ihr finden; klopft, so wird euch aufgetan. Denn wer bittet, der empfängt; und wer sucht, der findet; und wer anklopft, dem wird aufgetan."
(Die Bibel, Matt. 7, 7/8 oder Lukas 11, 9/10)

„Alles nun, was ihr wollt, daß euch die Leute tun sollen, das tut ihnen auch! Denn das ist das ganze Gesetz und die Propheten."
(Die Bibel, Matt. 7, 12)

„Was Du nicht willst, das man Dir tu', das füg' auch keinem ander'n zu!"

Wir werden also ***immer*** in unserem Leben (auch durch das Magnetfeld unserer Aura) genau ***die*** Wirkung zurückbekommen, die wir auch als Ursache gesetzt haben. Und hinter einer bestimmten ***Handlung***, welche bereits eine Wirkung ist, steht natürlich immer ein bestimmter ***Gedanke*** als Ursache. Das, was wir ***emotional*** ausstrahlen (egal, ob in ***unserem*** Verständnis positiv oder nevativ), strahlt auf uns zurück. Wenn wir also mit einer „Alles-Ist-Scheiße"-Philosophie durch die Gegend laufen, so zeigt uns unsere Umwelt exakt diese Einstellung in einem Spiegelbild. Auch werden wir dann ***den*** Menschen begegnen, welche ***dieselbe*** („Alles-Ist-Scheiße")-Einstellung haben.

Aber vielleicht wollen wir ja gar nicht solche destruktiven Menschen an uns heranziehen? Kein Problem! ***Ändern*** wir unsere Gedanken, ***ändern*** wir unsere Einstellung! So einfach ist das!

Jesus sagt dazu:
„Du blinder Pharisäer, reinige zuerst, was innen im Becher ist, damit auch das Äußere rein wird."
(Die Bibel, Matt. 23, 26)

Auch die Weisheit aus dem alten China ist uns überliefert, ca. 300 v.u.Z.:
„Der Heilige Mensch häuft nicht an.
Je mehr er für die Menschen tut,
Desto mehr hat er selbst.
Je mehr er den Menschen gibt,
Desto mehr wird ihm selbst zuteil."
(Lao-tse: „Tao-Tê-King - Das Heilige Buch vom Weg und der Tugend")

Seien wir offen, aufrichtig, fröhlich, hilfsbereit, gehen wir mit einem Lächeln oder einer witzigen Bemerkung auf unsere 'Mit-Götter' zu und verströmen wir nach allen Richtungen eine positive Atmosphäre... Was glauben Sie, wird passieren? Wir ***wissen*** es!

Glauben wir an nichts, denn
Wissen ist Macht.

„Der Glaube versetzt Zwerge.“
(Karlheinz Deschner: „Bissige Aphorismen“)

Wie Sie sehen, liebe Leser, ist das Schicksal aller Menschen - ***unser*** persönliches Schicksal mit eingeschlossen - nicht starr vorherbestimmt, sondern absolut veränderbar, zu jeder Zeit. Es läßt sich einem vorhandenen Karma aus früheren Leben als alleingültige Ursache nicht unterschieben, wie es uns viele 'Esoterik-Gurus' gerne verkaufen würden. Das Gegenteil ist der Fall: Wir selbst nämlich schreiben das Drehbuch unseres Lebens immer wieder neu, mit jedem ***neuen*** Gedanken und jeder ***neuen*** Tat. Fangen wir damit an, die verantwortungsvolle Hauptrolle zu übernehmen und bleiben in unserem Film kein Statist, der hin und wieder nur stumm durch die Szene läuft. Wir brauchen keine Spezialeffekte: Jeder ist für sich selbst ein Spezialeffekt! Jeder für sich führt die Regie, ist ausführender Produzent, bestimmt ganz alleine Qualität und Inhalt des Films und besitzt sämtliche Aufführungsrechte!

Viele Faktoren um uns herum versuchen nun ganz gezielt, uns diese 'Führungsrolle' streitig zu machen beziehungsweise uns generell davon abzuhalten, diese zu leben. Wenn wir nämlich allzu viel nachdenken und den lichten Strahlen der Erkenntnis folgen, fallen wir irgendwann durch das Netz der Bewußtseins-Kontrolle hindurch und würden alles, an was wir glauben, zugunsten eines grundlegenden ***Wissens*** aufgeben. Das wäre für viele mühevoll aufgebaute und etablierte Theorien und Halbwahrheiten äußerst ärgerlich... Glaubensgemeinschaften, Sekten, Organisationen welcher Art auch immer, Universitätswissenschaften und Massenmedien hätten keinen Einfluß mehr auf die Blockierung der individuellen Entwicklung unserer Persönlichkeit in ***eigener*** Verantwortung und Souveränität. Gegen aufwendig inszenierte Ablenkungsmanöver, gegen das absichtliche Stiften von Verwirrung in sämtlichen Bereichen und gegen das ebenso absichtliche Verbreiten von Unsicherheit und Angst wären wir nämlich schlicht resistent. Worauf warten wir noch?

„Richtiges Verstehen und Anwenden des Karma-Gesetzes befähigt den Menschen, durch intelligentes Handeln Herr seines Schicksals zu werden. Was einer ist, ist er geworden aufgrund seiner eigenen angehäuften Taten, und so sind auch seine eigenen Taten das Mittel, durch das er sich selbst nach dem Bild seines Herzens umgestalten oder letztlich ganz befreien kann von der karmischen Bestimmung, die ihn durch Leben und Tod regiert.“

(Meher Baba: „Darlegungen über das Leben in Liebe und Wahrheit“)

Wenn jeder Mensch die Gesetzmäßigkeiten der Kausalität, einschließlich die des Karmas, für sein Handeln als Grundlage erkennen würde, würde es Kriminalität, Morde, Diebstahl und Kriege nicht mehr geben; am Ende ist es nämlich Kriminalität und ***Krieg gegen sich selbst***.

Alles ***Schlechte***, was man verursacht hat und neu verursacht, fällt als unumgehbare und niemals zu täuschende Gesetzmäßigkeit hundertprozentig als ***Schlechtes*** auf einen selbst zurück!

Am Ende siegt immer die universale, wertfreie und neutrale Gerechtigkeit. (Die Allegorie oder bildhafte Darstellung der ‘Gerechtigkeit’ und Justiz ist passenderweise eine Frauengestalt mit einer Waagschale und ***verbundenen*** Augen.)

Der materielle Bereich der Dualität der Welt steht unwissenderweise erneut im Vordergrund:

Jesus:

„Seht zu und hütet euch vor aller Habgier; denn niemand lebt davon, daß er viel besitzt.“

(Die Bibel, Lukas 12, 15)

„In der Existenzweise des Habens findet der Mensch sein Glück in der Überlegenheit gegenüber anderen, in seinem Machtbewußtsein und in letzter Konsequenz in seiner Fähigkeit, zu erobern, zu rauben und zu töten. In der Existenzweise des Seins liegt es im Lieben, Teilen, Geben. [...] *Die Voraussetzungen für die Existenzweise des Seins sind Unabhängigkeit, Freiheit, und das Vorhandensein kritischer Vernunft. Ihr wesentliches Merkmal ist die Aktivität, nicht im Sinne von Geschäftigkeit, sondern im*

Sinne eines inneren Tätigseins, dem produktiven Gebrauch der menschlichen Kräfte. Tätigsein heißt, seine Anlagen, seinen Talenten, dem Reichtum menschlicher Gaben Ausdruck zu verleihen, mit denen jeder - wenn auch in verschiedenem Maß - ausgestattet ist. Es bedeutet, sich selbst zu erneuern, zu wachsen, sich zu verströmen, zu lieben, das Gefängnis des eigenen isolierten Ichs zu transzendieren, sich zu interessieren, zu lauschen, zu geben. Keine dieser Erfahrungen ist jedoch vollständig in Worten wiederzugeben. Worte sind Gefäße, die wir mit Erlebnissen füllen, doch diese quellen über das Gefäß hinaus. Worte weisen auf Erleben hin, sie sind nicht mit diesem identisch.“

(Erich Fromm: „Haben oder Sein“)

Kleben wir also nicht an begrenzenden Phrasen, Worten, Erklärungsmodellen - wie wir sie auch in diesem Buch finden - und ähnlichen, behelfsmäßigen Krücken: ***Leben*** wir das, was wir ***sind!***

Stehen wichtige Entscheidungen an, hören wir zunächst auf unsere ***‘innere Stimme’*** und folgen unserem ***Gefühl*** auf dem ***‘Weg des Herzens’***; auf dieser Grundlage kann unser ***Verstand*** dann die universalen Gesetzmäßigkeiten bewußt anwenden, ohne sich auf den materiellen Bereich zu beschränken.

„Allen gehört, was du denkst; dein eigen ist nur, was du fühlst.
Soll er dein Eigentum sein, fühle den Gott, den du denkst.“
(Friedrich Schiller: „Das eigene Ideal“)

Wir haben damit den Prozeß eingeleitet, den ‘entwichenen geistigen Bereich der dualen Welt’ zu uns zurückkommen zu lassen. Das Motto dabei ist die Lösung:

L I E B E DEINEN NÄCHSTEN WIE DICH S E L B S T.

9. MATERIE UND ENERGIE / ZUSAMMENFASSUNG: DIE UNIVERSALGESETZE

Betrachten wir noch einmal die 'Bausteine' der Materie, die 'Bausteine' unseres Planeten, die 'Bausteine' unserer zur Zeit manifestierten Realität. Man nimmt also an, daß alles Gegenständliche aus winzigen - den Sinnen verborgenen - ***Teilchen*** besteht, aus ***Atomen***. Diese, so die Erklärung nach dem ***Atommodell***, bestehen wiederum aus einem festen ***Atomkern*** (Protonen/Neutronen) und aus um den Kern herum stets kreisende ***Elektronen***, welche die Atomhülle bilden. (Die Frage nach der Häufigkeit einer Atomspaltung oder die wissenschaftliche Aktualisierung des Atommodells stehen nicht zur Debatte.) In jedem Atom wirkt ***Elektrizität*** (lat. electrum = Bernstein, in seiner Eigenschaft, nach Reibung leichte Stoffe anzuziehen; grch. elektron, zu elektor = „strahlende Sonne"). Man kann nicht sagen „Ein Atom hat Elektrizität", da der Begriff außerhalb der greifbaren Materie liegt. Elektrizität umfaßt alle Erscheinungen von ruhenden oder bewegten elektrischen ***Ladungen*** und den sie umgebenden ***elektrischen und magnetischen*** Feldern. Es gibt passend für die duale Weltauffassung zwei elektrische Erscheinungsformen: Die Elektronen sind Träger der ***negativen*** Elektrizität, die Protonen sind Träger der ***positiven*** Elektrizität. Ein ***Atom*** ist im Ruhezustand elektrisch ***neutral***, da die elektrischen Felder von Elektronen und Protonen entgegengesetzt gleich groß sind - und sich gegenseitig aufheben. Herrscht in den Atomen ein Ungleichgewicht der elektrischen Felder beziehungsweise ein negativer oder positiver Überschuß der Elektrizitätsmenge, äußert sich diese in Form einer negativen ***oder*** positiven ***Ladung*** (gemessen in Coulomb), während die Neutronen keine Ladung besitzen. Künstlich schafft man eine positive elektrische Ladung im Atom durch Abziehen, eine negative durch Anlagern von Elektronen (positive und negative Ionisierung). Verschiedenartige Ladungen ziehen sich an, gleichartige stoßen sich ab. Fließen Elektronen oder Ionen in metallischen, flüssigen oder gasförmigen Leitern oder Halbleitern spricht man von ***Strom***, verursacht durch die zwischen zwei Ladungsträgern bestehende ***Spannung*** (gemessen in Volt). Elektrizität wirkt, wenn das elektrische Gleichgewicht aufgehoben ist. ***Gleichzeitig*** wirkt in jedem Atom das Phänomen des ***Magnetismus*** (grch. magnetis = Magnetstein, nach der Landschaft Magnesia in Thessalien). Der Begriff Magnetismus meint „eine verschieden stark ausgeprägte Eigenschaft aller (!) bekannten

Substanzen, in einem Magnetfeld Kraftwirkung zu zeigen“. Den Grund dafür liefern die ***Elektronen*** ; Jedes Elektron verhält sich wie ein Miniatur-Stabmagnet mit Nord- und Südpol, da es sich mit seiner elektrischen Ladung (!) um sich selber dreht und den Atomkern umkreist. Jeder magnetisierte Körper ist bekanntlich mit einem Magnetfeld umgeben, das sich modellhaft durch ‘Kraftlinien von Pol zu Pol’ darstellen läßt. (Auch unsere Erde und andere Planeten besitzen ein Magnetfeld; Stichwort ‘Mikrokosmos/Makrokosmos’.)

Es gibt da nun eine große Anzahl von unterschiedlichen ‘Bausteinen’, die untereinander ***unterschiedlich*** kombiniert werden:

Alle auf diese Weise entstandenen ***Materialien***, welche die vielfältigsten Eigenschaften (Festigkeit, Dehnbarkeit, Aggregatzustand undsoweiter) aufzeigen, haben - wie in Kapitel 1 bereits formuliert - eine gemeinsame Eigenschaft: Ihre elektromagnetisch wirkenden ‘Bausteine’ ***bewegen*** sich!

Mit anderen Worten kann man jetzt endlich formulieren: ***Jedes*** Atom besitzt eine ***Schwingung***. Voilà!

Physikalisch meint Schwingung „eine zeitlich periodische Zustandsänderung eines physikalischen Systems bei Störungen des mechanischen, elektrischen oder thermischen Gleichgewichts. Man unterscheidet mechanische Schwingungen bei Lageänderungen materieller Teilchen und ***elektromagnetische*** Schwingungen durch Änderungen eines magnetischen und elektrischen Feldes“ (allgemeines Lexikon). Da haben wir es: Elektromagnetische Wellen repräsentieren ein bestimmtes Frequenzgebiet von Strahlen in einer dualen Wechselwirkung magnetischer und elektrischer Felder: Gammastrahlen (Stichwort ‘Krebstherapie’), Röntgenstrahlen, ultraviolette oder UV- Strahlen (besonders die der Sonne), Infrarot- oder Wärmestrahlen, Radiowellen und ***Lichtwellen*** gehören dazu. Sie alle breiten sich, so die gängige physikalische Erklärung, mit ‘Lichtgeschwindigkeit’ - im Vakuum etwa 300.000 Kilometer pro Sekunde - aus.

Hier verlassen wir die universitäre Physik, denn nur die Schwingungen der materiellen, dreidimensionalen Ebene lassen sich in ‘Hertz’ (Einheit der Frequenz, die die Anzahl der Schwingungen pro Sekunde angibt) messen. Der zentrale Begriff der ‘Schwingung’ ist im Zusammenhang mit der Astral- und Mental-Ebene schon aufgetaucht, denn schließlich sind alle

Ebenen miteinander verknüpft; die jeweilige Schwingung allerdings unterscheidet sich in ihrer ***Intensität***.

Wenn man zwischen Daumen und Zeigefinger ein Gummiband spannt und es flipsen läßt, vibriert es zunächst sehr stark, wird zunehmend schwächer und kommt zum Stillstand; dennoch bleibt es dasselbe Gummiband.

Das verbindliche Wort für die Materie heißt ***Elektromagnetismus***.
Es ***wirken*** die Vier Elemente.

„Sowohl das elektrische als auch das magnetische Fluid im menschlichen Körper haben mit der uns bekannten Elektrizität oder dem Magnetismus direkt nichts zu tun, sind ihnen jedoch analog. [...]

Das elektrische Fluid stammt aus dem Feuerprinzip, das magnetische aus dem Wasserprinzip. Das luftige Prinzip ist zwischen beiden das ausgleichende Element. Das Erd-Element ist doppelpolig, enthält daher beide Fluide und ist elektromagnetisch; im Mittelpunkt elektrisch und an der Peripherie magnetisch. Diese beiden Fluide wirken mit der beschriebenen Gesetzmäßigkeit in allen Sphären, in der Mental- und Astralsphäre sowie in der materiellen Welt."

(Franz Bardon: „Der Weg zum wahren Adepten")

Hinzu kommt, daß ***zwischen*** dem Atomkern und der Atomhülle nichts weiter sei, als ***leerer Raum!*** Hinsichtlich der räumlichen Quantität besteht unsere fundamentale Wirklichkeit demnach größtenteils aus ***Nichts***. Abermals haben wir es mit einer Erkenntnis zu tun, die alles andere als zufriedenstellend ist; der mutmaßliche 'leere Raum' innerhalb eines jeden Atoms ist möglicherweise etwas ganz anderes: Die 'Nahtstelle' zwischen den beiden Hälften der dualen, ***materiell-geistigen Welt!***

Für die zeitlose, räumlich begrenzte und stofflich feinere ***Astral-Ebene***, die schon als 'höhere Schwingungsebene' beschrieben wurde, wäre genügend Platz vorhanden. Der menschliche ***Astralkörper*** (Seele) könnte so den materiellen, physischen Körper mittels Verknüpfung 'beleben' - oder ihn während des Träumens (gekoppelt an die 'Silberschnur') und nach dem Eintreten des Todes (mit durchtrennter 'Silberschnur') ungehindert verlassen. Ist der 'Hohlraum' der Materie die 'Einstiegsluke der Seele'? Ist die Astralebene oder das 'Jenseits' allgegenwärtig und zum Greifen nahe?

Sind der geistige und der materielle Bereich eng miteinander verwoben und gegenseitig durchdrungen?

Geht man also davon aus, daß alles, was im Großen (Makrokosmos) existiert, sich im Kleinen (Mikrokosmos) analog oder spiegelbildlich wiederfindet, so ist jeder 'Materie-Baustein' ein ***Abbild*** unseres ***Sonnensystems***. Jeder Planet ist einem Elektron und die Sonne dem Atomkern vergleichbar. Ist wiederum unser Sonnensystem nur irgendein 'Materie-Baustein', ein winziges Rädchen innerhalb einer noch größeren Maschinerie? (Stellen Sie sich nur einmal vor, wenn man eines Tages wissenschaftlich die Grenzen unseres Kosmos bestimmen könnte, und dabei eingestehen müßte, daß es sich um ein riesiges Gummibärchen handeln würde...)

Materie an sich, so die naturwissenschaftliche Lehrmeinung, kann nur durch die physikalische Eigenschaft der ***Masse*** bestehen. Problematisch wird es, wenn man definiert, daß der menschliche Astralkörper eine sehr feine, physikalisch nicht anerkannte ***Stofflichkeit*** besitzt; eine Materie ***ohne*** Masse? Eine 'feinstoffliche' Schwingung?

Unter Betrachtung des scheinbar nie enden wollenden Kreislaufs des Entstehens und Vergehens stellen wir fest, daß Materie eine bestimmte ***Lebensdauer*** hat. Jedes Material löst sich irgendwann nach Ablauf der Existenzfrist („Mindestens haltbar bis siehe Seitenlasche“) seine Masse in dessen Bestandteile auf. Was aber bleibt ***nach*** diesem Auflösungsprozeß übrig?

Die Physik formuliert den schwer zugänglichen Begriff der ***Energie*** (grch. energeia = Tatkraft).

Physikalisch gesehen meint Energie „die Fähigkeit, Arbeit zu verrichten.“ Materie und Energie stehen in einer engen Beziehung: Ein Körper, der sich durch Masse und Volumen auszeichnet, kann gegenüber einem Ausgangszustand in einer ***veränderten*** Lage Energie besitzen (zum Beispiel ein sich bewegendes Fahrzeug oder eine gespannte Feder). Verschiedene ***Arten*** von Energie oder Energieformen werden dabei naturwissenschaftlich unterschieden: Wärmeenergie, elektrische Energie, magnetische Energie, chemische Energie und Kernenergie.

Äußerst wichtig ist, daß Energie ***nur*** - von einer Form in eine andere - ***umgewandelt*** werden kann.

Energie wird weder erzeugt noch verrichtet. Die Summe aller vorhandenen Energien ist unveränderlich, niemals geht ein Teil daraus verloren (physikalisches Axiom).

Nach jedem materiellen Auflösungsprozeß wird Energie freigesetzt, zum Beispiel zerfällt ein Stück Papier. Dieses geschieht auch bei der 'Loslösung' des Astralkörpers vom physischen Körper beziehungsweise durch das Zerreißen der 'Silberschnur' im Falle des menschlichen 'Todes'. Energie wird freigesetzt, aber sie bleibt, sie ***ist***.

Belebte Materie ist zunächst von unbelebter Materie zu unterscheiden, obwohl es sich dabei letztenendes um unterschiedliche Qualität von Energie handelt.

Vielleicht kennen Sie die literarische Gestalt des 'Golem' aus der jüdischen Mythologie (hebr. formlose Masse, das Unentwickelte, zu galam = zusammenfalten); gemeint ist eine menschenähnliche, zeitweise zum Leben erwachende, helfende, aber auch Unheil anrichtende Lehmfigur von gewaltiger Größe und Kraft, hervorragend verfilmt mit Paul Wegener 1914 und 1920 (Regie).

Die bisher nicht berücksichtigte Energieform der ***geistigen Energie*** hat ihre Quelle als ***reine*** und ***göttliche*** Energie in der ***Mental-Ebene***, durchfließt diese - bildlich gesehen - in Form eines gewaltigen Flusses, verliert bei der Durchquerung der ***Astral-Ebene*** mehr und mehr an Ausmaß und Intensität und gelangt schließlich als bescheidener Kanal in die ***materielle, dreidimensionale Ebene***. Der immerwährende Fluß der geistigen Energie ist und bleibt eine direkte Verbindung durch alle Ebenen der menschlichen Existenz - unter Veränderung der ***Schwingung***.

Das Leben ist eine Reise auf diesem Fluß und der Sinn des Lebens die Entdeckung des Ursprungs, die Suche nach der Quelle, die Annäherung an ein Göttliches Bewußtsein. Um die verschiedenen Etappen auf dieser Reise bewältigen zu können, werden uns verschiedene 'Schiffe' zur Verfügung gestellt, die als die verschiedenen Körper des Menschen auf die entsprechende Intensität oder Schwingung der geistigen Energie abgestimmt sind. Sind wir nur innerhalb der physischen Ebene unterwegs, machen wir lediglich eine ebenso pauschale wie langweilige Kreuzfahrt inklusive Vollpension, weil wir vielleicht wie die meisten unserer Mitreisenden Angst davor haben, mit der großen 'Schleuse des Todes' konfrontiert zu werden... Seien wir mutig! Jeder für sich sollte sein ***eigener*** Kapitän sein und sich bewußt darauf vorbereiten, die Art seines Schiffes in der Astral-Ebene wechseln zu müssen; von einer Unterbrechung der Reise kann keine Rede sein. Das große Problem wird die 'Schleuse' sein, die in die Mental-Ebene führt: Wie wir wissen, haben sich bisher nur wenige Menschen während exakt derselben Reise die Mittel verdient, diese Schleuse zu öffnen, damit es eine Reise von A nach B wird - und nicht von A nach A. Letzteres ist der häufigste Fall: Man schippert vielleicht gerade nichtsahnend in Richtung der 'Mentalschleuse', muß aber feststellen, daß die 'Fahrrinne' für den eigenen Schiffstypus zu flach ist; also nimmt man notgedrungen die viel benutzte Umleitung und so die Alternativ-Schleuse, welche zu dem Ausgangspunkt der Reise wieder zurückführt: Willkommen zurück in der Energieform der ***Materie!***

Machen wir uns noch einmal Gedanken über unsere ***Gedanken***, denn letztenendes ist ***alles*** Energie - und Materie ist manifestierter Gedanke, manifestierte Idee! Materie ***ist*** Energie.

Wir sind Energie, manisfestierte Gefühls-(‚Seelen') und Licht ('Geist')-Wesen, Abbilder des Göttlichen.

„Alles Göttliche auf Erden ist ein Lichtgedanke nur."
(Friedrich Schiller: „Die Gunst des Augenblicks")

Jetzt wird sich der eine oder andere vermutlich fragen: „Wie sehe ich denn nun aus, so ganz 'körperlos nackt' und energetisch?" Die Antwort findet sich meines Erachtens in den schon als Klassiker zu bezeichnenden Büchern von ***Carlos Castaneda***; es handelt sich um Erfahrungsberichte und Lernprozesse des Autors, begleitet von einem 'geistigen Lehrer' namens „Don Juan" in Mexiko. Ein Ausschnitt daraus wird zitiert:

„- Was ist diese andere Weise, die Menschen zu sehen, Don Juan?

- Die Menschen sehen anders aus, wenn Du s i e h s t. Der kleine Rauch wird dir helfen, die Menschen als Lichtfasern zu s e h e n.

- Lichtfasern?

- Ja. Fasern, wie weiße Spinnenweben. Sehr feine Fäden, die zwischen Kopf und Nabel kreisen. Dann sieht ein Mensch aus wie ein Ei aus krei-

senden Fasern. Und seine Arme und Beine sind wie leuchtende Borsten, die in alle Richtungen abstehen.

- Sieht jeder so aus?

- Jeder. Außerdem steht jeder Mensch mit allen anderen Dingen in Berührung, doch nicht nur durch seine Hände, sondern durch ein Büschel langer Fasern, die aus dem Mittelpunkt seines Leibes sprießen. Diese Fasern verbinden den Menschen mit seiner Umgebung. Sie halten ihn im Gleichgewicht. Sie geben ihm Stabilität. Daher ist der Mensch, wie du vielleicht eines Tages sehen wirst, gleich ob Bettler oder König, ein leuchtendes Ei, und es ist unmöglich, irgend etwas an ihm zu verändern; [...]

- Was sind diese tentakelartigen Fasern, Don Juan?

- Es sind die Tentakeln, die aus dem Körper eines Menschen kommen und die für jeden Zauberer, der s i e h t, sichtbar sind. Zauberer beurteilen Menschen je nach dem, wie sie deren Tentakeln s e h e n. Schwache Menschen haben sehr kurze, beinah unsichtbare Fasern; starke Menschen haben strahlende, lange.“

(Carlos Castaneda: „Eine andere Wirklichkeit - Neue Gespräche mit Don Juan“)

Wir leben demnach auf diesem Planeten zusammen als ***‘Licht-Eier’*** von verschiedener Ausprägung! Die Strahlung dieser energetischen Lichtformen ist in ihrer Stofflichkeit sehr viel feiner als die ‘Aura’ und daher materiell-wissenschaftlich durch die Kirlian-Fotographie nicht festhaltbar. Hier hilft nur eine hohe geistige Entwicklung weiter, um diese ‘Eier-Strahlung’ wahrzunehmen.

Sicher ist das Ei auch ein Symbol für Fruchtbarkeit und neues Leben; denken Sie nur an die heidnische und völlig unchristliche Tradition der ‘Ostereier’! Interessant ist, daß gerade die Form des Eis - auch in den Bräuchen anderen Kulturen - derart verehrt wird.

Die in dem Castaneda-Zitat beschriebenen ‘Tentakel’ entsprechen dem menschlichen Magenchakra (siehe dazu Kapitel 13) über dem Solarplexus (lat. sol = Sonne + plexus = Geflecht). Der Solarplexus befindet sich unter dem Zwerchfell auf der Hauptschlagader als aufliegendes Geflecht aus Fasern des vegetativen Nervensystems, von dem aus alle Eingeweide der oberen Bauchhöhle mit Nerven versorgt werden. Er ist also für den materiellen Körper - in einfachen Worten zusammengefaßt - ein Nervengeflecht im Oberbauch.

Wie Sie sehen, liebe 'Energie-Kraken', können Sie jemanden buchstäblich 'anziehend' finden! Außerdem unterstützen die Tentakel wesentlich den Gleichgewichtssinn.

Die Trinität der menschlichen Körper ist natürlich zwecks besserem Verständnis und besserer Einordnung in ein starres Erklärungsmodell gefaßt. Die Übergänge zwischen den Existenzebenen sind fließend und nehmen in Richtung Mentalebene in ihrer Feinstofflichkeit oder Schwingung zu.

Die Form des 'Licht-Eis' macht dieses deutlich. Eindeutige Grenzen sind im Modell von 'Körper, Seele, Geist' nicht zu definieren.

„Erst viel später, wenn für einseitige Forschungsobjekte weitere Milliarden verschleudert worden sind, wird man vielleicht erkennen, daß es zwischen dem Makro- und Mikrokosmos keine eigentlichen Grenzen gibt, daß Materie - hypothetische Quarks [Anm.: die bisher kleinsten entdeckten Teilchen] *einerseits und große astronomische Einheiten andererseits - über höherdimensionale Strukturen (Seinsebenen) wieder zusammenfließen, daß sie in einem zeitfreien, ewigen Kreislauf miteinander verbunden sind.“*

(Ernst Meckelburg: „Transwelt - Erfahrungen jenseits von Zeit und Raum“)

Betrachten wir unter Berücksichtigung des Analogiegesetzes (Mikrokosmos/Makrokosmos) erneut das Phänomen ***Zeit***, welches als Spielregel ***nur*** für die dreidimensionale, materielle Ebene gültig ist.

Zitiert wird aus einem ungewöhnlichen 'Science Fiction'-Roman:

„Die Zeit-Skala dehnt sich in beide Richtungen aus. Folgen wir ihr abwärts, so haben wir Menschen, Zellen, Moleküle, Atome, Elementarteilchen und so weiter. Folgen wir ihr aufwärts, so haben wir Menschen, Gesellschaften, Planeten, Sonnensysteme, Sternhaufen, Milchstraßensysteme, etcetera. Ich meine, daß diese Größenlinie in Wirklichkeit vielleicht einen riesigen Kreis bildet. Das heißt, wenn man drei Stufen weiter geht als Elektronen und drei Stufen über Galaxienhaufen hinaus, man dann vielleicht an denselben Punkt gelangt. Das allergrößte Gebilde wird normalerweise Universum genannt, und Leibniz hat das kleinste Ding Monade

genannt. Ich schlage vor: das Universum ist gleich groß wie die Monade. Wenn man also etwas lange genug in seine kleinsten Teilchen zerlegt, wird man in jedem seiner Partikel das ganze Universum wiederfinden. [....] *Das Problem der Materie w i r d durch die Theorie der Zirkularen Skala beantwortet. Zum Beispiel nimmt man einen Stein und zermahlt ihn zu Staub, den Staub zermahlt man zu Atomen, zerschlägt die Atome zu Elektronen und Nukleonen, diese zu Quarks und Resonanzen. Diesen Vorgang setze man fünfmal weiter fort und stelle fest, daß das, was man als Resultat vor Augen hat, Galaxien sind... die sich in Sterne und Planeten aufspalten lassen, und die Planeten wiederum in Gestein... und einer der Steine ist d e r s e l b e S t e i n, m i t d e m m a n b e g o n n e n h a t. Und man kann diesen Kreislauf fortsetzen, ohne jemals fester Materie zu begegnen - nichts als Form und Struktur.“*

(Rudy Rucker: „Gödel, Zappa, Rock'n'Roll - Ein Roman vom Paradies der Zukunft“)

Eine interessante Theorie, nicht wahr? „Die Reise in den Atomkern als Reise in das Universum“; der Kreis schließt sich.

„Die Materie ist zu Form konzentrierter Geist, der sich auszubreiten, zu spiritualisieren versucht. Darum ist die minderwertige Materie nur zu gern bereit, sich zu sublimieren. Die dichte Materie aber hat ihre selbststeuernde Fähigkeit verloren. Nur der hochrangigere Organismus, der Mensch ist in der Lage, den gefesselten Geist zu befreien. Eins der wichtigsten Ziele der Entwicklung des Menschen ist also, die Materie zu vereinnahmen und sie dadurch zu spiritualisieren, zu veredeln.“

(Mária Szepes: „Academia Occulta - Die geheimen Lehren des Abendlandes“)

Eigentlich gibt es keine Materie, keinen Raum, keine Zeit; dies sind die Illusionen, welche die Wirklichkeit „real“ machen.

Es existiert NUR Energie.

ZUSAMMENFASSUNG: DIE UNIVERSALGESETZE

I. Gesetz der **Analogie**
(Mikrokosmos/Makrokosmos)

II. Gesetz der **Wiedergeburt oder Reinkarnation**
(Kreislauf des Lebens)

III. Gesetz der **Kausalität**
(Gesetz von Ursache und Wirkung)

IV. Gesetz des **karmischen Ausgleichs**

V. Gesetz der **Resonanz**
(Gleiches zieht Gleiches an)

VI. Gesetz der **energetischen Schwingung**
(Verbindung aller Existenzebenen)

10. DER TEUFEL UND DAS BÖSE

Dieses Kapitel beginnt mit einem Film-Ausschnitt, zitiert aus einem Werk des brillianten deutschen Humoristen Loriot.

Ein frisch pensionierter Ehemann sitzt nach dem Mittagessen noch bei Tisch, während seine Frau das Dessert serviert:

Herr Lohse: „Was is'n das?" -
Frau Lohse [etwas gereizt] „Birne Helene!" -
Herr Lohse: „Das is' aber 'n Apfel..."
Frau Lohse: [noch gereizter]: „...mit Schokoladensoße..." -
Herr Lohse: „Dann ist es keine >BIRNE Helene<, sondern ein >APFEL Helene<..."
Frau Lohse [sehr gereizt]: „Das gibt's überhaupt nicht!" -
(Loriot und Evelyn Hamann in dem Kinofilm „Pappa ante portas")

Damit sind wir beim Thema: Durch die Kraft unserer Gedanken können wir ***alles*** kreieren, was es eigentlich gar nicht gibt! Genauso verhält es sich mit dem ***'Teufel'*** und dem ***'Bösen'***: „Das gibt's überhaupt nicht!" Alles unterliegt unserer Wahl, unserer Entscheidung, ***welche*** Gedanken wir in die Tat umsetzen; das ***Kausalitätsgesetz*** an sich ist absolut ***neutral***.

Jesus:
„Es gibt nichts, was von außen in den Menschen hineinkommt, das ihn unrein machen könnte; sondern was aus dem Menschen herauskommt, das ist's, was den Menschen unrein macht."
(Die Bibel, Markus 7, 15)

Gott ist kein 'alter Mann mit Bart, der im Himmel sitzt' und über die Menschen ***urteilt***, die Menschen urteilen mit ihren ***Taten*** über sich selbst. Entscheidend ist das ***Hier*** und ***Jetzt*** - mit der Ergänzung, daß der Astralkörper sämtliche Erfahrungen aller Leben gespeichert hat (Karma); die Seele ist sozusagen die 'Computer-Festplatte' der aktuellen Inkarnation und der Inhalt einer Computer-Festplatte läßt sich - wie wir wissen - jederzeit ***ändern***. Und jetzt frage ich Sie noch einmal: Bedient ein 'strafender und richtender Gott' den 'Mouse-Klick'? (Na, macht es bei Ihnen 'Klick'?)

Eine positive Ursache schafft eine positive Wirkung und - in Dualität dazu - eine ***negative*** Ursache schafft natürlich eine ***negative*** Wirkung. Und ausschließlich bei ***uns selbst*** liegt die ***Verantwortung*** dafür!

Von dieser eigenen Verantwortung sind wir allerdings durch gezieltes Verbreiten von Nicht-Wissen weit entfernt. Der 'Nährboden' der Bequemlichkeit ist für verschiedene Glaubensrichtungen und Massenmedien breit gefächert. Der 'Impfstoff', um den 'bösen Teufels-Virus' zu verbreiten, ist plump, billig und durch Religion, Dogmatismus, Tradition und Mode schnell hergestellt, aber äußerst wirkungsvoll und fast genial in der Anwendung: Wir kennen ihn schon; er ist ein Cocktail aus ***Glaube***, ***Materialismus***, ***Verwirrung*** und ***Angst***.

Solange man uns scheinheilig und dogmatisch vorgibt, daß der als 'das Böse' personifizierte Teufel existiert, ***wird*** der Teufel existieren, weil wir daran glauben! **Der Teufel ist ein Produkt des Glaubens.**

Die 'Realität' unserer dreidimensionalen Ebene wird ständig neu geschaffen durch das, ***was*** die Menschen glauben - und wenn man geschickt genug ist, diese ***Fassade*** aufrechtzuerhalten, gewinnt man durch Manipulation über die Menschen ***Kontrolle***, mehr noch: Man gewinnt Kontrolle über die ***Realität!*** Diese Kontrolle beruht auf der Grundlage, den Menschen das Wissen um die Universalgesetze und seiner eigenen Göttlichkeit ganz absichtlich zu nehmen.

Glaube ist Kontrolle von Wissen.

'Schwarze Magie' ist die Unfähigkeit, das Wissen zur Wahrheitsfindung zu entdecken; Dunkelheit. Es ist die vorherrschende Bedeutung des Begriffes ***Macht***: Wenn man den betont materiellen Bereich der Dualität der Welt kontrolliert, kontrolliert man damit gleichzeitig den geistigen Bereich, indem man diesen abschirmt und ausschaltet.

Einzig der vom Materialismus besessene 'Teufel' ist außerhalb des Gesetzes der Wiedergeburt: Er 'stirbt' immer wieder den endgültigen Tod, weil er in alle Ewigkeit ohne Aussicht auf Erlösung daran gekettet ist. Es ist ein 'Teufelskreis', ein Tod ohne zu Sterben.

„Um den esoterischen Sinn des Teufels zu verstehen, müssen wir zunächst seine gebräuchlichere Bedeutung als Kraft der Illusion und der

Unterdrückung betrachten. Die Hauptillusion ist Materialismus, ein Begriff, bei dem wir meistens an eine Überbewertung des Geldes denken, der aber richtiger die Weltanschauung bezeichnet, nach der außerhalb der Welt der Sinne nichts existieren kann. [....] *Da der Materialist jegliche spirituelle Komponente des Lebens leugnet, verfolgt er nur persönliche Ziele - finanzielle, sexuelle und politische. Eine solche Einengung des Lebens führt oft zu Unglück, und so wurde der Teufel zu einem Symbol des Leidens.* [...]

Wenn der Weg zum Geist durch die Triebe hindurchführt, warum werden diese dann von der Gesellschaft unterdrückt? Und wenn der Pfad zu Befreiung seit Jahrhunderten bekannt und beschrieben worden ist, warum wird dann ein Geheimnis daraus gemacht? Die Antwort auf diese Fragen hat mit der ungeheuren Macht dieser sexuell-spirituellen Energie zu tun. Wenn sie auf eine höhere Ebene erhoben ist, kann sie uns von den Begrenzungen der Dualität befreien. Wenn diese Macht jedoch freigesetzt und nicht transformiert wird, dann kann sie zu Besessenheit, Sexualverbrechen, Gewalt und sogar zur Zerstörung der Persönlichkeit führen. [...]

Die Möglichkeit zur Befreiung liegt darin, daß wir das Wissen und die Energie, die an jede Erfahrung gebunden ist, gebrauchen und umwandeln.“

(Rachel Pollack: „Tarot - 78 Stufen der Weisheit“)

Lassen wir uns unsere Vollkommenheit nicht weg retuschieren! Seien wir nicht länger Sklaven unserer eigenen Schöpfung: Drehen wir den Spieß doch einfach um! Seien wir bereit für eine ***‘Revolution von innen’***, eine Revolution des Guten, Wahren, Schönen, eine Revolution der Liebe, eine Revolution der Göttlichen Bewußtwerdung.

Es ist keine Demonstration, die draußen auf der Straße stattfindet, wo eine bestimmte, meist ‘links’- oder ‘rechts’-radikale Gruppe von Menschen für eine gewisse Zeit zwecks Stärkung des unterentwickelten Selbstgefühls eine Gemeinschaftszugehörigkeit erlebt - nach dem Motto „Wir sind dagegen“ oder „Wir sind die Guten und die anderen sind die Schlechten“. Das ist Schwarzweißmalerei. Und mit ‘autonom’ (selbständig und unabhängig) hat es nun überhaupt nichts zu tun.

„Es gibt nur zwei Rassen, die geistige und die ungeistige.“
(Ernst Barlach)

Reaktivieren wir den ***geistigen*** Bereich, indem wir uns der Universalgesetze ***bewußt*** werden beziehungsweise diese ***bewußt*** anwenden. Glaube transformiert sich zu ***Wissen*** und so entsteht ein 'Schutzschild', das jegliche Kontrolle von uns abprallen läßt. Hören wir tief in unserem Inneren auf unser Gefühl und nehmen wir das 'Licht' in uns wahr! Nutzen wir die ***Energie!*** Das Göttliche an sich ist in seiner Absolutheit vollständig ***ohne*** gut und böse. Das Göttliche IST ganz einfach. Und jeder für sich ist als „ICH BIN" ein Teil davon!

„ICH BIN" meint die Erkenntnis, tatsächlich ein Stück der aktiven Schöpfung zu sein, die Erkenntnis, das eigene, immer schon dagewesene geistige Potential nutzen zu können. Die Bewußtwerdung des „ICH BIN" ist ein individueller Entwicklungsprozeß auf der Grundlage der Universalgesetze.

„Daß Götter stets nur in Menschengestalt kommen, hat noch keinen Gläubigen nachdenklich gemacht."

(Karlheinz Deschner: „Bissige Aphorismen")

Die Schöpfung hat weder einen Teufel noch das Böse geschaffen und eine 'Hölle' schon gar nicht, wie in Kapitel 5 und 7 bereits zu lesen war: 'Himmel' und 'Hölle' sind nur die verschiedenen Dichtungsgrade beziehungsweise Schwingungsfrequenzen der Astral-Ebene, die der menschliche Astralkörper nach dem 'Tod' je nach Grad der geistigen Entwicklung einnimmt.

„Weißt du was die Hölle ist? Das ist ein Begriff, der im Königreich Judäa verwendet wurde, um ein flaches, offenes Grab zu bezeichnen, in das die Menschen gelegt wurden, die nicht die Drachmen oder Schekel für eine Bestattung hatten. So ein flaches Grab zu haben, war ein Fluch, denn des Nachts kamen Hyänen und wilde Hunde, gruben den Körper aus und verschlangen ihn. Und weil die körperliche Hülle gefressen wurde, glaubten die Menschen, sie würden nie in ihr Paradies gelangen. Mehr hat der Begriff nie bedeutet - bis in einer späteren Übersetzung die Prediger, die Priester und die Religionen einen Ort der Qual daraus machten."

(Ramtha)

Die 'Hölle' ist eine Erfindung der Religion, um den Gläubigen durch Einschüchterung ihre gottgegebene Souveränität und Freiheit zu stehlen, um Gläubige in Schach zu halten durch eine unermüdliche 'Kriegsführung' gegen den Geist - unter dem Motto: „Vertrauen ist gut, Kontrolle ist besser." Aufgrund einer langen, kirchlichen (Fassaden-) Tradition wird diese 'Kriegsführung' als solche vielleicht nicht mehr wahrgenommen, nur lassen sich Lügen nicht nach Ablauf einer christlichen Verjährungsfrist in Wahrheiten umwandeln - und auch nicht mit Hilfe von auferlegter Buße, Beichte und Selbstverleugnung.

„Religionen sind Fertighäuser für arme Seelen."

„Es gäbe wenig Gläubige auf der Welt, kennten sie ihre Glaubensgeschichte so gut wie ihr Glaubensbekenntnis."
(Karlheinz Deschner: „Bissige Aphorismen")

Mit der 'Hölle' und dem 'Bösen' läßt sich nebenbei noch ein gutes Geschäft machen, um viel ***Geld*** zu verdienen, Geld als Grundlage der Macht der Kirche (grch. kyriakón = das dem Herrn gehörige Haus; oder besser „das dem Herrn gehörige Geld"?).

Früher mußte man der Kirche viel Geld geben, um 'in den Himmel' zu kommen; der mittelalterliche Ablaßhandel ist heute in leicht veränderter Verpackung der Zwangseinzug der Kirchensteuer. Dies ist keine Kritik, sondern eine Feststellung unter der Berücksichtigung, daß ein Teil der Kirchensteuer für soziale und caritative Zwecke verwendet wird. Heiligt der Zweck die Mittel?

Ach Du lieber Gott (beziehungsweise „Ach Du lieber Leser"): Und dann gibt es da ja auch noch den Begriff der *'**Sünde**'*.

„Wenn Sie Ihre 'Sünden' der Kirche nicht beichten, werden Sie nicht selig leben und nicht selig sterben." Das ist nun wirklich eine Frechheit! Sogar kurz noch vor dem irdischen Ende will man uns mit einem moralischen Beigeschmack die Souveränität streitig machen! Leider, leider ist es nicht möglich, daß wir die Verantwortung für unser gesamtes Handeln am physischen Ende unserer aktuellen Inkarnation der Kirche als Testament vermachen. Bequemlichkeit fordert ihren Preis: Wir geben damit der Kirche nur eine Bestätigung unserer eigenen Unwissenheit. Schlimmer noch:

Das Kausalitätsgesetz kommt ja trotzdem zur Anwendung - und fällt auf uns zurück! Von dem, was wir eigentlich anstreben, nämlich 'die Seele von Belastungen (welcher Art auch immer) zu reinigen', erreichen wir genau das Gegenteil. Kurz vor dem physischen 'Tod' ist es aber zu spät, bewußt positive Wirkungen zu verursachen. Der große Gewinner dabei ist - ob absichtlich oder nicht - die Kirche, der Machtanspruch bleibt erhalten. (Doch trösten Sie sich ein wenig, denn auch für die so frommen 'Kirchenväter' gilt als 'Eigentor' das Gesetz des karmischen Ausgleichs.)

'Sünde' ist, wenn wir ***nur*** den materiellen Bereich der Dualität der Welt leben und uns selbst daran hindern, uns einer Göttlichen Bewußtwerdung zu nähern. Wie aber soll man eine Sprache lernen, wenn keiner uns die Vokabeln gibt? SÜNDE (altdeutsch sinte = Trennung) **bedeutet Getrenntsein vom Göttlichen.**

Es ist der 'Pakt mit dem Teufel', wenn wir aus Unwissenheit das Kleingedruckte im Vertrag vor der Unterzeichnung nicht lesen - und unsere 'Seele verkaufen'!

Mephistoteles sagt zu (Goethes) Faust:
„Ich will mich h i e r zu deinem Dienst verbinden,
Auf deinen Wink nicht rasten und nicht ruhn;
Wenn wir uns d r ü b e n wiederfinden,
So sollst du mir das gleiche tun."
(Johann Wolfgang Goethe: „Faust - Der Tragödie erster Teil")

Mária Szepes zur Tarot-Karte „Der Teufel" (Ausschnitt):
„Sein Phantom, das sich über alle drei Ebenen erstreckt, fürchtest und verehrst du unter drei Namen. In deinen körperlichen Sinnen ist er der teuflische Aufpeitscher deiner Drüsen. In den tiefen Zonen deiner Psysche ist er der satanische Einflüsterer deiner Triebe. In deinem Geist ist er der luziferische Zweifel, der deine himmelstürmenden Ideen mit seinem schwarzen Pfeil zu Boden zwingt. Der mit ihm geschlossene Pakt hat dich der höheren Inspirationen deiner Seele, deine Anschauung der unendlichen Perspektiven der polydimensionalen Vision beraubt. Er hat deine Kreativität und dein Wissen vom ewigen Leben gestohlen. Diese Bindung kannst nur d u lösen! Nur d u kannst diesem dämonischen Schattenspiel ein Ende bereiten! [....] *Du hast mit deiner eigenen Phantasie ein geheimes*

Bündnis geschlossen, und diese Visionen ziehen ihre falsche Realität aus deinem fanatischen Glauben!"

(Mária Szepes: „Academia Occulta - Die geheimen Lehren des Abendlandes")

Anmerkung: Der ***Tarot*** (ital. tarocco, zu arab. tarh = Abzug) ist für die Wahrsagung ein Einweihungssystem in die Geheimnisse des Lebens und des Universums - vermutlich altägyptischen oder persischen Ursprungs - in Form eines Kartenspiels, bestehend aus insgesamt 78 Karten; 22 Karten bilden das sogenannte 'Große Arkanum' oder das 'Große Geheimnis' (lat. arcanus = geheim), die verbleibenden 56 Karten das 'Kleine Arkanum'. Besonders eindrucksvoll in seiner künstlerischen Gestaltung ist der „Aleister-Crowley-Tarot", gemalt von Frieda Harris. (Literatur zum Thema finden Sie in fast jeder Buchhandlung.) Zurück zum 'Teufel':

Lesen Sie an dieser Stelle noch einmal ein schon in Kapitel 3 verwendetes Zitat aus dem Roman „Die Nebel von Avalon" von Marion Zimmer-Bradley:

„Es hing mit dem Wissen zusammen, die Welt war nur das, was die Menschen glaubten... In den vergangenen drei oder vier Generationen hatte sich der Geist der Menschen Jahr für Jahr mehr in dem Glauben verhärtet, daß es nur einen Gott gab, nur eine Welt und einen Weg, die Wirklichkeit zu beschreiben. Alles andere, was in den Bereich dieser großen Einheit hineindrang, konnte nur vom Bösen und vom Teufel geschickt sein... Und da mehr und mehr Menschen daran glaubten, war es inzwischen so."

'Etwas glauben' heißt 'etwas vermuten'; 'etwas wissen' hingegen ist das einzige, was Wissen herbeiführen kann. Oder ***glauben*** Sie jemanden, der Ihnen sagt, 2 + 2 = 7 ?

Schlagen wir noch einmal die ***Bibel*** auf, die hier schon so oft zitiert wurde. Wie wir gesehen haben, gibt es viele versteckte Hinweise auf die eigentliche Lehre der Universalgesetze. Nicht zufällig ist die Bibel durch das, was sie ausstrahlt (Resonanzgesetz), eines der meist verbreitetsten Bücher der Erde. Und trotzdem ist die Bibel ein Buch der Machtsicherung und Unterdrückung, weil sie das Wesen der Göttlichkeit nicht oder nicht mehr an die Menschen weitergibt.

Die Gläubigen sollen sich von Gott „kein Bildnis machen in irgendeiner Gestalt“ (vgl. 5. Mose 5, 8). Warum wohl? Die ‘Gläubigen’ könnten diese Gestalt möglicherweise in einem Spiegel entdecken und wären dann die ‘Wissenden’. Dies muß auf christliche Weise verhindert werden...

„Aber ihr Glaube erscheint mir so einfach und gut. Ich wünschte, ich könnte daran glauben... sie sagen: Glaube an das, was du nicht gesehen hast. Bekenne dich zu dem, was du nicht kennst, das ist eine größere Tugend, als zu wissen, was man gesehen hat und kennt.“
(Marion Zimmer-Bradley: „Die Nebel von Avalon“)

Die Gläubigen sollen ***Angst*** vor dem ‘unbekannten, strafenden Gott’ haben! **Angst ist ein Mittel des Glaubens.**

Es ist kein Geheimnis, daß Texte der „Heiligen Schrift“ und Texte, die ursprünglich zum festen Bestandteil der biblischen Schriften gehörten, im Laufe der Kirchengeschichte eliminiert, umgeschrieben, gekürzt und zensiert wurden. (Siehe dazu Kapitel 24 und 25.)

Jesus sagt, ob verändert oder nicht, in der vorliegenden Form der Bibel:
„Der Glaube ist groß. Dir geschehe wie Du willst.“
(Matt. 15, 28) oder

„Wer glaubt, kann alles!“
(Markus 9, 23)

Der ‘Glaube’ an irgendetwas oder irgendjemanden kann den ‘Mechanismus’ von ‘Wissen’ mittels einer starken, inneren Überzeugung unbewußt auslösen. Sicher treffen die oben angegebenen Formulierungen den Mechanismus, aber muß es da nicht richtigerweise lauten „Das ***Wissen*** ist groß. Dir geschehe wie Du willst“ und „Wer ***weiß***, kann alles!“?

„Zu wissen, was du weißt, und zu wissen, was du nicht weißt, das ist das Kennzeichen eines Wissenden.“
(Konfuzius: „Lun-yu“)

An etwas mit tiefer Hingabe wirklich zu 'glauben' ist nicht falsch, nur liegt es außerhalb von überprüfbarem Wissen. 'Wissen' ist in seiner Absolutheit eine qualitative Erweiterung von 'Glauben'.

„Im Anfang war das Wort, und das Wort war bei Gott, und das Wort war Gott. Dies war im Anfang bei Gott. Alle Dinge sind durch das Wort gemacht, und ohne das Wort ist nichts gemacht."
(Die Bibel, Joh.1, 1 - 3)

Muß es hier nicht heißen „Im Anfang war der ***Gedanke***, und der ***Gedanke*** war bei Gott, und der ***Gedanke*** war Gott. Alle Dinge sind durch den ***Gedanken*** gemacht, und ohne den ***Gedanken*** ist nichts gemacht"? Denken wir darüber nach.

Aber denken wir nicht zu viel! ***Gedanken*** sind der 'Ur-Stoff', doch das alles Entscheidende ist die ***Tat***, die aktive Tat, das durch uns Vorhandene, Geschaffene, Geborene, die Umsetzung unserer Gedanken in erlebbare Wirklichkeit. Unsere Manifestation! Was nützen uns die besten und kreativsten Gedanken, wenn diese lediglich Gedanken bleiben, und als solche an uns vorbeiziehen? Probieren wir es aus! Machen wir Erfahrungen in eigener Verantwortung. Seien wir aktiv ein Teil der Schöpfung!

Durch die Tat gelangt man zum Sein.

„Geschrieben steht: >Im Anfang war das W o r t!<
Hier stock ich schon! Wer hilft mit weiter fort?
Ich kann das W o r t so hoch unmöglich schätzen,
Ich muß es anders übersetzen,
Wenn ich vom Geiste recht erleuchtet bin.
Geschrieben steht: Im Anfang war der S i n n.
Bedenke wohl die erste Zeile,
Daß deine Feder sich nicht übereile!
Ist es der S i n n, der alles wirkt und schafft?
Es sollte stehn: Im Anfang war die K r a f t!
Doch, auch indem ich dieses niederschreibe,
Schon warnt mich was, daß ich dabei nicht bleibe.
Mir hilft der Geist! Auf einmal seh ich Rat
Und schreib getrost: Im Anfang war die T a t!
(Johann Wolfgang Goethe: „Faust - Der Tragödie erster Teil")

Wenn man den Menschen ihre Göttlichkeit raubt, kann man sie leicht ***beherrschen***; als Instrumente der Beherrschung dienen ***Ablenkung*** und ***Gedankenkontrolle*** durch ***Lügen***, ***Halbwahrheiten***, ***Angst*** und ***Verwirrung***.

Man muß also die ***Gedanken*** möglichst ***vieler*** Menschen erreichen, um die 'nicht erwünschten' Gedanken zu blockieren und manipulieren; mit anderen Worten, man muß die ***Massenmedien*** (Nachrichtenagenturen, Verlage, Fernsehen, Radio, Zeitungen undsoweiter) nicht nur zum Zweck der Ablenkung beherrschen, sondern als ***Beitrag zur Gedankenkontrolle***.

Man muß den Menschen ihre 'Gefühlstiefe' nehmen, man muß sie trennen vom Licht. Oberflächlichkeiten, Banalitäten und Belanglosigkeiten werden zu pseudo-wichtigen Themen hochstilisiert. 'Möchtegern-Probleme' und intimste, menschliche Bereiche werden öffentlich breitgetreten und ausgewalzt. ***Wen*** 'zum Teufel' interessiert das?

Durch die Bewußtwerdung der menschlichen Göttlichkeit würde nämlich die Macht der 'Herrschenden' wie ein Kartenhaus in sich zusammenfallen, die 'Versuchskaninchen' würden aus ihren Käfigen ausbrechen, 'Lichtschranken' (!) wären überwunden: Dem gilt es mit großem Aufwand entgegenzuwirken, gerade wenn das Mittel der einfachen ***Ablenkung*** in ihrer Wirksamkeit nicht ausreicht. (Nicht jeder fällt schließlich gleich auf Massenfußball, Autorennen, 740-teilige Fernsehserien, angebliche 'Aufklärungs'-Beiträge zur Sexualität oder volksverblödende Talkshows zum Thema „Trägt man zum Abendkleid eine Wurst auf dem Rücken?" oder „Warum soll man als Deutscher nur deutsche Bananen essen?" herein...) So kann man durch die weltweit vernetzten Medien bestimmte Ansichten, Meinungen und Überzeugungen als ***vorgefertigte Gedanken*** aus allen Bereichen (Politik, Religion, Gesellschaft Wissenschaft, Kultur) geschickt verbreiten und unterschwellig in das Bewußtsein der Menschen pflanzen. Bestimmte Gedanken werden als 'Show-View-Nummer' direkt auf den 'menschlichen Videorecorder' beziehungsweise auf die verschiedenen Körper des Menschen übertragen. Der Rest erledigt sich von ganz allein: Je ***mehr*** Menschen an diese bestimmten Gedanken ***'glauben'***, je ***mehr*** werden sich diese Gedanken - auf der Grundlage neutraler Gesetzmäßigkeiten - in ihre Realität hinein ***manifestieren***. Vorgefertigte ***Lügen*** und ***Halbwahrheiten*** werden unüberprüft zu einem festen Bestandteil der Wirklichkeit! Die zuvor 'programmierten Sendungen', welche die 'menschlichen Videorecorder aufgezeichnet haben', lassen sich nun tausendfach vor- und zurückspulen... Wir können diesen fast genialen Mechanismus selbst stoppen, denn wir ***wissen***, daß es sich - um bei dem Beispiel zu bleiben - nur um eine 'Videocassette' handelt! Und Videocassetten sind ***austauschbar***. ***'Glaube'*** ist es auch.

Nebenbei soll natürlich durch Werbung, vordiktierte Mode und Etablierung von Markennamen (zum Beispiel die neuen Herrendüfte „Impotenzia de Luxe" und „Schluckauf im Schlafzimmer" von M. Umpitz, Roma) die gewünschte ***Haben*** -Orientierung laufend stabilisiert werden. Individualität wird uns genommen, indem sie uns als Abziehbild vorgegaukelt wird. Materialismus und Konsum.

Und wenn das noch nicht hilft, setzt man zusätzlich wieder das Mittel der ***Angst*** ein. Denken Sie nur an die vielen längst zur Normalität (?) gehörenden Verbrechen, Morde und blutigen Leichen, die uns tagtäglich auf dem Bildschirm unseres Fernsehgerätes begegnen: Kriminalität und Gewalt als Massen-Unterhaltung!

'Der Teufel' als das Böse in Person, den es eigentlich gar nicht gibt, wird so jeden Tag neu geschaffen - und treibt weiterhin sein Unwesen in den Köpfen der Menschen. Gewalttätige Filme erzeugen beziehungsweise erhöhen gerade bei Jugendlichen die Gewaltbereitschaft; die Fiktion wird zur Realität und führt unter Umständen zu kriminellen Handlungen. Der 'Teufel' nutzt hinterlistig höchst erfolgreich das Kausalitätsgesetz. Welchen Sinn könnte es haben, einen Horrorfilm zu produzieren, in dem Menschen bestialisch abgeschlachtet werden und wo 'geheimnisvolle Mächte' von den Menschen besitzergreifen? Produziert wird neben ***Gewaltbereitschaft*** als 'Bewußtwerdung' die ***Angst vor dem Unbekannten und Unberechenbaren***. Es ist eine weitere Art des ***Getrenntseins vom Göttlichen***. Es ist wahre 'Sünde'. Es hat Auswirkungen auf unsere Gedanken und auf unser persönliches Leben. Wir alle haben die Freiheit der Entscheidung, auch die Entscheidung, ein Fernsehgerät sinn-voll zu nutzen; schließlich gibt es auch viele gute Komödien, Liebesfilme, interessante Dokumentationen wie Tierfilme und ähnliches. Und es gibt, was oft vergessen wird, am Gerät einen ganz befreienden 'AUS-Knopf'! Viel Spaß beim Fernsehen!

Wenn nun die Mittel der Ablenkung und Angst immer noch nicht ausreichen, greift man noch tiefer in die ‘Zauberkiste’ - und schafft ***Verwirrung***!

Und womit erreicht man Verwirrung? Durch ***Diskussion***, durch eine ‘Schein-Diskussion’ zugunsten der eigenen Sache. Die wirklich für die Menschheitsentwicklung wichtigen Themen kommen entweder gar nicht vor oder werden solange verdreht oder aus ihrem Hintergrund und Zusammenhang gerissen, bis deren Wichtigkeit verlorengeht:

Massenmedien als ‘Fabriken’ zur Erzeugung von Lächerlichkeiten, Verleumdungen und Rufmord. Man untersucht mit Hilfe der Massenmedien das Für und Wider eines bestimmten Diskussionsgegenstandes über einen langen Zeitraum hinweg und kommt statt zu einem Ergebnis zu unerbittlich aufeinanderprallende Meinungen, während der eigentliche Hintergrund wie geplant auf der Strecke bleibt: Schlußendlich ist der gewünschte Effekt erreicht in Form einer verhinderten Annäherung, also einer Diskussion (lat. discutere = auseinanderschlagen, auflösen), die gar nicht stattfindet, in Form von Verleumdung und Lächerlichkeit, oder in Form von ***Resignation*** und ***Gleichgültigkeit***.

Letzteres ist besonders gefährlich, da Kontrolle hier sehr leicht gelingt, weil ein aus innerer Überzeugung gewonnener Standpunkt aufgegeben wird.

Die Lösung lautet schlicht: **Zu wissen und zu handeln.** Drehen wir die beschriebenen Mechanismen jeweils in ihr Gegenteil - und schenken der Kirche, den Massenmedien oder dem ‘Teufel’ ein mitleidiges Lächeln, aber keine besondere Beachtung: ‘Schicken’ wir den Teufel ‘zum Teufel’!

Leider ist diese Möglichkeit nicht allen Menschen zugänglich, da es auf unserem Planeten ein elitäre Minderheit von Menschen gibt, die „den Teufel, den Sie riefen, nicht mehr loswerden“. Sie haben ihr persönliches Schicksal (sprich Karma) mit dem des ‘Teufels’ verknüpft und wegen einer stetig steigenden Gier nach Macht, Beherrschung, Reichtum und Geld ***vergessen*** oder durch angewachsene Scheuklappen im Lauf der Zeit ***verdrängt***, wie sie ihr Getrenntsein vom Göttlichen aufheben können. Es sind die wenigen Menschen, welche die Weltwirtschaft, Notenbanken und Goldreserven kontrollieren, und welche einen vorgestanzten Glauben und die darauf errichteten, kulturellen Errungenschaften vorgeben. Es sind Menschen, die hinter den Kulissen die Fäden ziehen, und die ihre Helfershelfer damit beauftragen, die immer stärker bröckelnden Fassaden mit ***allen*** Mitteln aufrechtzuerhalten. Es sind Menschen, mit denen ***wir*** als potentielle 'Opfer' Mitleid haben sollten; es geht nicht um Schuldzuweisungen oder irgendwelche Namen, es geht um die Aufdeckung von Prinzipien.

Erst wenn wir den Teufel und das Böse bewußt hinter uns lassen - nicht durch Haß und Gewalt, sondern einfach durch Transparenz im Licht der Wahrheit – **kann ein neues Zeitalter beginnen.** Es ist ein Hindurchsehen.

Doch zunächst müssen wir ein 'bisher immer wieder' neues Kapitel bewußt und lichtvoll hinter uns lassen:

11. GEHEIME POLITIK / MACHIAVELLISMUS

Wir wissen ja: Dinge, denen man ***keine*** Beachtung zeigt, 'verstauben' auf dem 'Dachboden des Bewußtseins' - und verlieren damit ihre Macht. Das gilt auch für die verschiedensten Geheimgesellschaften, Logen und Orden, denn der Mechanismus funktioniert auch für Dinge, von denen man uns nichts oder wenig wissen läßt.

Von außen kommendes Wissen zerstört innere Macht.

Unter ***Politik*** versteht man „alle Maßnahmen zur Führung eines Gemeinwesens hinsichtlich seiner inneren Verwaltung und seines Verhältnisses zu anderen Gemeinwesen". Es ist die Kunst der Staatsverwaltung oder - in schlichten Worten ausgedrückt - ein ***berechnendes Verhalten***. Es handelt sich also um die Gestaltung der Durchsetzung politischer, wirtschaftlicher und kultureller Interessen.

In unserer heutigen 'Demokratie' (grch. demos = Volk + kratein = herrschen) kann man ja nicht einmal eine Partei abwählen; sie bleibt trotzdem bestehen, auch wenn sie wegen schlechtester Wahlergebnisse im demokratischen Sinne nicht existenzfähig ist.

Da man sowieso nicht alle Meinungen 'unter einen Hut bekommen' kann, macht man sich gar nicht erst solche Umstände, sondern plant politische Ziele am besten im Geheimen: „Im Dunkeln läßt's sich Munkeln!" Der riesige Ablenkungsapparat sorgt für die nötige Rückendeckung: „Was das Volk nicht weiß, macht das Volk nicht heiß!" Es hat den Anschein, als ob es sich bei unserer 'Demokratie' nur um ein nach außen sichtbares 'Kasperle-Theater' handelt, während sich die Akteure nach der Vorstellung augenzwinkernd die Hände reichen, 'Großmutter, Kasperle und das böse Krokodil' in trauter Gemeinsamkeit! Damit der Schwindel nicht auffliegt, drappiert man sich hinein in eine 'Organisation' (zu grch. organon = Werkzeug). Man etabliert sozusagen ***hinter*** dem 'Kasperle-Theater' ein weiteres, nach außen eben ***nicht*** sichtbares 'Kasperle-Theater'! (Nur muß man dabei höllisch aufpassen, daß man seine zu spielenden Rollen für die jeweilige externe und interne Vorstellung nicht durcheinanderbringt...) Eine solche Organisation muß natürlich 'streng geheim' sein: '**Top Secret!**' Funktioniert denn das?

„Sobald wir auf diesem Planeten die ersten menschlichen Wesen nachweisen können, können wir auch die ersten Geheimgesellschaften nachweisen. Sie kamen kennzeichnenderweise in den tiefsten Höhlen zusammen, wo sie Zauberei trieben und Unheil über alle ihnen im Weg stehenden Wesen auf der Erde beschworen.

In jedem Stamm, der der Anthropologie bekannt ist, finden wir heute noch Geheimgesellschaften. Die meisten Stämme haben Geheimgesellschaften, die alle Männer umfassen, aber viele haben auch Geheimbünde, die alle Frauen umfassen. Viele Leser dieser Zeilen werden sich vielleicht noch daran erinnern, daß sie als Kinder ihre eigenen Geheimbünde hatten mit Losungswort und Geheimzeichen, in denen sie sich streng von den Erwachsenen abgrenzten.

Von diesem Gesichtspunkt der Entwicklung aus gesehen, hat jeder Verrückte teilweise recht. Der Hauptirrtum des Verrückten besteht in seinem Glauben an eine Riesenverschwörung, die alles erklärt. Das aber ist unmöglich, weil es Grundsätze der Primaten-Psychologie verletzt. Seßhaft gewordene Primaten (Menschen) sind ebenso wie die wilden schädlich hinterlistig und haben einen starken Sinn für Humor: der Betrug ist ihre charakteristische Erfindung.

George Washington, der an die Macht kam, indem er sich gegen seinen König verschwor, sagte es mit erschreckender Offenheit: „Nationen haben keine ständigen Verbündeten, sie haben nur ständige Interessen." Das ist der Grund, warum Regierungen, Korporationen und andere schwerwiegende Verschwörungen eine natürliche Lebenszeit haben wie alle anderen Lebenssysteme. [...] *Außerhalb verrückter Phantasie und romantischer Schwärmerei zerfallen die meisten Verschwörungen an ihren eigenen ‚internen Widersprüchen' innerhalb von Monaten oder Jahren.* [...]

Sie alle arbeiten zu gewissen Zeiten zusammen und betrügen einander zu anderen Zeiten, wenn es zu ihrem Vorteil ist."

(Robert Anton Wilson: Einführung aus „Hinter den Kulissen des Dritten Reiches" von Otto Rudolf Braun)

„Die Politik ist die Kunst, mit allen geeigneten Mitteln stets den eigenen Interessen gemäß zu handeln."

(Friedrich II., genannt „der Große", König von Preußen, „Das Politische Testament von 1752")

Eine bewußte Bindung an eine mit verdeckten Karten arbeitende geistige Anschauung oder Ideologie ist eine Blockierung und Begrenzung ohne gleichen, eine Auslieferung an ein Systemprogramm der Un-Freiheit. Es ist ein unreifes 'Sich-Erheben-Wollen' über andere, ohne zu wissen, selbst hilflos geknebelt und angekettet zu sein. Es ist eine Demonstration oder ein Schwur des geistigen Selbstbetrugs.

Jesus:
„Ihr habt weiter gehört, daß den Alten gesagt worden ist: 'Du sollst keinen Meineid schwören und sollst dem Herrn deinen Eid halten.' Ich aber sage euch, daß ihr überhaupt nicht schwören sollt, weder beim Himmel, denn er ist der Thron Gottes; noch bei der Erde, denn sie ist der Schemel seiner Füße; noch bei Jerusalem, denn sie ist die Stadt des großen Königs. Auch sollst du nicht bei deinem Haupt schwören; denn du vermagst nicht ein einziges Haar weiß oder schwarz zu machen."
(Die Bibel, Matt. 5, 33-36)

Der Begriff des ***Machiavellismus***, benannt nach dem florentinischen Staatstheoretiker und Politiker Niccolò Machiavelli (1469-1527), nimmt bis in unsere Tage eine unverändert hohe Position ein, ja, sämtliche politische Entscheidungen sind offensichtlich auch jetzt danach ausgerichtet: Machiavelli verfaßte in seiner Schrift „Il principe" („Der Fürst") von 1513 die Lehre, daß der Staatsführer eines Landes nicht die Interessen des eigenen Volkes zu vertreten habe, sondern, um bestehen zu können, ausschließlich nach eigenen Machtinteressen handeln ***müsse***, die ***über*** dem Recht des gegebenen Staatswesens anzusiedeln seien. Eine interne Regierung in der (Schein-) Regierung beziehungsweise 'Kasperle-Theater'!

Auch Preußens berühmter König ***Friedrich der Große*** (1712-1786) handelte, wie viele rund um den Globus vor und nach ihm, nicht zuletzt durch seine rücksichtslose Expansionspolitik („Wie gewonnen, so später berechtigt zerronnen"; Ursache/Wirkung) nach dem Prinzip des Machiavellismus, obgleich er zu Beginn seiner Herrschaft eine Schrift verfaßte, die genau dieses Prinzip scharf verurteilt.

Gleichzeitig kümmerte er sich aber auch um eine Verbesserung der Lebensqualität der Bevölkerung (Abschaffung der Folter, Glaubensfreiheit, Einführung der Schulpflicht, Einführung der Kartoffel als Grundnahrungsmittel und anderes.) Ein Widerspruch - oder die Kunst, Macht auszuüben und zu festigen innerhalb eines langen Zeitraumes? 'Brot und Spiele'?

Bei diesem Beispiel eines Herrschers über Land und Volk bleibt die allgemeine Frage, ob gut gemeinte Absichten nach der ersten Begegnung mit der Macht verlorengehen? Oder ob letztenendes alles nur einer politischen, genau berechneten Taktik unterliegt?

Ich zitiere aus dem Werk „Der Antimachiavell" von 1740, dem Jahr, in dem Friedrich den Thron bestieg:

„Möge die Weltgeschichte nur die Namen der guten Fürsten aufbewahren und die der anderen dem Untergange anheimgeben samt ihrer Faulheit und ihrem Unrecht. Was dabei die Bücher der Geschichte an Umfang verlören, gewänne die Sache der Menschheitsveredlung; die Ehre eines Fortlebens in der Erinnerung wäre erst der angemessene Lohn für hohen persönlichen Wert. Das Buch Machiavells vermöchte nicht fürderhin seine vergiftende Wirkung auf die, die über Staatsfragen Belehrung suchen, auszuüben, nur Verachtung wäre sein Teil für all die kläglichen Widersprüche, in denen er ständig mit sich selber liegt, und man würde sehen, daß eine echte Staatskunst der Könige auf der Grundlage von Gerechtigkeit und Güte doch etwas anderes ist als jenes zerfahrene Lehrgebäude voller Grauen und Falschheit, das Machiavells Dreistigkeit der Öffentlichkeit zu bieten gewagt hat. [...]

Ging's nach Machiavell, so geschähe alles in der Welt nur aus Selbstsucht, wie die Jesuiten die Liebe Gottes ausschalten und die Menschheit einzig durch die Furcht vor dem Teufel retten wollen. Das Gute sollte die einzige Triebfeder unseres Tuns sein, denn was ist das Gute anderes als das Vernünftige? Tugend und Vernunft sind eins nicht denkbar ohne das andere und müssen es auch im Leben bleiben als Voraussetzung folgerichtigen Handelns. Seien wir also vernünftige Wesen; dies bißchen Vernunft ist's ja, was uns von den Tieren unterscheidet, und nur die Güte bringt uns dem unendlich gütigen Wesen näher, dem wir unser Dasein danken."

(Friedrich II., König von Preußen: „Der Antimachiavell")

„Ein erfahrener Staatsmann muß sich stets verschieden benehmen und sein Verhalten stets den Umständen anpassen, in denen er sich befindet, und den Menschen, mit denen er zu tun hat. (...) Ein Mensch, dessen Be-

nehmen immer das gleiche ist, wird bald durchschaut, und man darf sich nicht durchschauen lassen.“

(Friedrich II., König von Preußen: „Das Politische Testament von 1752“)

Dem ‘Machiavellismus’ liegt ein verblüffend einfaches Prinzip zugrunde: Man unterstützt in politischen Fragen sowohl die eine Seite als auch die Gegenseite - und bleibt als lenkende Kontroll-Instanz der ‘Unsichtbare Dritte’. Beide Seiten wissen davon entweder gar nichts, werden gegeneinander taktisch ausgespielt und agieren als Marionetten, oder beide Seiten sind, was sehr viel sicherer ist, vorher innerlich aufeinander abgestimmt und agieren nach außen hin als Schauspieler. Das vorgegebene, politische Ziel wird ‘hinter den Kulissen’ auf beiden Wegen erreicht. „Wenn zwei sich streiten, freut sich der Dritte!“

Staaten und andere Interessensgruppen, die bei dieser Inszenierung nicht mitspielen, werden ausgegrenzt, schikaniert und in die Rolle des ‘Buhmanns’ gedrängt.

„Demokratie ist die Kunst, dem Volk im Namen des Volkes feierlich das Fell über die Ohren zu ziehen.“

(Karlheinz Deschner: „Bissige Aphorismen“)

Vielleicht haben Sie schon davon gehört, daß die ‘aktuellen’ Mächtigen dieser Erde mit ihren Handlangern angeblich eine Art ‘Neue Weltordnung’ (‘Novus Ordo Saeclorum’) planen: Eine zentrale Weltregierung und die totale Kontrolle aller auf dem Planeten lebenden Menschen; eine Situation, wie sie in George Orwells Roman „1984“ in erschreckender Weise beschrieben wird.

Von mir aus! Es wird am Ende ohnehin nicht funktionieren, weil es nicht dem Göttlichen dient - und ist allein schon deshalb auf kurz oder lang zum Scheitern verurteilt. Die Voraussetzung, im Dunkeln zu agieren, ist eine sehr schlechte, da man über Dinge stolpern kann, die man logischerweise nicht sieht.

Zum Thema „Geheimpolitik und Medienkontrolle“ folgt ein früher wie heute aktuelles Zitat des irischen Schriftstellers Jonathan Swift (1667-1745), Verfasser des (gekürzten) satirischen Romans „Gullivers sämtliche Reisen“:

„Bücher, wie Menschen, die ihre Verfasser sind, können nur auf eine Weise in der Welt erscheinen, aber auf zehntausend Arten von ihr verschwinden, um nicht wiederzukehren."

(Jonathan Swift: „Erzählung von einer Tonne")

Und nicht nur Bücher verschwinden, um allerdings - nach den Gesetzen von Karma und Kausalität - doch wiederzukehren...

Alle Regierungen sind hoch verschuldet und somit eigentlich pleite; woher also kommt das Geld, um überall aufwendige Kriege zu finanzieren und inszenieren? Ein 'Tod auf Kredit' zur Durchsetzung einer groß angelegten Verschwörungstheorie?

Hat sich aber jemand überhaupt gefragt, ***was*** dann sein wird, wenn alles perfekt unter Kontrolle wäre? Eine Steigerung wäre nicht möglich und jedes neue 'Ziel' würde automatisch ad absurdum geführt, da es kein Ziel mehr gäbe. Unter den Herrschern würde etwas anderes herrschen, nämlich unendliche ***Langeweile*** - oder langsam aufkeimende ***Rivalität!***

Die zu beherrschenden Menschen erhalten, wie schon zuvor sämtliche Produkte in jedem Supermarkt, einen Strich-Code, mit dem sie unter anderem direkt, bargeld- und kreditkartenlos bezahlen können. Der menschliche Strich-Code in Form einer Tätowierung – wohl eher aber als Zeichen auf den neuen Personalausweisen - wird von einem Scanner erfaßt und gelesen. Wenn Sie sich einmal einen dieser Strich-Codes auf einem beliebigen Produkt unserer Konsumgesellschaft anschauen, werden Sie feststellen, daß die jeweils unterschiedliche Kombination dünner und dicker 'Längsbalken' oder Striche eine bestimmte Zahl repräsentieren, welche unter den Strichen angegeben sind. Bei ***jedem*** Strich-Code aber fehlen drei Zahlen, am Anfang, in der Mitte und am Ende - unter der jeweiligen Repräsentanz zweier, kombinierter dünner Striche; diese stehen für die Zahl 6. Hintereinander gelesen ergibt sich die Zahl 666, überall, auf allem, was wir kaufen. Jeder Computer liest immer '6 6 6'. Um den weiteren Hintergrund zu verstehen, frage ich Sie zunächst, ob ein 'strafender Gott' oder gar der 'Teufel' höchstpersönlich sich diesen Strich-Code ausgedacht hat - oder ein Mensch?

Um die unwissenden Gläubigen weiterhin im Zustand der Un-Freiheit zu belassen, nutzt man die so fürchterlichen Offenbarungen der Bibel und bringt den 666-Code mit der Stirn oder dem rechten Handgelenk eines jeden Menschen in Verbindung. Die Zahl 666 repräsentiert in der Bibel 'das Tier', also symbolisch 'das tierische Bewußtsein', den materiellen Bereich des Menschen in seiner Getrenntheit vom Göttlichen. Lesen Sie dazu die Bibel, in der „Offenbarung des Johannes":

„Und es [das Tier] *bewirkt, daß sie allesamt, die Kleinen und Großen, die Reichen und Armen, die Freien und Sklaven, sich ein Zeichen an die rechte Hand oder an die Stirn machen, und daß niemand kaufen oder verkaufen kann, wenn er nicht das Zeichen hat, nämlich den Namen des Tieres oder die Zahl seines Namens. - Hier geht es um Weisheit! - Wer Verstand hat, der deute die Zahl des Tieres; denn es ist die Zahl eines Menschen, und seine Zahl ist sechshundertsechsundsechzig."*
(Die Bibel, Offenbarung 13, 16-18)

Woher kommt die Zahl '666'? Die Frage bleibt offen.

Doch unwillkürlich denke ich wieder an das alte, wahrscheinlich ägyptische Karten-Einweihungssystem des Tarot: Die sechste Tarot-Karte mit dem Titel 'Die Liebenden' steht für die Bindung an die Materie (und für die unbequeme Erkenntnis der Loslösung von derselben), die neunte Tarot-Karte mit dem Titel 'Der Eremit' symbolisiert verantwortungsvolle, geistige Reife und steht für das Licht der Weisheit. Beide Tarot-Karten sind in ihrer Aussage genau das Gegenteil zueinander.

Symbolisch gesehen wird uns also die Zahl 6 - mit allem, was wir kaufen - regelrecht „um die Ohren gehauen", noch dazu in dreifach manifestierender Ausführung. (Unter den Buchstaben repräsentiert die Zahl 6 das 'O' und das 'X', wobei letzteres zusehens verstärkt in Namen und auf Produkten zu finden ist.)

Die dritte Tarot-Karte mit dem Titel 'Die Herrscherin' versinnbildlicht die uneingeschränkte Macht auf allen Existenzebenen. Wer diese Macht neben den finsteren Köpfen aus Politik und Wirtschaft hat, müßten wir wissen, und nicht daran glauben.

Drehen wir daher jede '666' vor dem inneren Auge einfach auf den Kopf! 9 9 9! Übernehmen ***wir*** die Macht, die uns zusteht. Wie heißt es doch so treffend: „Lügen haben kurze Beine!"

Das soll an 'Numerologie' genügen, denn wenn wir uns im täglichen Leben nur noch anhand von Zahlen orientieren, zum Beispiel wie viele auf einem Mittagsteller vorhandene Erbsen wir essen oder wie viele Stufen eine auf uns demnach ‘positiv oder negativ wirkende’ Treppe hat, schaffen wir uns Un-Freiheit durch geistige Begrenzungen. Es reicht aus, wenn wir um das ‘Prinzip der Zahl’ wissen, welches die Ordnung des Kosmos - im Sinne des griechischen Mathematikers und Philosophen Pythagoras (ca. 570-496 v.u.Z.) - repräsentiert. Selbst wenn viele führende Politiker einen Namen oder ein Pseudonym aus einer bestimmten Anzahl von Buchstaben hatten oder haben, ergibt sich daraus nicht immer gleich ein Hinweis auf ihre Absichten, denn Bewußtsein ist jederzeit veränderbar. Absichten sind es auch. Das ist in der Praxis natürlich nicht immer so: Es gibt politische ‘Wölfe im Schafspelz’ und ebenso ‘Schafe im Schafspelz’; ihnen allen ist durch eine ehrliche, liebevolle Zuwendung zu helfen. Und durch wahres Wissen. Verkleidungen, Masken und Fassaden haben ausgedient.

Helfen wir der kommenden Zeit zum Wohle ausnahmslos aller (!), die Begrenzungen der Vergangenheit hinter uns zu lassen. Umarmen wir unsere ‘Feinde’, die alle zu derselben Schöpfung gehören! Wenn dies physisch durch eine Nicht-Bereitschaft der Gegenseite ***noch*** nicht möglich ist, dann tun wir es schon vorweg auf geistig-kausale Weise. Verurteilt wird dabei keiner.

Für die richtige Anwendung der Universalgesetze brauchen wir keinerlei Form von Organisation, und sei sie noch so geheim. Wir selbst entscheiden individuell, ***was*** wir auf dem ‘Dachboden unseres Bewußtseins verstauben’ lassen, und ***was nicht***. Amen.

„Aber sie beschloß, sich trotzdem keine Angst machen zu lassen. Sie nahm all ihre Kraft und ihren Mut zusammen und stürzte sich ganz und gar in die Dunkelheit und Leere hinein, hinter der der graue Herr sich vor ihr verbarg. Der hatte Momo aus den Augenwinkeln beobachtet. Die Veränderung in ihrem Gesicht war ihm nicht entgangen. Er lächelte ironisch, während er sich am Stummel seiner grauen Zigarre eine neue anzündete.

>Gib dir keine Mühe<, sagte er, >mit uns kannst du es nicht aufnehmen.<

Momo gab nicht nach. >Hat dich denn niemand lieb?< fragte sie flüsternd. Der graue Herr krümmte sich und sank plötzlich ein wenig in sich zusammen. [...]

Der Agent unterbrach sich. Er starrte Momo an und schien gegen etwas anzukämpfen, das er nicht begreifen konnte und mit dem er nicht fertig wurde. Sein Gesicht wurde noch eine Spur aschengrauer.

Als er nun wieder zu reden begann, war es, als geschehe es gegen seinen Willen, als brächen die Worte von selbst aus ihm hervor und er könne es nicht verhindern. Dabei verzerrte sich sein Gesicht mehr und mehr vor Entsetzen über das, was mit ihm geschah. Und nun hörte Momo endlich seine wahre Stimme: >Wir müssen unerkannt bleiben<, vernahm sie wie von weitem, >niemand darf wissen, daß es uns gibt und was wir tun... Wir sorgen dafür, daß kein Mensch uns im Gedächtnis behalten kann... Nur solang wir unerkannt sind, können wir unserem Geschäft nachgehen... ein mühseliges Geschäft, den Menschen ihre Lebenszeit stunden-, minuten- und sekundenweise abzuzapfen... denn alle Zeit, die sie einsparen, ist für sie verloren... Wir reißen sie an uns... wir speichern sie auf... wir brauchen sie... uns hungert danach... Ah, ihr wißt es nicht, was das ist, eure Zeit!... Aber wir, wir wissen es und saugen euch aus bis auf die Knochen... Und wir brauchen mehr... immer mehr... denn auch wir werden mehr... immer mehr... immer mehr...<

Diese letzten Worte hatte der graue Herr fast röchelnd hervorgestoßen, aber nun hielt er sich mit beiden Händen selbst den Mund zu. Die Augen quollen ihm hervor, und er stierte Momo an. Nach einer Weile schien es, als ob er aus einer Art Betäubung wieder zu sich käme.

>Was - was war das?< stammelte er. >Du hast mich ausgehorcht! Ich bin krank! Du hast mich krank gemacht, du!< - Und dann in beinahe flehendem Ton: >Ich habe lauter Unsinn geredet, liebes Kind. Vergiß es! Du mußt mich vergessen, so wie alle anderen uns vergessen! Du mußt! Du mußt!<

Und er packte Momo und schüttelte sie. Sie bewegte die Lippen, vermochte aber nichts zu sagen.

Da sprang der graue Herr auf, blickte sich wie gehetzt um, packte seine bleigraue Aktentasche und rannte zu seinem Auto. [...]

Momo saß noch lang auf ihrem Platz und versuchte zu begreifen, was sie da gehört hatte. Nach und nach wich die schreckliche Kälte aus ihren Gliedern, und in gleichem Maße wurde ihr alles immer klarer und klarer. Sie vergaß nichts. Denn sie hatte die wirkliche Stimme eines grauen Herren gehört.

Vor ihr im dürren Gras stieg eine kleine Rauchsäule auf. Dort qualmte der zerdrückte Stummel der grauen Zigarre und zerfiel langsam zu Asche.“

(Michael Ende: „Momo“)

12. DAS NEUE ZEITALTER

Das 'Goldene Zeitalter' oder 'Wassermann-Zeitalter', betitelt nach dem gleichnamigen Stern- oder Tierkreiszeichen, wird meistens astronomisch ***und*** astrologisch erklärt, nur weiß keiner genau, ***wann*** es beginnt.

Die 'Astronomie' ist bekannterweise die Wissenschaft von den Himmelskörpern und die 'Astrologie' ist die Lehre von dem Einfluß der Sterne auf das menschliche Schicksal.

Im Altertum traf man die Einteilung der scheinbaren Kreisbahn, die von der Sonne im Lauf eines Erdenjahres beschrieben wird (***Ekliptik***), in zwölf Teile zu je 30° Länge, analog zu der Einteilung des Jahres in zwölf Monate. Der Planet Erde bildet den imaginären Mittelpunkt des von der Sonne scheinbar gezogenen Kreises (360° : 12 = 30°). Die so entstandenen Abschnitte wurden benannt nach den heute noch verwendeten ***zwölf Tierkreiszeichen*** oder Sternbildern 'Steinbock, Wassermann, Fische, Widder, Stier, Zwillinge, Krebs, Löwe, Jungfrau, Waage, Skorpion und Schütze', von Januar bis Dezember. Geht man nun von der Figur des Kreises aus, müßte der Abstand zwischen der Erde als sein fester Mittelpunkt beziehungsweise zwischen dem Erdäquator und der Sonne stets die gleiche Länge haben; dies aber ist nicht der Fall: Die Erdachse ist gegen die Ebene des Äquators um 23° 27' geneigt. Der Winkel, den die Erde mit dem Äquator bildet, heißt 'Schiefe Ebene' und beschert uns die vier Jahreszeiten. Aufgrund dieser Neigung schneidet die Erdachse den Äquator nur zweimal im Jahr, nämlich im Frühlings- und Herbstpunkt, am 21. März und 23. September. Dieses bezeichnet man auch als ***Tag- und Nachtgleiche*** oder ***Äquinoktium*** (lat. aequinoctium, zu aequus = gleich + nox = Nacht). Es handelt sich also um zwei Schnittpunkte (Äquinoktialpunkte), welche Zeiträume festlegen, in denen - wie der Name schon sagt - Tag und Nacht auf der ganzen Erde von gleicher Dauer, sprich zwölf Stunden, sind. Nur an diesen beiden Tagen ist die Entfernung zwischen Erde (beziehungsweise Äquator) und Sonne gleich; die Sonne steht dann im Äquator und geht für alle Orte auf der Erde um 6 Uhr Ortszeit auf und um 18 Uhr unter. Zu allen anderen Zeiten sind Tag und Nacht unterschiedlich lang.

Allerdings kommt es im Lauf der Jahrtausende zu einer geringfügigen, aber folgenschweren ***astronomischen Verschiebung der Tag- und Nachtgleiche***. Dies geschieht durch ***Präzession*** (lat. praecessio = Vorangehen).

Entdeckt hat dieses Phänomen der griechische Astronom Hipparchos von Nizäa (ca. 190-125 v.u.Z.); er gilt als Begründer der wissenschaftlichen Astronomie. Physikalisch meint Präzession „die einen Kegelmantel beschreibende Drehbewegung einer Kreiselachse, die ihr durch äußere Kräfte aufgezwungen wird". Diese Drehbewegung betrifft besonders die Erdachse, wobei die 'äußeren Kräfte' natürlich die anderen Planeten sind, insbesondere Mond und Sonne, die auf die Erde mit dem Effekt einwirken, daß sich die Erdachse sehr langsam verlagert, beziehungsweise daß sich die Äquinoktialpunkte der Tag- und Nachtgleiche ebenso wie die Pole sehr langsam verschieben.

Die Achsenverlagerung beträgt alle 72 Jahre ca. 1°. Die Einteilung für die Tierkreiszeichen beträgt 30°. So kommt man rein rechnerisch auf 72 x 30 = 2.160. Die ***Dauer eines Erdzeitalters***, das in einem bestimmten Tierkreiszeichen steht, beträgt demnach ***2.160 Jahre***. Die Äquinoktialpunkte bewegen sich alle 2.160 Jahre - ähnlich wie der Zeiger in den zwölf Einteilungen einer Uhr - in ein anderes Sternbild. Und da wir zwölf Sternbilder haben, dauert eine komplette 'Umrundung' oder 'Durchwanderung' 25.920 Jahre (2.160 x 12). Die zur Ekliptik schiefgestellte Erdsachse umschreibt aufgrund der Präzession eine Kegelfläche um den Pol und 'schraubt' sich - modellhaft gesehen - in 25.920 Jahren elypsenförmig bis in den imaginären 'Scheitelpunkt der Galaxien' nach oben. (Die Bewegung dabei ist die einer Spirale. Sieht man da nicht eine Parallele zur Struktur der menschlichen Erbsubstanz DNS? Makrokosmos/Mikrokosmos?)

Die Einteilung mit den Tierkreiszeichen hat sich ebenfalls wegen der Präzession rückwärts verlagert, so daß die Zeichen mit den Sternbildern, nach denen sie benannt wurden, nicht mehr zusammenfallen. Deshalb ist der genaue astronomische Beginn des 'Wassermann-Zeitalters' so schwer festlegbar.

Beabsichtigt man, ein Erdzeitalter überhaupt zeitlich einzugrenzen, muß man um die Bedeutung der ***Zahl 72*** wissen, 72 Jahre, in denen sich die Äquinoktialpunkte um 1° verschieben.

„Die grundlegendste [Erkenntnis] *ist die Einteilung des Himmels und aller anderen Kreise in 360 gleiche Teile (>Grade<). Der deutsche Orientalist Hugo Winckler, der zusammen mit nur wenigen anderen Gelehrten um die Jahrhundertwende die Kenntnisse der Assyrilogie* [Anm.: Erforschung der assyrisch-babylonischen Kultur und Sprache; Keilschriftfor-

schung] *mit astronomischen Kenntnissen in sich vereinte, erkannte, daß die Zahl 72 ein grundlegendes Verbindungsglied zwischen Himmel, Kalender und Mythos bildete. In seinem Buch >Altorientalische Forschungen< schreibt er, auf die fundamentale Zahl 360 sei man durch den ‚Hameschtu', den >Fünfermultiplikator< gekommen, indem man die Himmelszahl 72 (die Verschiebung aufgrund der Präzession um 1°) mit der >menschlichen< Zahl Fünf (Zahl der Finger an einer Hand der Erdlinge* [Anm.: sowie der Zahl der fünf Zehen an einem Fuß, der Zahl der eigentlich fünf Elemente: Die Vier Elemente für sich alleine genommen hätten ohne das Fünftes Element keinen Sinn.]) *multiplizierte.“*
(Zecharia Sitchin: „Das erste Zeitalter“)

Man muß schon etwas genauer hinschauen, um die Zahl 72 andererorts zu entdecken; schlagen wir dazu erstaunt die Bibel auf:

„Danach setzte der Herr weitere zweiundsiebzig Jünger ein und sandte sie zu zweien vor sich her in alle Städte und Orte, wohin er gehen wollte, [...]“ (Die Bibel, Lukas 10, 1)

Ein Zufall? In der „Offenbarung des Johannes“, Abschnitt 7, Vers 4-8, heißt es:
„Und ich hörte die Zahl derer, die das Siegel empfingen. Hundertvierundvierzigtausend aus allen Stämmen Israels waren es: aus dem Stamm Juda empfingen zwölftausend das Siegel, aus dem Stamm Ruben zwölftausend, aus dem Stamm Gad zwölftausend, aus dem Stamm Asser zwölftausend, aus dem Stamm Naftali zwölftausend, aus dem Stamm Manasse zwölftausend, aus dem Stamm Simeon zwölftausend, aus dem Stamm Levi zwölftausend, aus dem Stamm Isaschar zwölftausend, aus dem Stamm Sebulon zwölftausend, aus dem Stamm Josef zwölftausend, aus dem Stamm Benjamin empfingen zwölftausend das Siegel.“

Sind die zwölf Stämme Israels hier ein Sinnbild für die zwölf Tierkreiszeichen? Von „144.000 Menschen, 12.000 aus jedem Stamm“ ist die Rede (12.000 x 12 = 144.000). Dividiert man 144.000 durch die Zahl 72, erhält man als Ergebnis 2.000, also die ungefähre Dauer eines Zeitalters. Ein Zufall?

Eine Allee von Sphinxen (ägyptische Gestalten mit dem Körper eines Löwen und dem Kopf eines Menschen) führt ebenso 'zufällig' wie direkt auf die berühmte Tempelanlage von ***Luxor*** in Ägypten zu: Wie ich selbst nachzählen konnte, befinden sich beiderseits der Allee jeweils 36 Sphinxe, also insgesamt 72! Diese Allee hat nun eine direkte Verbindung oder 'Luftlinie' - wie eine Erklärungstafel in der Anlage verdeutlichte - zu der etwa drei Kilometer entfernten Tempelanlage von ***Karnak***, während zwischen den beiden Tempeln auf der anderen Seite des Nils das ebenso berühmte 'Tal der Könige' liegt, die Grabstätten der ägyptischen Pharaonen. Die Tempelanlage von Karnak besitzt ebenfalls im Eingangsbereich eine Allee von Sphinxen, nur handelt es sich hier um Widder-Sphinxe (Gestalten mit dem Körper eines Löwen und dem Kopf eines Widders): Jeweils 14 oder eventuell ursprünglich auch 15 Sphinxe - viele Figuren sind zerstört oder beschädigt - säumen auf beiden Seiten die Allee, also insgesamt 28-30! Fällt Ihnen etwas auf? Multipliziert man die Anzahl der 'Luxor-Sphinxe' mit der Anzahl der 'Karnak-Sphinxe' kommt man ungefähr auf die Dauer eines Erdzeitalters! Ein zu Stein gewordener Hinweis?

Wir befinden uns jedenfalls noch im astrologischen 'Fische-Zeitalter', das durch den Einfluß des Christentums - denken Sie nur an die vielen Kreuzzüge, Heidenverfolgungen und Hexenverbrennungen - geprägt ist. Der Fisch ist das Symbol des Christentums. Vorher gab es das 'Widder-Zeitalter' von etwa 2000 v.u.Z. bis Christi Geburt, welches das 'Stier-Zeitalter' abgelöst hatte.

Zurück an den Nil in das alte Ägypten: Man hatte damals vielleicht gerade den Wandel von dem 'Stier-' in das 'Widder-Zeitalter' vollzogen und hatte eine große Erkenntnis: Gehen wir einfach einmal in Gedanken (und in der Interpretation des Autors) den möglichen 'Prozessionsweg' vom Tempel von Karnak zum Tempel von Luxor, wo wir statt von Sphinxen mit ***Widder*** -Köpfen von Sphinxen mit ***Menschen*** (!)-Köpfen empfangen werden. Vielleicht werden wir sogar von einem 'Funken' der Göttlichen Bewußtwerdung empfangen? Ein Funken, der ein wahres 'Feuerwerk' entzündet? Vielleicht hatten die alten Ägypter ***ihr*** 'Neues Zeitalter' für sich selbst längst entdeckt und nutzbar gemacht?

Doch die meisten Menschen sahen beziehungsweise dachten das (durch äußeren Einfluß?) im weiteren Verlauf der Geschichte wohl anders, völlig anders, wie sich herausstellen sollte: Es gab für die 'suchenden' Menschen noch unglaublich viel zu lernen und vorzuleben und so begann schließlich wieder ein Zeitalter, das 'Fische- oder ***Christus*** - Zeitalter'!

„Daß ein Christus kommen werde, der den Übergang vom Widder- in das Fische-Zeitalter einleiten werde, war schon Jahrhunderte vor seiner Geburt prophezeit worden. Gott, zu dem man früher nur durch eingeweihte Priester oder gesalbte Gottkönige Zugang hatte, war nun zu dem Entschluß gekommen, seinen eigenen Sohn in die Welt zu schicken. Zum ersten Mal war Gott als Wesen aus Fleisch und Blut präsent, und diese Botschaft nahm die Menschheit sich zu Herzen.

Während der 2.000 Jahre, die seit dem Beginn des Fische-Zeitalters vergangen sind, fand die Lehre von Jesus Christus viele Anhänger, aber sie wurde auch mißbraucht. Die christliche Kirche war so sehr von ihrer eigenen Macht angetan, daß sie sich in offenkundig unchristliche Richtung entwickeln begann."

(A. T. Mann: „Prophezeiungen zur Jahrtausendwende")

Das Neue Zeitalter oder 'Wassermann-Zeitalter' stellt, wie der Name schon sagt, wieder den ***Beginn*** einer grundlegenden Veränderung dar, einer neuen Ära des Aufbruchs, einer bisher nie dagewesenen Epoche der Verständigung, der Brüderschaft und Liebe unter den Menschen; Glaubenskriege und Gewalt gehören dann der unreifen Vergangenheit an. Das klingt doch ganz hübsch! Wir setzen uns jetzt alle zusammen mit unseren lila Batik-Socken im Kreis, zünden ein Räucherstäbchen an, haben uns alle ganz lieb, weil die Welt da draußen so schlecht ist, stellen den Wecker auf den zuvor festgelegten Beginn des Goldenen Zeitalters und warten. Und während wir so vor uns hin warten, lassen wir unsere Träume sehnsuchtsvoll wandern in eine ferne, rosarote und goldschimmernde Zukunft, in der es keine Probleme und Talkshows gibt. (Sowie keine Werbung für Slipeinlagen.) Und wenn wir nicht gestorben sind, dann warten wir noch morgen.

Wie Sie sehen, läßt sich für den Beginn des Neuen Zeitalters - mit welchem Ansatz auch immer - ***kein*** Termin ausmachen. Dringen wir daher weiter in die Begrifflichkeit ein.

Das ‘Auslaufmodell’ der christlichen Religion wird durch eine Synthese aller religiösen Grundsätze auf der Basis der Universalgesetze neu aufbereitet. Das Christentum in seiner jetzigen Form hat ausgedient und an seine Stelle tritt das geistig erweiterte ‘New Age’.

„Viele Menschen glauben, daß die >Saatgruppen< oder die >Saatmenschen<, die den Übergang in das Neue Zeitalter initiieren, schon unter uns leben. Wenn wir annehmen können, daß die kosmischen Kräfte am Ende und am Anfang eines Weltzeitalters besonders gebündelt werden, dann ist es naheliegend, daß Menschen auf die Welt kommen, deren Aufgabe es ist, die Energien des Wandels zu hegen und zu fördern. Sie sind Kernzellen und Kanäle, durch welche die Botschaft einer neuen Menschheit übermittelt und manifestiert wird.“
(A. T. Mann: „Prophezeiungen zur Jahrtausendwende“)

Das hört sich durchaus plausibel an: Heißt das aber, daß ich als aufrichtig Suchender nach Erkenntnis und Wahrheit jetzt einfach in meinem Sessel sitzen bleiben kann, da ‘den Job’ ja schon andere für mich übernommen haben? Heißt das, ich werde irgendwann einfach mitgerissen - in das Licht des Neuen Zeitalters? Das wohl kaum! Ich bleibe jedoch ***dann*** in meinem Sessel sitzen, wenn ich auf das ‘Licht des Neuen Zeitalters’ nicht vorbereitet bin, wenn es mir gleichgültig ist - oder wenn ich ***Angst*** davor habe. **Seien wir ‘Saatmenschen‘**: Was wir bewußt säen, werden wir bewußt ernten!

2.000 Jahre im Zeichen des Christentums sind vorbei: Ist der uns kurz bevorstehende Übergang in das so ungewisse nächste Jahrtausend der Übergang in das Neue Zeitalter? Sollen wir der Bibel glauben?

„Es wird die Zeit kommen, in der von allem, was ihr seht, nicht ein Stein auf dem andern bleiben wird, der nicht zerbrochen werden wird. [...]
Wenn ihr aber von Kriegen und Aufständen hören werdet, so entsetzt euch nicht. Denn das muß vorher geschehen; aber das Ende ist noch nicht so bald da. Dann sagte er [Jesus; (?)] *zu ihnen: Ein Volk wird sich gegen das andere erheben und ein Reich gegen das andere, und es werden große Erdbeben kommen und Hungersnöte und Seuchen hier und dort; auch*

werden schreckliche Dinge und vom Himmel her große Zeichen geschehen. [...]

Es werden Zeichen an Sonne, Mond und Sternen geschehen, und auf Erden werden die Völker voll Angst und Schrecken sein, denn das Meer wird donnern und toben, und die Menschen werden vergehen vor Furcht in der Erwartung der Dinge, die über die ganze Erde kommen sollen; denn die Kräfte der [!] *Himmel werden ins Wanken kommen.“*

(Die Bibel, Lukas 21, 6, 9-11, 25-27)

Eine Warnung? Endzeitgefühle machen sich breit; viele sprechen schon von einer allgemeinen Weltuntergangsstimmung. Unbegründete Hysterie? Wie sah es aus vor der letzten Jahrtausendwende?

„Gegen Ende des vergangenen Jahrtausends, vor dem 31. Dezember 999 n. Chr., glaubten viele Menschen der christlichen Länder jener Zeit an das Nahen des Weltuntergangs und verhielten sich dementsprechend und höchst ungewöhnlich: brüderlich, wohltätig, selbstlos und voller Nächstenliebe, so daß das Millennium, das Tausendjährige Reich Christi, gekommen schien - wenn auch nur für kurze Zeit. Natürlich ist es sehr bedauerlich, daß die Völker nur in Zeiten drohenden Weltuntergangs bereit sind, ihre unmittelbaren und egoistischen Interessen zu vergessen und sich für kurze Zeit zu einer Bruderschaft der gegenseitigen Unterstützung und des Wohlwollens vereinigen, so wie es im Monat Dezember des Jahres 999 n. Chr. geschah. [...]

Die biblischen Prophezeiungen trugen zweifellos sehr stark zu der im Mittelalter herrschenden Überzeugung bei, daß die Welt mit dem Ende des ersten Jahrtausends untergehen würde. Als dies nicht eintraf, dürfte das Gefühl der Erleichterung und Dankbarkeit die Menschen des europäischen Mittelalters zum Bau der riesigen Kathedralen angespornt haben; ihr Eifer erreichte in dieser Zeit seinen Höhepunkt. Und ohne Zweifel hat die religiöse Inbrunst auch die Kreuzzüge inspiriert, die bald danach unternommen wurden. Etwas später, um die Mitte des dreizehnten Jahrhunderts, hielten viele Menschen das plötzliche Erscheinen des Schwarzen Todes [Anm.: Pest], *der ein Drittel der Bevölkerung Europas hinwegraffte, zu einem Zusammenbruch der Gesellschaftsordnung führte und heillose Wirrnis stiftete, für das tatsächliche Ende der Welt, bis auch das vorbei war, und das Leben weiterging. Nach dieser Heimsuchung begannen die*

Menschen zu glauben, der Tag des Weltuntergangs sei vielleicht verschoben worden, zumindest bis zum Ende des z w e i t e n Jahrtausends."

(Charles Berlitz: „Weltuntergang 1999")

Die sich am Ende des zweiten Jahrtausends auffallend häufenden, weltweiten Naturkatastrophen (Erdbeben, Überschwemmungen, Vulkanausbrüche et cetera), Umweltkatastrophen (Anstieg der Weltmeere, Vergrößerung des Ozonlochs, Aussterben bedrohter Tierarten, hemmungslose Ausbeutung der irdischen Ressourcen, Abholzung der Regenwälder et cetera), militärischen Mobilmachungen, weltweit eskalierenden Kriege, Attentate, Reaktorunfälle in Atomkraftwerken, Hungersnöte, wirtschaftlichen und politischen Zusammenbrüche undsoweiter sprechen eine deutliche Sprache. Kommt vor der 'Erlösung' die totale Zerstörung?

„Offen bleibt freilich die Frage, warum ganze Völker in ihrem Elend ausgerechnet den Traum von der totalen Zerstörung träumen. Womöglich werden solche Bilder in dem, was der Psychoanalytiker Carl Gustav Jung als das „kollektive Unbewußte" beschrieb, wie in einem Keller gelagert und jeweils bei Bedarf ans Licht geholt. Nur muß sie irgendwann einmal irgendjemand in ebendiesen Keller gebracht haben. [Anm.: Machen Sie sich darüber Ihre Gedanken! -] [...] *Das dualistische Prinzip der Apokalypse - nach dem Schrecken folgt immer die Erlösung - hat den Menschen über Jahrtausende hinweg die Furcht vor der Zukunft erträglich gemacht. Wer dagegen heute die Katastrophe in Wort und Bild heraufbeschwört, versetzt seine Mitwelt in bisher unbekannte, ja bisweilen lähmende Existenzängste."*

(„Der Spiegel" 1/1996: „Endzeit-Angst - Countdown zur Jahrtausendwende")

Die Schlechtigkeit unserer 'verteufelten' Realität wird uns durch die Medien wie in einer Art 'Gehirnwäsche' geradezu aufgedrängt. Reicht die Dosis der Ablenkung nicht aus, wirft man noch ein paar verwirrende 'Angstmacher' in die Menge - und Angst erzeugt bekanntlich Blockierung. Auf eine betont bequeme Weise läßt man uns flüchten in eine bunte, zweidimensionale Welt der belanglosen Unterhaltung per Fernbedienung. Überlegen Sie einmal, ob ***Sie*** zum Beispiel das Fernsehprogramm kontrollieren - ***oder*** ob das Fernsehgerät Sie kontrolliert? Es ist doch fast beängstigend (und ich schließe mich natürlich selbst mit ein), welche Präsenz und Selbstverständlichkeit dem Medium 'Fernsehen' heute eingeräumt wird. Es gleicht schon einer menschlichen Selbstverspottung, den Fernseher im heimischen Wohnzimmer wie einen Altar mit kleinen Deckchen, Blumensträußen, Kerzen undsoweiter zu verehren. Opfergaben für den Götzendienst?

Es geht nicht darum, die Medien abzuschaffen; es geht darum, sie zu durchschauen: Wenn man um den Hintergrund eines Zaubertricks weiß, verliert dieser seine Faszination und zieht einen nicht mehr in seinen Bann.

Wenn man uns weissagt, daß es in der Übergangsphase in das 21. Jahrhundert unserer Zeitrechnung eine totale Zerstörung geben wird, dann ***wird*** dies so sein, weil wir und die Masse der Unwissenden daran ***glauben*** und selbst den auslösenden Mechanismus der Zerstörung vorantreiben. Sie kennen vielleicht den Ausdruck „sich ein eigenes Grab schaufeln"? Es ist ein geistiges Grab.

Prüfen wir daher kritisch die vielen kursierenden Schriften und Bücher der 'Untergangs-Propheten', Wahrsager und Hellseher, mit denen sich geschickterweise wieder viel Geld verdienen läßt. Gerade über den französischen Astrologen Michel de Notredame alias ***Nostradamus*** (1503-1566) gibt es eine nicht enden wollende Flut an Publikationen.

„Nostradamus' Prophezeiungen sind außerordentlich schwierig zu deuten, denn er hat sie verschlüsselt und in eine Mischung aus Französisch, seinem provenzalischen Dialekt, Lateinisch, Griechisch und Italienisch abgefaßt, und ihre Reihenfolge wurde absichtlich durcheinandergewürfelt, so daß ihre Chronologie und ihr Sinn dem Uneingeweihten verborgen blieb. Dadurch schütze sich Nostradamus vor nachteiligen Auswirkungen der Prophezeiungen auf seine Person. Dennoch erkannten viele Zeitgenossen, vor allem aber die Menschen späterer Generationen, die Bedeutung und Wichtigkeit seiner Vierzeiler."

(A. T. Mann: „Prophezeiungen zur Jahrtausendwende")

Und diese 'Menschen späterer Generationen' können nun ihr Leben lang über die geheimnisvollen Prophezeiungen diskutieren, spekulieren und in immer wieder neuen Interpretationen Zukunftsangst verbreiten. Wie praktisch!

Sicher gibt es hochbegabte Hellseher und qualitativ hervorragende Astrologen, doch ist die ***Astrologie*** (grch. astron = Gestirn + logos = Wort, Rede, Vernunft) in meinen Augen eine Begrenzung; eine erneute Blockierung, welche den Menschen die Souveränität und Freiheit der Entscheidung nimmt. Statt Wissen erhält man Vermutung mit einer prozentual so oder so hoch liegenden 'Trefferquote'. (Na, Klasse! Bei hundert Punkten gewinnen Sie eine Waschmaschine...) Je mehr Sie an Astrologie glauben, je mehr funktioniert sie, und je wahrscheinlicher 'treffen' die vorausgesagten Ereignisse zu.

„Ihr sollt euch nicht wenden zu den Geisterbeschwörern und Zeichendeutern und sollt sie nicht befragen, daß ihr nicht an ihnen unrein werdet; ich bin der HERR, euer Gott."
(Die Bibel, 3. Mose 19, 31)

Ich wiederhole noch einmal die Formulierung aus der Einleitung:
„Stell' Dir vor, es ist 'New Age' – und keiner macht mit!" mit einer kleinen Veränderung:
„Stell' Dir vor, es ist 'New Age' – und keiner *kann* mitmachen!"

Jetzt ***können*** wir es, denn wir ***wissen*** es, ***wie*** wir daran mitwirken: Das Neue Zeitalter ist in erster Linie ein Prozeß des ***inneren*** Aufbruchs und der Erneuerung, ein Lernprozeß der Göttlichen Bewußtwerdung auf der Grundlage des richtigen Umgangs mit den Universalgesetzen und den richtigen Umgang mit den Vertretern des Machiavellismus.

„Kinder, es ist Endzeit! Ihr habt ja gehört, daß der Antichrist kommt, und nun sind schon viele Antichristen gekommen; daran erkennen wir, daß Endzeit ist. Sie sind aus unsrer Mitte hervorgegangen, aber sie gehörten nicht zu uns. Denn wenn sie zu uns gehört hätten, wären sie ja bei uns geblieben; aber es sollte offenbar werden, daß nicht alle zu uns gehören. Doch ihr habt die Salbung von dem, der heilig ist, und seid alle Wissende."
(Die Bibel, 1. Johannes 2, 18 - 21)

Aus dem Blickwinkel der ***Astronomie*** (grch. astron = Gestirn + nomos = Gesetz) gesehen gibt es laut Berechnung eine bestimmte Planetenkonstellation, die großen physikalischen Einfluß auf die Erde haben kann.

„Nach Ansicht der britischen Astronomen John Gribbin und Stephen H. Plagemann (‘The Jupiter Effect’, 1974) werden diejenigen unter uns, die im Mai des Jahres 2000 noch auf Erden weilen, eine besonders gefährliche Situation erleben. Zu diesem Zeitpunkt nämlich werden Merkur, Mars und Erde in einer Linie mit den gewaltigen Planeten Saturn und Jupiter sowie mit Pluto und unserem Mond stehen, und Venus wird Merkur sehr nahe sein. Die durch diese Konstellation hervorgerufenen gewaltigen Erdbeben können stark genug sein, die Rotation der Erde zu beeinträchtigen, wodurch sie in eine schwankende Bewegung um ihre Achse geraten und womöglich eine magnetische Polumkehrung eintreten könnte.“

(Charles Berlitz: „Weltuntergang 1999“)

Das, was von ***außen*** auf uns zukommt, ist die energetische Erhöhung der Frequenz oder Schwingung, auf die wir durch die Anwendung unseres Wissens von ***innen*** automatisch vorbereitet werden. Mit anderen Worten: Die Materie wird transparenter, die Beschreibung der Wirklichkeit bekommt neue Facetten, neue Möglichkeiten. Wir selbst tragen der Schwingungserhöhung bei, indem wir uns der Göttlichen Bewußtwerdung nähern. Menschen, denen das Wissen vorenthalten wird, können sich ***nicht*** auf eine bevorstehende Frequenzerhöhung beziehungsweise auf eine ***höhere Schwingung*** oder neue Qualität von ***Energie*** vorbereiten. In der Ausrichtung vieler Glaubensrichtungen werden solche Menschen aufgrund ihrer ‘Sünden’ das ‘reinigende Höllenfeuer’ des hereinbrechenden Zeitalters nicht überleben. Das ist zwar in der Darstellung religiöser Postkartenkitsch, doch trifft es den Mechanismus universaler Gesetzmäßigkeiten. Besonders hart trifft es die armen Menschen, die sich für die Fassadengestaltung aus Halbwahrheiten und Lügen haben anheuern lassen.

Die Lösung ***für alle***: ***Leben*** wir das Neue Zeitalter, ***damit*** es hereinbrechen kann! Leisten wir lichtvolle Aufklärungsarbeit! Bewahren wir uns Offenheit und Flexibilität - und stellen ***alles*** immer und immer wieder in Frage, damit viele Wege begehbar bleiben beziehungsweise sich ganz neue ergeben...

„Wenn Sie das Äußere blockieren, entweder durch Gefühle oder durch Verträge oder durch Fakten, festgefahrene Situationen - dann kann diese Kraft dahinter, die kommen will, die eindringen will, die es wieder und wieder versucht - dort, wo es möglich ist! -, nun, diese Energie kann dann ihr Vorhaben nicht ausführen!

Wie soll ein Göttlicher Plan durchgeführt werden, wenn - jetzt ganz allgemein -, wenn die Umstände, die Personen, mit denen dieser Göttliche Plan durchgeführt werden soll, wenn diese Personen durch Verträge, Konzepte und fixe Ideen gelähmt sind? Diese Energie, die auf der irdischen Ebene, auf der Ebene der Materie angekommen ist, kann dann nicht mit ihnen und durch sie handeln."

(Gernot Brückner: „Das größte Abenteuer der heutigen Menschheit")

Das Neue Zeitalter ist eigentlich kein 'Untergang' der Religionen, sondern eine Umwandlung, eine qualitative Erweiterung beziehungsweise universale Vereinigung derselben. Das vielfach mißbrauchte Christentum steht nun einmal in hohem Maße stellvertretend für die Vergangenheit des Abendlandes als Kulturkreis. Wer um seine Vergangenheit nicht weiß, kann - wie gesagt - seine Zukunft nicht richtig einordnen. Zukunft aber heißt, sich von der Vergangenheit zu trennen, nicht sie zu leugnen. Gemeint ist ein Loslösen; nicht in der Zukunft, sondern in der Gegenwart, nämlich ***jetzt***!

Jesus sagt:

„Wer seine Hand an den Pflug legt und sieht zurück, der ist nicht geeignet für das Reich Gottes."

(Die Bibel, Lukas 9, 62)

Für alle Menschen und für uns persönlich ist dieses 'Hereinbrechen' des Neuen Zeitalters unabhängig von der Spielregel 'Zeit'; es ist nichts, auf das wir warten müssen: Wir **haben** alle Macht der Welt, den Beginn einer grundlegenden Veränderung ***jederzeit*** zu vollziehen: Wir **sind** die Macht! Handeln wir danach!

Denken Sie, liebe Leser, nur an den Fall der Berliner Mauer im November 1989: Die Menschen waren es einfach leid, ***getrennt*** zu sein und haben mit der Kraft der inneren Überzeugung diese Mauer transparent werden lassen. (Es war mir übrigens gegönnt, dieses Ereignis direkt vor Ort miterleben zu dürfen.)

Eine sehr bestimmte Idee, ein sehr bestimmter ***Gedanke*** war die 'Initialzündung' für die ***Tat*** der Masse, in einer unvergleichlichen, friedlichen Demonstration für die (buchstäbliche) ***Freiheit***, für die Befreiung von der Idee des gescheiterten Kommunismus, eine Demonstration (lat. demonstratio = Darlegung, zu demonstrare = genau zeigen), die ihrem Namen alle Ehre macht. Hingegen ist das primitive Werfen von Steinen und Farbbeuteln keine Demonstration, sondern Randalismus und mutwillige Zerstörung. Was zeichnet eine 'Demonstration' aus? Ein vorher durch Einschüchterung verkümmerter und verbotener Gedanke bekommt plötzlich Nahrung und Verstärkung von allen Seiten und ***wird*** unaufhaltsam Realität! Es ist das ***Gesamtbewußtsein aller Individuen***. („***Wir*** sind das Volk!") Wie kann man gegen einen Gedanken einen Schießbefehl erteilen? Es funktioniert nicht! Zuvor als 'unsinkbar' proklamierte politische Systeme und Ideologien der menschlichen Begrenzung versinken kläglich in Bedeutungslosigkeit, religiöse Systeme in ihrer jetzigen Form sollten es auch. Weg damit!

Für die Wiedererlangung der ***geistigen*** Freiheit ***mit*** dem Beginn des Neuen Zeitalters gilt dasselbe Prinzip: Reißen wir die ***Mauer*** nieder! Und warten wir dabei nicht auf irgendein Schnickschnack-Zeichen.

Wie auch immer: Das Erwachen des Neuen Zeitalters liegt einzig und allein in ***unserer*** Macht - und nicht in der Macht oder Machtform der amtierenden Staatsregierungen.

Allerdings ist höchste Eile geboten, denn unsere 'Mutter Erde', die sich aus 'Vaterländern' zusammensetzt, wehrt sich heftig gegen die vielen Vergewaltigungen, die wir ihr angetan haben und laufend zufügen - und schlägt berechtigterweise in Resonanz zurück. Dabei ist es ein so toller Planet! Schauen Sie sich einmal das unfaßbare Wunder eines Regenbogens, eines Sonnenuntergangs, eines Blütenkelches, eines ehrwürdigen alten Baumes, eines Schmetterlings, eines Spinnennetzes, einer Formation fliegender Wildgänse et cetera an; dieses Buch könnte man allein mit solchen Beispielen füllen. Es ist das Wunder des Lebens, das Wunder von allem, was ***ist***, das Wunder der ***Schöpfung***. Es ist ***Gott*** - in jedem kleinsten Grashalm. Dieser Planet versorgt uns wie ein liebevolles, sanftmütiges

Wesen mit Trinkwasser, Nahrung und einer unendlichen Quelle der Freude, er trägt uns auf Händen und läßt zu, daß wir sämtliche Erfahrungen, die wir uns denken, in die Tat umsetzen ***dürfen***. Und wir treten ihn dafür in den Hintern! Würden Sie da auch nicht ihre Vulkane ausbrechen lassen und sich wehren?

Seien wir nicht 'auf der anderen Seite', ***getrennt*** von der Schöpfung, seien wir ein Teil der Schöpfung: Schöpfen wir mit! Schöpfen wir aus dem Vollen! In Liebe. In Wahrheit. In Schönheit.

Das, was wir aussenden, bekommen wir zurück und wird uns in das Neue Zeitalter hineinkatapultieren. Nur indem wir anderen helfen, die Wahrheit zu finden, helfen wir uns selbst. Wahrheit heißt nicht, Wissen durch alle verschiedenen Zweige der Universitätswissenschaften, Philosophie, Astrologie, Astronomie undsoweiter anzuhäufen; **Wahrheit heißt, durch Wissen zu sein.**

„Das höchste Ziel der Existenzweise des Seins ist ***tieferes Wissen****, in der Existenzweise des Habens jedoch* ***mehr Wissen****."*
(Erich Fromm: „Haben oder sein")

Mehr Wissen erreichen wir durch Intellekt und Verstand, ***tieferes*** Wissen durch Intellekt, Verstand ***und*** Gefühl.

Es handelt sich um eine **allgemeine Erhöhung der Sensibilität** (zu lat. sensus = Gefühl, Verstand).

Die große, wirklich heilige Aufgabe der kommenden Zeit für alle auf der Erde inkarnierten, menschlichen Wesenheiten wird sein beziehungsweise ist, durch einzelnes wie gemeinsames Handeln dem Neuen Zeitalter zum endgültigen Durchbruch zu verhelfen, bevor es zu spät ist, das heißt, bevor unser 'Spielbrett' mit all seinen Bedingungen sich grundlegend ändert. Das ist keine Angstmacherei: Wir sehen ja selbst, was für dramatische Dinge schon seit Jahren auf der Erde geschehen. Zwar gibt es für das Neue Zeitalter keinen konkreten Termin, doch liegt es auf der Hand, daß die Schöpfung unmittelbar vor einem entscheidenden Evolutionsschritt steht.

Wer es allerdings versäumt, sich rechtzeitig auf die bevorstehenden, energetischen Veränderungen gewaltigen Ausmaßes vorzubereiten, wird die Schwingungserhöhung gar nicht oder nur sehr schwer (geistig verwirrt?) überstehen, da die Harmonie von 'Körper, Seele, Geist' und das Gleichgewicht der Vier Elemente dann außer Kontrolle ist.

Einzelne Menschen oder Institutionen, die sich bewußt dem 'Teufel' verschrieben haben, werden so rein biologisch-physikalisch wie auch geistig 'aussortiert' - als Folge des Mißachtens universaler Gesetzmäßigkeiten. Sie sind für den nächsten Schritt der Evolution nicht geeignet und bleiben in eigener Verantwortung auf der Strecke beziehungsweise verharren in den untersten 'Etagen' der Astral-Ebene, in der 'Hölle'.

Ein 'peitschender, reinigender Regen' wird über den ganzen künstlichen, begrenzenden Mist der Vergangenheit hinwegfegen; nicht, um die Vergangenheit wegzuwaschen, sondern die in ihr gegen das Göttliche Prinzip etablierten Halbwahrheiten und Lügen sowie ihre verschiedenen Vertreter auf Erden. Weg mit den Fassaden!

Es ist doch ausgesprochen dümmlich, wenn man sich einen Betonklotz an die Beine bindet, sich von einer Brücke - welche zum Göttlichen führt - in einen tiefen Fluß stürzt, und ***dann*** erst bemerkt, daß man untergeht! Was mag in solchen bemitleidenswerten Menschen und Mitgeschöpfen vorgehen, die all ihre kostbare Lebensenergie damit verschwenden, dem sogenannten 'Bösen' selbstzerstörerisch zu dienen? Die Angst vor der eigenen Begegnung? Die Angst vor den durch Ursachen festgelegten Wirkungen? Die Angst davor, von jemandem wirklich geliebt zu werden?

Es macht mich traurig, wenn solche Menschen die Unsinnigkeit ihres Handelns offensichtlich nicht reflektieren und sich weiterhin nur auf der Haben-Orientierung ausrichten. Wie gesagt, es geht nicht darum, irgendjemanden oder irgendetwas zu verurteilen, sondern es handelt sich vielmehr um das Angebot einer Hilfestellung, den bereits kaum mehr zu überschauenden Schaden der (wortwörtlich) 'gefallenen Seelen' nicht in die totale Katastrophe der persönlichen Entwicklung entgleiten zu lassen. Es ist das Angebot einer emotionalen wie vernünftig richtigen 'Rückkehr zum Licht', umschlossen von einer all-umfassenden Liebe und Vergebung. Die Schöpfung behandelt alle Menschen gleich, nur die Menschen behandeln die Schöpfung unterschiedlich.

Die Ausgangsposition ***aller*** Betrachtungen kann zunächst nur die uns gegebene oder durch Gedanken kreierte (Möglichkeit von) Wirklichkeit sein; die Ausgangsposition ist das 'Spielbrett Erde'. ***Freiheit*** richtet sich hier nach bestimmten Regeln, die für drei Dimensionen anwendbar sind. Je mehr man aber diesen Regeln und ganz speziell den Universalgesetzen folgt, je höher wird automatisch die Schwingung, die so aus der Begrenzung der Dreidimensionalität herausstrebt („ICH BIN").

Ich habe ganz bewußt ein Erklärungsmodell oder ein Argumentations-Gerüst aufgebaut, welches Zweifler und Kritiker relativ schnell zum Einsturz bringen können, indem diese vielleicht sagen werden, das angebliche 'Gerüst', ***Wissen*** zu verbreiten, habe dasselbe nicht nachweisbare Fundament für ***Glaube***. Zum Beispiel kann jemand behaupten, er glaube nicht an die Wiedergeburt, da diese physikalisch nicht nachweisbar ist, folglich könne man darüber auch nichts wissen. Physikalisch-dreidimensional gesehen ist das korrekt: Wahrheit ist eben individuell auslegbar! ***Aber***: Das aufgebaute 'Gerüst' zeigt in seiner Gesamtheit - wie in einer Gebrauchsanleitung - die Transformierung von 'Glaube' zu 'Wissen', und zwar ausschließlich aus ***eigener Erfahrung***! Nur Gedanken und Ideen zu haben, reicht nicht aus; es müssen ***Taten*** daraus werden, Erfahrungen! Das 'Gerüst' bietet eine ***überprüfbare*** Hilfestellung an, durch die Formulierung der Universalgesetze Erfahrungen ***bewußt*** zu machen. Und je höher wir auf dem 'Gerüst' steigen, je mehr wird uns das Fundament unter den Füßen weggezogen. Die Erfahrungsgrundlage ist im Fall eines Zweiflers, das Phänomen der Wiedergeburt als vorgegeben anzunehmen; nicht aber, um daran zu 'glauben', sondern um die Erfahrungsgrundlage als 'Transformations-Sprungbrett' in 'das Reich des Geistigen' zu nutzen. Je mehr bewußte Erfahrungen wir machen, je sicherer und 'wissender' werden wir, so daß die anfängliche Hilfestellung immer überflüssiger wird und schließlich in eigener Verantwortung wegfällt. Durchleuchten wir die Fassaden!

Man darf eben nicht auf die Illusion des 'Teufels' und des 'Bösen' hereinfallen, verbunden mit 'Tod', 'Sünde', Materialismus, Fanatismus, Dogma, Tradition, Urteil und Mode! Un-Freiheit! Das bewußte Beachten der freiheitgebenden Ordnung (Kosmos) unserer Ebene ist der Weg zu der 'wirklichen' ***Freiheit*** anderer (noch verborgener) Ebenen, eine 'Freiheit ***ohne*** Beschränkungen', ohne Dualität. Bei diesem Prozeß wird ein sowohl biologischer als auch astraler Schutzpanzer aufgebaut, der fortwährend - durch den stetigen Aufbau von ***Wissen*** - stärker wird, so daß negative, behindernde Einflüsse von außen (Kontrolle, Glaube, Angst, Verwirrung et cetera) keine Wirkung mehr haben beziehungsweise von diesem 'Schutzpanzer' abprallen. Der Schutzpanzer hat geschickterweise eine weitere Funktion: Je stärker er negative Einflüsse von uns fernhält, je durchlässiger und überflüssiger wird er gleichzeitig für positive Einflüsse: Neben 'Wissen' besteht er auch aus Freude, Spaß, Lachen, all-umfassende Liebe, Schöpfung, aus einem Teil des Göttlichen. Gleiches zieht Gleiches an! Es ist ganz einfach! Wir müssen erst die Regeln erkennen und beherrschen und bekommen so den Schlüssel („ICH BIN“), durch das Einhalten von Regeln die Regeln zu beseitigen, diese durch die laufende Frequenzerhöhung (schwingend) in ***Licht*** aufzulösen. Transformation durch 'lichtvolle' Gedanken und Emotionen. Das ist ***Freiheit***.

Die Möglichkeit der ***Veränderung*** der Welt liegt nicht außerhalb, sie liegt bei uns. Es ist die Möglichkeit, die Kraft der tiefen ***Gefühle***, die Kraft der inneren Überzeugung bewußt zu bündeln und in eine 'Laser-Waffe der Liebe' umzuwandeln. Es ist

das Ende der Endzeit
und **der Beginn des Neuen Zeitalters,**

wenn wir und alle interessierten und wachgerüttelten Menschen verstanden haben, **das Göttliche in uns wahrzunehmen, das Vorhandene WISSEN in uns wahrzunehmen.**

Dann beginnt unabhängig vom Sternbild des 'Wassermanns' das Neue Zeitalter - mit der Transformierung der Materie ***in*** eine höhere Schwingungsebene, auf dem Weg zurück zu einem ***Göttlichen Bewußtsein***. Ein Bewußtsein, von dem wir niemals getrennt waren.

Kümmern wir uns also im Folgenden um die Vorbereitung auf das Neue Zeitalter. Kümmern wir uns um Ratschläge zur Orientierung, nicht um dogmatische Forderungen.

II. DIE WEITERE UMGESTALTUNG :

AUS WISSEN WIRD BEWUSSTSEIN
KAPITEL 13 - 32

13. KRANKHEIT UND HEILUNG

Die Voraussetzung für eine bewußte Gestaltung des Neuen Zeitalters ist natürlich die ***Gesundheit***. („In einem gesunden Körper ist ein gesunder Geist.") Die Dualität des Menschen, die nach dem Prinzip des 'Yin und Yang' eine enge, wechselseitige Verbindung von physischem Körper und Astralkörper darstellt, setzt voraus, daß ***jeder*** körperliche Vorgang von seelischen Einflüssen begleitet wird - und umgekehrt. Eine auftretende ***disharmonische Störung*** beziehungsweise eine außer Kontrolle geratene ***Schwingung***, die auch das körpereigene Abwehrsystem nicht mehr bewältigt, kann sich in Form einer ***Krankheit*** manifestieren. Ausschließlich physische oder ausschließlich psychische ***Ursachen*** von Krankheiten gibt es somit nicht. Es gibt unterschiedliche Wirkungen. Wenn man sich zum Beispiel ein Bein bricht, hilft es ausgesprochen wenig, wenn man zur Behandlung auf der Couch eines Psychiaters liegt.

Vergleichbar mit der Beziehung zwischen Bewußtsein und Unterbewußtsein steht - je nach Art der Erkrankung - der physische oder der psychische Anteil des Menschen im Vordergrund. Man kann sich daher selbst als 'lebendes Wetterhäuschen' betrachten!

Im gesunden Zustand muß das auf die menschlichen Körper übertragene ***System der Vier Elemente*** in einem ***harmonischen Gleichgewicht*** zueinander stehen. Die ***Behandlung*** einer Krankheit ist also, in jedem Fall auf die ***Ganzheit*** - physischer Körper, Astralkörper, Mentalkörper ('Körper, Seele, Geist') - abzustimmen.

Die medizinischen Behandlungsmethoden der angeblich fortschrittlichen 'Industrie-Nationen' berücksichtigen leider nur die augenscheinlichen ***Symptome*** einer Krankheit und eben nicht deren eigentliche Ursache. Die physische Möglichkeit der ***Heilung*** erfolgt partiell.

Im Gegensatz zur östlichen Medizin arbeitet die ***westliche*** Medizin nach dem Prinzip, daß die Dinge immer weitreichender auseinandergenommen werden, um zu sehen, wie sie funktionieren. Ein Ergebnis davon sind die großen Behandlungserfolge von bakteriellen und infektiösen Krankheiten; hervorragende Leistungen auf dem Gebiet der Chirurgie sind ebenfalls zu nennen.

Die Dualität des Menschen wird dagegen strikt abgelehnt! Aus gesellschaftlicher Sicht wird Krankheit als eine Mangelerscheinung betrachtet: Der 'defekte Leistungsmensch' muß so schnell wie möglich 'repariert' werden, da seine Leistungsfähigkeit - und somit auch seine Gesellschaftsfähigkeit - eingeschränkt ist. Wie bei einer Panne während eines Autorennens muß er 'an die Boxen' zurück, um sich wenig später makelfrei wieder in die 'Verfolgungsjagd' zu integrieren. Daß dabei eigentlich der Astralkörper 'am Steuer sitzt', wird erneut vergessen.

Weitgehend vergessen ist ebenfalls die auf dem Gebiet der Heilkunst erbrachte Pionierleistung der durch Ausbeutung, Sklaverei und Kolonialpolitik unwiederbringlich zerstörten Kultur der Ureinwohner aller Kontinente. Besonders den Stämmen und alten Völkern Amerikas und Afrikas, die durch die Anmaßung einer sogenannten 'Zivilisation' von außen systematisch ausgerottet wurden und werden, ist Würdigung und Dank entgegenzubringen: Ich verneige mich vor allen Menschen, die aus dem Leben gerissen wurden, weil sie es der Verbundenheit mit der Natur widmeten.

„Neuere Beobachtungen ergaben, daß die Tätigkeit des Medizinmannes durchaus nicht allein in magischen Gaukeleien oder in psychotherapeutischen Maßnahmen bestand. Die meisten Medizinmänner hatten umfassende Kenntnisse von Medikamenten, von allen möglichen Pflanzen, Kräutern, Salben, Fetten und anderen zur Heilbehandlung nötigen Substanzen, von Säften und Früchten, die zusammen mit psychotherapeutischen Methoden ihre Wirkung nicht verfehlten. [...]

Auch die Chirurgie hatte in Afrika eine alte Tradition. Wie in anderen Erdteilen wurden die Schädeltrepanation seit langem ausgeführt, nachweislich in Afrika schon vor dreitausend Jahren. [...]

Während in Europa an vielen Universitäten noch nach einem Serum oder einem anderen Schutz gegen Pocken gesucht wurde, wußte man in

den verschiedenen Teilen Afrikas diese Geisel der Menschheit schon erfolgreich zu bekämpfen. Die Aschanti (Westafrika) entnahmen kleine Teilchen von eingetrockneten Pusteln der an Pocken erkrankten Personen und impften damit vorbeugend noch nicht Erkrankte an sieben Körperstellen. Diese bekamen dann einige Pusteln an ihrem Körper, waren aber im übrigen gegen eine weitere Infektion immun. Die Schutzimpfung gegen Pocken war auch bei den Somali, den Massai, auf der Insel Madagaskar und bei den Völkern anderer Regionen in Afrika südlich der Sahara gut bekannt.
[...]

Der traditionelle afrikanische Medizinmann zeichnete sich durch aufmerksames Beobachten und umfassendes Denken aus. Diese Spezialisten waren Träger eines potentiellen medizinwissenschaftlichen Entwicklungszweiges - wenn auch magisch-theurgisch begründet. Viele Heilverfahren, die in der Reiseliteratur überliefert sind, sprechen hierfür. Die Therapie erfolgte durch Anwendung von Diät, durch Massage und Luftveränderung, durch Wasseranwendung und Wärmebehandlung."

(Heinrich Loth: „Altafrikanische Heilkunst")

Viele Krankheiten scheinen erst durch Ärzte und deren Behandlungsmethoden in modernen, westlichen 'Krankenhäusern' (allein das Wort spricht schon für sich; eigentlich müßte es 'Gesundheitstrainingshaus' heißen) herbeigeführt werden: Viele Patienten fühlen sich in der ärztlichen Massenversorgung wirklich wie eine 'defekte Maschine'. Die Persönlichkeit des Patienten tritt hinter die Krankheitssymptome seiner Beschwerden zurück. Dem Menschen und seinem ***individuellen Hintergrund*** wird nur wenig Aufmerksamkeit geschenkt. Der akute Personalmangel im Gesundheitswesen trägt gleichfalls zu dieser Situation bei.

Der Arzt ist in weiten Bereichen zu einem ***Technologen*** seines Faches geworden; er muß mit kompliziert aufgebauten Apparaturen und technischen Instrumenten umgehen können, die zum Teil die ärztliche Versorgung übernehmen. Zudem wird der Heilungsberuf oft gar nicht mehr als 'Berufung' im Dienst der Humanität angesehen. In meinem Bekanntenkreis sind mir aus einem nicht genannten Krankenhaus derart stümperhafte und verpfuschte, ärztliche Eingriffe bekannt, die man nur noch als kriminelle Handlungen bezeichnen kann; im Ärzte-Jargon sind es 'Kunstfehler'.

Von der ***Pharmazie*** (zu grch. pharmakon = Heilmittel, Gift, Zaubermittel) - die Lehre von der Zubereitung der ***Medikamente*** - lebt mittlerweile eine ganze Industrie, die auf finanzielle Gewinne angewiesen ist; dementsprechend wird der unüberschaubare Markt für Arzneimittel fortlaufend mit neuentwickelten Tabletten, Kapseln, Tropfen, Salben undsoweiter überschwemmt. Und fortlaufend wird uns wieder unsere eigene Souveränität geraubt: „Bei Risiken und Nebenwirkungen fragen Sie Ihren Arzt oder Apotheker!"

Auf keinen Fall fragen Sie sich selbst, möglicherweise könnten Sie so noch auf eine individuelle Lösung Ihres Problems kommen! Aber wenn wir nicht weiterhin unsere Kompetenz im Wartezimmer beziehungsweise per Rezept in der Apotheke abgeben, verdient keiner mehr an unserer Unsicherheit...

Natürlich sind Medikamente oft lebenswichtig oder sogar lebensrettend, keine Frage; Unterscheidungen müssen jedoch von Fall zu Fall getroffen werden. Ein positives Beispiel von großer Bedeutung ist zum Beispiel die Entwicklung und Herstellung der unterschiedlichen ***Antibiotika*** (Penicillin et cetera) und ***Impfstoffe*** zum Zweck der Heilung.

Aus der Heilkunde ist mit Hilfe der Pharma-Industrie ein millionenschweres Geschäft mit der Krankheit geworden. Schon aus Kostengründen können sich viele Menschen heutzutage eine Erkrankung gar nicht leisten. Es geht wieder einmal mehr um ***Geld***.

Äußere Einflüsse auf den Gesundheitszustand erfahren betroffene Menschen oft durch die ***Umwelt***: Kündigt sich Regen an, schmerzen dem Rheumatiker die Knochen; kündigt sich ein Gewitter an, muß jemand, der unter Migräne leidet, möglicherweise mit dem Ausbruch seiner Beschwerden rechnen. Der Pollenflug während der Blütezeit, die Nähe einer Katze undsoweiter können Allergien hervorrufen; von der Wirkung des Vollmondes einmal ganz zu schweigen! (Die Werwölfe unter den Lesern wissen, wovon ich spreche...) Wieder wird deutlich, daß der Mensch ***Teil der Natur*** ist, ***Teil der Schöpfung***.

Erfreulicherweise findet die ***Naturheilkunde*** und der Beruf des Heilpraktikers auch in den 'Industrieländern' wieder verstärkt ihre Verbreitung, trotz gezielter Verhinderungen durch sogenannte 'Gesundheitsreformen'.

Große Anstrengungen werden unternommen, um die Fassaden aufrechtzuerhalten... Wer weiß heute noch, daß es in Deutschland vor dem II. Weltkrieg jeweils an den Universitäten von Berlin, Dresden und Jena einen Lehrstuhl für Naturheilkunde gab?

Kein Wunder, denn die auch heute wieder mehr beachtete Behandlungsmethode der ***Homöopathie*** (zu grch. homoios = gleichartig + pathie, zu pathos = Leiden) wurde bereits 1810 von dem deutschen Arzt Samuel Hahnemann (1755-1843) begründet. Die Homöopathie verwendet Arzneien in (ungefährlichen) Potenzhöhen oder 'verschüttelten Dosierungen', so der Fachausdruck, mit physikalisch kaum feststellbaren Wirkstoffen. Gemeint ist nicht eine Verdünnung der stofflichen Substanz im chemischen Sinne, sondern eine feinstoffliche Wirkung oder ***Schwingung***. Diese Wirkung wird erst durch die Hochpotenzierung erreicht! Die für den Geldbeutel erfreuliche Methode sieht vor, einen Patienten mit einer bestimmten Dosierung eines homöopathischen Medikaments zu behandeln, welches bei einem gesunden Menschen die gleichen Krankheitssymptome oder 'Schwingungsmuster' zur Folge hätte: Gleiches wird durch Gleiches geheilt („Similia similibus curantur"). Die Homöopathie oder 'die Kunst der Dosierung' richtet sich 'maßgeschneidert' nach der Individualität des Patienten. (Der Begriff 'Schwingung' wird in diesem Kapitel noch ausführlich behandelt.)

„Die Bestimmung einer genauen Diagnose im üblichen Sinne unter evtl. Zuhilfenahme aller verfügbaren technischen Hilfsmittel ist auch für die homöopathische Behandlung eine selbstverständliche Voraussetzung. Sie dient nicht nur der diagnostischen Klärung des bestehenden Leidens, sondern auch der Feststellung, ob der pathologische Zustand für die Homöopathie geeignet ist. Konstitutionelle und funktionelle Störungen, Unordnungen im gesamten vegetativen Nervensystem, alle Neuralgien, viele entzündliche und degenerative Prozesse sämtlicher Gewebe lassen sich mit Erfolg homöopathisch behandeln. Bei den Infektionskrankheiten ist es von Fall zu Fall zu entscheiden, ob eine chemotherapeutische oder antibiotische Behandlung den Vorzug verdient. Initialstadien akuter, aber nicht primär gefährlicher Infektionskrankheiten bedürfen bei guter Immunitätslage und guten Kreislaufverhältnissen durchaus nicht immer einer rigorosen antibiotischen oder chemotherapeutischen Behandlung. Ganz besonders können Resistenzerscheinungen, Unverträglichkeiten, Allergosen und

dgl. mehr diese unmöglich machen. In solchen Fällen ist der Einsatz biologisch-homöopathischer Methoden eine gute Hilfe."

(„Homöopathisches Repetitorium" der Deutschen Homöopathie-Union, Karlsruhe)

Eine weitere Behandlungsmethode ist die ***Akupunktur*** (zu lat. acus = Nadel + punctura = das Stechen), ein jahrtausendealtes chinesisches Heilverfahren, wobei durch das Einstechen feiner Nadeln in festgelegte Punkte der Haut energetische Blockierungen gelöst werden, um ein zur Gesundung erforderliches 'Schwingungsgleichgewicht' (Erklärung folgt) in seine harmonische Ausgangslage zurückzubringen. Der ganze Organismus ist mit einem 'Energieliniennetz' überzogen. Bleibt zum Beispiel eine U-Bahn zwischen zwei Bahnhöfen stecken, ist das gesamte Netz gestört; die Akupunktur bringt - bildlich gesehen - die U-Bahn wieder zum Fahren.

Jeder gute Heilpraktiker kann uns eine Vielzahl anderer Methoden nennen. Sehr interessant ist beispielsweise die 'Bioresonanztherapie', kurz BRT, die aus der Elektroakupunktur hervorgegangen ist, und nach dem Prinzip von Schwingung und Gegenschwingung arbeitet. (Die BRT ist bei Allergien erfolgversprechend.)

Die ***Schulmedizin*** sollte mit all ihren 'Halb-Göttern in Weiß vom Olymp heruntersteigen' und mit der Naturheilkunde eine gemeinschaftliche Zusammenarbeit anstreben, denn beide Bereiche gehören zusammen. Das 'Schubladendenken' muß aufgegeben werden. Von einer Verurteilung der Schulmedizin, die auf der Grundlage ihrer Forschungsarbeit viele Menschenleben gerettet hat, ist ***nicht*** die Rede!

„Es ist ein Irrtum, die Wissenschaft als Widersacherin des Geistes anzusehen. Ob die Wissenschaft das geistliche Leben fördert oder behindert, hängt davon ab, welchen Gebrauch man von ihr macht. Ebenso wie wahre Kunst Ausdruck des Geistigen ist, kann auch die Wissenschaft, wenn richtig gehandhabt, Ausdruck und Erfüllung des Geistes sein. Wissenschaftliche Erkenntnisse über den physischen Körper und sein Leben in der physischen Welt können für die Seele zu einem Instrument der Selbsterkenntnis werden, doch müssen sie, um diesen Zweck zu erfüllen, in angemessener Weise in die umfassendere geistige Einsicht integriert werden. Dies schließt ein unbeirrbares Gewahrsein echter und beständiger Werte ein.

Fehlt solche Einsicht, so besteht die Gefahr, daß die wissenschaftlichen Erkenntnisse und Errungenschaften zur gegenseitigen Zerstörung verwendet und einem Leben dienstbar gemacht werden, das die Fesselung des Geistes noch verstärkt."

(Meher Baba: „Darlegungen über das Leben in Liebe und Weisheit")

Um die ***Gesundheit*** eines Menschen aufrecht zu erhalten, braucht er frische Luft, sauberes Wasser, körperliche Bewegung, ausreichend Schlaf, eine ausgewogene Ernährung (siehe dazu Kapitel 14) und eine positive geistige Haltung. Der letztgenannten Komponente wird allerdings nicht die gebührende Achtung entgegengebracht. Jemand, der unter seinen Gefühlen (Liebeskummer, Trauer, Wut, Angst und ähnliches) oder zuviel negativen Streß zu lange leidet, kann nicht gesund sein. (Zuviel ***Streß*** manifestiert sich unter Umständen in Form einer lebensbedrohenden Herzgefäßerkrankung.) Damit sei nicht gesagt, man solle in einer 'Wirklichkeit der Gegensätze' seine negativen Gefühle unterdrücken oder gar mit einem Medikament betäuben; sie bis zu einem gewissen Punkt auszuleben, kann der Wiederherstellung des Harmonie-Gleichgewichts dienlich sein: Dasselbe gilt für verschiedene Krankheiten, die durch die Einnahme von Arzneimitteln nicht beseitigt, sondern nur weiter hinausgezögert werden.

Um bestimmte Heilungsprozesse einzuleiten, muß die ***geistige Ursache*** einer Erkrankung aufgespürt und 'aufgelöst' werden! (Zum Beispiel ein lange vergessenes Erlebnis aus der Kindheit.) Nur unter der Berücksichtigung der ***Ganzheit*** des Körpers kommen wir hier voran - und betrachten noch einmal die bereits erwähnten ***Chakren*** oder ***Chakra***, die Energiezentren des Astralkörpers und somit auch des physischen Körpers.

Man unterscheidet sieben Hauptchakren: 1. das Wurzel- oder Sexualchakra über dem Sexualorgan, 2. das Milzchakra, 3. das Magenchakra über dem Solarplexus, 4. das Herzchakra über dem Herzen, 5. das Halschakra über der Schilddrüse, 6. das Stirnchakra zwischen den Augen („Drittes Auge", siehe dazu Kapitel 22) und 7. das Scheitelchakra über der Hypophyse im Mittelpunkt des Kopfes.

„Sie gleichen ätherischen Wirbeln, durch welche dem organischen Körper des Menschen feinstoffliche, organische Strahlenkräfte zugeführt werden. So beeinflussen sie direkt die menschlichen Organe, und deshalb

ist ein in normaler Funktion befindliches Chakra die Grundursache für ein entsprechendes gesundes Organ. [...] *Leider sind nun bei den meisten Menschen durchaus nicht alle Chakra in normaler Funktion, sondern sie sind meist gedrosselt, gehemmt oder funktionslos, so daß sie gestärkt oder erst geweckt werden müssen. Die normale Drehung der Chakra ist von links nach rechts.* [...] *Sämtliche Chakra stehen mit der Dorsalflüssigkeit im Rückenmark in fluidaler Verbindung und werden sie oft als Lotusblüten dargestellt, deren Stengel in der Wirbelsäule wurzeln, während die Blüten sich auf der Oberfläche des Ätherkörpers* [Anm.: Astralkörper] *ausbreiten.* [...]

Nervenplexus, Organ und Chakra stehen miteinander im engsten Zusammenhang. Sie korrespondieren in ihren Grundeigenschaften und in ihrer Bedeutung für den Menschen. Es ist kein Zufall, daß die Chakra entweder über einem Nervengeflecht oder über einer wichtigen innensekretorischen Drüse gelagert sind. Schon hieraus ergeben sich kausale Zusammenhänge. Eine Behandlung oder Erweckung der Chakra ist von Einfluß auf den Nervenkörper und auf die Funktion des menschlichen Drüsensystems. Häufig liegt die primäre Ursache von nervlichen, oder sogar von organischen Erkrankungen in einer Störung der betreffenden Chakra.“

(Gregor A. Gregorius: „Die magische Erweckung der Chakra im Ätherkörper des Menschen“)

Das Wurzel- und das Halschakra sind ***Doppel-Chakren***: Das Wurzelchakra vereint das vordere Zentrum über dem Sexualorgan und das Steißchakra über der Prostatadrüse im Bereich des Wirbelsäulenendes, das Halschakra vereint das Zentrum über der Schilddrüse und das Nackenchakra im Bereich des Kleinhirns.

(Siehe dazu Kapitel 16: „Kundalini“.)

Besteht eine Überfunktion oder Überspannung eines Chakras oder mehrerer Chakren in Form einer zu hohen oder zu niedrigen Drehgeschwindigkeit beziehungsweise ***Schwingung***, ist das Harmoniegleichgewicht der verschiedenen Körper des Menschen gestört. Somit ist die Grundlage geschaffen, Disharmonien und Krankheiten entstehen zu lassen.

Gleichzeitig ist es die Grundlage, Chancen der Heilung zu nutzen.

Die wichtigsten <u>Nebenchakren</u> sind die Sohlenchakren, die Kniechakren und die Handchakren.

„Die ätherischen Erdkräfte steigen durch die beiden Sohlen-Chakra in den Körper auf; links der positive, und rechts der negative Strom. Nach der Abdrosselung in den beiden Knie-Chakra erfolgt im Wurzel- resp. im Steiß-Chakra [Anm.: Sexualchakra] *die erste Verschmelzung und Umpolung. Der neue positive Strom läuft - bildlich gesehen - entlang der Wirbelsäule durch das Milz- und Herz-Chakra. Beide setzt er dadurch in Funktion. Sein Lauf geht bis in das Hals-Chakra. Dort, d.h. im Nacken-Chakra, findet die zweite Vereinigung mit dem negativen Strom statt. Dieser ist inzwischen ebenfalls bis zum Hals-Chakra gelangt, nur strömt er durch das Nieren- bzw. Milz-Chakra und durch das Magen-Chakra aufwärts. Vom Hals-Chakra führen die neu transformierten Schwingungen - zweiteilig - in die Hand-Chakra hinab. Der positive Strom läuft in die linke, der negative in die rechte Handfläche aus."*

(Gregor A. Gregorius: „Die magische Erweckung der Chakra im Ätherkörper des Menschen")

Ganz nebenbei wird in diesem Zitat das Prinzip der 'Geistheilung durch Handauflegen' erklärt.

Heilung ist die vollständige Wiederherstellung ***und*** Beibehaltung des energetischen Gleichgewichts beziehungsweise einer harmonischen Chakren-Schwingung.

Sie kennen vielleicht die Zirkus-Nummer der sich frei drehenden Teller auf dünnen Stäben: Genau wie der Artist den Tellern immer wieder neuen Schwung geben muß, damit diese nicht herunterfallen und zerbrechen, so müssen auch die astralkörperlichen Chakren ständig neuen Antrieb zum Weiterschwingen erhalten. Fällt auch nur ein Teller herunter, ist die Zirkus-Nummer mißglückt, gerät ein Chakra aus dem Gleichgewicht, ist die Gesundheit gefährdet. Vom Standpunkt der menschlichen Dualität behandelt man das Chakren-System, vom Standpunkt der etablierten Medizin das Nervensystem:

„Im Nervensystem finden wir die innere und äußere Direktion des Körpers. Die innere Direktion regelt das Zusammenspiel der Zellen zu Organen und zur Ganzheit des Körpers. Die spezifische Funktionsbereitschaft ist zwar in der einzelnen Zelle vorhanden, diese wird aber erst durch den Nervenleib zur harmonischen Einheit organisiert. Die äußere Direktion regelt das Zusammenspiel des Lebens mit seiner Umwelt. Die Sinne ver-

mitteln Wahrnehmungen, und diese Wahrnehmungsreize werden zu Willensimpulsen umgewandelt.“

(Dr. med. Josef Gemassmer: „Geistige Heilweisen“)

Jede Art von Heilung verfolgt das Ziel, das ***Gleichgewicht der Vier Elemente*** wiederherzustellen. Das Prinzip des ***Elektromagnetismus*** beziehungsweise der elektromagnetischen Schwingung kommt dabei zur Anwendung.

Die Heilmethode eines sogenannten ***Geistheilers*** beruht auf der Methode, einen Strom zu erzeugen, also einen Fluß von ***Elektronen***, welche die Phänomene der Elektrizität und des Magnetismus in sich vereinen.

(Den ‘Tod’ könnte man auch bezeichnen als den Verlust der elektrischen Ladung im physischen Körper.)

Es gibt natürlich auch viele ***andere*** Heilmethoden, doch möchte ich den oft unverständlichen und mißbrauchten Begriff der ‘Geistheilung’ ein wenig beleuchten. Mehr Licht!

„Ströme können nur zwischen Kraftfeldern von verschiedener Energiestärke, von verschiedenen Potentialen fließen. Wir wissen auch, daß in allen sensiblen und motorischen Nerven unaufhörlich Ströme fließen, und jeder Strom, der eine Empfindung oder eine Bewegung vermittelt, ist nur ein Zusatzstrom. Auch in allen sympathischen Nerven ereignet sich unaufhörlich ein Stromspiel. Da alle Ströme von höherer Spannung zu niederer Spannung fließen, müßte es, so möchte man annehmen, zu einem Spannungsausgleich kommen. Das geschieht aber nicht. Im Körper sind irgendwelche Mechanismen vorhanden, welche die höheren Potentiale unaufhörlich wieder aufladen und die niederen Potentiale unaufhörlich entladen. Da die Elektronen mit annähernder Lichtgeschwindigkeit fließen, so vollziehen sich alle diese Bewegungen mit riesenhafter Schnelligkeit. Sie sind Schwingungsvorgänge im Körper.“

(Dr. med. Josef Gemassmer: „Geistige Heilweisen“)

Diese Schwingungsvorgänge sind uns bekannt; wie aber kann man sie zwecks Heilung nutzen? Dr. Gemassmer stellt weiterhin fest:

„Bei den geistigen Heilweisen steht immer der Mensch in der Mitte, der Mensch, der auf den Menschen wirkt, sei es durch seinen ordnenden Geist

oder durch seine beruhigende und heilende Ausstrahlung. Die geistigen Heilweisen und die körperlichen Heilweisen gehören zueinander. Sie sollen sich gegenseitig ergänzen.

Die Heilung kranker Schwingungen erfolgt entweder durch Vermittlung eines Stromes, der vom Heiler ausgeht oder durch Resonanz. Bei der Heilung durch Mitschwingung, durch Resonanz versenkt sich der Heiler in die Urschichten seiner eigenen Seele [Anm.: darüber hinaus in die Mentalebene?], *und der Kranke fällt durch Resonanz in die gleiche Schwingungslage mit hinein.* [...]

Sobald organische Veränderungen eingetreten sind, bedarf der Kranke der Hilfe durch die körperliche Medizin. Jedoch ist der geistige Heiler für die Störungen auf der bioelektrischen Ebene zuständig. Er kann durch die Strahlen seiner Hand [Anm.: Chakra] *eine Fehlfunktion wieder auflösen. Ein schiefes Gleichgewicht ist ein Schwingungskreis, der an sich stabil, aber den biologischen Gegebenheiten nicht angepaßt ist. Die Heilung einer kranken Schwingungslage erfolgt nicht durch ein Hineinformen einer gesunden Schwingungslage, nein, sie erfolgt ähnlich wie die Einrenkung eines Armes. Wenn sich ein Arm verrenkt hat, dann renkt der Arzt den verrenkten Arm nicht wieder ein, sondern er renkt den Arm aus seiner Verrenkung heraus. Die verrenkte Schwingung befindet sich in einer schiefen, in einer falschen Gleichgewichtslage, und der geistige Heiler renkt durch seine Strahlen das falsche 'Gleichgewicht' wieder ein. Genauso wie sich der verrenkte Arm, wenn er aus seiner Verrenkung ausgerenkt wird, sich normalerweise wieder auf sein gesundes Gleichgewicht einspielt, so geschieht das auch mit den bioelektrischen Verrenkungen. Sie spielen sich wieder auf ihre Normallage ein.* [...]

Die bioelektrischen Strahlen werden vom Patienten als Wärme oder als ein elektrisches Prickeln empfunden."

(Dr. med. Josef Gemassmer: „Geistige Heilweisen")

Anstelle von Mystik wirken fließende Elektronen. Geistige Heilung ist also ein Anpassen an ein Schwingungsniveau harmonischer Art, ein Finden eines 'gemeinsamen Nenners', ein Angleichen von 'kranken' Schwingungen eines Patienten an 'gesunde' Schwingungen eines Heilers. Es entsteht gewissermaßen eine Induktionsschleife zwischen dem Energiefeld des Heilers und dem Energiefeld des Patienten, wobei es nicht um eine Energieübertragung geht, sondern um die 'Anregung' der Produktion eines

Elektronenflusses beim Patienten, und zwar solange, bis die 'Komplettierung' fehlender Energie abgeschlossen ist. Der Heiler agiert als helfende 'Startbatterie'. Die Resonanz des Patienten, der während des Vorgangs an der erkrankten Stelle eine Wärme oder ein Kribbeln fühlt, ist Heilung. Die erste Empfindung unmittelbar nach dem Vorgang ist die Beseitigung von Schmerz.

Man kann auch davon sprechen, daß eine sich im Organismus manifestierte 'Fehlschwingung' (Krankheit) durch einen Heiler beziehungsweise durch die energetische Strahlung seiner Hände aufgelöst wird. Die mitunter enorme Stärke der elektrischen Spannung, die ein Heiler durch Handauflegen hervorrufen kann, ist in Volt meßbar. Der Erfolg einer Heilung ist allerdings (ähnlich wie bei der Hypnose) von der inneren Bereitschaft des Patienten, von seinem Willen zum Geheilt-Werden, abhängig.

Die 'Urstrahlung' oder universale Lebensenergie, welche, aus der Mentalebene kommend, alle anderen Sphären durchflutet, bezeichnet man auch als ***Prana*** (ind. Sanskrit = Aushauch).

Das Schwingungsniveau allgemein muß erst von Geburt an aufgebaut und entwickelt werden. Dr. Gemassmer:

„Das Neugeborene hat zwar Beinchen und Händchen, und darin sind alle Anlagen für eine sinnvolle Bewegung enthalten, aber sinnvoll bewegen kann es sie noch nicht. Sein Unbewußtes weiß noch nicht, welche Stärke der Stromimpulse es von seine Gehirnzellen in der Großhirnrinde absenden muß, um eine bestimmte Bewegung zu erzielen. Es dauert lange, bis das Kleinkind fähig ist, das Schlagen mit seinen Händen vom Streicheln zu unterscheiden. Wir sehen also, daß Gehirnzellen vorhanden sind, welche die Strombewegung vermitteln, aber die Fähigkeit, Bewegungen verschiedener Stärke zu erzielen, indem Stromimpulse verschiedener Stärke gesandt werden; diese Fähigkeit wird erst im Laufe des ersten Lebensjahres erworben. Wir können daher annehmen, daß die organischen Gehirnzellen zwar immer die gleichen sind, aber daß sich eine Klaviatur von bioelektrischen Strahlenformen entwickelt, durch welche die Stärke der Ströme reguliert wird. Diese Bauformen müssen sich in der Aura des Menschen befinden, in einem Strahlenraum, der aus Myriaden von Bildern geformt ist und sich in einer hierarchischen Ordnung zur Gesamtheit der Körperseele aufbaut. Der Mensch will, und die Körperseele, dieses geheimnisvolle 'Es' setzt eine ganze Klaviatur von Stromstärken in Bewegung und

erzielt die gewollte Funktion mit einer präzisen Großartigkeit; unsere Hände können feinste Arbeit leisten, ja Geige spielen."

(Dr. med. Josef Gemassmer: „Geistige Heilweisen")

Der Mechanismus und die Anlage zum geistigen Heilen ist vielen Menschen eigen, und nicht nur wenigen 'Auserwählten'.

Gewarnt sei daher an dieser Stelle vor Scharlatanen, magischen Comic-Figuren, welche die äußere Erscheinungsform von 'Zauberern aus längst vergangenen Welten' angenommen haben, und mit wallenden Haaren, langen Bärten und anderem Zubehör wie Kristallkugeln, riesigen Ringen und Amuletten undsoweiter durch die Gegend laufen - und viel, viel Geld verdienen...

„Die Heilung auf der bioelektrischen Ebene ist vielen Menschen gegeben. Sie ist eine natürliche Kraft, doch die Menschen wissen nicht darum. Sie ist nichts anderes, als das Wirken des gesunden Kraftfeldes Mensch auf das kranke Kraftfeld Mensch. Sie wirkt z.B. bei einer Handübertragung auf die rheumatisch schmerzende Stelle, sie wirkt von einer Mutter auf das Kind, vom Mann auf die Frau und von der Frau auf den Mann. Sie fordert nichts anderes als das Wohlwollen, und mit dem Wohlwollen durchdringen sich die Auren gegenseitig, regen ihre Vitalität an, helfen und heilen."

(Dr. med. Josef Gemassmer: „Geistige Heilweisen")

Wenn vielen - oder gar allen (?) - Menschen die Fähigkeit des Geistheilens gegeben ist, welche aber unterschiedlich beziehungsweise gar nicht ausgeprägt ist, muß man voraussetzen, daß die Kräfte oder Ströme, die der Heiler vermittelt, nicht direkt in seinem materiellen Körper ent-stehen, sondern in anderen, höheren Schwingungsebenen be-stehen und je nach Bedarf 'angezapft' werden können. Zwischen diesem 'angezapften Faß', welches niemals leer wird, und dem Heiler gibt es - bildlich gesehen - einem 'Schlauch', welcher eine so oder so 'dosierte' Schwingung direkt in den materiellen Körper des Heilers leitet. Der Heiler macht nichts anderes, als diese bestimmte Schwingung an einen Patienten in ein erkranktes Organ weiterzugeben; diesen Vorgang könnte man als 'geistiges Blutspenden' bezeichnen.

Zum Thema Geistheilung schreibt Arthur Laubach:

„Alles und jedes entstammt dem Geist des Göttlichen; deshalb benutzt der Geistheiler die feineren Geistschwingungen, um so auf die grobe Schwingung des Körpers einzuwirken. Jede Geistheilung sollte unbedingt mit der Bitte um Heilung verbunden sein, jedoch nur dann, wenn es im Sinne der Seele und des Hohen Selbst [Anm.: Mentalkörper] *des Erkrankten ist.* [...]

Eigentlich ist der Geistheiler nur ein Instrument, das Kontakt mit dem Göttlichen, der Urkraft, herstellt. Hat er diesen Kontakt herbeigeführt, läßt er die göttliche Urkraft als Geist durch sich auf den zu Heilenden fließen. Der Heiler kann spüren, ob dieser Kontakt hergestellt ist und die Heilkraft fließt. Die Heilung bewirkt nicht er, sondern ausschließlich die göttliche Urkraft. [...]

Die Geistheilung ist jedoch kein Allerweltsheilmittel. Die Kraft des Geistes wirkt nämlich nur dann, wenn beim Heilungssuchenden bewußt - oder auch unbewußt - die Bereitschaft vorhanden ist, diese anzunehmen."

(Arthur Laubach: „Der Weg des Geistes")

Jetzt werden Sie sich vielleicht fragen: „Kenne ich denn so als Beispiel den Namen eines berühmten Geistheilers?" Selbstverständlich!

„Und eine Frau hatte seit zwölf Jahren den Blutfluß, die konnte von keinem geheilt werden. Die trat von hinten an ihn heran und berührte den Saum seines Gewandes; und sogleich hörte ihr Blutfluß auf. Und Jesus fragte: Wer hat mich angerührt? Als es aber alle abstritten, sagte Petrus: Meister, das Volk umringt und bedrängt dich. Jesus aber sagte: Es hat mich jemand angerührt; denn ich habe gespürt, wie eine Kraft von mir ausgegangen ist. Als aber die Frau sah, daß sie nicht verborgen bleiben konnte, kam sie mit Zittern, fiel vor ihm nieder und verkündete vor allen Leuten, warum sie ihn angerührt hatte, und wie sie sogleich gesund geworden war. Er aber sagte zu ihr: Meine Tochter, dein Glaube hat dir geholfen. Geh hin in Frieden!"

(Die Bibel, Lukas 8, 43-48)

Natürlich kennen Sie ***Jesus*** als ***ein*** Beispiel, die reinste, geistige Kraft zu empfangen, und diese, wenn auch hier unbewußt, als Geistheilung einzusetzen. Nichts anderes wird in dieser Bibelpassage beschrieben. Aufgrund der ungewöhnlich hohen, geistigen Entwicklung von Jesus manifestiert sich in dieser Szene die vollständige Heilung des erkrankten Fußes jener Frau auf der Stelle! Sie berührt Jesus nichtsahnend als 'Instrument' der Göttlichen Kraft, die in einem aktivierten Strom aus der Mental-Ebene kommend auf sie einwirkt. Das Schwingungsniveau der Frau wird angehoben beziehungsweise das Wirken der Vier Elemente in ein harmonisches Gleichgewicht zurückgebracht.

Jetzt wird der eine oder andere eventuell den Einwand erheben: „Ja, aber Jesus sagt doch als Begründung ‚dein ***Glaube*** hat dir geholfen'!" Das stimmt. Von 'Wissen' kann ja auch keine Rede sein! Mit 'Glaube' ist hier die ***innere Bereitschaft*** oder Hoffnung gemeint, die als Voraussetzung vorhanden sein ***muß***, um eine positive Wirkung - sei es in Form einer Heilung - zu bewirken! Mit einer sehr tiefen inneren Überzeugung (und nur dann), bestimmte Dinge zu erreichen, setzt 'Glaube' denselben Mechanismus in Bewegung wie bei 'Wissen', nur unbewußt. Dennoch bleibt 'Glaube' immer eine Vorstufe von 'Wissen', obgleich derselbe Zweck erfüllt wird. Und siehe, es steht geschrieben:

„Und die Apostel baten den Herrn: Stärke uns den Glauben! Der Herr aber sagte: Wenn ihr Glauben habt nur so groß wie ein Senfkorn, dann könntet ihr zu diesem Maulbeerbaum sagen: Reiß dich aus und verpflanze dich in's Meer und er würde euch gehorchen."

(Die Bibel, Lukas 17, 5/6)

Sie sehen, der Begriff 'Glaube' umschreibt in der Tat eine innere Bereitschaft, durch eine feste emotionale Überzeugung, ungewöhnlich erscheinende Dinge geschehen zu lassen, das heißt, sie als Bestandteil der aktuellen Wirklichkeit zu manifestieren. Solange es hilft, zum Beispiel durch das Betrachten oder Berühren einer Blut weinenden Madonna Heilung zu erlangen, ist nichts dagegen einzuwenden. Der Gegenstand, an den Sie glauben, ist egal; es könnte auch ein Folienschweißgerät sein.

Dennoch ist der Glaube an irgendetwas oder irgendjemanden lediglich eine Vermutung und erscheint den Gläubigen bei tatsächlicher Manifestierung als 'Wunder'; aber jetzt ***wissen*** Sie: Wunder macht man alle selbst! 'Wunder' sind die bewußte Anwendung der universalen Gesetzmäßigkeiten. Das Wissen um die Wunder zum Zweck der Heilung kann man als Lehrer an seine Schüler weitergeben, wie es beispielsweise auch Jesus an seine Jünger tat:

„Er rief aber die Zwölf zusammen und gab ihnen Gewalt und Macht über alle bösen Geister, auch daß sie Krankheiten heilen konnten, und sandte sie aus, das Reich Gottes zu predigen und die Kranken zu heilen.“
(Die Bibel, Lukas 9, 1/2)

Auch das ***Beten*** ist eine Möglichkeit der Geistheilung - als eine Art Selbstheilung, indem Sie die Handflächen beziehungsweise die Handchakren zusammenlegen und in den so entstehenden Stromfluß einen Gedanken in Form eines starken, inneren Wunsches hineinprojezieren.

Je mehr Sie in der Vorstellung von einem Wunsch (emotional) überzeugt sind, je größer ist das Energiepotential einer Manifestierung. Die Verwirklichung eines Wunsches muß also schon ‘im Kopf’ abgeschlossen sein, bevor und damit der Mechanismus funktioniert! Dieses ist das unerschöpfliche **schöpferische Potential der Gedanken.**

Jesus:
„Darum sage ich euch: Bei allem, worum ihr in eurem Gebet bittet, glaubt nur, daß ihr's schon empfangen habt, so wird's euch zuteil werden.“
(Die Bibel, Markus 11, 24)

Wie wir festgestellt haben, ist Heilung die Wiederherstellung eines harmonischen Gleichgewichts im Körper beziehungsweise in den Körpern des Menschen als Wiederherstellung einer harmonischen Schwingung auf der Grundlage des Elektromagnetismus.

Licht spielt dabei eine wichtige Rolle, denn Lichtwellen sind von elektromagnetischer Natur. Wir selbst sind auf der astralen Ebene Lichtwesen und kehren nach dem ‘Tod’ in die Existenzweise des Lichts zurück.

Die Wellenlänge des für das menschliche Auge sichtbaren Lichtes liegt zwischen 380 und 780 nm (1 Nanometer = 0,000 000 001 m), sowie deren Randbereiche Ultraviolett und Infrarot. Wenn Sie damals im Physikunterricht aufgepaßt haben, wissen Sie noch, daß man Licht zwar als weiße Strahlungserscheinung wahrnimmt, doch wenn man es zwecks Brechung durch ein Prisma schickt, wird das Licht aufgespalten oder aufgefächert in seine ***Spektralfarben***, die Farben des Regenbogens. Zwischen den Farben gibt es jeweils einen fließenden Übergang. Da haben wir es: Geht es um Licht, geht es um das darin enthaltene Farbspektrum (lat. spectrum = Abbild). Mit anderen Worten: Es wird bunt und farbenfroh! Eine farbenfrohe Heilung?

Genau! Die Betrachtung ist dieselbe, sie hat nur einen anderen Standpunkt. Von 'Krankheit' kann man ebenfalls sprechen, wenn irgendeine Wellenlänge im Bereich zwischen 380 und 780 nm eine disharmonische Störung verursacht, das heißt, wenn alle Farben eben ***nicht*** in gleicher harmonischer Intensität zueinander 'leuchten', wenn es eine energetische 'Störungsschwingung' gibt. Diese Störung gilt es beiseite zu räumen: Eine weitere Methode von Heilung ist - neben Tönen und Musik (siehe dazu Kapitel 20) - die ***Farbheilung***.

Sie geschieht ganz einfach durch Hinzufügen (Betrachtung, Bestrahlung) einer bestimmten Wellenlänge oder durch Visualisierung der entsprechenden Farben, und zwar so lange, bis das 'gesunde Schwingungsniveau' wieder erreicht ist. Farben sind Schwingungen.

Violett:	380 - 436 nm
Blau:	436 - 495 nm
Grün:	495 - 566 nm
Gelb:	566 - 589 nm
Orange:	589 - 627 nm
Rot:	627 - 780 nm

Die zu starke Wirkung von ultraviolettem Licht kennen Sie sicher als lästigen Sonnenbrand. Als (zusätzliches) Hausmittel bei Grippe und Erkältung ist bekannt, sich unter eine rotstrahlende Lampe zu legen und die Farbe Grün gilt allgemein in ihrer Wirkung als beruhigend und besänftigend. Nicht ohne Grund findet daher der Mensch inmitten der grünen Natur Erholung, Entspannung und Kraft zum 'Auftanken'. Ein Spaziergang im Park, im Botanischen Garten, im Wald undsoweiter kann wahre 'Wunder' vollbringen, nämlich, uns in ein harmonisches Gleichgewicht zurückzuversetzen. Wohnen sollte immer mit vielen Zimmerpflanzen verbunden sein: Wir geben diesen freundlichen Wesen etwas Wasser, Pflege und viel Zuneigung, und erhalten so eine nicht zu unterschätzende Kraftquelle. Sprechen wir mit den Pflanzen!

Auch können wir eine bestimmte Farbe zwecks Wiederherstellung des Harmoniegleichgewichts ***essen***, zum Beispiel 'Grün' in Form von Kopfsalat, Gurken, grünen Äpfeln, grünem Paprika undsoweiter oder wir wählen für unsere Tagesgarderobe ein oder mehrere grüne Kleidungsstücke; achten wir bei der Farbauswahl nur auf die 'innere Stimme' und auf unser Gefühl!

(Selbstverständlich kann man keine lebensbedrohende Infektionskrankheit heilen, wenn man auf eine rote Fläche starrt.)

Wenn man innere Ruhe gefunden hat, und vor dem geistigen Auge bestimmte Farben eine gewisse Zeit lang visualisiert, kann man sich dabei beobachten, welche Farben man unangenehm oder abstoßend empfindet. Vermutlich hat man eine 'Störungsschwingung' entdeckt und kann diese ausgleichen.

Da wir von einer dualen Weltauffassung ausgehen, könnte dieser Ausgleich besonders durch die jeweilige ***Komplementärfarbe*** (lat. complementum = Ergänzung) zu der als unangenehm empfundenen Farbe geschehen. In vielen Nachschlagewerken ist eine Komplementärfarbe definiert als „eine Farbe, die bei additiver Mischung Weiß ergibt". Das ist definitiv falsch! Die Farbe Weiß ist niemals das harmonische Ergebnis einer additiven Mischung zweier oder mehrerer Farben. Schon Goethe schreibt in seiner „Farbenlehre":

„Daß alle Farben zusammengemischt weiß machen, ist eine Absurdität, die man selbst andern Absurditäten schon ein Jahrhundert gläubig und dem Augenschein entgegen zu wiederholen gewohnt ist."

„Alles Lebendige strebt zur Farbe, zum Besonderen, zur Spezifikation, zum Effekt, zur Undurchsichtigkeit bis ins Unendlichfeine. Alles Abgelebte zieht sich nach dem Weißen, zur Abstraktion, zur Allgemeinheit, zur Verklärung, zur Durchsichtigkeit."

(Johann Wolfgang Goethe: „Die Farbenlehre")

Das harmonische Ergebnis bei additiver Mischung zweier oder mehrerer Farben ist ein ***neutrales Grau***. Die Ursache der Farben liegt im Weißen (Licht), ihre Wirkungen auf der materiellen Ebene streben zum Grauen. Nicht ohne Grund ist Schwarz die Farbe der Negation, der Hoffnungslosigkeit, des Pessimismus, der Trauer, des 'Teufels' und des 'Todes'. Eine duale Weltauffassung wird auch hier bestätigt, da die Farbe Grau die Farben Weiß und Schwarz, aus denen sie gemischt ist, in sich vereint. Harmonie bedient sich niemals eines Extrems, es ist immer 'der mittlere Weg'.

In der Farbenlehre von Johann Itten (1888-1967), die auf den Erkenntnissen Goethes beruht, heißt es:

„Wenn wir ein weißes Quadrat auf schwarzem Hintergrund betrachten und dann wegblicken, erscheint im Auge ein schwarzes Quadrat als Nachbild. Betrachten wir ein schwarzes Quadrat auf weißem Grund, so erscheint als Nachbild ein weißes Quadrat. Im Auge sucht der Gleichgewichtszustand sich wiederherzustellen. Wenn wir aber ein mittelgraues Quadrat vor einem grauen Hintergrund betrachten, dann erscheint kein Nachbild, das verschieden ist von dem betrachteten mittleren Grau. Dies beweist, das das mittlere Grau dem geforderten Gleichgewichtszustand unseres optischen Sinnes entspricht.

In unserem optischen Sinnesapparat bedeutet Harmonie also einen psychophysischen Zustand des Gleichgewichts, in welchem Dissimilation [Anm.: Verlust] *und Assimilation* [Anm.: Anpassung] *der Sehsubstanz gleich groß sind. Ein neutrales Grau erzeugt diesen Zustand."*

(Farbenlehre nach Johann Itten, aus: „Harmonielehre der Farben" von Harald Küppers)

Natürlich ist dies ein theoretischer Hintergrund und nicht ein Aufruf, sich nur noch der langweiligen, neutralen Farbe Grau hinzugeben.

Die ***Komplementärfarben*** kann man ganz leicht herausfinden: Wenn man zum Beispiel für eine gewisse Zeit auf eine rote Fläche starrt und anschließend kurz die Augen schließt, erscheint als Nachbild die Komplementärfarbe Grün.

Die Hauptkomplementärfarben sind die Paare:

Rot -	Grün
Gelb-	Violett
Blau-	Orange

Die Grundfarben ***Rot***, ***Gelb*** und ***Blau***, aus denen alle anderen Farben durch Mischen entstehen, bezeichnet man in der Bildenden Kunst auch als ***'Harmonischen Dreiklang'***. Eine ***Trinität!*** Vorhandene Ähnlichkeiten sind rein 'zufällig'...

In jedem Komplementärfarbpaar sind die drei Grundfarben enthalten:
Rot - Grün (Gelb + Blau)
Gelb- Violett (Rot + Blau)
Blau- Orange (Rot + Gelb)

Auch aus den Grundfarben läßt sich ein neutrales Grau herstellen.

„Ein solches Grau kann man mischen aus Schwarz und Weiß oder aus zwei komplementären Farben und Weiß oder aus mehreren Farben, wenn in ihnen die drei Grundfarben Gelb, Rot, Blau in entsprechendem Mischverhältnis vorhanden sind."
(Farbenlehre nach Johann Itten, aus: „Harmonielehre der Farben" von Harald Küppers)

Das Fernsehbild besteht bekanntlich aus zusammengesetzten Bildpunkten, die während einer Übertragung zeilenweise abgetastet und ihrem jeweiligen Helligkeitswert entsprechend in elektrische Impulse umgewandelt werden. Es handelt sich um einen elektromagnetischen Einfluß auf den Zuschauer. Die Bildpunkte bestehen aus den Farben Rot, Blau und Grün. Vom Standpunkt der Farbenlehre kann man von einem harmonisierenden Einfluß sprechen, nicht aber vom Standpunkt einer permanenten Bestrahlung: Hier zeigt sich die 'Macht der Beeinflussung' dieses Mediums sehr deutlich, die 'Macht', mit negativen, gewaltvollen und nicht der Wahrheit entsprechenden Bildern beziehungsweise Informationen, die in das Unbewußte eindringen und dort ankern, 'harmonisch eingelullt zu werden'!

Während einer Visualisierung kann man eine bestimmte Farbenreihenfolge aufstellen, die sich positiv auf die Wiedererlangung eines verlorenen, energetischen Gleichgewichts ausübt; eine Farbenreihenfolge analog der Chakren, die ja die Farben der menschlichen Aura liefern. Probieren geht über Studieren!

Heilung ist ebenfalls als Dualität aufzufassen: Sie hat die zwei Erscheinungsformen der materiell-körperlichen und geistigen Heilung; beide bedingen sich gegenseitig, sind aber aufgrund von Nicht-Wissen, Besserwisserei, Profitgier, Scharlatanerie, falscher Berufsehre, Eitelkeit und Ignoranz voneinander getrennt. Lassen wir die Mauern einstürzen! ***Beide*** Erscheinungsformen tragen dazu bei, das ‘Schwingungsmuster’ einer manifestierten Krankheit an das ‘Schwingungsmuster’ des ***gesunden*** Basis-Zustandes wieder anzugleichen. Wenn es um die Heilung kranker Menschen geht, kann die ***Methode*** nicht im Vordergrund stehen, sondern die ***Heilung***, eine Heilung im Einklang mit Humanität und Naturverbundenheit.

WER HEILT, HAT RECHT, UND WAS HEILT, IST RICHTIG!

Ihnen allen, liebe Leser, beste Gesundheit!

Allgemein gilt: **Vorbeugen ist besser als Heilen.**
Eine vernünftige Lebensweise wird jeder für sich selbst am besten abschätzen können. Das Kapitel soll nicht beendet werden, ohne die sogenannten ‘Geisteskrankheiten’, mit denen sich die ***Psychiatrie*** befaßt, erwähnt zu haben. Der schwierige Umgang mit ***psychischen Erkrankungen*** ist durch Hilflosigkeit geprägt; die Seelen-Anteile des Patienten sind - ähnlich wie in der Hypnose - gespalten. Die Problem-Lösung dieser Tragik ist eine gewaltige Aufgabe und eine Herausforderung an die Zukunft.

14. ERNÄHRUNG

„Der Mensch ist, was er ißt" heißt ein wenig beachtetes Sprichwort. Unsere Gesundheit beziehungsweise Krankheit ist tatsächlich zu einem erheblichen Anteil von der richtigen Ernährung abhängig! Die Nahrung dient nicht nur dazu, die weitere (betont physische) Existenz abzusichern, sondern muß unter Berufung auf die ***Ganzheit des Menschen*** in ihrer Wirkung auf Körper, Seele und Geist betrachtet werden; man kann es gar nicht oft genug sagen. Nahrung ist aber auch Lust am Geschmack, eine Quelle des Genusses, der Freude und des geselligen Zusammenseins: „Liebe geht durch den Magen!"

Der 'laufend zu tankende Treibstoff', aus dem der Mensch unter anderem seine Energie gewinnt, besteht aus der Zusammensetzung des Essens und des Trinkens. Eine ***ausgewogene*** Mahlzeit beinhaltet bekanntlich ausreichende ***Nähr- und Wirkstoffe***: Kohlenhydrate, Proteine oder Eiweißstoffe, Fette, Vitamine und Mineralsalze beziehungsweise Spurenelemente (Kalium, Natrium, Calcium, Magnesium, Eisen et cetera), wobei der Stellenwert der lebensnotwendigen ***Vitamine*** (lat. vita = Leben) oft unterschätzt wird; Vitamine können vom menschlichen Organismus nicht hergestellt werden, steuern aber wichtige organische Prozesse. Vitamine sind Wirkstoffe, um chemische Reaktionen im physischen Körper des Menschen auszulösen. Ein Vitaminmangel ist eine akute Gefährdung der Gesundheit. Heißt das, daß wir solch einen Mangel durch eine in Wasser aufgelöste Biomultivitaminvierfruchttablette ausgleichen können?

„Vitamine werden auch als Mikronährstoffe bezeichnet, da der Körper nur winzige (doch lebensnotwendige) Mengen benötigt bzw. aus der Nahrung resorbiert. Viele Zeitgenossen betrachten Vitamine offenbar als eine Art Wunderdroge mit magischer Wirkung - ein Umstand, an dem die pharmazeutische Industrie nicht ganz schuldlos ist und den sie reichlich ausnutzt. Die Deckung des Vitaminbedarfs durch natürliche, in einer ausgewogenen Kost enthaltene Vitamine ist jedoch in jedem Fall dem exzessiven Konsum von synthetischen Vitaminpräparaten vorzuziehen. Vitamine wirken im menschlichen Körper nicht isoliert, sondern stets in komplexer, sich gegenseitig beeinflussender physiologischer Wechselbeziehung. Auch das beste synthetisch hergestellte Vitaminpräparat kann niemals das ausgewogene und empfindliche Zusammenwirken ersetzen, das zwischen den

verschiedenen natürlichen Vitaminen stattfindet. Wer sich bei der Deckung seines Vitaminbedarfs auf Pillen verläßt, schadet unter Umständen seiner Gesundheit mehr, als er ihr nützt.“

(Peter Cox: „Gesund und fit ohne Fleisch - Ein Plädoyer für die vegetarische Ernährung“)

Es gibt über zwanzig verschiedene, wasser- oder fettlösliche Vitamine, die unter anderem bei zu starker Hitzeeinwirkung, während des Kochens undsoweiter, zerstört werden; (nach Peter Cox) nachfolgend die wichtigsten:

Bei ***Vitamin A*** gehen einem die Augen auf! Und zwar bei ausreichender Versorgung, da sonst die Sehkraft nachläßt. Wenn man beruflich viel zu lesen hat oder am Computer arbeitet, braucht man viel Vitamin A. Es wird während der Nahrungsaufnahme beziehungsweise -aufspaltung aus dem gelb-orangen Naturfarbstoff Karotin gebildet, welches für die entsprechende Färbung von Obst- und Gemüsesorten verantwortlich ist.

Das fettlösliche Vitamin A wird in der Leber gespeichert, unterstützt unter anderem die Gesundheit von Haut und Haar und ist wichtig für die Erhaltung verschiedener Schleimhäute. Es findet sich ganz besonders in Karotten, (die Sie am besten wie ‘Bugs Bunny’ roh essen), in Spinat, Grünkohl, Margarine, Kresse, Kürbis, Brokkoli, Butter oder Paprikagewürzen.

Vitamin B umfaßt gleich einen ganzen ***Komplex*** in ihrer Struktur miteinander verwandter Vitamine. Jede einzelne Zelle unseres Körpers braucht Vitamin B! Sonst hat man mitunter Schlafstörungen, Appetitlosigkeit, Hautunreinheiten oder Verstopfung, ist müde, gereizt, geistig träge oder gar depressiv und selbstmordgefährdet; der Komplex bekämpft sozusagen ‘Komplexe’.

Die B-Vitamine sind aufgrund ihrer Wasserlöslichkeit im ganzen Organismus schnell wirksam. Deshalb sollte man die Gemüsebrühe nach dem (nicht zu starken) Kochen mitverwenden.

Vorausgesetzt, man ist nicht lustlos, launenhaft und depressiv, das heißt, man hat keinen Vitamin B 3-Mangel! Vitamin B 3 findet sich besonders in Hefeprodukten (Bierhefe, Milchhefe, Hefeextrakt), sowie in Erdnüssen, Mandeln und Sojabohnen.

Ein Mangel an Vitamin B 2, welches einen reibungslosen Eiweißhaushalt im Organismus unterstützt, kann Entzündungen an Mund und Lippen, Hautschäden, Augenerkrankungen oder gar Wachstumsstörungen zur Folge haben. Es verliert durch zu langer Bestrahlung mit ultraviolettem (Sonnen-) Licht seine gegen diese Erscheinungen einsetzende Wirkung. Vitamin B 2 findet sich wieder in Hefe und Mandeln, in Spinat oder Vollkornbrot.

Bei einem Vitamin B 1-Mangel sind Sie ebenfalls erschöpft und gereizt, da dieses Vitamin mit am Blutdruck-Regler sitzt, für gute Nerven sorgt und diese nicht mit Entzündungen quält! Vitamin B 1 findet sich in Hefe, Reis, Sojabohnen, Hirse, Erbsen oder Sonnenblumenkernen.

Auch das Vitamin B 6 läßt uns aus einem möglichen ‘Dornröschenschlaf’ der Traurigkeit und Lustlosigkeit aufwachen; es findet sich in Hefe, Vollkornbrot, Avocados, Orangensaft, Rosinen, Sonnenblumenkernen, Walnüssen, Blumenkohl, Brokkoli oder Bananen.

Vitamin B 12, welches in pflanzlichen Nahrungsmitteln so gut wie gar nicht vorkommt, kümmert sich um gute Nerven und um die Blutbildung. Es findet sich in Milch und Milchprodukten, auch in Sojamilch, Seetang und Algen (asiatische Küche). Zum Thema ‘Milch und Calcium’ ist etwas später noch einiges anzumerken.

Ein wichtiger Mitarbeiter bei der Aufnahme von Calcium ist das fettlösliche ‘Sonnen’- ***Vitamin D***; bei einem Mangel können Rachitis oder andere Knochenerkrankungen, Zahnerkrankungen oder Nerven- und Wachstumsstörungen in Erscheinung treten. Es wird - im Gegensatz zu Vitamin B 2 - durch die ultraviolette Sonnenstrahlung auf der Haut gebildet und findet sich besonders in Butter, Margarine, Milch und Milchprodukten. Schon meine tolle Oma erzählte mir, Butter sei ‘Nervennahrung’. Und Milchprodukte sorgen für eine gute Darmflora, die übrigens durch die Einnahme von Antibiotika stark zerstört wird; für ein anschließendes ‘Aufbau-Programm’ sollte man daher mit sich öfter eine kleine ‘Joghurt-Party’ feiern.

Das fettlösliche ***Vitamin E*** ist die Fachkraft für einen ‘atmungsaktiven’ Blutkreislauf und verhindert als Anti-Oxidationsmittel eine Sauerstoffanbindung an die in der Nahrung enthaltenen Fettsäuren. Es wirkt sich also positiv auf den gesamten Organismus aus, lindert allgemein Schmerzen, beschleunigt die Heilung von Wunden (ohne Narben zu hinterlassen) und beugt durch den ständigen Nachschub von Sauerstoff im Gewebe auch Herzerkrankungen vor. Es findet sich unter anderem in Nüssen, grünen Blattgemüsen, Hülsenfrüchten, Butter sowie kaltgepressten Pflanzenölen, zum Beispiel Keimöl oder Sonnenblumenöl.

Am bekanntesten ist das ***Vitamin C*** oder auch Ascorbinsäure. Es sorgt für ein stabiles Knochengerüst, stärkt und erhält das Bindegewebe und die Blutgefäßwände. Durch einen Mangel an Vitamin C werden die Wände der Blutgefäße dünn und durchlässig. Die Folge: Gelenkschmerzen, Zahnfleisch- und Nasenbluten, lockere Zähne, brüchige Knochen, Atemnot, Faltenbildung und Anfälligkeit für Infektionen, einschließlich Erkältungskrankheiten, sowie Herzerkrankungen. Das leicht wasserlösliche Vitamin C ist der 'Leim', der den gesamten Organismus zusammenhält, und diesen durch die sofortige Bindung an jede eindringende, giftige Substanz säubert! Dieser geniale 'Wachhund' verliert allerdings bei zu langer Aussetzung mit Luft beziehungsweise Sauerstoff, bei Wärme-, Hitze-, Licht- und Kälteeinwirkung seine Aktivität. Auch Rauchen (!) entzieht dem Organismus Vitamin C. Es findet sich in fast allen Früchten und Gemüsen, in sämtlichen Zitrusfrüchten (Orangen, Zitronen, Mandarinen undsoweiter), in roten und grünen Paprikaschoten, Keimen (besonders Alfalfa), Spinat, Kartoffeln, Salat, Blumenkohl, Rosenkohl, Brokkoli, Weißkohl oder Hagebutten. Um den Vitamin C-Gehalt in hohem Maße zu erhalten, empfiehlt es sich, Gemüse nicht zu kochen, sondern eher zu dünsten.

„Wer viel Fleisch, Öle, Tee, Kaffee, Alkohol, Kuchen, Süßigkeiten und andere raffinierte Kohlenhydrate zu sich nimmt, begibt sich durchaus in die Gefahr, die Vitamin C-Vorräte im Körper zu erschöpfen. Die Rede ist nicht von einer ausgeprägten C-Avitaminose (Skorbut), sondern von einer tendenziellen Unterversorgung mit Vitamin C aufgrund einseitiger Ernährung durch typische fleischorientierte Schnell- und Fertiggerichte."

(Peter Cox: „Gesund und fit ohne Fleisch - Ein Plädoyer für die vegetarische Ernährung")

Die heutige Schnellebigkeit schlägt sich gerade in solch einem Eßverhalten nieder: Im Sinne einer umweltschädigenden Wegwerf-Kultur grassieren weltweit 'Fast-Food-Restaurants'. Hauptkonsumenten sind besonders Kinder und Jugendliche, die gezielt durch aufwendige Werbeaktionen anvisiert werden. In Fett zubereitete Fließband-Produkte und stark überzuckerte, kohlensäurehaltige Getränke sprechen wohl kaum für eine gesunde Ernährung. Eine einseitige Ernährung behindert nicht nur eine physische und psychische Entwicklung, sie führt - verstärkt im heranwachsenden Alter - auch zu einer Überstimulierung des menschlichen Organismus' und entlädt sich zuweilen in disharmonisierende ***Aggressivität***. Diese Aggressivität hat seelisch-geistige Auswirkungen und es entstehen unter Umständen auch physische ***Erkrankungen***.

Bei Nahrungsmitteln kann man von unterschiedlicher ***Schwingung*** sprechen. Hier kann man im Test selbst feststellen, ***wie*** man sich zum Beispiel nach dem Essen einer Currywurst mit Pommes oder eines frischen Rohkostsalates ***fühlt***.

Eine gesunde Ernährung, die durch das Ausstrahlen einer 'höheren Schwingung' zur Harmonisierung des ganzheitlich-menschlichen Befindens beiträgt, basiert auf ***vitaminreicher Kost***. Vitamine unterstützen in der Tat eine Göttliche Bewußtwerdung!

Daß ***Alkohol*** und ***Tabakwaren*** keine Lebensmittel sind, bedarf wohl keiner Erklärung. Alkohol wird unter anderem als Bestandteil von Heilmitteln genutzt, doch sind Heilmittel eben keine Lebensmittel. Hingegen können Lebensmittel bei richtiger Anwendung Heilmittel sein. 'Alltagsdrogen' in Form von Bier, Sekt, Wein, Spirituosen und Zigaretten sind überall zugänglich und in hohem Maß gesellschaftsfähig. Daraus hervorgehende, durch Mißbrauch vorprogrammierte Krankheiten werden von der Gesellschaft jedoch ausgegrenzt. ***Alkoholismus*** findet zunehmend Verbreitung. Neben den körperlichen Schäden der Sucht, besonders dem unwiederbringlichen Verlust von Gehirnzellen, kommt es auch zu einem langsamen und tragischen Zerfall der menschlichen Charakterstruktur. Jeglicher noch so kleinste Ansatz einer 'Göttlichkeit' fällt kläglich in sich zusammen: Dummheit zum Trinken! Oder auch 'Feiern' als Synonym für sinn- und verantwortungsloses 'Saufen'.

In seiner betäubenden und zugleich enthemmenden Wirkung schafft zu viel Alkohol eine weitere Grundlage für falsche Selbsteinschätzung (Stichwort „Alkohol am Steuer"), Aggressivität, Gewalt und Kriminalität. Gegen eine ***vernünftige*** Handhabung ist allerdings nichts einzuwenden.

Ein Gläschen Sekt regt den Kreislauf an, ein Schnäpschen kann die Verdauung fördern und der Arterienverkalkung entgegenwirken und Bier wird aufgrund der darin enthaltenen Nährstoffe im Volksmund nicht zufällig als 'flüssiges Brot' bezeichnet.

Das Maß ist wie immer der Mensch. Wir haben die Wahl.

'Moderne' Nahrungsmittel, besonders solche aus Dosen, führen zu einem sehr hohen Harmonie- beziehungsweise Energie-Verlust, so daß sie einer ausgeglichenen Lebensführung widersprechen. Der ***Nährwert*** eines Lebensmittels liegt in der Art seiner Zubereitung beziehungsweise in der Art seiner ***Veränderung***. Zum Beispiel ist frisch geerntetes Gemüse logischerweise nährstoff- und schwingungsreicher als eine Gemüsekonserve, genauso ist es im Rohzustand nährstoff- und schwingungsreicher als im gekochten Zustand.

Essen wir nicht Materie, essen wir Energie!

So weit, so gut. Schneiden wir jetzt ein unvermeidbares Thema an, ein weiteres Tabu-Thema besonders in der westlichen Welt: Es geht um hochgradige Unwissenheit, es geht um ***Fleisch***!

Ein heikles und wichtiges Thema! Gehört Fleisch zum festen Bestandteil der menschlichen Nahrung? Es gibt da eine stetig wachsende Zahl von Menschen, welche diese Meinung nicht vertreten und auch keine Berührungsängste haben, nur sind sie mit der Bezeichnung einer 'Schublade' gebrandmarkt und gelten so als potentielle Verräter und Opfer öffentlicher 'Hinrichtungen'. Allein das Aussprechen dieser Bezeichnung erregt höchstes gesellschaftliches Erschaudern!

Auch ich bekenne, das Haupt mit einem schwarzen Sack verhüllt:

„Ich bin ein Vegetarier!“

Wie konnte ich es nur tun? Wie konnte ich die Nicht-Vegetarier nur derart verunsichern?

Viele von uns haben schließlich als Kind eine Scheibe Wurst gratis beim Schlachter bekommen; und was ist mit dem Festtagsbraten, dem Neujahrskarpfen, der Weihnachtsgans, dem Osterhasen, dem Pfingstochsen?

Klammern wir uns nicht an alte Traditionen und Gewohnheiten, entwickeln wir neue! Nur darf auch hier kein fanatisches Dogma entstehen, welches allein Verstand und Vernunft kreieren; die richtige Entscheidung, ***was*** man ißt, muß einer inneren, gefühlsmäßigen Überzeugung entstammen: Nicht 'aus dem Kopf', sondern 'aus dem Bauch' ***für*** den Bauch. Und schon gar nicht geht es um eine Moderichtung, die 'in' oder 'out' ist!

Wenn das innere Gefühl einem sagt, daß man gerne Fleisch oder Fisch essen möchte, dann sollte man es tun! Unterdrücken wir niemals ein Gefühl, 'umarmen' wir es, um es loszulassen. Und wenn man sein halbes Leben lang regelmäßig Fleisch gegessen hat und gesund ***ist***, wäre es der Gesundheit nicht unbedingt zuträglich, radikal und auf der Stelle mit dem Fleischessen aufzuhören. Besser ist es, statt der 'Hau-Ruck-Methode' den sanften Weg zu wählen - und anfangs weniger Fleisch zu essen, dann noch weniger undsoweiter. Der physischer Körper muß sich an die Umstellung beziehungsweise an die neue 'Schwingung' erst langsam gewöhnen.

Ich will Ihnen, liebe Leser, keineswegs ein schlechtes Gewissen einreden, ich maße mir aber an, Sie über die Beschaffenheit von Fleisch als Nahrung aufzuklären.

Der Begriff 'Vegetarier' (mittellat. vegetabilis, zu vegetari = wachsen, gedeihen; lat. vegetus = belebt) ist lediglich eine verstaubte, altmodische Bezeichnung für jemanden, der kein Fleisch ißt, und stattdessen pflanzliche Kost ***bevorzugt***. Und da wir gerade so schön bei den Bezeichnungen sind: 'Keine-Fleisch-Esser', die aber auch Milchprodukte und Eier zu sich nehmen, werden als 'Ovolaktovegetarier' (lat.), solche, die ebenfalls Milchprodukte und Eier verschmähen, als 'Veganer' bezeichnet. Das klingt wie eine ansteckende Krankheit, ist es aber nicht! (Es muß eben alles korrekt sein; ein Hund, der etwas 'apportiert' ist auch nur ein Hund, der etwas in der Schnauze trägt.) Die Reaktionen, die man als 'Nicht-Fleisch-Esser', also als „jemand, der sich sowieso nur abgrenzen und wichtig machen will," in der Gesellschaft hervorruft, sprechen für sich, denn immerzu wird eine Rechtfertigung für das 'Vergehen' verlangt. „Fleisch ist ein Stück Lebenskraft" suggeriert uns die Werbung; offenbar sind wir hier in der Steinzeit steckengeblieben: Die Vorstellung, der Verzehr eines toten Tieres komme einer Kraftgewinnung gleich, ist nun wirklich unsinnig!

„Aber wenn man sich ohne Fleisch ernährt, schärft sich das Bewußtsein."

(Marion Zimmer-Bradley: „Die Nebel von Avalon")

Wenn Sie Fleischesser sind, werden Sie sich vielleicht die Frage stellen, ***wie*** denn überhaupt jemand dazu kommt, seine „Gesundheit durch das bevorzugte Verschmähen von fleischlicher Kost zu gefährden"? Vielleicht verhält es sich aber nach ganz wissenschaftlichen, absichtlich zurückgehaltenen Erkenntnissen genau verkehrt herum? Vielleicht haben diese Erkenntnisse aus dem Blickwinkel der 'Fassadenwächter' nicht erwünschte Auswirkungen auf 'Seele und Geist'?

Es gibt nur einen Weg, dieses herauszufinden.

Man hat wieder einmal großen Appetit und geht in den nächstbesten Verbrauchermarkt. Gerade vor der 'Fleisch-Theke' warten auffallend viele Kunden und bilden mit ihren Einkaufswagen eine ungeduldige Reihe zu seichter Musikberieselung. Tote, geschlachtete, in Stücke zerteilte und auf vielfältig-brutale Weise bearbeitete Tiere liegen gekühlt hinter Glas und warten auf ihren Verzehr. Ist das normal? Elegante Damen und Herren mit Hut und Mantel, sowie viele andere intelligente Leute jeglichen Alters, kaufen allen Ernstes ***Leichenteile***, um sie in Plastiktüten verpackt mit nach Hause zu nehmen, mehr noch: Um sie zu ***essen!*** Ist das normal? Die Beerdigung dieser Leichenteile wird in nicht selten aufwendigen Prozeduren vorbereitet; die Tiere finden ihr Grab im menschlichen Magen! Ist das normal? Auch viele Produkte außerhalb der 'Fleisch-Theke', besonders Konserven, sind nicht frei von diesen Leichenteilen. Geht man einmal aufmerksam an den Produktregalen entlang, fällt auf: Um einen herum ist überall der 'Tod in Dosen'! Ist das normal? Das Werk eines 'durchgedrehten Massenmörders'?

Die 'dreckige Arbeit' für das Verbrechen an den Mit-Geschöpfen wird dem 'Verbraucher' abgenommen. Stellen Sie sich vor, man ist zum Essen in ein todschickes (!) Restaurant eingeladen - und an dem Stuhl, auf dem man sitzt, ist eine sehr muntere Ente angebunden, die vielleicht gerade von ihren kleinen Kücken getrennt wurde. Man bekommt jetzt vom Ober ein kleines Beil und ein scharfes Messer, denn um die Ente essen zu wollen, muß man sie an Ort und Stelle töten, den Kopf und die Füße abhacken, ausbluten lassen, alle Federn herausrupfen, die Eingeweide herausnehmen undsoweiter. Wäre das normal? Genau dieser versteckte Vorgang aber passiert, damit man die Ente im Restaurant essen kann.

Doch zurück zum Einkaufen: Man trägt nun die teuer bezahlte, nicht mehr blutende Beute nach Hause in die heimische Küche. Wenn man ganz ehrlich sind, bleibt da ein komisches Gefühl, wenn man das meist mit Farbstoff und Anti-Verwesungs-Mitteln behandelte (und trotzdem riechende) Fleisch zwecks Zubereitung auspackt: Es fühlt sich ein bißchen ekelig an und ganz roh will man es schon gar nicht essen. Der Eigengeschmack von Fleisch läßt sich - für sich genommen - kaum ertragen. Es schmeckt eigentlich erst gewürzt ***nach*** der Zubereitung, gekocht, gebraten oder wie auch immer.

War das sonst auch so? Oder wurde man von seiner Familie und seiner Umwelt dazu ***erzogen***, daß Fleisch gut schmeckt?

Ich selbst erinnere mich daran, als Kind an Fleisch anfangs keinen Geschmack gefunden zu haben; ich hatte große Schwierigkeiten, Fleisch überhaupt zu zerkauen und herunterzuschlucken, bis es dann im Lauf der Zeit zu einer gegenteiligen, unreflektierten ***Gewohnheit*** wurde, zu einer Art ‘Sucht nach Fleisch’! Man kann in Gedanken einen kleinen Test machen: Man verspürt ein Hungergefühl und sieht zum einen einen Birnbaum mit reifen Früchten und zum anderen ein frei herumlaufendes, quicklebendiges Schwein. Würde man nun eine reife Birne vom Baum pflücken oder dem Schwein hinterherrennen, um es in den Schweinearsch beziehungsweise ‘Schinken’ zu beißen?

Mit Schaudern denke ich übrigens an die Hausschlachtungen von Schweinen zurück, die früher bei uns im Dorf keine Seltenheit waren: Hausschlachtungen direkt bei uns im Garten! Noch heute habe ich die „bis ins Mark“ durchdringenden Todesschreie der Schweine im Ohr, sehe die aufgeklappten Schweinehälften an der Leiter hängend vor mir, und habe den widerlichen Gestank von Blut, Innereien und aufgebrühtem, frischen Fleisch in der Nase. Horrorfilme live!

Wenn man nicht solche direkten Erfahrungen gemacht hat, sollte man sich einmal die entsprechenden Filmaufnahmen aus ***Schlachthöfen*** in Erinnerung rufen! Mord am Fließband! Bevor man in das nächstbeste ‘Hamburger-Restaurant’ geht, liest man dazu besser einen ***Augenzeugenbericht*** aus einem Rinder-Schlachthof:

„Ehe wir hineingingen, gab uns der Direktor des Schlachthofs eine kurze Beschreibung dessen, was wir zu sehen bekommen würden. Als wir dann das Gebäude betraten, fiel uns sofort der Höllenlärm (meist mechanischer Natur) und der fürchterliche Gestank auf. Zuerst zeigte man uns, wie die

Rinder geschlachtet werden. Einzeln - eines nach dem anderen - wurden die Tiere aus dem Stall durch einen schmalen Durchlaß in eine enge, mit Eisengittern umfaßte Box getrieben. Ein Mann beugte sich über das Gatter und schoß den Tieren mit einem Bolzenschußapparat zwischen die Augen. Die betäubten Tiere brachen zusammen. Eine Seitenwand der Box glitt nach oben, und das Rind rollte zur Seite und fiel aus der Box. Es war völlig starr, ganz so, als würde jeder einzelne Muskel von einem Krampf zusammengezogen. Derselbe Mann, der den Schußapparat betätigt hatte, schlang eine Kette um das Fesselgelenk des Tieres und hievte es mit Hilfe einer elektrischen Winde in die Höhe, bis nur noch der Kopf auf dem Boden lag. Dann nahm der Mann ein langes Stück Draht (man versicherte uns, es stehe nicht unter elektrischem Strom) und führte es in das Loch, das der Bolzenschußapparat hinterlassen hatte. Wie man uns erklärte, wird das Tier mit diesem Draht getötet, der die Verbindung zwischen Gehirn und Rückenmark durchtrennt. Jedesmal wenn der Mann den Draht in das Loch im Schädel des Rindes einführte und durch die Hirnmasse stieß, schlug das Tier aus und zuckte heftig, obwohl es ganz offensichtlich bewußtlos war. Einige Tiere, deren Schlachtung wir beobachteten, schlugen besonders heftig aus, als sie aus der Eisenbox fielen; da sie die Empfindungsfähigkeit offenbar noch nicht verloren hatten, mußten sie ein zweitesmal betäubt werden.

Nachdem das Rind endgültig getötet war, wurde es mit der Winde noch ein Stück höher gezogen, bis auch der Kopf einen halben bis einen Meter über dem Boden hing. An einer unterhalb der Decke angebrachte Schiene wurde das Rind dann zu einem zweiten Mann transportiert, der die Kehle durchschnitt. Ein Strom von Blut ergoß sich auf den Boden und spritzte bis zu uns herüber. Dann schnitt er die Vorderbeine in Höhe der Knie ab. Ein dritter Mann trennte den Kopf vom Rumpf und rollte ihn zur Seite. Dann trennte ein Mann, der auf einer etwas erhöhten Plattform stand, die Haut vom Tierkörper, der dann zum nächsten Arbeitsplatz bewegt wurde. Dort wurde der Körper geöffnet, und Lunge, Magen und Gedärme fielen auf den Boden. Zu unser aller Entsetzen entdeckten wir ein ungeborenes, bereits recht weit entwickeltes Kälbchen in der blutigen Masse. Wie unser Führer erklärte [Anm.: und „Führer“ erklären so etwas gerne...], *sei dies nichts besonderes und komme jeden Tag >ein paarmal< vor.*

Ein weiterer Mitarbeiter trennte den Tierkörper in zwei Hälften, indem er mit einer Art Kettensäge die Wirbelsäule aufschnitt. Anschließend wurden die Hälften in den Kühlraum transportiert.

In der Zeit, die wir im Schlachthof verbrachten, wurden anschließend Rinder >verarbeitet<, doch in den Ställen sahen wir auch Schafe, die sich im Pferch drängten. Sie zeigten alle Anzeichen von Todesangst: keuchender Atem, starrer Blick und Schaum vor dem Mund. Man erklärte uns, daß Schafe und Schweine mit elektrischem Strom getötet würden, doch leider sei diese Methode nicht für Rinder geeignet, da die bei Rindern benötigte Spannung so hoch sei, daß sich das Blut auflöse und das Fleisch schwarze Flecken bekäme.“

(Peter Cox: „Gesund und fit ohne Fleisch - Ein Plädoyer für die vegetarische Ernährung“)

Solche Szenen sind schnell verdrängt: Es bleibt die Macht der von allen Seiten geförderten Gewohnheit, die Macht des amtierenden Bewußtseins, die überflüssigerweise auch noch in einem ‘Gipsbett der Traditionen’ steckt (Fleischgerichte als Identifikationsgrundlage einer bestimmten territorealen, lokalpatriotischen Zugehörigkeit). Nebenbei geht es natürlich ***wieder*** einmal mehr um ***Geld***: Der große Gewinner ist die staatlich monopolisierte Fleischindustrie.

„Es ist die alte und doch immer neue Geschichte von mächtigen Interessensgruppen, die alles tun, um sich zu behaupten und ihre Profite zu schützen - ohne Rücksicht auf den Preis, den der einzelne dafür zu zahlen hat. Dieses Verhaltensmuster ist für die Fleischindustrie in geradezu depremierender Weise typisch. [...] *Unsere Politiker mögen sich in dieser unerquicklichen Schmierenkomödie vielleicht gleichgültig, mitunter sogar fahrlässig verhalten; die echten Schurken sind jedoch die Manager der Fleischindustrie, die sich offen gegen das Wohl der Allgemeinheit stellen, wenn es um ihre eigenen Interessen geht. Sie versuchen natürlich eine Veränderung der Ernährungsgewohnheiten des Verbrauchers zu verhindern und werden alles tun, ihre Marktanteile zu verteidigen.“*

(Peter Cox: „Gesund und fit ohne Fleisch - Ein Plädoyer für die vegetarische Ernährung“)

Sie sehen, die Fleischbeschaffung ist in ihrer Beschaffungskriminalität der wunde Punkt. Kriminalität wird, damit sie nicht auffliegen kann, bekanntermaßen 'verschleiert'; den Rest erledigen nach altbewährter Methode die Massenmedien.

„Eine sehr wirkungsvolle Waffe der Marketingstrategen ist es, in den Köpfen der Konsumenten einen undurchdringlichen Nebelschleier zu kreieren. Die Zauberformel hierfür heißt >Diskussion<. Man bezeichne die Bedenken der Wissenschaftler als die >Diskussion um unser Fleisch< oder als die >Diskussion um Fett<, und schon entsteht der Eindruck, daß die Thematik äußerst verwirrend sei, daß es viele unterschiedliche Standpunkte gäbe und niemand genau wisse, was nun richtig und was nun falsch sei. Der Verbraucher weiß nicht mehr, wem er glauben soll. Er unternimmt also nichts. Und dies ist genau das, was die Industrie erreichen will.

Eine solche Marketingstrategie reduziert die Erkenntnisse der Wissenschaft zu persönlichen Ansichten. Objektive Tatsachen werden zu subjektiven Überzeugungen degradiert. Und subjektive Überzeugungen sind Sache der betreffenden Person - nicht wahr? Die Konturen sind verwischt, uns in dem dann folgenden Hickhack gibt es keinen Sieger - nur einen Verlierer: den Konsumenten. Das einzige Ziel dieser Taktik ist es, in der öffentlichen Diskussion soviel Verwirrung wie möglich zu stiften, bis der Verbraucher unsicher und unentschlossen wird und schließlich bei seinen alten Ernährungsgewohnheiten bleibt. Eine überaus erfolgreiche und bewährte Marktstrategie..."

(Peter Cox: „Gesund und fit ohne Fleisch - Ein Plädoyer für die vegetarische Ernährung")

Am besten stiftet man kräftig Verwirrung innerhalb der eigenen Reihen; das gilt auch für Fleisch: Das Stichwort heißt 'BSE'! Gemeint ist die aus Großbritannien stammende, tödliche Rinderseuche. Rinder sind, wie übrigens alle großen Säugetiere dieser Erde, ob Pferde, Elefanten, Giraffen, Nashörner, Wale undsoweiter, Vegetarier beziehungsweise reine Pflanzenfresser. (Komisch nur, daß sie alle so groß und kräftig sind, nicht wahr?)

„Von allen Heiligen mag ich allein die heiligen Kühe; doch alle andern Kühe gelten mir genauso viel."

(Karlheinz Deschner: „Bissige Aphorismen")

Wenn man nun diesen sehr liebevollen Rindern Fleischprodukte, bei BSE in Form von Schafsmehl, in die tägliche Nahrung mit hineingibt, kann nur Chaos dabei herauskommen! Welch ein Frevel!

Wissenschaftler vermuten, daß sich der sogenannte 'Rinderwahnsinn', benannt aufgrund des langsamen Aufweichens der Gehirnmasse, durch den Verzehr von infiziertem Rindfleisch auf den Menschen als 'Kreuzfeld-Jakob-Krankheit' überträgt. Das mag durchaus sein. Als auf den ersten Blick positives Ergebnis aber essen die 'Verbraucher' aus Furcht vor gesundheitlichen Schäden kein Rindfleisch mehr. (Ganz besonders schlaue Nicht-Wissende essen als gesellschaftliche Heldentat jetzt erst recht Rindfleisch, „weil man ja nicht wissen könne, ob man nicht eh schon infiziert sei“... Man weiß auch nicht, wie morgen das Wetter wird.)

Auf den zweiten Blick wollen die Verbraucher generell eben nicht auf Fleisch verzichten, und wählen für ihre Ernährung statt Rinderfleisch alternative Fleischsorten, wie Geflügel (was für ein blödes Wort; als ob diese Tiere nur aus Flügeln bestehen würden) oder Schweinefleisch.

Die Fleischindustrie mit ihrer Suggestionswerbung ***bleibt*** der Sieger. Man richtet die Spur der 'Verbrauchernase' lediglich auf eine andere, ebenfalls falsche Fährte. Diese führt im wesentlichen zum ***Schweinefleisch***. Von allen Fleischsorten ist diese die schlechteste Alternative!

Schon im Koran ist zu lesen:

„Esset von dem, was euch Allah bescherte, das Erlaubte und Gute, und danket der Gnade Allahs, so ihr ihm dienet.

Verwehrt hat er euch nur das Krepierte und Blut und Schweinefleisch und das, worüber (beim Schlachten) ein andrer als Allah angerufen ward. Und wenn jemand gezwungen wird, ohne danach zu verlangen oder in (absichtlicher) Übertretung, siehe, so ist Allah verzeihend und barmherzig.“

(Der Koran, Sure 16, 114/115)

Die Bibel hat zum Thema „Fleisch und Ernährung“ auf den zweiten Blick keine eindeutige Auffassung:

„Es ist besser, du ißt kein Fleisch und trinkst keinen Wein und tust nichts, woran sich dein Bruder stößt.“

(Die Bibel, Römer 14, 21)

„Und Gott sprach: Sehet da, ich habe euch gegeben alle Pflanzen, die Samen bringen, auf der ganzen Erde, und alle Bäume mit Früchten, die Samen bringen, zu eurer Speise."
(Die Bibel, 1. Mose 1, 29)

„Allein esset das Fleisch nicht mit seinem Blut, in dem sein Leben ist."
(Die Bibel, 1. Mose 9, 4)

„Ihr sollt nichts essen, in dem noch [!] *Blut ist."*
(Die Bibel, 3. Mose 19, 26)

Nehmen wir zuerst einmal das ***Schweinefleisch***, vor dem der Koran eindeutig warnt, genau unter die Lupe. Zitieren möchte ich aus einem veröffentlichten Vortrag von Dr. Hans-Heinrich Reckeweg:

„Die nach den Gesetzen des Islam lebende Bevölkerung ist gesund, während die nach westlichen zivilisatorischen Prinzipien lebende Bevölkerung alle typischen, durch Schweinefleischgenuß bedingten Zivilisationskrankheiten aufweist."

(Dr. med. Hans-Heinrich Reckeweg: „Schweinefleisch und Gesundheit")

Zu den Wirkungen des Schweinefleisches stellt Dr. Reckeweg am Beispiel „Deutschland vor und nach dem Zweiten Weltkrieg" fest:

„Während der mageren Jahre während des Krieges und besonders nach dem Kriege, die mit der Währungsreform ihren Abschluß fanden, war das deutsche Volk praktisch gesund. Die wenigsten konnten sich satt essen. Schweinefleisch gab es praktisch überhaupt nicht, Fleisch sonstiger Herkunft nur in geringsten Portionen. Wenig Fett wurde verteilt, kaum Zucker, dagegen konnten Zerialien, d.h. Brot und Teigwaren in meist ausreichender Menge beschafft werden, zumal wenn diese durch Kartoffeln und Rüben sowie Frischgemüse ergänzt wurden. Damals gab es praktisch keine Blinddarmentzündung, keine Gallenblasenerkrankungen, höchstens mit Ausnahme bei jenen, die ein Schwein 'schwarz geschlachtet' hatten, was allerdings sehr selten vorkam. Auch Rheuma, Bandscheibenleiden und ähnliche Erkrankungen, ferner Herzinfakt sowie Verkalkung und Bluthochdruck waren fast unbekannt geworden.

Jedoch bald nach der 1948 erfolgten Währungsumstellung, als Schweinefleisch, Schinken und besonders auch Speck fast unmittelbar wieder zur Verfügung standen, änderte sich das Bild grundlegend. Blinddarmentzündungen, Gallenblasenerkrankungen, akute Hauteiterungen wie Pyodermien, Impetigo, Furunkulosen und Schweißdrüsenabszesse waren wieder an der Tagesordnung, nach deren Behandlung mit chemischen Mitteln, mit Sulfanomidsalben usw. dann auch bald chronische Pilzflechten und verschiedenartigste Nebenwirkungen bemerkbar wurden. Besonders erschreckend aber war damals die Zunahme der Krebserkrankungen. [...]

Im Laufe der Jahre und mit zunehmender Erfahrung stellte sich dann heraus, daß viele andere Erkrankungen wie Arthritis und Arthrosen ebenfalls in großem Umfang schweinefleischbedingt waren, [...]“

(Dr. med. Hans-Heinrich Reckeweg: „Schweinefleisch und Gesundheit“)

Dr. Reckeweg erkennt im sehr fett- und cholesterinhaltigen Schweinefleisch ein bedeutsames Homotoxin (Menschengift), welches zu verschiedenen Krankheiten führt. Es ist verantwortlich für Arterienverkalkung, hohen Blutdruck, Blutüberfüllung, für eine allgemein schlechte Durchblutung des Bindegewebes und wichtiger Drüsen sowie für die Verengung und Verkalkung der Herzkranzgefäße (vgl. Reckeweg, S. 9 u. 10). Cholesterin ist übrigens ein zuerst in der Galle gefundenes Fett aus der Klasse der Lipide; es ist Hauptbestandteil der sogenannten Gallensteine (grch. chole = Galle + stear = Fett). Lipide wiederum sind organische Substanzen, die sich mit Hilfe organischer Lösungsmittel, wie zum Beispiel Alkohol, aus dem Gewebe herauslösen lassen. Deshalb ist der Verzehr von Schweinefleisch gerade in Verbindung mit Alkohol stark gesundheitsgefährdend.

„Besondere Gefahren gehen aus von der schwefelreichen Bindegewebesubstanz, den Mukopolysasccharíden (Aminozucker, Chondroitinsulfat, Hexosalmin, Glukosamin u. a.), die speziell schleimigen Charakter haben.

Nur mit Schweinefleisch läßt sich eine streichfähige Wurst herrichten, wofür Aminozucker, Hexosamin und schwefelhaltige Substanzen wie Chondroitinschwefelsäure und Mukoitinschwefelsäure verantwortlich sind. Sie bewirken eine schleimige Aufquellung des Bindegewebes und vergesellschaften sich hier mit dem zur Ablagerung kommenden Fett (sog. ‘Cenapse’ nach Macheboef).

Daraus resultiert eine eigenartige, nur bei Schweinefleischessern in 'Rubens'scher Üppigkeit' charakteristisch in Erscheinung tretende Aufquellung des Bindegewebes, das außerdem wie ein Schwamm Wasser aufsaugt und den Schweinefleischessern die typische kissenartige Auftreibung des Bindegewebes verleiht.

Die Gefahren liegen diesbezüglich ferner in den Einlagerungen von Schleimsubstanzen in Sehnen, Bänder, Knorpel usw. mit den Folgen von Rheuma, Arthritis und Arthrosen, Bandscheibenschäden usw., weil nämlich die derben Bindegewebesubstanzen (wie sie beim Menschen, u. a. auch beim Hammel vorliegen) durch Schweinefleischgenuß gewissermaßen 'verschleimen', weich und wenig widerstandsfähig werden. [...]

Prof. Lettré (Pathologie in Heidelberg) hat aufgrund von Tierversuchen, die für den Nachweis der Frischzellentherapie mit radioaktiv markierten Geweben, Organ- und Drüsenanteilen gemacht wurden, festgestellt, daß die Spaltprodukte der Gewebe nach Aufnahme in den Organismus in hohem Prozentsatz dorthin wandern, wohin sie biologisch gehören. Dies konnte ich ebenfalls bei meinen Untersuchungen bestätigen. Patienten, die viel Rückenspeck des Schweines gegessen hatten, wiesen die typischen Nackenspeckfalten auf. Patienten, die sich an Bauchspeck gehalten hatten, zeigten dicke Fettpolster in der Bauchgegend.

Schinkenesser, was von Frauen als besonders unangenehm empfunden wurde, zeigten unförmige Deformierungen in den Gesäßpartien usw., ohne daß sie sich über den Schinkengenuß als Ursache im klaren waren. Es sind noch einige andere Faktoren im Schweinefleisch vorhanden, die Beachtung verdienen. So ist das Schweinefleisch reichhaltig an Wachstumshormon, das als ein ursächlicher Faktor von Entzündungen und Gewebsauftreibungen anzusehen ist. [...]

Noch hinzu kommt die Juckreiz-erzeugende Wirkung des Schweinefleisches aufgrund des Histamingehaltes, womit vielfach auch Entzündungsvorgänge eingeleitet werden, wie Furunkel, Karbunkel, Blinddarmentzündungen, Gallenerkrankungen, Venenentzündungen, Weißfluß der Frauen, Abszesse und Phlegmonen, aber auch Hauterkrankungen wie Nesselfieber, Hautentzündungen wie Ekzeme, Dermatitis, Neurodermitis und andere Dermatosen. [...]

Ein sehr wichtiger toxischer Faktor des Schweinefleisches ist ferner das Grippe-Virus, welches nach Prof. Shope (Londoner Virusforschungs -

Institut) in den Schweinelungen übersommert und praktisch stets in der Wurst mitverarbeitet wird.

Derjenige, welcher mit Schweinefleisch bzw. Schweinelungen zubereitete Wurst zu sich nimmt, womit bei Genuß üblicher Wurst in jedem Falle zu rechnen ist, nimmt damit auch das Grippe Virus auf.

Dieses wandert - den Forschungen Lettrés entsprechend - an jenen Ort, wo es biologisch hingehört, nämlich vornehmlich in das Bindegewebe der Lungen. Hier bleibt es im Stadium der Eklipse (Unsichtbarkeit) solange liegen, bis sich eine günstige Gelegenheit zur Vermehrung bietet, z.B. im Frühjahr bei Vitaminmangel, Sonnenarmut und Erkältungen."

(Dr. med. Hans-Heinrich Reckeweg: „Schweinefleisch und Gesundheit")

Der Grund, warum gerade Schweinefleisch die Gesundheit des Menschen besonders beeinträchtigt, ist in der **biologischen Ähnlichkeit von Schwein und Mensch** zu finden! Diese Ähnlichkeit ist das Resultat einer jahrzehntelangen (Un-) Zucht des Menschen am Schwein; letzteres gehört trotzdem zu den intelligentesten Wesen unter den Tieren. Der Mensch, der wieder einmal klüger sein (und Geld verdienen) will, maßt sich an, seine Mitgeschöpfe ohne deren Einwilligung für 'Frankenstein-Experimente' zu mißbrauchen: Das Gesetz der Resonanz läßt sich nicht umgehen. Schweinefleisch ist neben Nikotin und Alkohol zu einer (unentdeckten) gesellschaftlichen Droge geworden. Und Drogen finden bekanntlich ihren Ausdruck in einer ***Sucht***.

„Hinzuweisen ist noch darauf, daß das Schwein im Mittelalter, als das Sezieren von Menschen verboten war, für die Medizinstudenten als Objekt für anatomische Übungen diente, weil der gesamte innere Bau des Schweines dem des Menschen außerordentlich ähnlich ist. Auch die Haut des Haus-Schweines weist bekanntlich mit der Haut des Menschen große Ähnlichkeit auf. [...]

Die Ähnlichkeit zwischen Schweinefleisch und Menschenfleisch ermöglicht ferner auch einen leichteren biochemischen Austausch der Inhaltsstoffe. Dieses gilt besonders für die Feststellung von Prof. Lettré, daß bei der Frischzellentherapie Großmoleküle und Peptide dorthin wandern, wohin sie biologisch gehören.

Dabei erfolgt - auch bei Schweinefleischgenuß - der Austausch der derben humanen Bindegewebsanteile durch die aufgenommenen schleimigen Nahrungsfaktoren des Schweines. Auf diese Weise verschleimt bei Schweinefleischgenuß allmählich das Bindegewebe des Menschen, indem es zusätzlich mit Schweinefett angereichert wird, so daß die Schweinefleischgenießer bald selbst den Tieren, die sie verspeisen, äußerlich ähnlich werden. Bekannt ist das Sprichwort: Der Mensch ist, was er ißt. [...]

Jene Menschen, welche sich einmal an Schweinefleisch gewöhnt haben, verfallen ihm gewissermaßen im Sinne einer Sucht. Wenn ich meinen Patienten das Schweinefleisch, Wurst, Schinken und alle sonstigen derartigen Zubereitungen verboten habe, hörte ich häufig die Entschuldigung: 'Aber Herr Doktor, es schmeckt doch so gut'.

Auf die Tatsache der Erregung einer Sucht durch Schweinefleisch wies der Psychiater Dr. W. Hoffmann (Mannheim) hin, da bei Schweinefleischessern alle Anzeichen für eine Sucht gegeben sind.

Diese finden alle möglichen Entschuldigungen, Schweinefleisch zu essen. Sie weisen Schäden oder Erkrankungen durch Schweinefleisch von sich, entschuldigen den Genuß mit allen möglichen Gründen usw., ähnlich wie Alkoholiker und Raucher. Für denjenigen, der sich einmal von dieser 'Schweinefleischsucht' befreit hat, gewinnt das Schweinefleisch einen widerwärtigen, verabscheuungswürdigen, jaucheartigen Charakter, so daß es ihm unerträglich erscheint, es - auch versehentlich - essen zu sollen, ähnlich wie ein Nichtraucher den morgendlichen Geruch nicht geleerter Aschenbecher als widerwärtig empfindet."

(Dr. med. Hans-Heinrich Reckeweg: „Schweinefleisch und Gesundheit")

Dr. med. vet. A. Lambardt schreibt dazu in seinem tierärztlichen Bericht:

„Es ist also nicht das Schwein an sich zu verurteilen oder als göttliche Fehlkonstruktion dahinzustellen, sondern das, was der Mensch mit dem Schwein gemacht hat (Intensivfütterung und -haltung, falsche Zuchtziele für die moderne Wohlstandsgesellschaft)."

(aus: Dr. med. Hans-Heinrich Reckeweg: „Schweinefleisch und Gesundheit")

Wohlwahr! Das sind wiederum Handlungen gegen die sich wehrende Natur. Es sind Handlungen, die getrennt vom Göttlichen sind, also 'Sünden'. Eine Sünde ist es auch, nicht nur die Menschen, sondern auch die ***Tiere*** in bewertende Klassen einzuteilen: Tiere zum Essen und Tiere zum Liebhaben. Ich selbst pflege bei einer unsachlichen, provokanten Frage, warum ich denn nicht zu einem „ordentlichen Stück Fleisch" greifen würde, zu sagen: „Ich esse nur Hunde und Katzen!" Einige Zeitgenossen sind nach dieser Antwort etwas schockiert und entgegnen darauf: „Das ist doch ganz 'was anderes!" Ist es das? Gibt es Tiere erster und zweiter Klasse? Es gibt weltweit verschiedene Gesellschaftsformen, in denen den Tieren eine unterschiedliche Achtung entgegengebracht wird. Die Hindus in Indien essen zum Beispiel in der Regel überhaupt kein Fleisch und verehren besonders die Kühe, die überall friedlich herumlaufen. Ein befreundeter Inder erzählte mir, wie er zum Erstenmal in Deutschland nichtsahnend in eine Schlachterei-Abteilung eines sehr großen Einkaufszentrums hineinspazierte, und durch dieses plötzliche, entsetzliche Grauen völlig irritiert war; ein wahrer 'Kulturschock'! In einigen anderen, asiatischen Ländern steht die Schlange mit auf dem Speiseplan, was bei uns eher ein ekeliges Gefühl hervorruft undsoweiter. Wie immer ist der Mensch das Maß. Und verabscheuungswürdige ***Tierversuche*** lassen sich schon gar nicht und in keinerlei Weise rechtfertigen: Ein Tier ist kein Mensch, womit zum Thema Tierversuche alles gesagt ist. Man kann Mensch und Tier vergleichen, ohne sie sinnlos zu foltern. Gedankenstrich.

Sehr scharfe Gegner des fleischlosen Lebens behaupten, man würde als Vegetarier auch das lebende Gemüse töten, um es zu essen. Pflanzen aber haben kein 'Bewußtsein' in unserem Sinne: Da sie nicht über ein zentrales Nervensystem verfügen, können sie auch keinen wirklichen Schmerz empfinden.

Oft höre ich die fast verzweifelte Frage: „Aber Du ißt doch wenigstens ***Fisch*** ?" Meine Gegenfrage: „Ist Fisch eine Gemüse-Art?"

Selbstverständlich gehört Fisch nicht zu einer vegetarischen Ernährung! Wenn man einer Pflanze einen Zweig abschneidet, wächst dieser nach. Wenn man einem Fisch den Kopf abschneidet, wachsen dann Köpfe nach? Sehen Sie! Es gilt die allgemeine Regel: **Man sollte nicht das essen, was**

Augen hat! Wenn ein Lebewesen Augen hat, hat es genügend Bewußtsein, um wirklichen Schmerz zu empfinden. Augen sind der 'Spiegel der Seele'.

Es gibt tausende köstliche, vegetarische Rezepte und eine Fülle entsprechender Zutaten, die in unzähligen Variationen fantasievoll miteinander kombiniert werden können. Mittlerweile sind auch hervorragende vegetarische Kochbücher auf dem Markt. Man kann den Umgang mit Gemüse, Kartoffeln, Nudeln, Reis, Hülsenfrüchten, Getreide, Obst und Nüssen lernen; Zutaten, die man überall bekommt, nicht nur in den meist doch teuren Naturkostläden. (Achtung! Der 'Schubladendetektor' leuchtet auf!) Das Angebot orientiert sich natürlich an der Nachfrage, und wenn die Nachfrage gering ist, steigen die Preise.

Wenn Sie mit den Grundregeln der vegetarischen Küche vertraut sind, wird Kochen - trotz des anschließenden Geschirrspülens (!) - zu einer kreativen Quelle der Freude. Außerdem freut sich das Portemonnaie beim Einkaufen: Die vegetarische Küche verringert die Kosten für Lebensmittel erheblich!

„Die Schwierigkeiten, die zu Beginn der Umstellung auftreten, sind bei weitem nicht so groß wie der Verzicht auf das Rauchen. Diejenigen, die sich für eine Umstellung entscheiden, werden sofort durch mehr Energie belohnt, saubererem Verdauungssystem, mehr geistiger Klarheit, angenehmerem Körpergeruch. Die blendende Gesundheit als Folge der neuen Eßgewohnheiten wird nicht nur körperlich empfunden; Freude, humanitäre Ideale in die Tat umzusetzen, stellt sich ein und ein Glücksgefühl nach erwiesenen Liebesdiensten an allen Kreaturen (Mensch und Tier) auf dieser Erde. Die vegetarischen Speisen, die natürliche Nahrung für den Menschen, fügen der lebenden Kreatur am wenigsten Schaden zu. Diese Lebensweise hilft uns, sich unserer Lebensgemeinschaft bewußt zu werden und das eine unendliche Bewußtsein zu erkennen, das allem zugrunde liegt.“

(Ananda Mitra: „Ernährung für den ganzen Menschen“)

Der Verzicht auf Fleisch ist eine enorme Verbesserung der eigenen Lebensqualität. Ist der Mensch am Ende gar nicht für eine fleischliche Kost geeignet?

Diese Frage stellt sich auch Ananda Mitra, dessen oben zitiertes Werk aus den Bücherregalen auf 'wundersame Weise' verschwunden ist. Diese

Frage ***muß*** man sich stellen! Betrachten wir doch einmal - im Sinne Ananda Mitras - bei den Tieren die Nahrungs-Gruppen der Fleischesser, der Gras- und Blattesser sowie der Früchteesser und vergleichen die charakteristischen Merkmale der Nahrungsaufnahme und -verarbeitung mit denen des Menschen.

Fleischesser, zum Beispiel Raubtiere, haben einen sehr kurzen Darmtrakt zwecks relativ schneller Verdauung. Der Darmtrakt des Fleischessers beträgt etwa dreimal die Länge seines Körpers. Eine schnelle Verdauung ist die Voraussetzung für eine schnelle Ausscheidung der Fleischnahrung. Warum? Hätten Fleischesser einen sehr langen Darmtrakt, hätte das aufgenommene Fleisch genügend Zeit zum Verwesen; entsprechende Bakterien und toxische Verfallsprodukte würden in die Blutbahn gelangen. Das Ergebnis wäre eine bei jeder Fleischaufnahme fortschreitende Vergiftung! Doch die Schöpfung hat hier durch ein kurzes Verdauungssystem vorgesorgt, damit eben ***keine*** Vergiftung entstehen kann. Außerdem produzieren Fleischesser in ihrem Magen etwa zehnmal mehr Salzsäure (!) als andere Tiere, womit die Voraussetzung geschaffen ist, selbst Knochen zu verdauen.

Ferner besitzen Fleischesser keine Schweißdrüsen, um den Körper zu kühlen, denn das Schwitzen ist ein Vorgang der (hechelnden) Zunge.

Fleischesser haben scharfe Krallen und spitze Eckzähne, um ihre Beute packen zu können beziehungsweise hinunterzuschlingen: Die Beschaffenheit der Zähne ist zum Kauen nicht geeignet und auch gar nicht notwendig. Fleischesser können kein Wasser trinken, sondern lecken es auf.

Gras- und Blattesser, zum Beispiel Rinder, Elefanten, Giraffen undsoweiter, haben hingegen einen sehr langen Darmtrakt, nämlich etwa zehnmal so lang wie die eigene Körperlänge! Jetzt könnte man vielleicht meinen, die Giraffen 'schwindeln' da ein wenig, weil sie einen so langen Hals haben...; aber auch sie haben dank der Schöpfung ein sehr langes Verdauungssystem, wobei eine Vorverdauung bereits im Mund während des Kauens (!) durch Einspeichelung geschieht. Aus dem Biologieunterricht wissen manche eventuell noch, daß der Speichel von Pflanzenessern einen Wirkstoff oder ein Enzym enthält, um die Bestandteile der Nahrung aufzuspalten: Es ist das stärkeabbauende Ptyalin (grch. ptyalon = Speichel). Stärke ist wie der Grundstoff jeder pflanzlichen Zellwand (Zellulose) ein wichtiges Kohlenhydrat, welches sich in vielen pflanzlichen Nahrungsmitteln - Kartoffeln, Getreide undsoweiter - findet; auch in Fleisch?

Der Speichel von Fleischessern enthält übrigens - oh Wunder - kein Ptyalin. Die Beschaffenheit der Gras- und Blattesser-Zähne ist, wie gesagt, notwendigerweise zum Kauen geeignet. Sie haben im Gegensatz zu Fleischessern keine Krallen und flache Backenzähne, um die aufgenommene Nahrung zu zermalmen. Es sind die sogenannten Molarien oder Molarzähne (lat. mola = Mühlstein). Deshalb kann zum Beispiel eine Katze auch nichts lutschen!

Gras- und Blattesser nehmen Wasser zu sich, indem sie es aufsaugen; den Vorgang des Schwitzens übernehmen Millionen von Hautporen.

Früchteesser, zum Beispiel Affen, ernähren sich größtenteils von Früchten und Nüssen. Der durch die Schöpfung zur Verfügung gestellte Darmtrakt ist entsprechend der Verdauungszeit etwa zwölfmal so lang wie der Körper! Ihr Speichel enthält Ptyalin zwecks Vorverdauung. Sie haben keine Krallen und statt spitzer 'Reißzähne' flache 'Mahlzähne'.

Früchteesser schwitzen über Hautporen.

Sehen wir dazu im Vergleich den ***Menschen***. Schauen Sie sich einmal Ihren Lebenspartner oder Ihre Freunde an und fragen sich gewissenhaft: Sind dies alles Wesen mit Krallen und scharfen Eckzähnen, lecken sie ihr Mineralwasser beim Trinken aus dem Glas und finden Abkühlung durch das ständige Herausstrecken der hechelnden Zunge? Nein? Komisch, oder? (Ob Sie dessen ungeachtet Ihren Lebenspartner etwas apportieren lassen, steht nicht zur Debatte.)

Tatsache ist, daß wir und unsere Mitmenschen alle charakteristischen Merkmale aufweisen, die den Fleischessern widersprechen! Die Länge des menschlichen Darmtraktes beträgt zwölfmal die der Körperlänge: Wiederholt aufgenommene, durch Ptyalin eingespeichelte, fleischliche Nahrung verwest und vergiftet den physischen Körper nach und nach. Die Harmonie der Trinität beziehungsweise das System der Vier Elemente ist gestört, die Gesundheit beeinträchtigt. Das Enzym Ptyalin bekommt hier einen 'falschen Partner', mit dem es nichts anzufangen weiß, nur daß die fleischliche Nahrung, die nicht vorverdaut werden muß, durch den Speichel noch schneller in das hier ebenfalls 'falsche' Verdauungssystem gelangt. Ein

Dieselmotor funktioniert schließlich auch nicht auf der Basis von Pfefferminztee!

Die Aufrechterhaltung des menschlichen Wärmehaushaltes wird durch die vielen, schwitzenden Hautporen geregelt.

„Wenn sich der Mensch mit Wonne auf einen Vogel stürzte, dem noch lebenden Tier mit den Zähnen die Glieder ausreißen und das warme Blut aussaugen würde, könnte man daraus schließen, daß die Natur ihn mit dem Instinkt des Fleischessers versehen hat. Ein Bündel leckerer Trauben jedoch läßt dem Menschen das Wasser im Munde zusammenlaufen und sie sogar essen, ohne hungrig zu sein, nur weil sie schmecken."

(Ananda Mitra: „Ernährung für den ganzen Menschen")

Fleisch ist nicht die natürliche Nahrung des Menschen!

Der menschliche Körper ist auf die Verdauung von Fleisch nicht eingestellt. Fehlanzeige! War das schon immer so? Die Schulbücher wollen uns glauben machen, daß unsere (angeblichen) Vorfahren in der Evolutionsgeschichte Fleischesser waren, mit primitiven Jagdwerkzeugen durch die Gegend streiften und hier und da ein Mammut erlegten, um es gierig aufzufressen.

„Nach vielen Forschungen stellten Wissenschaftler fest, daß unsere früheren Vorfahren Vegetarier waren. Sie aßen normalerweise kein Fleisch, sondern nur in Krisenzeiten. Erst während der letzten Eiszeit, als ihre normale Kost von Früchten, Nüssen und Pflanzen nicht mehr ausreichend zur Verfügung stand, mußten sie auf Fleischnahrung ausweichen, um zu überleben. Unglücklicherweise setzte sich dieser Brauch auch nach der Eiszeit fort, entweder, weil noch erforderlich (wie z.B. die Eskimos und andere im Hohen Norden lebende Volksstämme) oder aus Gewohnheit, Abhängigkeit und auch aus Unwissenheit. Trotzdem gab es die ganze Menschheitsgeschichte hindurch Gruppen, die die Bedeutsamkeit einer reinen vegetarischen Diät für die Gesundheit, klares Denken sowie geistige Erbauung erkannten und deshalb Vegetarier blieben."

(Ananda Mitra: „Ernährung für den ganzen Menschen")

Viele Menschen glauben (!), Fleisch sei die einzige Eiweißquelle. Das ist Quatsch beziehungsweise eine Marktstrategie der Fleischindustrie. ***Proteine*** (zu grch. protos = der erste) findet man überall! Wir selbst bestehen am zweithäufigsten - neben Wasser - aus Eiweißstoffen. Proteine sind der Aufbaustoff des Lebens! Ein übermäßiger Zufuhr wirkt aber schädigend auf die Gesundheit, außerdem wird ein Eiweißüberschuß im Organismus zu Kohlenhydraten umgewandelt und als Fett gelagert. Proteine sind Bestandteil der lebensnotwendigen ***Aminosäuren***. Diese leiten wichtige chemische Vorgänge im Organismus ein, wobei der Wasserstoff einer Kohlenstoffkette durch eine Aminomolekülgruppe ersetzt wird. (Das nur nebenbei für unsere Chemie-Fans!)

„Es gibt ungefähr 22 Aminosäuren, die lebensnotwendig sind. Bis auf acht können diese normalerweise im Körper synthesiert werden. Wenn jedoch auch nur eine einzige von diesen 8 Aminosäuren fehlt, sind alle anderen unbrauchbar. Deshalb muß die Mahlzeit alle 8 lebensnotwendigen Aminosäuren enthalten und zwar in einem bestimmten Verhältnis. Wenn dieses Verhältnis auch nur in einer einzigen dieser 8 Aminosäuren mit den anderen nicht übereinstimmt, so reduzieren sich die anderen entsprechend und der Körper erhält demzufolge weniger von den vorhandenen Proteinen zu seiner Verwertung."

(Ananda Mitra: „Ernährung für den ganzen Menschen")

Die Wahrheit ist, daß eine vegetarische Ernährung weitaus ***mehr*** Proteine als eine fleischliche Ernährung enthält! Man findet sie besonders in allen Getreiden und Getreideprodukten (Vollkornbrot, Nudeln), Reis, Nüssen, Sonnenblumenkernen, Mandeln, Hülsenfrüchten - und hier gerade in Sojabohnen oder Sojabohnenprodukten wie Tofu.

„Die Völker des Orients essen seit vielen Tausenden von Jahren die Sojabohne. Dies ist mit Sicherheit eines der Geheimnisse für ihre Langlebigkeit, Ausdauer und ihrer jugendlichen Spannkraft bis ins hohe Alter. Die Sojabohne hat verschiedenen Namen: 'Zauberpflanze', 'gelbe Diamanten', 'Wunderbohne', 'Gold aus der Erde', 'das Fleisch, das an Stökken rankt' und das wegen ihres hohen Eiweißgehalts und der Reichhaltigkeit an Vitaminen und Mineralien. [...]

*Erst jetzt konnten Forscher das Geheimnis der Sojabohne lüften - sie entdeckten den jugenderhaltenden, geheimnisvollen Bestandteil - **Lecithin**.*

Lecithin [Anm.: es handelt sich um ein Lipoid, also um eine fettähnliche, organische Substanz, die im Herzmuskel und im Gehirn reichlich vorkommt] *spielt eine entscheidende Rolle im Stoffwechselgeschehen des Körpers; es wirkt anregend auf alle Körperzellen, es steigert das Gedächtnis und die geistige Kraft, indem es Gehirn und Nervenzellen ernährt; es stärkt die Drüsen und regeneriert das Körpergewebe; es verbessert den Blutkreislauf und die Atmung; es stärkt die Knochen und erhöht die Widerstandskraft bei Verletzungen. Im Falle nervöser Erschöpfung oder Kraftlosigkeit wird das Lecithin in der Sojabohne die verlorene Tatenkraft und Stärke wieder herstellen.“*

(Ananda Mitra: „Ernährung für den ganzen Menschen“)

Um die Runde komplett zu machen, werfen wir noch einen Blick auf die ***Fette*** und ***Kohlenhydrate***:

Fette werden in verschiedenen Körperteilen eingelagert und bei Abruf bereitgestellt; sie sind der ‘Energie-Speicher’! Fette regulieren den Wärmehaushalt des Organismus. Wer ein Übermaß an fettiger Nahrung und somit einen überflüssigen Speicher-Vorrat zu sich nimmt, überlastet das Gewebe und wird dick beziehungsweise ‘fett’! (Übrigens produzieren pflanzliche Fette im Gegensatz zu tierischen Fetten kein Cholesterin.)

Kohlenhydrate sind die wichtigste ‘Energie-Quelle’ für den Menschen, regeln den Wärmehaushalt und kommen vorrangig in Pflanzen vor, in Getreide und Getreideprodukten, Kartoffeln, Bohnen undsoweiter und in ***Zucker***!

Von letzterem gibt es verschiedene Arten. Die ‘Energie-Quelle’ Nummer Eins für den Organismus ist ***Traubenzucker*** oder Glukose (grch. glykys = süß). Der Kraftstoff wird aus Kohlenhydraten aufgespalten, um es im ganzen physischen Körper zur Verfügung zu haben; Traubenzucker gelangt schnell in die Blutbahnen und so in den Herzmuskel und in das Gehirn. Es fördert Leistungsfähigkeit und Denkvermögen. Glukose ist der ‘natürliche Zucker’ in Obst, Gemüse und Milchprodukten.

Anders hingegen der ***weiße Industriezucker*** oder Saccharose (grch. sakcharon = Zuckerrohrsaft): Dieser ‘nicht natürliche Zucker’ ist tote Nahrung! Er enthält keine Vitamine und keine Mineralien, fördert Zahnerkrankungen (Karies), und Stoffwechselstörungen, da er den Blutzuckerspiegel zu schnell anhebt, während 'natürlicher Zucker' nur langsam in die Blutbahnen gelangt. Die Folge ist Überreizung, Erschöpfung und Müdigkeit; gerade depressive Menschen greifen zur 'Frust-Schokolade', Schokoriegeln und anderen industriell massenhaft hergestellten Süßigkeiten. Dies ist oft der Anfang einer immer stärker werdenden Zucker-Sucht, auch als Zusatz bei Tee, Kaffee und kohlensäurehaltigen 'Softgetränken'. Weißer Zucker kann die 'Zuckerkrankheit' beziehungsweise Diabetes auslösen, die sich durch mangelnde Insulinbildung auszeichnet. Insulin ist ein in der Bauchspeicheldrüse gebildetes Hormon, das den Blutzuckerspiegel senkt. Verwenden Sie weißen Zucker behutsam, lassen ihn ganz weg, oder nehmen stattdessen Honig. Und was sagt die Werbung? „Mit Zucker lacht das Leben!" Muß es nicht heißen „Mit Zucker lacht die Krankheit"?

Und der 'Teufel' freut sich über ***Fleisch***! Der Verzehr von Fleisch ist nicht nur eine Gefährdung der Gesundheit, er ist auch eine Behinderung der geistigen Entwicklung beziehungsweise ein Hindernis auf dem Weg zu einer Göttlichen Bewußtwerdung, eine Ursache niederer ***Schwingung***. Um dieses zu verdeutlichen, hat Ananda Mitra alle Nahrungsmittel, die Menschen auf diesem Planeten zu sich nehmen, in drei verschiedenen Energie- oder Kraft-Gruppen unterteilt, die ich gerne zitiere:

„DIE FEINSTOFFLICHE KRAFT UND IHRE NAHRUNGSMITTEL

Die erste dieser kosmischen Kräfte ist die wahrnehmende Kraft der Selbsterkenntnis, Liebe, Frieden, Reinheit und Freude. Wenn dieses Empfindungsvermögen in unserem Geist überwiegt, fühlen wir uns friedlich, entspannt und ruhig, unsere Gedanken fließen zu höheren Ebenen unseres Bewußtseins empor. Feinstoffliche Nahrungsmittel sind jene, in denen diese Kraft vorherrscht und für einen klaren und ruhigen Geist sorgen. Sie bilden die Grundlage der Yoga-Diät, denn sie sind für die Gesundheit unseres Körpers am wichtigsten und ebenso für eine friedvolle und geistige Verfassung. Diejenigen, die Bewußtseinsbildung und Selbstverwirklichung anstreben, sollten diese Ernährungsweise vorziehen.

Folgende Nahrungsmittel gehören zu dieser Gruppe: Obst, fast alle Gemüsesorten, Bohnen, Nüsse, Getreide, Milchprodukte, Gewürze und Kräuter in Maßen. Diese feinstoffliche Diät (manchmal auch Lacto-Vegetarismus genannt, weil er Milch und Milchprodukte mit einschließt) versorgen den Körper mit einer Vielzahl von Nährstoffen wie Eiweiß

(Proteine), Kohlenhydrate, Fette und allen lebensnotwendigen Vitaminen und Mineralien.

DIE VERÄNDERNDE KRAFT UND DIE ENTSPRECHENDEN NAHRUNGSMITTEL

Die zweite der universalen (kosmischen) Strömungen ist die verändernde Kraft, die Macht der Ruhelosigkeit, Überaktivität oder Veränderung. Wenn diese Kraft in unserem Geist überwiegt, werden wir aufgeregt, nervös, unruhig und sind unfähig, uns zu beruhigen und zu entspannen. Mutative Nahrungsmittel, welche die Tendenz haben, Veränderungen in beiden Richtungen zu erzeugen, (in Körper und Geist) sollten nur in mäßigen Mengen gegessen werden, um das geistige Gleichgewicht zu erhalten. Übermäßiger Genuß von anregenden Nahrungsmitteln wirkt störend auf unseren Geist und die erforderliche Ausgeglichenheit zu höherem geistigen Streben und zur Meditation. Zur genannten Gruppe gehören koffeinhaltige Getränke wie Kaffee, Tee, kohlensäurehaltige Getränke, Schokolade; auch scharfe Gewürze wie Paprika, gegärte Lebensmittel und einige Medikamente.

DIE STATISCHE KRAFT UND IHRE NAHRUNGSMITTEL

Die dritte Kraft ist die statische Kraft, die auf Schwäche, Trägheit, Verfall und Tod hinwirkt. Der Tod tritt ein, wenn die vorgenannten beiden Kräfte in einem Lebewesen vollständig verfallen sind, und nur noch die statische Kraft vorherrscht. Wenn sie unseren Geist beeinflußt, fühlen wir uns träge und teilnahmslos, ohne Energie und Tatendrang. Zu den Nahrungsmitteln, die dies auslösen, gehören Fleisch, Fisch, Zwiebeln, Knoblauch, Eier, Pilze, Alkohol, vergärte, abgestandene oder verdorbene Lebensmittel, Zigaretten sowie Drogen. All das sollte von denen gemieden werden, die volle körperliche Gesundheit und höhere geistige Bewußtseinsbildung anstreben. Bestimmte Umstände jedoch, so z.B. gewisse Arbeitsbedingungen oder klimatische Erfordernisse, wie extrem kaltes Klima, bilden eine Ausnahme, da Fleisch und eine kleine Menge Alkohol zur Aufrechterhaltung des Wärmehaushalts im Körper erforderlich sind."

(Ananda Mitra: „Ernährung für den ganzen Menschen")

Das ist wieder ein anderes Erklärungsmodell, eine Möglichkeit von Wirklichkeit, die der Orientierung dient, die wir aber nicht unreflektiert übernehmen sollten. Prüfen wir es, ob es sich für uns ‘richtig anfühlt’.

Nur wir selbst können für uns - und jeder für sich - ganz ***individuell*** herausfinden, ***welche*** Nahrung für unsere körperliche, seelische und geistige Entwicklung am besten geeignet ist. Fleischliche Nahrung, soviel steht fest, ist es offensichtlich nicht; die Entscheidung liegt bei jedem Einzelnen!

Wie steht es nun mit ***Milch***, ***Honig***, ***Eiern***, ***Pilzen***, ***Zwiebeln*** und ***Knoblauch***?

Hier scheiden sich die Geister: ***Milch*** und ***Honig*** sind Tierprodukte, doch sie entstehen nicht durch Töten. Überlegen wir uns einmal, wie in diesem Fall die Nahrungsbeschaffung im Bereich des naturgegebenen Ursprung für den Menschen aussehen würde. Bei ***Honig*** kann man es vielleicht noch verstehen, daß man nach einer gewissen Überwindung in ein Bienennest greift, um an die ‘süße Leckerei’ zu gelangen. Zudem ist seit der Antike bekannt, daß (kaltgeschleuderter) Honig als Heilmittel eine stärkende Wirkung auf das menschliche Herz hat.

„Und es lehrte dein Herr die B i e n e: >Suche dir in den Bergen Wohnungen und in den Bäumen und in dem, was sie erbauen.

Alsdann speise von jeglicher Frucht und ziehe die bequemen Wege deines Herrn.< Aus ihren Leibern kommt ein Trank verschieden an Farbe, in dem eine Arznei ist für Menschen. Siehe, hierin ist wahrlich ein Zeichen für nachdenkende Menschen.“

(Der Koran, Sure 16, 68/69)

Würden Sie aber auf einer Weide einer Kuh hinterherrennen, diese irgendwann erwischen, sich dann an das Euter ‘klemmen’, um artfremde ***Milch*** herauszusaugen? Milch, die für ein Kälbchen bestimmt ist? An dieser Stelle wird es schwierig. (Ich selbst mag zum Beispiel keine Milch pur, aber ich liebe Käse und Milchprodukte.)

„Die Kühltheken der Supermärkte sind mit Milch und Milchprodukten prall gefüllt. Trinkmilch, Joghurt, Kefir, Quark, Butter, Sahne, Käse, Milchsnacks, Buttermilch und Milchmischgetränke sind in kaum mehr überschaubarer Vielfalt vorhanden. ‘Die Milch macht’s’, sagt die Wer-

bung und verspricht dem Verbraucher 'alles Gute aus der Milch'. Das Gute - das sind in erster Linie hochwertiges Eiweiß, Vitamin B2 (Riboflavin) und Calcium. Milch (im gesetzlichen Sinne ausschließlich Kuhmilch) und Milchprodukte sind gesund, weiß bereits jedes Kind - kritische Stimmen werden überhört.

Für manche können Milchprodukte auch zum Problem werden. Viele Menschen reagieren auf Milcheiweiß allergisch. Eine Allergie wird im Laufe des Lebens erworben. Etwa zwei bis sieben Prozent der Säuglinge und Kleinkinder haben eine Veranlagung zur Kuhmilchallergie, die sich häufig jedoch bis zum achten Lebensjahr verliert. Die Symptome zeigen sich keineswegs nur im Darmbereich, auch Nasen- und Rachenraum, Lunge, Haut, Gelenke und das Zentralnervensystem können betroffen sein. Die Allergie beschränkt sich in erster Linie auf bestimmte Eiweißbestandteile der Kuhmilch. Die Milch anderer Tiere wie Ziege oder Schaf wird häufig vertragen. Bei der Milcheiweiß-Allergie lösen manche Eiweiße, die auf äußere Einflüsse wie Hitze oder Kälte mit unterschiedlicher Stabilität reagieren, die Beschwerden aus. Je nachdem, auf welchen dieser Stoffe der Allergiker anspricht, kann er Milch in Abhängigkeit von der Zubereitung (roh oder gekocht) vertragen oder auch nicht. In Ausnahmefällen kommt es vor, daß Joghurt oder Quark keine allergischen Beschwerden hervorrufen, Trinkmilch dagegen schon. Butter hingegen ist für die meisten Milchallergiker unproblematisch, da Butter fast kein Milcheiweiß, sondern nur Milchfett enthält. [...] *Bei Kindern ist Vorsicht geboten: da Milch und Milchprodukte für Kinder normalerweise wertvolle Nährstofflieferanten sind, kann eine strenge und einseitige Allergie-Diät zu Mangelerscheinungen führen.. Ein Verzicht ist nur nach genauer ärztlicher Diagnose gerechtfertigt.* [...]"

„Diese Unverträglichkeit ist auch die Basis für die Argumentation der Milchgegner. Sie sagen, daß Kuhmilch für das Kälbchen bestimmt ist, so wie die Muttermilch für den Säugling. Da Erwachsene keine Milch mehr benötigen, benötigen sie auch kein Enzym mehr, um die Milch zu verdauen und der Körper stellt die Produktion des Verdauungsenzyms ein.

Die Laktoseintoleranz beruht nämlich auf der mangelnden Aktivität des Enzyms Laktase, das den Milchzucker spalten soll [Anm.: Laktase spaltet Milchzucker in Galaktose und Glukose]. *Gelangt der Milchzucker 'unverdaut' in den Dickdarm, wird er von den Darmbakterien zu organischen*

Säuren und Kohlendioxid abgebaut und es sammelt sich vermehrt Wasser an. Die Säuren fördern die Peristaltik (Darmbewegung). Die Betroffenen werden von Durchfällen, Blähungen und kolikartigen Bauchschmerzen geplagt. Man unterscheidet den primären (angeborenen), den sekundären und den erworbenen Laktasemangel. Bei den äußerst seltenen primären Laktasemangel fehlt von Geburt an das Enzym Laktase. Er kann nur durch konsequente, milchzuckerfreie Ernährung mit einer speziellen Säuglingsmilchnahrung behandelt werden. Verschiedene Erkrankungen des Dünndarms wie Zöliakie, Morbus Crohn oder Colitis ulcerosa sowie Magen- und Darmoperationen können einen sekundären Laktasemangel nach sich ziehen. Wird die Grundkrankheit erfolgreich behandelt, kann sich auch die Milchzuckerunverträglichkeit wieder zurückbilden. Die Ursachen des erworbenen Laktasemangels sind dagegen noch weitgehend unbekannt - aber vielleicht beruhen sie einfach nur darauf, daß die Natur nichts verschwendet, denn warum sollte der Körper ein Enzym produzieren, das er nicht mehr braucht, wenn der erwachsene Mensch denn tatsächlich keine Milch mehr benötigt?

Bei vielen Erwachsenen ist die Laktaseaktivität so gering, daß der Verzehr größerer Mengen Milch oder milchzuckerhaltiger Lebensmittel zu Durchfällen und Bauchschmerzen führt. Sauermilchprodukte, in denen der Milchzucker bereits zu Milchsäure vergoren ist, werden jedoch dann meist gut vertragen.“

(„Vegetarisch fit! - Magazin für bewußtes Essen & Leben“, Nr. 10/97, Dipl. oec. troph. Monika Held: „Milch - das ‘weiße Gold’ glänzt nicht immer“)

Für die Milch (oder besser für Milchprodukte) spricht, daß sie viele Vitamine, besonders das Vitamin B12, und einen hohen Gehalt an ***Calcium*** (zu lat. calx, Gen. calcis = Kalk) aufweist, welches für den Aufbau von Knochen und Zähnen erforderlich ist. In der Natur kommt das chemische Element Calcium - oder in einer anderen Schreibweise ‘Kalzium’ - in vielen Verbindungen vor und ist mit etwa 3,5 Prozent Anteil das fünfhäufigste Element der Erdkruste. Allein daraus läßt sich schon die Bedeutung des Calciums für die Schöpfung ableiten, so auch für den Menschen: Ein akuter Calcium-Mangel kann sich als Krankheit manifestieren, als schmerzhafte ‘Osteoporose’ (grch. osteon = Bein, Knochen + poros = Pore, löcherig). Das Knochengewebe verliert an Stabilität, die Knochen werden spröde und leicht brüchig. Calcium ist, in Verbindung mit Vitaminen, für die Gesundheit sehr wichtig, denn um den Calciumgehalt des Blutes zu regulieren, muß ausreichend Vitamin D vorhanden sein. Die weltweit verbreitete Schnellimbiß-Küche ('fast food') ist übrigens sehr arm an Calcium - und dreimal dürfen Sie raten, ob Fleisch eine Calciumquelle ist? Natürlich nicht.

Wenn man nun auch keine Milch und Milchprodukte zu sich nehmen will, ergibt sich kein Problem, denn Calcium findet sich ***vor allem*** in Vollkornbrot und in Blattgemüsen wie Grünkohl, Schnittkohl und Spinat; in Brokkoli, Lauch und Mandeln.

Gleichzeitig kann man mit Vollkornbrot und grünen Blattgemüsen ***Eisen*** zu sich nehmen, so auch mit dem Verzehr von Kartoffeln, Brokkoli, Kichererbsen, Hirse und Trockenobst. Eisenmangel entsteht besonders bei Blutverlust, da sich der größte Eisenanteil im Blut beziehungsweise im Hämoglobin, dem Farbstoff der roten Blutkörperchen, befindet. Die roten Blutkörperchen versorgen den physischen Körper mit Sauerstoff. Das chemische Element Eisen ist mit 4,7 Prozent das vierthäufigste Element der Erdkruste.

Magnesium ist ebenfalls in Vollkornbrot, grünen Blattgemüsen und in Nüssen enthalten. Es wirkt vorbeugend gegen Herzerkrankungen. ***Kalium*** findet man verstärkt in Äpfeln und Bananen. Es wirkt vorbeugend gegen Erkrankungen im Mundraum, gegen Müdigkeit, Lustlosigkeit und Depressionen.

Ferner benötigt der physische Körper ***Ballaststoffe*** für eine bessere Verdauung. Es sind Faserstoffe, deren Nahrungsbestandteile im Verdauungsapparat nicht zu Wirkstoffen aufgespalten und folglich wieder ausgeschieden werden. Sie dienen dem Darm als 'Füllmaterial', bilden sich weitgehend aus Zellulose (Hauptbestandteil der pflanzlichen Zellwände) und finden sich in Gemüse, Obst und Getreide. Ein guter Lieferant ist 'Müsli'.

Eier haben einen hohen Anteil an Cholesterin, welches zu Bluthochdruck und den damit verbundenen Herzerkrankungen führen kann. Eier tragen die Lebensenergie der Schöpfung in sich, obgleich sie als Vorstufe zum Embryo unbefruchtet sind - und so keine Küken entstehen können.

Eine natürliche Befruchtung findet nicht statt, weil der Mensch sie verhindert.

Pilze, die zum Verzehr geeignet sind, haben zwar einen hohen Eiweißanteil, können jedoch in größeren Mengen genossen Vergiftungssymptome auslösen und möglicherweise eine niedere Schwingung in 'Körper, Seele, Geist' begünstigen. Pilze leben, da sie kein Chlorophyll (Blattgrün) besitzen, nicht durch Photosynthese, durch die Kraft oder Energie des Sonnenlichtes.

Zwiebeln und ***Knoblauch*** sind wieder so ein Grenzfall. Sie veranlassen die Augen zu Tränen, ohne tief gerührt zu sein, oder einen Lachanfall zu haben. Zwiebeln und Knoblauch reizen die Nasenschleimhaut und hinterlassen einen mitunter fürchterlichen Mundgeruch. Sie steigern den Wärmehaushalt des physischen Körpers und sind daher mehr für den Winter geeignet; in kleinen Mengen kann sogar von einer positiven Wirkung gesprochen werden. Gerade Knoblauch hat den Ruf eines Heilmittels. Auf keinen Fall sollte man zu viel Zwiebeln und Knoblauch als Zutaten für die Ernährung verwenden.

Man kann in einem zusätzlichen Erklärungsmodell für die drei körperlichen Entwicklungen geeignete und nicht geeignete Nahrung auch über den ***pH-Wert*** erklären. Der chemische Begriff des pH-Wertes ist definiert als „die Maßzahl für die Konzentration der Wasserstoffionen einer Lösung" und bewirkt entweder eine alkalische (basische) oder eine saure Reaktion. Säuren und Basen zusammen bilden Salze; Basen geben in wäßrigen Lösungen Hydroxidionen ab, also Wasserstoff ***und*** Sauerstoff. Der pH-Wert liegt über 6,5. Säuren dagegen geben nur Wasserstoffionen ab. Der pH-Wert liegt unter 6,5.

„Im gesunden Zustand ist unser Körper leicht alkalisch mit einem pH-Wert von 7,4. So können die chemischen Vorgänge am wirksamsten arbeiten und alle Schlacken schnell ausscheiden. Bei einer übermäßigen Zufuhr an sauren Speisen wird das Blut übersäuert, wodurch Milz, Leber, Herz, Nieren - die blutreinigenden Organe also - überanspruchт werden. das macht sie im Laufe der Zeit schwach und anfällig für Krankheiten. Die Schlacken werden nicht mehr ausreichend ausgeschieden, sondern sam-

meln sich stattdessen in den Gelenken an, was dann Rheumatismus und Gicht auslöst. Bei einer Ausscheidung von Abfallstoffen durch die Haut kommt es zu Ekzemen, Akne, Furunkeln. Der Zustand der Übersäuerung kann noch als zusätzlicher Faktor für viele verschiedene Krankheiten angesehen werden wie bei Hämorrhoiden, Krebs [!], *Lepra, Paralysen, Nieren- und Leberbeschwerden, Gallensteine, Infektionskrankheiten, Tuberkulose, Impotenz, Bluthochdruck, Herzerkrankungen, Schlaganfälle, Herzattacken, Asthma, Allergien usw. Zur Behandlung der Übersäuerung des Körpers und der damit zusammenhängenden Krankheiten muß die saure Kost auf ein Minimum beschränkt und auf die Zufuhr von basischen Speisen viel Wert gelegt werden."*

(Ananda Mitra: „Ernährung für den ganzen Menschen")

Nachfolgend finden Sie eine ZUSAMMENSTELLUNG SAURER UND ALKALISCHER LEBENSMITTEL - nach Ananda Mitra:

Saure Lebensmittel, die bei schlechter (!) gesundheitlicher Verfassung vermieden werden sollten, sind:

- besonders Fleisch, Fisch und Eier
- Pickles und Essig
- industrieverarbeitete Getreideprodukte wie weißer Reis, Weißbrot, einfache Nudeln, Weißmehlspeisen, Laugengebäck undsoweiter
- Gewürze in hohen Mengen
- Zwiebeln Knoblauch, Pilze
- die meisten Bohnen (einschließlich Erbsen und Linsen)
- einige Nüsse - Erdnüsse und Walnüsse
- Öle und alle fetten und gebratenen Speisen

Alkalische Lebensmittel, welche auf saure Lebensmittel neutralisierend und auf den Organismus generell positiv einwirken, sind:

- fast alle Gemüse, besonders grünes Blattgemüse, Sprossen und besonders Sojabohnen
- Milch beziehungsweise Milchprodukte und Butter
- Honig
- die meisten Nüsse - Paranüsse, Kastanien, Haselnüsse, Mandeln

- frische Früchte und Fruchtsäfte, das beste natürliche Heilmittel für die Alkalisierung des Blutes; besonders
- Papaya, mit dem Enzym Papain, welches für eine gute Verdauung sorgt
- Äpfel, reich an Kalium, neutralisieren Gifte im Mund, gut für Zähne und Zahnfleisch („An apple a day keeps the doctor away!“)
- Feigen, mit dem Enzym Ficin, welches Gifte im Blut auflöst und eine stärkende Wirkung auf Körper, Seele und Geist hat. Zum Beispiel nahmen Buddha, Jesus oder antike Gelehrte und die weisen Menschen des Orients während des Fastens nur Wasser und Feigen zu sich
- Ananas, mit dem Enzym Bromelin, welches die Bauchspeicheldrüse reinigt
- Tomaten, sehr zu empfehlen!
- Bananen, ebenfalls reich an Kalium, gut gegen Nervösität und Depressionen, ein 'Glücklichmacher'!
- Kokosnuß und Kokosmilch
- Aprikosen, reich an Vitamin A und Eisen
- Zitronen, obwohl sie selbst sehr sauer sind, wirken sie während des Verdauungsvorganges alkalisch; Zitronensaft ist eine ausgezeichnete Medizin bei fast allen Erkrankungen, man sollte den Saft über den Tag verteilt in kleinen Mengen mit etwas Salz oder Honig zu sich nehmen
- Orangen
- Beeren - Himbeeren, Erdbeeren, Stachelbeeren, Johannisbeeren undsoweiter wirken nur dann alkalisch, wenn sie ganz reif sind (Auch hier sollen offenbar durch 'teuflische' Gen-Manipulationen, die sich gegen Natur und Mensch richten, Schwingungen verändert werden...)

Wenn Sie schon eine fleischlose Ernährung praktizieren oder sich jetzt erst dazu entschließen, sollten Sie wissen, daß Sie in bester Gesellschaft sind. Hier die Namen einiger berühmter Vegetarier:

Platon, Sokrates, Leonardo da Vinci, Jean Jaques Rousseau, Voltaire, Isaac Newton, Nikola Tesla, Richard Wagner, Leo Tolstoi, Mahatma Gandhi, Rabindranath Tagore, George Bernhard Shaw, Albert Schweitzer, Prinzessin Diana, der Dalai Lama von Tibet, Montserrat Caballé, Elizabeth

Taylor, Madonna, Richard Gere, Nina Hagen undsoweiter, undsoweiter, undsoweiter.

Bei allem genußvollen Essen, gerade in den westlichen Ländern, darf der ***Hunger*** auf dieser Erde nicht vergessen und verdrängt werden. Unsere Aufmerksamkeit muß sich auf die Mitmenschen der sogenannten 'Dritten Welt' oder der sogenannten 'Entwicklungsländer' richten. Allein schon diese Begriffe sind menschenunwürdig und gehören verbannt! Die materiell reichen (und meist geistig armen) 'Industrienationen' haben zu ***eigenen*** Gunsten viele andere Länder, die auf Nahrungsmittelimporte (zum Beispiel Getreide) angewiesen sind, in ihre Abhängigkeit gebracht. Es ist nicht nur eine wirtschaftliche, sondern auch politische Abhängigkeit: „Peitsche oder Zuckerbrot?"

Ganz gezielt beziehungsweise im Geheimen geplant kann so in bestimmten Gebieten Hunger hervorgerufen werden. Es gibt konventionelle, chemische, biologische, atomare und andere (unheilaus-) strahlende Waffen: **Auch der Hunger ist eine politische Waffe!**

Der Raubbau an der Natur geht unaufhaltsam weiter. Um Fleisch zu 'produzieren', braucht man eine Möglichkeit, Tiere zu züchten. Diese Tiere ernähren sich aber meist mit pflanzlicher Kost, das heißt, sie gewinnen ihre Lebensenergie aus den Pflanzen. Man benötigt also riesige Weiden und Futtergebiete. Für ***alle*** Lebewesen lebensnotwendige Wälder werden aus Unwissenheit und Profitgier abgeholzt. Die gewonnene, indirekte Pflanzen-Energie wird nun den Menschen in Form von Fleisch beziehungsweise Tierleichenteilen zum Verzehr angeboten. Was für ein unnötiger und perverser Umweg! Es ist eine Farce und himmelschreiender Blödsinn für ***alle*** Beteiligten!

„Wirtschaftswissenschaftler haben errechnet, daß jeder Bewohner der westlichen Welt, der seinen Fleischkonsum um 50 Prozent reduziert, dadurch indirekt so viel Getreide verfügbar macht, daß sich davon zwei Menschen ernähren können, die sonst zum Hungertod verurteilt wären.

[...]

95 Prozent des weltweiten Ertrags an Sojabohnen - eine der gehaltvollsten Proteinquellen - werden direkt an Masttiere verfüttert. Lediglich 1,5 Prozent der Sojabohnenernte sind für den Verzehr durch den Menschen bestimmt. Das ist eine geradezu kriminelle Vergeudung von Nährstoffen, deren Folgen für die Hungernden dieser Welt gar nicht faßbar sind. [...]

Tatsache ist, daß anstelle jedes Steaks, das in den westlichen Ländern konsumiert wird, genügend Nährstoffe erwirtschaftet werden könnten, um f ü n f M e n s c h e n fleischlos zu ernähren. Tatsache ist auch, daß jedes Kind, das in den westlichen Ländern zu einem Fleischesser erzogen wird, die f ü n f f a c h e M e n g e an Nährstoffen verbraucht gegenüber einem Kind, das kein Fleisch ißt.

Die Entscheidung liegt ganz allein bei uns."

(Peter Cox: „Gesund und fit ohne Fleisch - Ein Plädoyer für die vegetarische Ernährung")

So ist es! Jetzt ***wissen*** wir, ***was*** wir zur Aufrechterhaltung der Gesundheit und Lebensfreude auf dem Weg zu einer harmonisierenden, allumfassenden Bewußtwerdung ***essen*** sollten; dies kann man noch steigern - durch **bewußte Einnahme von Essen!** ***Wenn*** man nämlich wirklich geistig sehr ***hoch*** entwickelt ist, könnte man auch ein Stück leckeres Vollkornbrot mit einer Paste aus Krankheitserregern essen, ohne daß diese die Gesundheit in irgendeiner Form beeinträchtigen würden! Irgendwann einmal wird die Menschheit soweit sein, sich ausschließlich „von Luft und Liebe" zu ernähren, von 'Ambrosia' (grch. ambrosios = unsterblich); das ist die in der griechischen Mythologie beschriebene Speise der Götter, welche dem Menschen Unsterblichkeit verleiht.

Vielleicht kann das 'Lichtwesen Mensch' eines Tages seine gesamte Energie aus 'Lichtnahrung' beziehen? Wir werden sehen.

Wenn Ihnen diese Überlegung zu radikal erscheint, können wir 'Ernährung' oder unsere gesättigten Wohlstandsbäuche auch unter dem Aspekt betrachten, während einer gewissen Zeit bewußt nur sehr wenig oder nichts zu essen. Eine ***falsche*** Ernährung trägt ja dazu bei, viele Krankheiten entstehen zu lassen, denn die ständig anfallenden Schlacken und Giftstoffe sammeln sich als immerzu wachsende, gefährliche 'Sondermüll-Deponien' an, die der Organismus nicht mehr bewältigen kann: Die 'immunologische Müllabfuhr' kapituliert!

„Die Ärzte sind sich darüber einig, daß diese [Anm.: durch Übersäuerung bewirkten] *Ansammlungen von Giften in unserem Körper die Ursache vieler Krankheiten sind und nicht die feindlichen Bakterien und Viren von*

außen. Nur wenn der Körper mit diesen Unreinheiten überladen und sehr geschwächt ist, können uns Bakterien und Viren schaden. Krankheitserreger sind immer überall, in der Luft, in der Nahrung, sogar in unserem Körper, wir erliegen ihnen aber nur, wenn das Milieu in uns für deren Vermehrung und Wachstum vorhanden ist. Und obwohl viele Menschen den gleichen Krankheitserregern ausgesetzt sind, erkranken nur einige."

(Ananda Mitra: „Ernährung für den ganzen Menschen")

Ein wunderbarer Weg, den physischen Körper von angesammelten 'Sondermüll-Deponien' zu befreien, ist das ***Fasten***:

Eine innere Reinigung und ein Erholungsurlaub für den gesamten Organismus, ein 'Jungbrunnen' für alle Zellen! Dies hat in erster Linie nichts mit dem Diät- und Schlankheitswahn der westlichen Modewelt zu tun, da Fasten ein allgemeines ***Heilmittel*** ist. Und es hat auch nichts mit Hungern zu tun, denn Fasten geschieht ganz willentlich und freiwillig; sobald es zum Zwang wird, ist es kein Fasten, sondern der Beginn einer Krankheit. Die uralte Methode des Fastens ist in vielen Kulturen gesellschaftlich sehr lebendig. So ist zum Beispiel für die islamische Bevölkerung der Fastenmonat 'Ramadan', der neunte Monat des mohammedanischen Mondjahres, von großer Wichtigkeit. Bei uns hingegen ist selbst von einer einzigen 'Fast-Nacht' nur ein bunter Rosenmontagstrubel übriggeblieben.

Fasten ist auch ein natürliches, völlig ungefährliches und daher einzig vernünftiges Abführmittel. (Sch..... Sie sich gesund, hätte ich fast geschrieben!) Fasten kann ein Weg zur Erlangung einer wesentlich besseren Gesundheit, aber auch zur Bewußtseinserweiterung beziehungsweise zur Stärkung geistiger Vitalität, ein Wegweiser in 'das Reich des Geistigen' sein - und bedarf einer ***Anleitung***. Und kostengünstiger geht es nun wirklich nicht! Entsprechende Literatur finden Sie in jeder guten Buchhandlung.

(Achten Sie auf jeden Fall darauf, daß Schwangere, stillende Frauen und Kinder ***nicht*** fasten dürfen!)

„Die beste Zeit für das Fasten ist drei Tage vor Vollmond und drei Tage vor Neumond. Warum gerade an diesen Tagen? So wie der Mond großen Einfluß auf die Gewässer dieser Erde hat, so wirkt er auch auf unseren Körper und Geist ein. Durch die Anziehungskraft des Mondes (Gravitationsgesetz), entstehen Ebbe und Flut. Besonders während Neumond und

Vollmond werden Ebbe und Flut auch in unserem Körper verursacht der zu über 70 % aus Wasser besteht. [...]

Aber warum am dritten Tag vor dem Voll- oder Neumond? Warum nicht an dem Tag selbst? Aufgrund wissenschaftlicher Forschungen ist uns bekannt, daß Gemütsstörungen schon drei Tage vorher auftreten. Wir müssen also gleich zu Beginn diesen Einwirkungen entgegenarbeiten, bevor sie Gelegenheit haben, unseren Körper und unseren Geist aus dem Gleichgewicht zu bringen. Durch intensive Forschungen konnten britische Wissenschaftler beweisen, daß sich an zwei Tagen im Monat die elektromagnetischen Schwingungen im Körper wesentlich verändern und das ist drei Tage vor dem Vollmond und drei Tage vor dem Neumond. An diesen beiden Tagen im Monat entsteht ein beträchtlicher Unterschied des elektrischen Potentials zwischen den elektromagnetischen Schwingungen des Körpers am Nabel und denen im Gehirn."

(Ananda Mitra: „Ernährung für den ganzen Menschen")

Vielleicht sind hier exakt die beiden Tage im Monat beschrieben, in denen man generell am erfolgreichsten einer Erkrankung 'schwingend' entgegentreten kann? An beiden Tagen überwiegt in dem in Ungleichgewicht geratenen System der Vier Elemente durch Ebbe oder Flut eine positive (Kopf = Feuerelement) oder negative (Bauch = Wasserelement) Gewichtung. Die 'Energie-Tentakel' des Magenchakras über dem Solarplexus sind in ihrer Funktion beeinträchtigt. Nach der Chakren-Lehre liegt eine starke Überspannung vor. Dieser jeweils eindeutige Zustand ist überaus geeignet, das zur Heilung erforderliche Gleichgewicht durch das Anbieten oder Anlegen einer entsprechenden Schwingung wiederherzustellen; egal, nach welcher Methode, doch mit dem 'Segen' des Mondes.

Andererseits stellen diese beiden Tage ein durchaus gefährliches Risiko dar, Krankheiten oder außergewöhnliche Gemütszustände durch das 'Hinzufügen' ***derselben*** Schwingung zu verstärken, Kriege ausbrechen zu lassen undsoweiter.

Abschließend zum Fasten sei zitierend noch darauf hingewiesen, wie man eine lästige und 'schnupfende' Plage in den Griff bekommt, die ***Erkältung***:

„Das erste Organ, das durch Gifte angegriffen wird, ist die Schleimhaut. Zur Ausscheidung des Giftes produziert der Körper übermäßig viel

Schleim - und 'du erkältest dich.' Jedem ist die große Menge an Schleim bekannt, die der Körper während einer Erkältung durch Schneuzen und Husten ausscheidet - das ist die natürliche Selbstreinigung. Als in früheren Zeiten die Menschen noch naturverbundener waren und den Gesetzen der Natur folgten, war die Erkältung oder ein Schnupfen leicht zu heilen; die Patienten akzeptierten die Appetitlosigkeit, tranken meist nur Fruchtsaft und erholten sich sehr schnell. Anschließend war ihnen wesentlich wohler als vorher, denn mit dem Schleim wurden viele anderen Körpergifte mit ausgeschieden. Heutzutage wird uns gelehrt, daß Bakterien oder Viren für die Erkrankung verantwortlich sind und nicht unsere Lebensgewohnheiten. Zum Auskurieren einer Erkältung essen wir noch mehr hochkonzentrierte Nahrungsmittel, statt zu fasten und vermehren damit noch zusätzlich die giftigen Abfallprodukte. Oder der Patient nimmt Medikamente, die den Körper mit noch zusätzlichem Gift 'versorgen'. Das Ergebnis: Erkältung oder Grippe führen zu Komplikationen, zu schweren Erkrankungen."
(Ananda Mitra: „Ernährung für den ganzen Menschen")

Übrigens hilft mir bei einer Erkältung - neben Obst, Zitrusfrüchten oder Säften - ein altes indisches Hausmittel sehr weiter; meine zusätzliche Empfehlung lautet daher ***Ingwer***! Ein etwa daumengroßes Stück einer frischen Ingwer-Wurzel wird von allen Seiten eingeritzt und zehn bis fünfzehn Minuten mit einer Prise schwarzem Pfeffer brodelnd ausgekocht: Das Resultat ist ein hochkonzentrierter Ingwer-Tee, den man mit Honig gesüßt heiß und gewöhnungsbedürftig (scharf!) in kleinen Schlücken trinken soll. (In der Werbung wäre das ein 'Hustenheißgetränk'...)

Wenn wir zur allgemeinen Aufrechterhaltung unserer Gesundheit die ***richtigen*** Nahrungsmittel bevorzugt (!) zu uns nehmen, ***und*** an zwei (besagten) Tagen im Monat ***fasten***, bereiten wir unserem physischen Körper und unserer 'Seele' eine Wohltat! An anderen Tagen verwöhnt man sich mit köstlichen und ganz materiellen Speisen: Man kann dieses - wie gesagt - sehr bewußt machen und so das Geheimnis der Eucharistie (Der 'Leib' von Jesus als 'Brot' und das 'Blut' von Jesus als 'Wein' beim christlichen Abendmahl) lüften:

„Setzen Sie sich also vor Ihren Teller mit Speise, die Sie gerade essen wollen und konzentrieren Sie sich mit der intensivsten Vorstellung, deren Sie überhaupt fähig sind, darauf, daß Ihr Wunsch in der Speise verkörpert und so wirksam ist, als hätte er sich bereits realisiert. Sind Sie allein, un-

gestört und unbeobachtet, können Sie die Hände segnend über die Speise halten. Ist Ihnen diese Möglichkeit nicht gegeben, dann fixieren Sie wenigstens mit Ihrem Wunsch das Essen oder schließen Sie die Augen. Es kann ohne weiteres den Eindruck erwecken, daß sie ein Gebet vor dem Essen verrichten; in Wirklichkeit ist dem ja auch so. Dann nehmen Sie langsam, aber bewußt [Anm.: unter Beachtung der Universalgesetze] *die Speisen zu sich mit der inneren Überzeugung, daß tatsächlich mit dem Essen Ihr Wunsch in Ihren ganzen Körper bis in die feinsten Nerven übergeht."*

(Franz Bardon: „Der Weg zum wahren Adepten")

Wenn man nicht so übertrieben 'magisch' essen will, dann ißt man einfach mit innerer Freude, Hingabe und Spaß, Spaß am Leben und Spaß an der Ernährung! (Weitere Möglichkeiten zur 'Wunschimprägnierung' finden Sie in Kapitel 21.)

Wie Sie gesehen und gelesen haben, sind **richtige Nahrungsmittel gleich Heilmittel** und können - aus eigener Erfahrung - chronische Krankheiten heilen (Zusätzliche Empfehlung: „Nahrung als Medizin" von Birgit Frohn, Midena-Verlag).

Eine bestimmte Krankheit habe ich bisher in meiner Ausführung aufgespart. Es ist die gemeinste und heimtückischste Krankheit, die unter Menschen und Tieren grassiert, scheinbar tausende Ursachen haben kann, sich völlig schmerzlos einnistet und das physische Dasein am Ende meistens besiegt. Damit sind wir beim nächsten Kapitel.

15. KREBS

Krebs entsteht, wenn eine x-beliebige Körperzelle den widernatürlichen 'Auftrag' erhält, sich durch äußeren Einfluß in eine Krebszelle zu verwandeln, um sich unkontrolliert und uneingeschränkt zu vermehren, um - durch den 'Schneeball-Effekt' - zu einem Krebsgeschwür zu entarten. Es ist ein hysterischer, auf den ersten Blick schwer zu stoppender Amoklauf einer umprogrammierten Körperzelle. Eine gefährliche Geschwulstbildung des menschlichen und tierischen Gewebes bezeichnet man auch als ***Karzinom*** (grch. karkinos = Krebs) oder ***Krebs-Tumor***. Über einhundert Krankheitsbilder werden nach Angabe der Weltgesundheitsorganisation WHO unterschieden. Jeder Bereich, jede Stelle, jedes Organ des physischen Körpers kann betroffen sein, unerwartet aus dem gestaltgebenden Harmoniegefüge, aus der Ordnung auszubrechen. Dabei kommt es oft zur Bildung von Satellitengeschwüren, den hinterlistig gefährlichen ***Metastasen*** (grch. metastasis = Umstellung), die durch die Blut- und Lymphbahnen in andere Körperregionen gelangen beziehungsweise auch lebenswichtige Organe zu ihrem 'Brutplatz' bestimmen. Krebs-Siedlungen entstehen. Nach der Metastasenbildung erschwert sich die Bekämpfung des Ausgangsgeschwürs.

Die ***Schulmedizin*** erzielt den größten Erfolg in der Krebsbehandlung durch Früherkennung mittels Untersuchungen der Krebsvorsorge (Röntgen und Ultraschall, Computertomographie, Blutuntersuchung).

Die Behandlungsmethoden bestehen bei Krebs vordergründig aus Operation, der sogenannten Chemotherapie auf der Grundlage chemischer Wirkstoffe und aus Bestrahlungen (elektromagnetische Gammastrahlen) der erkrankten Körperregion.

Das regelmäßige Tabakrauchen gilt als möglicher Auslöser für Lungen-Krebs, „Rauchen gefährdet die Gesundheit“ steht auf jeder Schachtel Zigaretten. Ebenso krebserregend werden gegrilltes Fleisch und zu stark gebratene oder geröstete Lebensmittel (dunkle Krusten bei Brot und Toast) eingestuft. Soweit das gängige und verbreitete Wissen zum Thema.

Allein der Schock, als Patient von seinem Arzt zu erfahren, „Ich muß Ihnen leider mitteilen, daß Sie Krebs haben!“, kommt fast einem Todesurteil gleich. Der durch Panik gelähmte Patient läßt seinen physischen Körper auf die zu erwartenden Krankheitsmuster reagieren. So dauert es nicht lange, bis die bekannten Symptome auftreten. Wie gesagt: **Die Verände-**

rung der Welt unterliegt den Gedanken der Menschen. Der Patient kreiert sich oft erst ***durch*** seine Gedanken die Voraussetzung, wirklich an Krebs zu sterben, ***weil*** er es erwartet beziehungsweise in Gedanken vorwegnimmt. ***Oder*** weil er aus Unwissenheit fremde und vorgefertigte Gedanken übernimmt... (Nach demselben Prinzip 'funktioniert' „AIDS". Siehe dazu Kapitel 19.)

Natürlich geht es auch hier um sehr viel ***Geld***, Geld für Behandlungen, Geld für Medikamente, Geld für Forschungen und Forschungseinrichtungen, Geld für hohe Honorare. Auf Platz Eins der profiteintreibenden Bereiche der Schulmedizin thront unangefochten die milliardenschwere ***Krebs-Industrie***. Das Geschäft mit dem 'schleichenden Tod' hat sich zu einer unerschöpflichen Einnahmequelle entwickelt. In einer solchen Position fällt es etwas schwer, ***andere*** Ansätze zur Lösung des Krebsproblems gelten zu lassen; Ansätze, die zu einer Zusammenarbeit herausfordern. Oder hat man es vielleicht gar nicht so eilig damit, das Problem in den Griff zu bekommen?

Krebs entwickelt sich also aus einer Zelle, die plötzlich der nicht vorgesehenen 'fixen Idee' nachgeht, sich durch Wuchern auszubreiten. Das System der Vier Elemente wird während des Krankheitsverlaufes immer erheblicher gestört und gerät aus den Fugen. Wie kann es dazu kommen? Betrachten wir das Problem aus der Sicht der dualen Weltauffassung, dann erkrankt zuerst der menschliche ***Astralkörper*** und dann als konsequente Folge davon der physische Körper. **Krebs ist ein ganzheitliches Problem, die Etablierung einer disharmonisierenden Schwingung.** Bei Krebs scheint die Angleichung an den 'gesunden Schwingungszustand' nicht zu gelingen. Stellen wir uns das Bild zweier Waagschalen vor, die im Ungleichgewicht sind. Auf der einen Seite befindet sich die 'gesunde Schwingung', auf der anderen die 'Krebsschwingung', die stetig an 'Gewicht' zunimmt. Trotz größter Bemühungen die 'Waagschale mit der gesunden Schwingung' mit 'Gegengewichten zu beladen', um einen Ausgleich herbeizuführen, scheitert dieses Unternehmen. Die 'Waagschale mit der Krebsschwingung' gewinnt.

Krebs ist ein feinstoffliches Loch in der menschlichen Aura, welches auf der alleinigen Grundlage von materiell-körperlichen Heilmethoden nicht zu schließen ist.

Ich möchte Ihnen von einem Gespräch berichten, welches ich am 24. März 1994 mit dem Schulmediziner ***und*** Geistheiler ***Prof. Dr. med. Eli E. Lasch*** in seiner Berliner Praxis führen konnte.

Prof. Lasch arbeitet mit der Wahrnehmung der ***Aura***, die er als 'formgebendes Informationsfeld' bezeichnet. Das Aufrechterhalten dieses elektrischen Feldes, so der Professor, geschehe durch elektrische Spannung. Diese Spannung habe Prof. Albert Burr an der renomierten, amerikanischen Universität Yale in den 40er Jahren gemessen und nachgewiesen.

Prof. Lasch hat mir seine Aura-Wahrnehmung im Fall eines Krebspatienten beschrieben:

„Ich fühle, wenn ich mit meiner Hand über einen Krebs gehe, ein Loch in der Aura und einen kaltkühlen Hauch. Ich versuche, dieses Loch wieder zu schließen - mit Energie. Wenn nun aber ein solches Loch entsteht, dann sind die darunterliegenden Zellen durch den fehlenden Teil des Feldes nicht mehr beeinflußbar und werden so nicht mehr mit der richtigen Information versorgt: Die Formgebung fehlt und die Zellen wuchern! Auch die philppinischen Heiler sehen Löcher in der Aura und die Tibeter behaupten, sie können solch ein Loch schon Jahre vor Ausbruch der Krankheit sehen."

(Prof. Dr. med. Eli E. Lasch)

Es gebe viele Gründe, so der Professor, warum diese Löcher entstehen, zum Beispiel durch sehr starke Emotionen; vor allem aber durch das Einwirken von Elektrizität, welche unseren Alltag - besonders in den Städten - in jeder Hinsicht beherrsche: Schienenverkehrsmittel, Straßen- und Gebäudebeleuchtung, sämtliche Elektrogeräte für Haushalt und Unterhaltung undsoweiter. Krebszellen seien im Grunde Embryonalzellen: Sie wuchern, weil sie nichts hätten, was ihnen Form gebe.

„Krebs ist in der sogenannten 'Dritten Welt', in Afrika, sehr selten. Je mehr aber 'Zivilisation' in diese Länder kommt, je mehr gibt es Krebs. Und was ist 'DAS' Merkmal der Zivilisation? ELEKTRIZITÄT!

Elektrizität, die sich immer mehr verbreitet uns so den menschlichen Körper, der ebenfalls ein elektrisches Phänomen ist, beeinflußt. Auch die elektrischen Felder der Krankheit werden immer mehr verbreitet."

(Prof. Dr. med. Eli E. Lasch)

Jede gesunde Zelle, so Prof. Lasch, habe eine elektrische Ladung und so eine bestimmte Polarität. Untersuchungen in einer Frauenklinik in den USA hätten gezeigt, daß bei einer Krebszelle die Polarität genau andersherum sei. Die zukünftige Behandlung von Krebs wäre vielleicht ein ***Umpolen!*** Diese Umpolung könne man mit einem schwachen Strom (Mikrovolt) versuchen und so niemanden damit schaden.

Hier wird klar, daß der Einsatz einer ***Bestrahlungstherapie*** gegen Krebs möglicherweise genau das Gegenteil einer gesundheitlichen Verbesserung bewirkt. Das bereits vorhandene Loch in der Aura wird durch den sehr starken Einfluß elektromagnetischer Strahlen eher dazu begünstigt, sich zu vergrößern, statt sich zu schließen. Die Strahlentherapie ist ein schwerer Eingriff in das elektromagnetische Feld des Menschen, dessen ohnehin geschwächtes Immun- (lat. immunis = frei, unberührt, rein) oder Abwehrsystem durch den Einsatz einer ***Chemotherapie*** weiter geschwächt wird. Im Vordergrund der Behandlung stehen einmal mehr die Symptome, nur sollte man die Symptome einer Krankheit nicht zu dessen Ursache erheben.

Die sogenannte ***Früherkennung*** ist eigentlich eine Späterkennung, da die Krebserkrankung bereits manifestiert ist. Es geht nicht darum, die schulmedizinischen Maßnahmen abzuschaffen, sondern - dreimal dürfen Sie raten - diese durch ***andere***, zusätzliche Maßnahmen qualitativ zu erweitern. Man muß der internationalen Krebsforschung zugute halten, daß erste Schritte in diese Richtung unternommen werden.

Wieder habe ich die Freude, im Folgenden einen Menschen und sein Lebenswerk zu würdigen, damit eine hervorragende Arbeit und eine hervorragende Persönlichkeit nicht absichtlich oder unabsichtlich in Vergessenheit gerät: Es ist der Arzt ***Dr. med. Josef Issels***, der in den 50er und 60er Jahren mit der von ihm gegründeten „Ringberg-Klinik“ in Rottach-Egern am Tegernsee internationale Aufmerksamkeit erlangte, indem er von der Schulmedizin aufgegebene, „inkurable“ (unheilbare) Krebspatienten mit großem Erfolg behandelte. Mit ***zu*** großem Erfolg, wie sich herausstellte: Die empfindlich getroffenen Gegner aus den Reihen der 'Krebs-Industrie' ließen Dr. Issels nach verschiedensten Schikanen schließlich verhaften, der Prozeßausgang endete viel zu spät mit einem wohlverdienten Freispruch.

Die nächsten Zitate, die besonders für Betroffene und deren Angehörige interessant sein dürften, stammen aus dem 1981 der Öffentlichkeit vorgelegten Buch „Mein Kampf gegen den Krebs - Erinnerungen eines Arztes" von Dr. Issels.

„>Sekundär inkurabel< werden diejenigen Krebspatienten, die zunächst >erfolgreich< mit den klassischen Waffen behandelt worden sind, jedoch trotz (oder gar wegen?) der Therapie Metastasen oder inoperable Rezidive (Rückfälle) bekommen. Sie werden zum Sterben nach Hause entlassen. Das sind noch einmal 17 Prozent der an Krebs erkrankten, die den rund 65 Prozent primär Inkurablen hinzugezählt werden müssen. Damit ergibt sich die nicht sehr optimistisch stimmende Summe von über 80 Prozent. Das sind jene Krebspatienten, denen das Konzept der Schulmedizin keine Möglichkeit effektiver Heilbehandlung eröffnen kann - trotz aller verschlüsselten und unverantwortlich positiv gefärbten >offiziellen< Verlautbarungen. [...]

Das ist das Krebsproblem! Das Problem der >Inkurablen<! Das nicht weniger gravierende Problem besteht darin, daß offensichtlich interessengebundene Sprecher in einer kaum zu begreifenden Verblendung nicht zuzugeben bereit sind, daß das heute wie bereits seit Jahren mit allen - ich sage: mit allen - Mitteln als wissenschaftlich richtig verteidigte Krebskonzept der Schulmedizin sich längst als unhaltbar erwiesen hat."

(Dr. med. Josef Issels: „Mein Kampf gegen den Krebs")

Dr. Issels sieht **Krebs als eine chronische Allgemeinerkrankung**, nicht aber als Lokalerkrankung. Die Krebsentstehung ist ganzheitlicher Natur; die Bekämpfung der Symptome bekämpft nicht die Krankheit.

„Ungezählte Ärztegenerationen hatten aufgrund ihrer vielfältigen Erfahrungen die Auffassung untermauert, Krebs beruhe - wie alle anderen chronischen Erkrankungen auch - auf einer komplexen Stoffwechselstörung, verbunden mit dem Unvermögen des Organismus, anfallende Toxine auszuscheiden. Krebs sei auf die >Entmischung der Säfte< zurückzuführen. Krebs also auch eine chronische Krankheit? Mit allerdings schweren, weil lebensbedrohenden Symptomen." [...]

„Die Geschichte der Medizin beweist, daß Krebs bis zur Ära der Zellularpathologie immer als eine Allgemeinerkrankung betrachtet wurde. Noch der berühmte Chirurg Ferdinand Sauerbruch knüpfte in den dreißiger Jahren dort wieder an, wenn er die Krebsgeschwulste als die >örtliche Manifestation< dieser Allgemeinerkrankung aufgefaßt wissen wollte. Und andere große Chirurgen bestätigen dies.“
(Dr. med. Josef Issels: „Mein Kampf gegen den Krebs“)

Die ausschließliche Anstrengung zur Beseitigung des Tumors ist nicht die Beseitigung von Krebs! Der Tumor ist das ***Produkt*** einer Krebserkrankung und steht am Ende einer Kette von Wirkungen; er ist nicht die Ursache. Wenn ein gefährliches Geschwulst (als Endsymptom) diagnostiziert wird, ***ist*** der physische Körper schon seit langem erkrankt. Der schulmedizinische Ansatz einer Therapie (grch. therapeia = Dienst, Behandlung, Pflege, Heilung) basiert auf einer ***falschen*** Voraussetzung. Die so durchgeführte ***falsche*** Krebstumor-Behandlung ist möglicherweise erst der Grund für eine fast immer tödlich endende Metastasenbildung im ganzen Organismus. Krebspatienten, die mit den gängigen, ***lokal*** wirksamen Maßnahmen (Operation, Bestrahlungs- und Chemotherapie) ***nicht*** mit Erfolg behandelt werden können, gelten als ***unheilbar!*** Die ‘Schublade’ mit der Aufschrift ‘Todeskandidaten’ erledigt dann den qualvollen Rest... Jeder ***wirkliche*** Arzt oder Therapeut (grch. therapeutes = Diener, Pfleger), der seine Berufung im Willen zum Helfen und Heilen sieht, ***kann*** sich mit dieser verantwortungslosen Situation gar nicht zufriedengeben; wenn er es tut, hat er seinen Beruf verfehlt.

„Da sich die humoralpathologischen [Anm.: humoral = die Körpersäfte betreffend] *Abläufe, die sich dem Auge entziehen, nicht entsprechend >exakt< nachweisen und darstellen lassen, wurden sie kurzerhand beim Aufbau des neuen wissenschaftlichen Denkgebäudes außer Betracht gelassen, anstatt sie sinnvoll in das Ganze einzubauen.*

Beim Krebs hatte man aus dem filmgleichen Ablauf des Krankheitsgeschehens quasi ein eindrucksvolles Einzelbild im letzten Akt des Dramas fixiert, welches einen Folgezustand demonstrativ darstellen kann, nicht aber Aufschluß über die Krankheitsentstehung gibt. Die Zellularpathologie wurde zu einer wissenschaftlich erklärbaren Weltanschauung. Der starke Eindruck des Neuen ließ das Gute am Alten in Vergessenheit geraten. [...]

Wann endlich wird die Einsicht Allgemeingut werden, daß eine fruchtbare Synthese vollzogen werden muß zwischen den auf vielen Gebieten bewundernswerten Erkenntnissen der exakten modernen quantitativen Medizin und dem jahrtausendealten Erfahrungswissen der Ganzheitsmedizin?"

(Dr. med. Josef Issels: „Mein Kampf gegen den Krebs")

Krebs ist die Fähigkeit zu einer Tumorbildung.

Ein gefährliches Geschwulst ist nicht einfach plötzlich da, sondern wächst mitunter über einen beachtlich langen Zeitraum. Dr. Issels:

„Im übrigen ist unumstößlich bewiesen, daß ein Tumor von der Größe eines Kubikmillimeters bereits aus mindestens 1.000.000 Zellen besteht, da die Krebszelle nicht größer als die normale Zelle mit einem Durchmesser von einem hunderstel Millimeter ist. Aber ein kubikmillimeterkleiner Tumor ist selbstverständlich noch durch keine diagnostische Methode zu entdecken. Im Röntgenbild kann der erfahrene Arzt frühestens einen etwa erbs- bis haselnußgroßen Tumor erkennnen, der aber enthält bereits einige hundert Millionen Krebszellen. Sein Alter errechnet sich aus der von dem Amerikaner Collins eingeführten Berechnungsmethode der sogenannten Tumorverdoppelungszeiten. Sie bezeichnen den Zeitraum, während dessen sich das Volumen eines Tumors verdoppelt. Am Beispiel des Lungenkrebses bedeutet dies bei langsamer Zellteilung jeweils etwa 220 Tage, bei rascher Zellteilung etwa 120 Tage. Nach 20 Tumorverdoppelungszeiten ist eine Größe von einem Millimeter Durchmesser erreicht, nach weiteren zehn Verdoppelungszeiten der Durchmesser von einem Zentimeter. Nehmen wir einen Durchschnitt von rund 180 Tagen - ein halbes Jahr - so benötigt der Tumor für sein Wachstum von der ersten Krebszellteilung bis zum Erreichen der diagnostizierbaren Erbsgröße von einem halben Zentimeter etwa 25 Verdoppelungszeiten. Das sind zwölfeinhalb Jahre! Dieses Beispiel berücksichtigt nicht, daß es erfahrungsgemäß auch sogenannte Wachstumsschübe gibt, die zu einer raschen Vergrößerung von Tumoren führen können. Es soll lediglich verdeutlichen, daß mit der >früh<diagnostischen Auffindung eines Kleinsttumors stets nur die Spitze des >Eisbergs< Krebskrankheit, die schon lange vor der Entdeckung dieser >Spitze< besteht, zu erkennen ist."

(Dr. med. Josef Issels: „Mein Kampf gegen den Krebs")

Die innere Einstellung des Patienten ist während eines möglichen Heilungsprozesses ausschlaggebend, damit der Mechanismus unter dem Motto „Das Wissen ist groß. Dir geschehe, wie Du willst“ in Bewegung gesetzt werden kann.

Es gibt keine unheilbaren Krankheiten, nur unheilbare Patienten (nach dem englischen Heiler Harry Edwards).

„Die H o f f n u n g auf Heilung, die jeden Patienten bewegen muß, um aktiv am Behandlungsprozeß teilnehmen zu können, entsteht fast automatisch bei jeder günstigen Reaktion auf die langwierige, komplizierte Therapie. Sie ist überhaupt die Voraussetzung zu einem, sei es auch nur partiellen, Behandlungserfolg. Diese Hoffnung beim Patienten erst einmal aufzubauen und dann lebendig zu erhalten gehört meines Erachtens zu den wichtigsten Pflichten und Rechten des Arztes, zumal bei Schwerstkranken. Diese Patienten der Hoffnung zu berauben, sie resignierend unbehandelt dahindämmern zu lassen, ohne den Versuch einer Besserung zu unternehmen, kommt einem Todesurteil gleich, das auszusprechen ich mir niemals anmaßen möchte.“
(Dr. med. Josef Issels: „Mein Kampf gegen den Krebs“)

Krebs ist aus der Sicht des geistigen Bereiches eine schwere elektromagnetische- und aus der Sicht des materiellen Bereiches eine schwere immunologische Störung des dualen menschlichen Körpers.

Bei einer Erkrankung sind die grob- und feinstofflichen Bereiche einschließlich der astralen Ebenen betroffen, nicht aber die Mental-Ebene, in der das Phänomen Krankheit nicht vorkommt. Die Göttliche Sphäre der Ursachen und Ideen ist in ihrer zeit- und raumlosen Vollkommenheit durch keinerlei Störung von außen beeinträchtigt. Dennoch ist ‘Heilung’ oder ‘Gesundheit’ natürlich ganzheitlich (‘Körper, Seele, Geist’) aufzufassen, da die Mental-Ebene die dualen Ebenen zusammenhält und durchflutet.

Der auslösende Faktor für die Entstehung eines Krebstumors und dessen Metastasen ist ein schwer zu schließendes, feinstoffliches Loch in der menschlichen Aura. Als Folge davon stören die aus der Formgebung geratenen Zellen das körpereigene Immun- oder Abwehrsystem so sehr, daß dieses seine Aufgabe nicht mehr ohne fremde Hilfe, also durch Maßnahmen zur ganzheitlichen Heilung, erfüllen kann.

Das Immunsystem bezeichnet die Gesamtheit der Organe (zum Beispiel Lymphknoten) und Zellen, die die Abwehr von Fremdstoffen bewirken. Dabei kommt es zur Bildung sogenannter Antikörper: Das sind vom organismuseigenen Immunsystem produzierte Eiweißkörper oder Immunglobuline, welche organismusfremde Eiweißkörper oder Antigene beseitigen und die Immunität (Unempfindlichkeit, zu lat. immunitas = Freisein) des physischen Körpers sichern. Auch die weißen Blutkörperchen (Leukozyten) sind an dieser Aufgabe beteiligt. (Ein zu hoher Anteil von Leukozyten im menschlichen Blut kann ein Hinweis auf eine Infektion oder ein gefährliches Geschwulst sein; bei einer unkontrollierten Vermehrung von Leukozyten spricht man von Blutkrebs oder Leukämie.) Es wird zwischen einer angeborenen und einer erworbenen Immunität unterschieden.

Erst durch eine ***starke Schwächung*** beziehungsweise durch den ***Zusammenbruch des Immunsystems*** kann sich ein gefährlicher Krebstumor manifestieren. In einem ***gesunden*** Organismus ist die Entstehung und das Vorhandensein einiger 'Krebszellen' nichts besonderes. Die stets wache 'Immun-Polizei' des ***gesunden*** physischen Körpers kann einzelne Krebszellen aufgrund der Abnormalität sofort erkennen, 'verhaften' und unschädlich machen. In einem gesunden Körper mit einem gestärkten Abwehrsystem hat die Entstehung von Krebs keine Chance! Man kann formulieren, daß ein wieder alleinfunktionierendes Abwehrsystem dazu beiträgt, das Loch in der Aura zu schließen. Eine für die Krebsheilung entscheidende ***Immuntherapie*** auf ganzheitlicher Basis, betreffend der Bekämpfung des Tumors ***und*** der den Tumor hervorbringenden Krankheit, findet in Verbindung mit den lokal wirksamen Maßnahmen der Schulmedizin immer noch zu wenig Beachtung, ob nun vor, während oder nach einer 'klassischen' Therapie! ***Darin*** liegt unter anderem das Problem!

Besonders wichtig ist es, die mögliche Entstehung beziehungsweise unkontrollierte Weiter-Entwicklung einer Krebserkrankung gar nicht erst zu einer Manifestation werden zu lassen. Es sind also ***vorbeugende*** Maßnahmen gefragt, das ***Immunsystem*** ständig in einem gestärkten Zustand der unangreifbaren Stabilität zu halten; als einen 'Fels in der Brandung'! Man kann die 'Betreibung' des menschlichen Immunsystems bildlich mit der Betreibung einer Dampflokomotive vergleichen: Nur eine ständige und regelmäßige Zufuhr einer bestimmten Menge energieliefernder Stoffe gewährleistet einen störungslosen Betriebsablauf. Die Chakren müssen in Harmonie zueinander 'schwingen'. Das Motto lautet: Gib' Krebs keine Chance!

Die Schulmedizin hat den Begriff 'Immuntherapie' mittlerweile vorsichtig für sich entdeckt.

Ein entscheidender Beitrag zur Unterstützung eines gut funktionierenden Immunsystems ist statt in irgendwelchen Medikamenten oder künstlich hergestellten Wirkstoffen natürlich in der ***Ernährung*** zu finden, und zwar unter der Voraussetzung eines ***gesunden*** (dualen beziehungsweise trinitären) Körpers. Die ***Basis für die Krebsvorbeugung*** findet man selbstverständlich in den naturgegebenen Wirkstoffen (Vitamine undsoweiter), die eine ***vegetarische*** Ernährung in sich vereint.

Ist die Krebskrankheit bereits ausgebrochen, kann man aber ***nicht*** davon sprechen, daß eine vegetarische Kost den Krebs beseitigt, man kann aber davon sprechen, daß eine vegetarische Kost den Krebs positiv beeinflußt. Eine entsprechende Langzeitbeobachtung konnte ich in meinem Freundeskreis machen. Eine liebe Freundin, die an Krebs erkrankt ist, bekam als erste Mahlzeit nach der schweren Operation am Krankenbett ein halbes Grillhähnchen vorgesetzt! Soviel 'wissen' unsere Ärzte davon, daß man Nahrungsmittel während einer Krankheitsbehandlung als unterstützende Heilmittel einsetzen sollte... Nicht die Ärzte sind das Problem, sondern der einseitige und begrenzte Weg der völlig überholungsbedürftigen, medizinischen Ausbildung gegen die Natur!

Betrachten wir den Bereich ***Krebs und Ernährung*** aus der Sicht des menschlichen Verdauungssystems - mit dem Hintergrund der Erkenntnisse Ananda Mitras in Kapitel 14. Dr. Issels:

„Bereits die alten Ärzte wußten: >Der Tod sitzt im Darm.< Die bei Krebskranken meist ausgeprägte Mesotrophie und in diesem Zusammenhang die Dysbakterie müssen, nach Rusch und anderen Forschern, therapeutisch zu beseitigen gesucht werden, um daran mitzuwirken, den lebenswichtigen Vitalstoffhaushalt des Organismus zu normalisieren. Grundvoraussetzung hierfür ist, die obligate Bakterienbesiedlung des Dünndarms mit milchsäurebildenden Keimen, sowie die dichte >Tapete< der Dickdarminnenwand mit Kolibakterien wieder so zu regenerieren, daß die gesundete Darmflora ihre vielseitigen Aufgaben erfüllen kann. Vom lokali-

stisch orientierten Arzt wird dieser kausale Zusammenhang einer gestörten Darmflora und der Erkrankung des Gesamtorganismus nicht einmal zur Kenntnis genommen. [...]

Ganz allgemein aktiviert die gesunde Koliflora die Sauerstoffatmung der Zellen, wirkt also den krankhaften Gärungsvorgängen in der Krebszelle entgegen. Ist die Darmflora geschädigt, wird je nach dem Grad der Schädigung eine innere Selbstvergiftung aus dem Darm durch Fäulnisgifte nicht mehr verhindert. Wenn auch die Entgiftungsleistung der Leber nicht mehr ausreicht, können die Darmgifte in die Blutbahn geraten - mit allen schädigenden Folgen. Kollath hat mit seinen Forschungsergebnissen aufgezeigt, daß es keinen Krebs ohne Dysbakterie gibt, daß andererseits eine gesunde Darmflora durch Sicherung der Vitamin- und Mineralversorgung sowie der Zellatmungs-, Abwehr- und Entgiftungsvorgänge einer Krebsgefährdung aktiv begegnen kann, wie auch H. P. Rusch, H. Kolb und E. Santo wissenschaftlich klar erwiesen haben."

(Dr. med. Josef Issels: „Mein Kampf gegen den Krebs")

In einem ***gesunden*** Organismus wird das Immunsystem durch eine vegetarische Kost gestärkt und ein gestärktes Immunsystem verhindert die Ausbreitung der Krankheit Krebs. Mit anderen Worten: **Vegetarismus ist Essen gegen Krebs.**

Die Beschaffenheit des menschlichen Verdauungssystems ist schon aufgrund seiner Länge von etwa neun Metern Darm (gewundene und kurvenreiche sechs Meter Dünndarm plus zwei bis drei Meter Dickdarm) für eine möglichst schnelle Verarbeitung fleischlicher Kost ungeeignet. Gefährliche Gifte, faulige Schlacken und 'versteckte' Verstopfungen entstehen erst durch die widernatürliche Verdauung von ***Fleisch***. Krankheitserreger, die normalerweise bei einem Toilettengang aus dem Darm herausgespült und ebenso spülend 'entsorgt' werden, können sich in eine nicht gesunde Darmflora einnisten und gelangen von dort aus in alle Regionen des Organismus. Das System der Vier Elemente wird gestört und kann so aus dem harmonischen Gleichgewicht geraten.

Wenn wir für unsere Ernährung ***pflanzliche Kost*** bevorzugen, kann dieses nicht geschehen.

Der in diesem Buch schon oft zitierte Dr. Gemassmer unternimmt den Versuch, das Problem 'Krebs' anhand von Prana ('Urstrahlung') und des pH-Wertes zu erklären. Wie wir bereits wissen, ist der physische Körper in gesundem Zustand leicht alkalisch und hat einen pH-Wert von 7,4, welcher durch die Auswahl der zugeführten Nahrung beeinflußt werden kann: Fleisch, Fisch, Eier, Zwiebeln, Pilze und alle fetten, gebratenen Speisen führen den Organismus in einen sauren Zustand, also in eine für die Entstehung von Krankheiten günstige Situation (Ananda Mitra). Krebs bildet dabei selbstverständlich keine Ausnahme, im Gegenteil: Es ist festzuhalten, daß ein übermäßiger Verzehr saurer Lebensmittel vielleicht sogar einer der Hauptgründe in der Entstehung dieser tückischen Krankheit ist! Es geht um den ***pH-Wert***:

„In der Entelchie des Körpers, - jene geheimnisvolle Wesenheit, die alle Zellen zwingt, im Sinne des Ganzen zu funktionieren, - teils durch das Alter, teils durch mangelhafte harmonische Durchatmung der Zellseelen mit Prana, schwach geworden, kann sie die Zellen nicht mehr in ihren Bann halten, und somit fallen einzelne Zellen aus ihrer Ordnung heraus. Diese Zellen, die aus ihrer Entelchie herausfielen, sind Krebszellen. Sie sondern Stoffwechselprodukte ab, die für die normalen Zellen giftig sind.. Vermutlich haben diese Stoffe ein verändertes Ph = eine veränderte Säurespannung. Das Leben der Zelle ist an eine bestimmte Säurespannung gebunden. Überschreitet die Säurespannung ihre Ph-Grenzen, dann stirbt das Gewebe ab. Der Körper mit der gesunden Blutzirkulation transportiert Stoffwechselgifte an und macht sie dadurch unschädllich. Im Körper mit der schlechten Blutzirkulation erfolgt dieser Abtransport gering, und die Stoffwechselgifte können an anderen Zellen ihre Wirkung tun. Jede Zelle kann nur in ihrem arteigenen Ph leben, das heißt, die gesunde Zelle stirbt im Ph der Krebszelle, und die Krebszelle stirbt im Ph der gesunden Zelle. Im Organ mit der schlechten Blutzirkulation lähmt die Krebszelle mit ihren Giften die gesunden Zellen und wächst in sie hinein. Im Organ mit der gesunden Blutzirkulation kommt es zu einem Kampf zwischen dem Körper, der die Giftstoffe entfernen will und der Krebszelle. Wenn die Massenkonzentration der Krebszellen zu groß geworden ist (Tumor), dann ist dieser Kampf aussichtslos, deshalb muß diese Massenkonzentration vorher durch Operation oder Bestrahlung entfernt werden. Ist dieses geschehen, dann handelt es sich nur noch um metastatisch verstreute Zellen. Vorausgesetzt, daß es sich nicht um zu große verstreute metastatische Zellhaufen handelt, können sie bei einem Umschwung der psychischen Konstitution im Sinne der Gesundung aufgelöst werden. Versuche, den Krebs nicht nur als orga-

nische Krankheit, sondern auch als eine allgemeine Krankheit zu behandeln, sind daher durchaus richtig, jedoch sollten sie nur Methoden sein, welche die Operation oder Bestrahlung ergänzen.“

(Dr. med. Josef Gemassmer: „Geistige Heilweisen“)

Ein geeignetes Nest, um Krebs auszubrüten, ist ein übersäuerter Organismus. Es hat sich gezeigt, daß gerade die Betonung auf fleischliche Kost eine Übersäuerung bewirkt. Hinzu kommt, daß Fleisch als Fehlnahrung für die menschliche Verdauung in der Regel mit Konservierungs- und Farbstoffen behandelt ist. Viele Krebspatienten entwickeln ein Ekelgefühl gegen fette Fleischnahrung.

Der erkrankte Organismus sendet eine Botschaft; sie lautet: „SOS! Ich brauche eine andere Schwingung! Ich brauche eine andere Nahrung!“

Der amerikanische Therapeut und Seher ***Edgar Cayce*** (1877-1945), genannt „der schlafende Prophet“, der in Trance Krankheiten diagnostizieren und heilen konnte, hat viele schriftliche Aufzeichnungen, sogenannte ‘Readings’ hinterlassen, auch zum Thema Krebs:

„Lange vor der modernen Auffassung von Krebs beschrieb er den Unterschied zwischen gutartigen und bösartigen Gewächsen. ‘Ein Geschwür ist eher wucherndes oder infektiöses Fleisch, während Krebs von der Zellkraft lebt, durch eigenes Wachstum’. Das gefürchtete Sarkom, erklärte er, werde ‘durch internes Aufbrechen des Gewebes verursacht, das wegen mangelnder Lebenskraft des Organismus nicht ausreichend mit Leukozyten (keimtötenden weißen Blutkörperchen) bedeckt ist’. Es sei zwar nicht unbedingt erblich, aber die Anlage dazu werde vererbt, deshalb sollten direkte Nachkommen ihr Blutplasma kräftigen. [...]

Viele fanden Cayces Bemerkungen zur Röntgentherapie höchst interessant. Er hielt Ultraviolettstrahlen durch einen grünen Glasfilter für besser, denn ‘Grün ist die heilende Schwingung’ und sogar wirksamer als der durchdringende Röntgenstrahl. Dieser ‘zerstört Gewebe, ist aber nicht in der Lage, das Zerstörte zu entfernen, und neigt deshalb dazu, nach gewissen Bestrahlungen selbst schädlich zu werden’. Mit anderen Worten, auch das zerstörte Gewebe wurde schädliches ‘verbrauchtes Gewebe’. [...]

Mit Schwingungen waren im allgemeinen elektrische Schwingungen gemeint; sie widerspiegelten die Gesundheit und Lebenskraft des Menschen. Wieder war Cayce hier seiner Zeit um Jahrzehnte voraus, denn die gelehrten Professoren entdeckten erst vor kurzem, daß der menschliche Körper ein einziges großes Magnetfeld ist. 'Das Leben in seiner Äußerung im menschlichen Körper', sagte Cayce, 'ist elektrischer Natur. Die Schwingungen von niederen elektrischen Kräften, weniger die hohen Schwingungen (die in dem behandelten Fall Gewebe zerstörten) haben lebensfördernde Wirkung.'"

(Jess Stearn: „Der schlafende Prophet - Prophezeiungen in Trance 1911 bis 1998")

Und damit sind wir wieder bei den Überlegungen von Prof. Lasch, Krebszellen mittels 'niederer' elektrischer Kräfte zu begegnen: Eine durch schwachen Strom vorgenommene ***Umpolung*** der Zellen könnte vielleicht bewirken, die weitere Verbreitung von Krebs zu verhindern.

Die Empfehlung von Cayce als Vorbeugungsmittel gegen Krebs ist ebenfalls ein bevorzugter Verzehr von Obst und Gemüse, Wassermelonen für die Tätigkeit von Leber und Nieren, Beten und Möhren - zusammen mit Wegerichtee - für die Reinigung des Blutes (vgl. Stearn „Der schlafende Prophet", S. 177). Cayces ganz besondere Empfehlung aber ist die Vitamin-B-reiche ***Mandel***:

„Vorbeugen ist natürlich besser als heilen. Cayce erwähnte die Mandel häufig als Vorbeugungsmittel. 'Aus bestimmten Nüssen - wie der Mandel - ist eine Vitaminart zu erhalten, die als Vorbeugungsmittel nützlich wäre.' An anderer Stelle drückte er sich deutlicher aus: 'Und wenn Sie jeden Tag eine Mandel nehmen und dies beibehalten, werden Sie nie Tumore oder ähnliche Leiden haben.' [...]

Immer wieder kam Cayce auf Mandeln zu sprechen. Jemand fragte ihn, ob er die Einreibungen mit Erdnußöl wiederaufnehmen sollte. Darauf antwortete Cayce: 'Nichts besser als das. Sie liefern dem Körper Energie. Und genau wie ein Mensch, der täglich zwei oder drei Mandeln ißt, nie Krebs zu fürchten braucht, brauchen jene, die jede Woche eine Erdnußöl-Einreibung machen, nie Arthritis zu fürchten.'"

(Jess Stearn: „Der schlafende Prophet - Prophezeiungen in Trance 1911 bis 1998")

Krebs ist nicht irgendeine Krankheit, sondern als medizinische Herausforderung ***die*** Krankheit schlechthin - und allein schon dieses Kapitel hat gezeigt, daß die Ansätze zu einer möglichen Heilung seit Jahrzehnten existieren und mit Erfolg praktiziert worden sind. Die Milliardenbeträge der internationalen Krebsforschung, so scheint es, helfen im wesentlichen den Beteiligten an der Forschung weiter, nicht aber die zu erforschende Krankheit. Es geht nicht um kleinkarierte Schuldzuweisungen, ***wer*** Recht hat, und wer nicht, es geht auch nicht um das Beharren unreflektierter Standpunkte, es geht um erkrankte Mit-Menschen, die effektive Hilfe benötigen! Auch hier gibt es niemals nur einen Weg zur Wahrheit:

Wer heilt, hat recht, und was heilt, ist richtig.

Zusammenfassung:

Jeder individuelle ***Krebs*** ist - unterstützt durch alkalische beziehungsweise vegetarische Lebensmittel - individuell, auf ganzheitlicher ***und*** schulmedizinischer Basis als chronische Allgemeinerkrankung ***heilbar***.

Die Zukunft der Medizin muß zum Ziel haben, diesen Satz (auch feinstofflich schwingend) zu verfeinern.

NATURA SANAT. So sei es.

16. KUNDALINI

Zurück zur Bewußtseinserweiterung der in ihrer Intensität unterschiedlich schwingenden, ***gesunden*** Körper. Es gibt eine bisher in die Betrachtung nicht einbezogene Kraft, die ebenso wie bei Krebs unter bestimmten Einflüssen ohne ***zu wissen*** außer Kontrolle geraten kann. Dabei handelt es sich nicht um äußere Einflüsse, sondern - und auch das kann bei Krebs in Form von zu starken Emotionen der Auslöser sein - um innere Einflüsse feinstofflicher Art. Auch wenn es vergleichsweise nur wenigen Menschen gelingt, diese Kraft zu ihrem Nutzen zu entfachen, soll sie als ein ***Beispiel***, als ein weiterer, möglicher Weg zur Wahrheit, beschrieben werden. Sie kann zu Krankheit und Tod führen - ***oder*** sich in das Gegenteil der geistigen 'Erleuchtung' umkehren! Ich hoffe also, Sie sind offen für eine im Kulturkreis des Abendlandes wenig behandelte ***Geisteskraft***, die wie folgt definiert ist:

Zwischen den verschiedenen ***Chakren*** findet ein ständiger Stromaustausch statt, der auch als ***Kundalini*** (ind. Sanskrit = „Schlangenkraft") benannt wird, und der bei einem normalen Menschen relativ gering ist. Bei Störungen der normalen, naturgegebenen Kundalini-Kraft können sich bekanntlich Krankheiten manifestieren, da eine mehr oder weniger schwere Disharmonie vorliegt. Das ist das völlig ausreichende Basiswissen zu diesem Bereich.

Das ursprüngliche Symbol für Kundalini, den 'Hermes-Stab' (benannt nach dem griechischen 'Götterboten', röm. „Merkur") findet man heute noch - leicht abgewandelt - als Symbol in der Medizin.

„Er zeigt zwei Schlangen, die sich kreuzend um einen Stab winden. Dieses Symbol gehört zur Chakra-Lehre. Die Kreuzungspunkte, in denen sich die Ströme treffen, sind das Wurzel- und das Hals-Chakra. Beide sind ja Doppel-Chakra. In ihnen findet die Umpolung der beiden verschiedenartigen Schwingungen statt."
(Gregor A. Gregorius: „Die magische Erweckung der Chakra im Ätherkörper des Menschen")

Das heutige Symbol zeigt meist nur noch ***eine*** Schlange; ein Symbol für die Leugnung der Dualität, für die Betonung der einen, materiellen Seite? Ist das die „Vertreibung aus dem Paradies“? Die menschliche Nicht-Erkenntnis der eigenen Göttlichkeit des „ICH BIN“ in all seiner Verantwortung? Gibt der ‘Hermes-Stab’ zusätzlich einen Hinweis auf die Äquinoktialpunkte unseres Planeten (Mikrokosmos/Makrokosmos)?

Ich persönlich möchte diese Kundalini-Erfahrungen übrigens nicht machen, denn mein Gefühl sagt mir, daß es - für mich - einfachere Wege zur Wahrheit gibt. Aber es gibt genauso Menschen, für die das nicht zutrifft; ihnen gilt mein Respekt.

Besonders die alten indischen Gelehrten oder Yogis haben es verstanden, das enorme Kraftpotential der Schlangenkraft nach intensiver, geistiger Vorbereitung zu aktivieren. In ihrer bildlichen Vorstellung ruht die Kundalini-Kraft als ‘schlafende, zusammengerollte Schlange’ an der Basis der Wirbelsäule eines jeden Menschen. Die Schlange verschließt mit ihrem ‘Mund’ die Öffnung, die zum Rückenmark-Kanal führt. Wird die Schlange zum Beispiel durch meditative Geistesbeherrschung oder ***Yoga*** geweckt, schnellt sie hoch durch die Dorsalflüssigkeit (lat. dorsum = Rücken) des Rückenmark-Kanals direkt in das Gehirn beziehungsweise zum Scheitelchakra. Das Ergebnis ist eine plötzliche ‘Erleuchtung’, die ohne Vorbereitung äußerst gefährlich sein kann, was mitunter extreme geistige Verwirrung (Wahnsinn) oder ein Zerreißen der ‘Silberschnur’ und somit den vorzeitigen ‘Tod’ nicht ausschließt; es erfordert zusätzlich ein starkes Nervensystem. (Unter dem altindischen Begriff ‘Yoga’ versteht man die Technik einer körperliche Übung auf der Basis geistiger Konzentration. Es gibt verschiedene Arten von Yoga.)

Wenn Sie sich näher mit dem Thema beschäftigen möchten, empfehle ich Ihnen unbedingt das Werk „Kundalini – Erweckung der geistigen Kraft im Menschen“ von Gopi Krishna, Otto Wilhelm Barth Verlag, ISBN 3-502-62364-3).

Bei der Beschäftigung mit geistigen Dingen kann eine etwas naive Unbedarftheit gefährliche und nicht mehr kontrollierbare Folgen haben. Entscheidend ist immer eine ***Vorbereitung***, ein geistiges ‘warm-up’! Man muß zuerst das ***Wissen*** um eine bestimmte Sache erkannt und verinnerlicht haben, um als nächste Stufe die Praxis in Angriff nehmen zu können. Der

Vergleich mit einem Leistungssportler kann herangezogen werden: Der eigentliche Moment zu Beginn eines wichtigen Wettkampfes, zum Beispiel in der Leichtathletik oder beim Schwimmen, begründet sich auf eine intensive, monatelange und tägliche Vorbereitung, um das gewünschte Ziel (hier nun wortwörtlich) zu erreichen. Erst auf dieser Grundlage ist Erfolg möglich. (Die Sportler wissen ziemlich genau, was sie erwartet.)

Genauso verhält es sich mit der Vorbereitung auf ein Neues Zeitalter.

Sei Du selbst und wisse; und lasse Taten folgen.

Das Wahre, Gute, Schöne läßt sich durch universale Gesetzmäßigkeiten 'einfangen' und ist im Begreifen oder im Verständnis niemals kompliziert:

Das Wesen und die Schönheit des Göttlichen und der Genialität liegt in der EINFACHHEIT.

Der mühsame, gefahrvolle und äußerst schwer zu gehende Weg des Kundalini soll hier nur den Rahmen der durchführbaren Möglichkeiten erweitern. Das Wesen des Göttlichen liegt zum Beispiel in der Einfachheit der Universalgesetze. Das ist schon die ***ganze*** Grundlage! Die größte Kraft liegt in den ***positiven Emotionen***.

Der Schöpfung größter Schöpfung ist das ***Leben*** und verbunden damit die ***Freiheit***, die Freiheit zu ***Lachen*** und zu ***Lieben***. Es ist ganz einfach. Darum geht es.

Auch in den nächsten Kapiteln:

17. ÜBER DAS LACHEN

„Das Lachen befreit den Bauern von seiner Angst vor dem Teufel, denn auf dem Fest der Narren erscheint auch der Teufel als närrisch und dumm, mithin kontrollierbar. Doch dieses Buch könnte lehren, daß die Befreiung von der Angst vor dem Teufel eine Wissenschaft ist! Der lachende Bauer, dem der Wein durch die Gurgel fließt, fühlt sich als Herr, denn er hat die Herrschaftsverhältnisse umgestürzt. [...]

Das Lachen vertreibt dem Bauern für ein paar Momente die Angst. Doch das Gesetz verschafft sich Geltung mit Hilfe der Angst, deren wahrer Name Gottesfurcht ist. Und aus diesem Buch könnte leicht der luziferische Funke aufspringen, der die ganze Welt in einen neuen Brand stecken würde, und dann würde das Lachen zu einer neuen Kunst, die selbst dem Prometheus noch unbekannt war: zur Kunst der Vernichtung von Angst! Der lachende Bauer fürchtet sich nicht vor dem Tod, solange er lacht, doch sobald die Ausschweifung vorüber ist, auferlegt ihm die Liturgie wieder nach dem göttlichen Plan die Angst vor dem Tod. Aus diesem Buch aber könnte das neue und destruktive Trachten nach Überwindung des Todes durch Befreiung von Angst entstehen. [...]

Wenn das Lachen die Kurzweil des niederen Volkes ist, so muß die Freiheit des niederen Volkes in engen Grenzen gehalten, muß erniedrigt und eingeschüchtert werden durch Ernst."

(Umberto Eco: „Der Name der Rose", Jorge von Burgos zu William von Baskerville über das - im Roman fiktive - angeblich verschollene Buch der zweiten Poetik, „Über die Komödie", von Aristoteles)

Ecos Romanfigur „Jorge von Burgos" bringt in seinen Ausführungen die Sache auf den Punkt: Nur durch die Aufrechterhaltung der ***Angst*** vor dem 'Tod', dem 'Teufel' oder der 'Hölle' und durch Gottesfurcht sind Menschen kontrollierbar. Doch Vorsicht! Mit dem ***Lachen*** ist die Macht dahin: **Lachen ist die Kunst der Vernichtung der Angst.** Niemanden wundert es daher, daß es in christlichen Gottesdiensten immer so ernst zugeht; richtiges lautes Lachen ist nicht erwünscht, da es sich gegen die kirchliche Moral richtet! So etwas gehört sich in einer Kirche einfach nicht! Hallelujah! Gibt es diese Moral denn überhaupt?

Lachen stellt in diesem Fall Autorität in Frage - und das ist schlecht für die Autorität. (Komische Parodien oder Karikaturen zeigen Schwächen,

Tragik und oft die nicht berechtigte Existenz einer Autorität.) Die Kirche hängt so sehr an ihren alten Gewohnheiten und Traditionen, daß sie sich in ihrer jetzigen (!) Form längst überlebt hat. ***Das*** ist eigentlich unter Betrachtung des Auftrages, den die Kirche hat und nicht erfüllen kann, so tragisch, daß es schon fast komisch ist. Das Christentum in der uns vorliegenden Verstümmelung wird immer mehr eine Parodie seiner selbst. Allein die starren Formen des 'Gottesdienstes' und der Ablauf einer 'Predigt' leugnen jegliche Freude am Leben. Ist Gott, der Schöpfer des Lebens, dem Menschen gegenüber distanziert? Sagt Gott auswendig gelernte Phrasen auf? Singt Gott feierlich-ernste, melancholische oder düstere Lieder? Sehen Sie: Wir ***wissen*** sofort die Antworten; die 'Vertreter Gottes' scheinbar nicht.

Die 'Spirituals' und 'Gospels' der Schwarzen sind hingegen ein 'Lichtblick' in der - vorwiegend amerikanischen - Kirche, 'Streicheleinheiten für die Seele'. Man darf nicht vergessen, daß diese mitreißende 'Urmusik der Lebensfreude und Hingabe' in einer Zeit der menschenverachtenden Unterdrückung und Sklaverei entstanden ist.

Und staunet, es steht geschrieben:
„Ein fröhliches Herz tut dem Leibe wohl; aber ein betrübtes Gemüt läßt das Gebein verdorren."
(Die Bibel, Sprüche 16, 22)

Die buddhistische Lebensweise ist in ihrer Hierarchie der Mönche und in ihrem strengen Tagesablauf eine Lehre mit ebenfalls starren Traditionen und Gewohnheiten. Der Autor Timothy Ward beschreibt in seinem Buch „Wovon Buddha nichts erzählte" die eigenen Erlebnisse als 'Novize auf Probe' in dem thailändischen Dschungel-Kloster „Pah Nanachat" und kommt am Schluß zu folgendem Ergebnis:
„Und plötzlich ist der Regen voller Lachen. Nachdem ich so lange nach einer Lehre gesucht habe - in den Büchern, in der Meditation, in den Augen des Ajahn [Anm.: Lehrer, Guru] - *muß ich lachen, daß ich, und sei es auch nur einen Augenblick lang, spüre, wovon Buddha nichts erzählt hat."*
(Timothy Ward: „Wovon Buddha nichts erzählte")

Das Lachen, in seiner herzhaftesten Form, kommt einer höheren, dem 'Göttlichen sich annähernde Schwingung' gleich. Lachen hat eine wohltuende, befreiende und ausschließlich ***positive*** Wirkung auf 'Körper, Seele und Geist' und ist zudem ein rein hominides Phänomen: ***Nur*** Angehörige der Menschenform haben die Fähigkeit zum Lachen! Es ist wieder ein Phänomen, das ***alle*** Menschen - egal welcher Rasse, Nationalität, Religion oder politischer Anschauung - ***verbindet*** ; es sollte daher wesentlich mehr gepflegt werden! Besonders dann, wenn die eigene Person zur 'komischen Zielscheibe' wird. Wer sich zu ernst und zu wichtig nimmt, also nicht über sich selbst lachen kann, verpaßt im Leben eine der schönsten Freuden, denn ein Belächeln anderer ist kein wirkliches Lachen; vielmehr Arroganz und Unsicherheit.

Dinge, über die man ***sehr*** gelacht hat, vergißt man so schnell nicht: Sie bleiben in der Erinnerung wach! Angestaute - oder sich anstauende - negative Energien beziehungsweise Schwingungen kann man im wahrsten Sinn des Wortes weglachen, auflösen oder angleichen: Lachen hat eine heilende Wirkung in allen Ebenen! Man kann sich und seine Emotionen jederzeit in einen Zustand der wohligen Entspanntheit hineinlachen. **Lachen ist Medizin.** Jeden Tag passieren unglaublich komische Dinge um uns herum, völlig lächerliche, peinliche, alberne und tragisch-witzige Begebenheiten; man muß sie nur entdecken!

„Lachen hält jung", sagt der Volksmund. Das stimmt! Wenn man über gar nichts mehr lachen kann, ist man gestorben, bevor die eigene Beerdigung überhaupt stattgefunden hat.

All diese ernsten, versteinerten Gesichter in den Städten, in den Bussen und Bahnen, beim Einkaufen undsoweiter. Es ist zum Heulen! Ein lautes Lachen wird schon fast als Störung oder Abnormität empfunden, da es Probleme macht, es in den so ernsten und wichtigen Tagesablauf einzuordnen; schließlich ist man ja kein Kind mehr... Lachen ist die Kunst, erwachsen zu werden und ein Kind zu bleiben.

Andere Menschen zum Lachen zu bringen, gehört zu den höchsten Auszeichnungen, die man im Leben erreichen kann.

In der Existenzweise des Habens sollte man vorwiegend Lachanfälle anhäufen! Lachen wir uns göttlich!

Lachen ist ein Bestandteil von Freiheit. Das Lachen oder ein Lächeln kann einem keiner nehmen! Im Gegenteil: Man 'gibt' anderen etwas von sich, etwas Einzigartiges! Und wenn es wirklich ehrlich gemeint ist, denn so etwas merken sensibilisierte und für das Lachen aufgeschlossene Menschen sofort, wenn es also 'von Herzen' kommt, fällt es unweigerlich in Resonanz auf einen selbst zurück. Wenn es aber nicht ehrlich gemeint ist, wird der Schwindel (auch energetisch gesehen) schnell durchschaut. Außerdem wird ein nicht ehrliches oder ein nicht von Herzen kommendes Lachen (zum Beispiel nach der Pointe eines lausigen Witzes) relativ weit vorne im Mundraum gebildet. Kommt ein Lachen aber wahrhaft von Herzen, kommt es tief aus dem Inneren, bringt das vibrierende Zwerchfell fast zum Platzen und bricht schallend aus dem Körper heraus, der gänzlich daran beteiligt ist. Lachen ist ansteckend! Leute, die wenig Humor haben oder nicht über sich lachen können, fühlen sich dann meist persönlich angegriffen, was zum Leidwesen der Humorlosen die komische Situation noch steigert...

Lachen ist die einzige unterstützende Sucht, die sich unbeherrscht und unbegrenzt ausbreiten kann.

Selbst wenn nichts so bleibt, wie es ist, bleibt immer ein Lachen. Verlieren wir es nie.

18. ÜBER DIE LIEBE

Liebe ist die Essenz, von allem, was ist. Liebe ist die Urkraft der Schöpfung, das 'Vitamin C' des Universums. Liebe ist die wichtigste Zutat, aus der die Schöpfung den nie enden wollenden Kreislauf des Lebens erschafft, das ewige 'Öl' für den 'Motor des Seins'. Das Göttliche ist bedingungslose Liebe ohne Urteil, ohne Gut und Böse gegenüber jeder Erscheinungsform des Lebens. Nur wer Liebe empfängt, kann Liebe geben, Liebe zu jedem Lebewesen. Liebe ist durch Geben zu Sein; die Schöpfung ist uneingeschränktes Geben. Liebe ist tiefe Verbundenheit mit der Schöpfung, Verbundenheit, Verständnis und Vertrauen zu jedem Lebewesen, Verbundenheit mit der Natur. Liebe ist die höchste Ausdrucksform des Göttlichen. Ohne Liebe wäre jegliche Erkenntnis erkenntnislos. Liebe ist Erkenntnis. Liebe ist Vergebung. Liebe ist Lachen. Liebe ist Freiheit, Wahrheit, Schönheit. Liebe ist Licht. Zu Lieben heißt, Raum und Zeit zu überwinden. Ohne Liebe wäre der Sinn des Lebens sinnlos. Ohne Liebe wäre das Leben verloren. Ohne Liebe wäre der Mensch kein Mensch. Man kann darüber nichts und alles schreiben.

„Die Liebe ist der Endzweck der Weltgeschichte, das Amen des Universums."
(Novalis)

Sie können selbst einmal überlegen, was Ihnen zum Thema 'Liebe' noch so alles einfällt...

Schon anhand dieser kleinen Übung merken Sie, daß an dieser Stelle für die Begriffe 'Tod', 'Teufel', 'Hölle' und 'Sünde' gar kein Platz bleibt. Die Begriffe lassen sich zu 'das Göttliche', 'Schöpfung' oder 'Liebe' nicht in eine adäquate Beziehung setzen. Die Dualität heißt hier 'gut und schlecht', worüber man sich streiten kann und worüber jeder eine andere Meinung oder eine andere, für sich gültige Wahrheit hat; die Dualität heißt nicht 'gut und böse'. Gegensätze bestehen, indem sie sich bedingen, die eine Seite enthält ja jeweils auch ein Stück von der anderen Seite ('Yin und Yang'). Findet man im 'Bösen' gleichzeitig das 'Göttliche' oder die 'Liebe'? Wir sehen selbst, auf welch billige und leicht zu durchschauende Weise die Begriffe des 'Bösen' durch die Religionen als Erfindung in die Welt gesetzt worden sind. Wir sehen die Fassaden.

„Gott ist Liebe; und wer in der Liebe bleibt, der bleibt in Gott und Gott in ihm."

(Die Bibel, 1. Johannes 4, 16)

„Es gibt kaum einen traurigeren Anblick als eine junge Nonne - ausgenommen eine alte."

(Karlheinz Deschner: „Bissige Aphorismen")

Man muß nicht gleich die eigene Göttlichkeit sowie die naturgegebene Körperlichkeit leugnen und mit Jesus persönlich 'verlobt' sein, wenn man dessen Worte als ganz und gar richtige, wahrheitsfindende Orientierung ansieht: Eine barmherzige Folter als Angst vor der 'Sünde' und dem 'Bösen'. Wer sich begrenzt, kann nicht wirklich offen sein für Liebe. Religiöse 'Liebe' hat immer einen faden Beigeschmack von Missionierung, also einem Aufzwängen bestimmter Anschauungen. Un-Freiheit.

Das falsche Verständnis und die falsche Auslegung von 'Liebe' ist ein großes Problem in den Religionen. **Liebe Deinen Nächsten wie Dich selbst!** Heutzutage ist meist nur noch ein 'Liebe dich selbst!' davon übriggeblieben als Folge von Konsum-Zwang und Haben-Wollen. Dem entgegenzuwirken, müßte die gesellschaftliche Aufgabe der Kirche sein. Aber: Die Religionen geben zwar scheinheilig vor, „seinen Nächsten zu lieben", und sie geben gleichzeitig vor, ***wer*** dieser 'Nächste' genau ist beziehungsweise ***wie*** er zu sein hat. „Wir sind die Guten und die anderen sind die Bösen"; dieses haarsträubend lächerliche Schema scheint tatsächlich auszureichen, um jahrhundertelang Weltgeschichte zu machen!

Die Liebe zum Göttlichen, zur Schöpfung, zur Natur braucht keine begrenzenden Religionen. (Einzig die Illusion des 'Teufels' befindet sich außerhalb von Liebe.)

Liebe ist schon ***in uns***. Sie ist ganz einfach da. Man kann sie gar nicht verlieren, höchstens nicht beachten. In allem, was lebt, lebt ein Stückchen aus dem großen, universellen Herz der all-umfassenden Liebe zu allem, was ist.

Liebe IST. Ganz einfach.

19. ÜBER SEXUALITÄT / 'AIDS'

Woran die Gesellschaft der westlichen Kultur noch mehr erkrankt, ist das falsche Verständnis und Überbewertung von ***Sexualität*** (zu lat. sexus = Geschlecht). Die Begriffe 'Liebe' und 'Sex', ein Teil der Göttlichkeit und ein Teil der animalischen Triebe, werden gleichgesetzt: 'Liebe machen', wie es fälschlicherweise heißt. Das kann ein Ergebnis der jahrhundertelangen, ***christlichen, sexuellen Unterdrückung*** sein, welche in Resonanz zurückschlägt; eine Unterdrückung von physischer Körperlichkeit, eine „Selbstgeißelung des bösen, unreinen, sündigen Fleisches". Das Ergebnis sind krankhafte Neurosen, Komplexe und Perversionen, die irgendwann einmal zum Ausbruch kommen können, zum Beispiel in grausamster Form von Vergewaltigung hilfloser Kinder. Das 'Buch der Bücher':

„Denn manche sind von Geburt an zu ehelichem Umgang unfähig; andere sind von Menschen dazu unfähig gemacht worden; und wieder andere haben sich dazu unfähig gemacht um des Himmelreichs willen. Wer es fassen kann, der fasse es!"

(Die Bibel, Matt. 19, 12)

Das ist nun wirklich nicht zu fassen! Ein den (katholischen) Priestern als Verhaltensregel strikt vorgeschriebenes ***Zölibat*** (Ehelosigkeit) ist weder in den wahrscheinlich zensierten Ausführungen von Jesus noch im gesamten Neuen Testament zu finden. Das Gegenteil ist der Fall:

„Ein Bischof aber soll untadelig sein, Ehemann einer einzigen Frau [!], *nüchtern, maßvoll, würdig, gastfrei, ein guter Lehrer, kein Trinker, nicht gewalttätig, sondern gütig, nicht streitsüchtig, nicht geldgierig, einer, der seinem eigenen Haus gut vorsteht und seine Kinder in Gehorsam und Ehrbarkeit hält.* [...]

Ein Diakon soll Ehemann einer einzigen Frau [!] *sein und gut für seine Kinder und sein Haus sorgen."*

(Die Bibel, 1. Tim. 3, 2-4 und 12)

Ein 'kleines' Mißverständnis mit katastrophalen Folgen: **Christliche Selbstkastrationen im Namen Gottes!**

Die Tradition der christlichen Perversität (lat. perversitas = Verdrehung) ist eine allzugern „unter den Teppich gekehrte" Tatsache, von Kirchenvertretern höchstselbst überliefert.

Meine Buchempfehlung an dieser Stelle ist das akribisch recherchierte und wohl einzigartige Werk „Das Kreuz mit der Kirche - Eine Sexualgeschichte des Christentums“ von Karlheinz Deschner. (Vom selben Autor stammt unter anderem die mehrbändige „Kriminalgeschichte des Christentums“.) Kostprobe gefällig?

„Verachtung der Freude, des Glücks, Auflehnung gegen das Dasein, Widerwillen, Ekel, totales Abtöten - das ist das klassische Christentum, das Christentum der Erstklassigen, der Asketen, die ihr Leben als ein Leben der >Gekreuzigten< leben, ein >Angenageltsein an das Kreuz Christi<, ein >Sterben gegenüber allen Worten und Taten, die der Ordnung dieser Zeit angehören<. Jahrhundertelang war die Selbstqual ein Hauptmaßstab christlicher Vollkommenheit.“

„Und sogar Origines, der größte Theologe der ersten drei Jahrhunderte, der die Frauen Satanstöchter schimpfte, entmannte sich aus asketischen Gründen selbst - >ein herrliches Zeugnis seines Glaubens und seiner Enthaltsamkeit<, lobt Kirchengeschichtsschreiber Bischof Euseb.“

„Die heilige Maria Magdalena dei Pazzi (1566-1607), eine Karmeliterin aus Florenz, eine der >hervorragendsten Mystikerinnen ihres Ordens<, wälzte sich in Dornen, ließ sich heißes Wachs auf die Haut träufeln, beschimpfen, aufs Gesicht treten und peitschen, was sie offenbar am meisten entzückte, tat es die Priorin im Beisein aller. Dabei stöhnte sie: >Es ist genug, entfache nicht stärker diese Flamme, die mich verzehrt. Nicht diese Todesart ist es, die ich mir wünsche. Sie ist mit allzuviel Vergnügen und Seligkeit verbunden< - das >klassische Beispiel einer sexuell pervertierten, asketischen Flagellantin<. Die französische Salesianerin Marguerite Marie Alacoque (1647-1690) schnitt sich ein Jesusmonogramm in die Brust und brannte es, als es zu schnell heilte, mit einer Kerze wieder aus. Sie trank zeitweise nur Waschwasser, aß verschimmeltes Brot, faules Obst, wischte einmal mit ihrer Zunge den Auswurf eines Patienten auf und beschreibt uns in ihrer Selbstbiographie das Glück, das sie empfand, als sie ihren Mund mit den Fäkalien eines Mannes gefüllt hatte, der an Durchfall litt. Für derlei Kotfetischismus aber durfte sie nachts lange das Herz Jesu küssen, der sie eigenhändig dabei hielt. Papst Pius IX. (>Non Possumus<) sprach sie 1864 heilig! Herz-Jesu-Orden, Herz-Jesu-

Andacht und Herz-Jesu-Fest gehen auf die >Offenbarungen< dieser Nonne zurück.“

„In der Sixtinischen Kapelle aber - errichtet von Papst Sixtus IV., einem Sexualprotz sondergleichen, auch Erbauer eines Bordells - jubilierten jahrhundertelang Kastraten; bis gegen 1920! Nicht weniger als 32 >Heilige Väter< (beginnend mit Sixtus V., einem ehemaligen Mönch und Inquisitor, der als Papst auch die Todesstrafe für Inzest, Kuppelei, Abtreibung und Ehebruch befahl) ließen so rücksichtslos junge Menschen verstümmeln - >der letzte und unverhüllte, auch der schärfste Ausdruck eines klerikalen Kastrationswunsches gegen die mit Sexualneid betrachteten Laien<. Ausdruck aber auch der Abneigung gegen die Frau, deren Gesang man so in den Chören vermied.“

(Karlheinz Deschner: „Das Kreuz mit der Kirche - Eine Sexualgeschichte des Christentums“)

Undsoweiter, undsoweiter, undsoweiter. Mit ***dieser*** Tradition im Rükken kann man nicht allen Ernstes von einer Kanzel oder einem Balkon herunterpredigen, dem Zölibat und der Abstinenz - wenigstens nach außen hin - folgen, und die Sexualität als ‘göttliche Fehlmutation’ hinstellen, bei der man keine Lust oder Spaß empfinden darf, da es der (mechanischen?) Fortpflanzung dient. Päpstliche Phrasen wie „Seid fruchtbar und mehret euch“ sind gerade für die sowieso ausgebeuteten Länder Afrikas eine Verspottung der stetig wachsenden Bevölkerung. Nichts als Widersprüche: „Seid gottesfürchtig, keusch und versündigt euch nicht am bösen Fleisch, aber macht der Kirche möglichst ‘unbefleckt’ viele Kinder!“ (Kinder, die sie braucht, um an der Macht zu bleiben, Nachschublieferungen zur himmlischen Unterdrückung...)

Die christliche Fruchtbarkeit darf nicht mit Lust oder ‘Sünde’ in Berührung kommen, die christlichen Geschlechter müssen von Kindesbeinen an strikt getrennt werden (in Badeanstalten, Schwimmbädern undsoweiter), um einen ganz natürlichen Umgang mit dem jeweils anderen Geschlecht erst gar nicht entstehen zu lassen.

„Der Mensch existiert nun einmal nicht geschlechtslos. Und wie er Arme und Beine hat, um sie zu benutzen, so hat er auch Phallus und Vulga, nicht um sie hinter Feigenblättern verschrumpeln zu lassen. Wie er seinen

Nahrungstrieb stillt, seinen Abwechslungstrieb, so muß er auch seinen Sexualtrieb stillen. [...]

Denn die Kirche will keine Befriedigung - alles, was irgendwie mit Frieden kohäriert (ihre Geschichte beweist dies), mißfällt ihr. Sie treibt zur Attacke gegen den Trieb, den Hedonismus, des Kultus des Fleisches, sie zwingt zur Abstinenz, zur deformierenden Kasteiung, außerhalb der Ehe immer, und oft genug auch in ihr. [...]

Welche Verheerungen bewirkte allein das Onanieverbot! Welche Ängste, Skrupel löste es aus, welche Seelenerkrankungen und Verbrechen! >Ein Masturbationsverbot stellt sehr häufig den Anfang einer jugendlichen Neurose, den Grundstein einer Perversion und in vielen Fällen den eigentlichen Grund eines Mordes dar...<„

(Karlheinz Deschner: „Das Kreuz mit der Kirche - Eine Sexualgeschichte des Christentums“)

Dem Abendland mangelt es bis heute an einer gesunden Sexualität und einem natürlichen Umgang zwischen den Geschlechtern, einem natürlichen Umgang mit ‘Geschlechtsverkehr’ in welcher Kombination auch immer, mit Selbstbefriedigung oder Masturbation (lat. manu = mit der Hand + stuprare = Unzucht [!] treiben).

Das traditionelle Extrem der Unterdrückung wandelt sich daher in Resonanz zu einem ‘modernen’ Extrem des total unbeherrschten Auslebens (Sex-Sucht). Beide Fälle sind Begrenzungen, da sie einem Zwang folgen. Un-Freiheit. Verwirrung. Diskussion.

Die offiziellen Vertreter des Christentums sehen darin vielleicht ***die*** Chance, an altbewährte Machtstrukturen anzuknüpfen.

Doch ***wie*** will die Kirche, vor allem die katholische Kirche, das Leben an sich propagieren, wenn sie die ***physischen*** Vorgänge zur Entstehung des Lebens aus eigener Erfahrung selbst nicht kennt beziehungsweise kennen darf? Die Kirche könnte vielleicht noch mit dem ‘Rettungsboot’ argumentieren, mit der sogenannten ‘unbefleckten Empfängnis’ sei der erste Schritt der rein ***astralen*** Inkarnation gemeint, doch dummerweise hat man selbst die Reinkarnationslehre 553 n.u.Z. als Irrlehre verdammt.

„In keiner Religion der Welt wurde der Selbsthaß so gezüchtet wie im Christentum. Und mit dem Selbsthaß erst recht natürlich der Haß auf alle,

die anders dachten und denken, wobei der Haß auf die andern geradezu aus dem auf sich selbst resultiert.“

„Siebzig Millionen Menschen - unser Jahrhundert beweist es - können gottgewollt, in >heiligen< Kriegen und >Kreuzzügen< verdienstvoll ausgelöscht worden sein! Siebzig Millionen Erschießungen, Verbrennungen, Vergasungen, siebzig Millionen schauerlichste Abschlachtungen jeder Art können sich den Vertretern des Christentums zu Akten der Pflicht, des Heldentums, der Liebe verklären. Ein einziger Liebesakt aber ohne ihren Segen ist tödliches Verbrechen...

Und diese Religion nimmt man noch ernst! Man macht sie nicht zum Gegenstand der Kabaretts, zum Objekt für Psychiater! Man steckt ihre Verkünder nicht unter die Komiker, in die Gerichtssäle, die Gummizellen! Man läßt sie weiter - die Religion der Liebe predigen! Wann geht sie unter, diese Liebesreligion - nicht durch Zorn, durch Rache, durch Folter und Scheiterhaufen, nein, in einem Sturm von Gelächter, der den Erdball erschüttert...“ [Anm.: Lachen wir mit!]

(Karlheinz Deschner: „Das Kreuz mit der Kirche - Eine Sexualgeschichte des Christentums“)

Den größten Fehltritt ihrer Geschichte hat sich die Kirche darin geleistet, das Wesen der Frau zu diffamieren!

Eine religionsübergreifende Diffamierung, die sich bis in unsere Tage auswirkt... In der Tradition des Christentums wurde die Menstruation und die Schwangerschaft jahrhundertelang als ‘unrein’ angesehen.

Im Wesen der Frau liegt das Leben durch die Geburt, es ist die stärkere und gleichzeitig sensiblere Kraft! Es ist die Kraft der Großen ‘Ur-Mutter’, das Fundament ***aller*** Kulturen. Verstehen Sie mich nicht falsch: ‘Mann und Frau’ sind eine sich gegenseitig bedingende Dualität, natürlich auch bei der Entstehung des Lebens. Der extreme Weg der falschen Einseitigkeit irgendwelcher Feministinnen und weiblicher ‘Emanzen’ ist nicht gefragt. ‘Emanzipation’ leitet sich übrigens von dem lateinischen Wort ‘emancipatio’ ab - und bedeutet „Entlassung eines Sohnes aus der väterlichen Gewalt“...!

Gefragt ist die ***Energie***: Ob ‘Frauenquote’ oder nicht, **die weibliche Lebensenergie ist die deutlich stärkere.**

In Fragen christlicher, traditioneller Machtsicherung ist diese Energie natürlich radikal zu unterdrücken: Hexenverbrennungen, Folterungen, Teufelsaustreibungen im Einklang mit Zölibat, Selbstkastrationen, heiligen Jungfrauen und unbefleckter Empfängnis - ein Schwachsinn sondergleichen. Die Angst vor der ***wirklichen*** Macht?

„Die mutterrechtlichen Kulturen hatten kaum Weiberhaß gekannt. Vielmehr galt die Frau als Trägerin der Lebenskraft, der Fruchtbarkeit, ja ihre größere Sensibilität und Suggestibilität machte sie zum kultischen Dienst geeigneter als den Mann. So wurde sie Medizinfrau, Zauberin, war vor allem mit Musik und Orakeltum verbunden und stieg in den antiken Götterkulturen manchmal selbst zu höchsten Ämtern auf.

Im alten China spielten die Schamaninnen eine wichtige Rolle. Ein ausgedehntes weibliches Priestertum hatte der japanische Schintoismus, zeitweilig auch die vedische Religion. Die Ägypter nannten die Opferpriesterinnen >Sängerinnen Gottes<, die Sumerer >Dame Gottes< oder >Gottesfrau<. Bei den Kelten waren die Druidinnen besonders geachtet, bei den Germanen die Seherinnen, die Veleda der Brukterer, die Gamma der Semnonen, deren Ruhm bis zu den Römern reichte. Eine Fülle von Priesterinnen gab es in Griechenland, wo in der Mantik [Anm.: Kunst der Weissagung] *die Frauen führten: die Pythia, Kassandra, Sibylle.*

Der Haß auf das Weib soll erst mit der Niederringung der mutterrechtlichen Gesellschaften entstanden sein, aus dem schlechten Gewissen des Mannes vielleicht, seinen Minderwertigskeitskomplexen, seiner Furcht vor einer Rache der Frau, aus Angst auch wohl vor ihrer generativen Funktion. Es ist bemerkenswert, daß in fast allen indogermanischen Sprachen die Worte Mann und Mensch aus derselben Wurzel stammen, nicht aber das Wort Frau. [...]

Die früheste Geringschätzung der Frau im Christentum stammt von Paulus, der sich dabei nirgends auf Jesus beziehen kann. Und dann ist es häufig Paulus, auf den man sich beruft und dessen Frauenfeindschaft man durch Fälschungen fortsetzt."

(Karlheinz Deschner: „Das Kreuz mit der Kirche - Eine Sexualgeschichte des Christentums")

„Denn das Wesen der Frau, so behaupten sie [Anm.: die Christen] *sei das Wesen alles Bösen. Durch die Frau, so sagen sie, kam das Böse in die*

Welt, und sie beweisen das mit einer unwahrscheinlichen Geschichte von einem Apfel und einer Schlange.“
(Marion Zimmer-Bradley: „Die Nebel von Avalon“)

Ein männlicher Priester indes sollte heute den Mut haben, zu diesem Thema nur einen Satz getreu nach Schiller von der Kanzel zu verkünden:
„Ehret die Frauen, sie flechten und weben
Himmlische Rosen ins irdische Leben.“
(Friedrich Schiller: „Würde der Frauen“)

Diesem Ideal sind wir bis heute nicht wesentlich nähergekommen. In der Vorherrschaft der patriarchalischen, männer-rechtlichen Gesellschafts- und Machtstrukturen liegt wahrscheinlich mit der Grund, warum uns der geistige Bereich der dualen Welt abhanden gekommen ist. Man muß im selben Moment fragen, ob eine ausschließlich matriarchalische, also frauen-rechtliche Form der Machtausübung nicht ebenso (energetisch) unvollkommen wäre? Die ***bessere*** Alternative wäre es aber meiner Ansicht nach auf jeden Fall.

Moderne Menschen, die vordergründig in der Existenzweise des Habens leben, glauben, sie hätten in ihrem Leben die Erfüllung der Liebe gefunden. Liebe kann man nicht ***haben***, nur empfangen oder geben. Solche Menschen haben vordergründig Sexualität. Das ist „um Gottes Willen“ nichts schlechtes, im Gegenteil: Sexualität gehört selbstverständlich zum Leben. Besonders dann, wenn eine geschlechtliche Vereinigung auf der Grundlage wirklich füreinander empfundene Liebe geschieht. (Der Astralkörper „liebt mit“.) Erst und nur dann bilden ‘Liebe und Sexualität’ eine duale Erscheinung.

Die sogenannte ‘sexuelle Revolution’ in den 60er/70er Jahren stand ganz im Zeichen des unbeschwerten Auslebens von Sexualität gegen die offizielle, christliche Unterdrückung von Körperlichkeit. Es bildete sich wieder ein Körperbewußtsein heraus, das die Kirche gerne verhindert hätte - oder in ihrer Offenheit gar beneidete?

Wie aber ist diese ‘sexuelle Revolution’ aus energetischer Sicht aufzufassen?

Sexuelle Energie birgt eine sehr hohe geistige Kraft in sich: Es ist eine Form ***reiner Lebensenergie***, die bei übersteigerter (!), sexueller Aktivität sinnlos vergeudet und verschleudert wird. Es ist so, als wenn man in einer Muschel Perlen findet, die Perlen ärgerlich wegwirft und die Muschel begeistert mitnimmt! Schließlich kann bei einer geschlechtlichen Vereinigung das Wunder eines neu inkarnierten Lebens entstehen.

Auch bei der Sexualität gilt 'der mittlere Weg'. Sollte sich die sexuelle Energie (individuell verschieden stark) auf einen angestrebten, geistigen Zustand blockierend auswirken, so ist es möglich, die sexuelle Energie beziehungsweise die entsprechende Chakren-Schwingung für eine gewisse Zeit gezielt zu verhindern.

Die ***buddhistische*** Methode des Meditierens und geistigen Verinnerlichens ist gekennzeichnet durch die Grund-Körperhaltung des *'**Lotus- oder Buddha-Sitzes**'*. (Man sitzt auf dem Po mit aufrechter Wirbelsäule; die Beine sind verschränkt, so daß die Füße auf dem Oberschenkel des jeweils anderen Beines ruhen. Die Hände liegen auf den Knien, mit den Handflächen nach oben.)

„Die Funktion dieser drei unteren Chakra kann durch den Buddhasitz bewußt ausgeschaltet werden. Wird dieser richtig ausgeführt, so schließen die Hacken der Füße das vordere und hintere Wurzel-Chakra ab. Die Funktion der Sohlen- und Knie-Chakra ist dadurch ebenfalls unterbunden. Folglich ist die Aufnahme ätherischer Einströmungen durch die drei unteren Chakra g e w o l l t unmöglich geworden. Das tut man zum Zwecke der Versenkung. Der normale Stromkreislauf im Ätherkörper des Menschen ist nun unterbrochen. Alle Konzentration liegt jetzt bewußt oder gewollt auf den oberen Chakra in ihrer v e r s t ä r k t e n Funktion. Das ist das Geheimnis des Buddhasitzes. Dazu kommen noch die bestimmten Handhaltungen wie auch Fingerstellungen. [...]

Angeborene gleichgerichtete Sexualität ist durch Sonderbehandlung des Steiß-Chakra heilbar. (Umpolung durch Od-Entzug)." [Siehe Kapitel 21.]

(Gregor A. Gregorius: „Die magische Erweckung der Chakra im Ätherkörper des Menschen")

Enthaltsamkeit bedeutet, die Kraft der reinen Lebensenergie ***bewußt*** einzusetzen, nicht aber, diese zu unterdrücken. Das ist ein großer Unterschied! Enthaltsamkeit ist nämlich bewußt gelebte Sexualität, sexuelles Fasten. In unserem normalen Leben sind wir 'von unserem Tier beherrscht'. Es müßte jedoch umgekehrt sein: Wir sollten 'unser Tier beherrschen', das heißt die niederen Triebe. (Die ägyptische Sphinx läßt grüßen! - Ich habe bewußt den Artikel 'die' gewählt, denn in meiner Auffassung ist ***die*** Sphinx weiblich.)

Jeder Mensch trägt von Geburt an sexuelle Anteile beider Geschlechter - weibliche und männliche - in sich. Man kann daher theoretisch formulieren, daß ***jeder*** Mensch ***bisexuell***, also zweigeschlechtlich ist.

Homosexuelle Menschen tragen demnach einen höheren Anteil des jeweils anderen Geschlechts in sich, was vielleicht durch die vorangegangene Inkarnation erklärbar wird. Ein Mann, der in seinem vorherigen Leben als Frau geboren wurde, ist eventuell in seiner aktuellen Inkarnation mit einem hohen Anteil weiblicher Energie auf die Welt gekommen, und so auf der Suche nach einem energetischen Ausgleich (im Sinne der Dualität) betont auf Männer fixiert.

Das Wurzel- oder Sexualchakra ist in seiner Funktion sehr überspannt und führt möglicherweise zu disharmonischen Störungen beziehungsweise Krankheiten.

Dazu ein Bibel-Zitat der 'Religion der Nächstenliebe':

„Wenn jemand bei einem Mann liegt wie bei einer Frau, so haben sie getan, was ein Greuel ist, und sollen beide des Todes sterben; Blutschuld lastet auf ihnen."

(Die Bibel, 3. Mose 20, 13)

Gleichgeschlechtliche Sexualität, die auf christliche Verurteilungen nicht angewiesen ist, sollte zunächst ein Aufruf zu Toleranz und Verständnis sein, ist aber auf sich bezogen etwas anderes: **Es ist die Erzeugung eines gleichgepolten energetischen Zustandes**: Bei einer nicht mehr unter Kontrolle zu bringenden Übersteigerung des sexuellen Verlangens ist es ein Zustand der Begrenzung und der Un-Freiheit. Sexualität auf eine höhere Ebene erhoben, kann uns von den Begrenzungen der Dualität befreien (nach Rachel Pollack, erwähnt in Kapitel 10), in Verantwortung und Liebe.

Vielleicht kann man irgendwann einmal formulieren: „Ich liebe nicht ***nur*** Frauen oder ***nur*** Männer", sondern „Ich liebe Menschen". Die ***Liebe*** überstrahlt am Ende alles, und letztenendes geht es darum, ganz einfach in Liebe zu sein, ***ohne*** Begrenzungen dreidimensionaler Art! Das Bewußtsein des Neuen Zeitalters wird jegliche Dualität in einem Zustand der Bedeutungslosigkeit durchleuchtet haben. ***Nur*** sollte man auf dem ***Weg*** zu solch einem Bewußtsein die energetischen und dualen Hintergründe nicht außer Acht lassen (zusätzlich zu der Erkenntnis, daß man nicht etwas zusammenführen sollte, was schon anatomisch nicht zusammengehört):

„Wann immer zwei Menschen sich geschlechtlich vereinigen, entsteht dabei eine sehr starke Energie. Kommen ein Mann und eine Frau zusammen, vereinigen sich dabei die positive männliche mit der negativen weiblichen Energie - ein 'rundes Ganzes' entsteht, eine Energie, die sich in sich selbst erlöst und aufhebt - eine Art vollständiger Oktave, wo erst die Spannung eine Septime lang aufgebaut wird und sich schließlich im Oktavton entlädt.

Vereinigen sich zwei Männer oder zwei Frauen im geschlechtlichen Akt, produzieren sie dabei ein Potential gleichgepolter Energie: Bei Schwulen zweimal positiv gepolte, bei Lesben zweimal negativ gepolte. [...]

Was also geschieht: Zwei 'gleiche Pole' kommen zusammen, produzieren sexuelle Energie gleicher Art, die sich nicht aufhebt, nicht erlöst, sondern im Äther verbleibt. Man könnte es mit einer Septime erklären, die sich nicht in der Oktave entspannen darf. (Singen Sie einmal Do-Re-Mi-Fa-So-La-Ti ohne das erlösende Do!)

Diese aufgeputschte Energie wird nun zum Begleiter des Homosexuellen und beeinflußt seine Gefühle. Sie ist wie ein Kitzler, der seine sexuelle Lust beständig anstachelt, die Erlösung in der aufhebenden, anders gepolten Energie suchend. Der Homosexuelle begibt sich also in eine Art Wirbelsturm der Triebkräfte, der immer stärker braust und ihn immer mehr umtreibt: Das Maß der sexuellen Stimulierung soll an Häufigkeit und Reiz stetig zunehmen, weil nur die Steigerung Linderung verheißt - was sich aber als Trugschluß herausstellt, da in der gleichgepolten Energie nicht die Erlösung liegen kann - selbst wenn der Orgasmus es so aussehen lassen mag, als wäre die Begierde gestillt."

(„ZeitenSchrift" Nr. 5, 12/1994, „Die Hintergründe der Homosexualität")

Wenn man heute von Homosexualität spricht, spricht man im selben Atemzug unberechtigterweise auch von 'AIDS': Eine furchtbare Krankheit, die wohl der 'Teufel' selbst in großangelegten Promotion-Touren um den Erdball treibt...

'AIDS' ist die Abkürzung des englischen Begriffes „acquired immune deficiency syndrome", zu deutsch „erworbenes Immunschwäche-Syndrom". Das Wort 'Syndrom' kommt aus dem Griechischen und bedeutet 'Zusammenlauf', was hier von entscheidender Bedeutung ist: Ein 'Puzzle' verschiedener und zahlreicher Symptome, die in einer bis heute unbekannten Kombination das Krankheitsbild 'AIDS' ergeben; offensichtlich reichen aber schon ein paar Symptome aus, um 'das Todesurteil' auszusprechen und programmgemäß ablaufen zu lassen.

Mit dem Begriff ***Immunschwäche*** hatten wir es bereits im Fall von Krebs zu tun und ebenso wie bei Krebs handelt es sich bei 'AIDS' - wie der Name schon sagt - um eine ***erworbene*** Immunschwäche. Eine Infektionskrankheit befällt den Organismus aber nicht in Teilschritten, die zeitlich weit auseinanderliegen.

Der alleinige Auslöser der tödlichen (oder besser: durch die Macht der vorgefertigten Gedanken tödlich wirkenden) Krankheit 'AIDS' sei allerdings, so die Weltgesundheitsorganisation WHO, ein Anfang der Achtziger Jahre entdecktes Virus (lat. = Schleim, Gift), genannt 'HIV' und werde durch den Austausch von Körperflüssigkeiten übertragen, bei Geschlechtsverkehr, Bluttransfusionen oder bei Drogenkonsum mit unreinen Spritzen.

Die Krankheitssymptome von 'AIDS' sind traurige Realität geworden, die 'HIV-Theorie' aber ist eine weiterhin sehr umstrittene ***Theorie***, aus der die Pharma-Industrie und die weltweite Kondom-Produktion ('safer sex') Millionengewinne erzielt! Ist 'AIDS' ***künstlich erzeugt*** worden, um damit bestimmte Zwecke (unter anderem Verringerung der Erdbevölkerung, Profit) zu erreichen?

„Sucht man in Fachliteratur handfeste Beweise für die These, daß AIDS durch das HI-Virus übertragen wird, so sucht man vergeblich. Dennoch ist diese unbewiesene Behauptung die Grundlage der öffentlichen Meinung.

Erinnern wir uns: Zwischen November 1978 und Oktober 1979 wurden 1.083 New Yorker Homosexuelle gegen Hepatitis B geimpft. Ähnliche Impfungen fanden später in Los Angeles und San Francisco statt. Wenig später tauchten die ersten Erkrankungen auf, die man als 'Acquired Immuno Defficiency Syndrome' - kurz AIDS - titulierte. Heute sind alle dieser damals von der US-Gesundheitsbehörde geimpften Menschen entweder HIV-positiv oder bereits gestorben. Zeitgleich mit dieser Aktion führte die Weltgesundheitsorganisation WHO in Zentralafrika großflächig Pocken-

impfungen durch. Auch hier tauchte anschließend die 'Seuche' AIDS auf, wobei sie allerdings nicht wie in Amerika die Schwulen, sondern die Schwarzen heimsuchte.

Während bei anderen Viruserkrankungen die Antikörper erst nach dem Ausbrechen der Krankheit auftauchen, läßt sich der Ausbruch von AIDS teilweise 10 Jahre oder mehr Zeit, gerechnet ab der Erfassung von HIV-Antikörpern. [...] Auch hat man es trotz aller Versuche noch nicht geschafft, Tiere mit AIDS zu infizieren. AIDS erfüllt also nicht einmal die grundlegenden Kochschen Postulate an eine Viruserkrankung.

Die Prognosen der Schulmediziner von einer exponentiellen Ausbreitungsgeschwindigkeit, wie sie für eine sexuell übertragbare Krankheit typisch wäre, haben sich nicht erfüllt. Eine Viruserkrankung würde zudem eine weltweit ähnliche statistische Verteilung haben. In Afrika sehen die Statistiken aber gänzlich anders aus als beispielsweise in den USA oder Europa. Während im Westen 90 Prozent der AIDS-Patienten männlich sind, ist die Aufteilung auf die Geschlechter in Afrika bei 50 zu 50. Wie könnte bei einer sexuell übertragbaren Krankheit solch ungleichmäßige Verteilung der Betroffenen auftreten? In Asien ist AIDS, bis auf wenige Großstädte mit westlichen 'Qualitäten', kaum aufgetreten. Ein derart ungerechtes, ja faschistoides Virus ist sonst nirgendwo bekannt. Auch gibt es unzählige Infizierte, die kerngesund mit dem Virus leben. Ebenso 'AIDS-Kranke', die niemals mit dem HIV in Berührung gekommen sind."

Weiter heißt es im Text, und hier bitte ich um Aufmerksamkeit:

„Das HI-Virus ist viermal kleiner als die mikroskopischen Poren im Latex eines Kondoms. Mit anderen Worten: Kondome sind als Schutz gegen HIV nutzlos! Es ist, als wollte man mit einem massiven Gefängnisgitter Mücken aussperren. Das Virus ist so klein, daß es einfach durch das 'Verhüterli' hindurchschlüpft. Somit ist die Botschaft der großangelegten staatlichen 'Safer Sex'-Kampagnien (wie beispielsweise in der Schweiz) Augenwischerei und falsch. Zumindest was den Schutz vor HIV betrifft. Ansonsten - und das wollen wir hier betonen - haben Kondome durchaus ihren Sinn: Sie bieten einen Schutz vor herkömmlichen Geschlechtskrankheiten und sind vor allem beim Analverkehr unerläßlich: Das Sperma eines anderen Menschen kann die Darmflora empfindlich schädigen, weil jeder Organismus artfremdes Eiweiß sofort abtöten will. Das belastet das Immunsystem. Genau wie die fremden Eiweiße der unverdaut im Darm

landenden Fleischreste das Immunsystem der Nichtvegetarier belasten und zu vielen Krankheiten (u. a. Darmkrebs) der westlichen Bevölkerung führen. [...]

Daß die Homosexuellen zuerst in amerikanischen Städten in Serie an einer seltsamen Folge von Krankheiten starben, deuteten Forscher jedoch richtig, daß irgendein geheimes Krankheitsgeschehen dahinterstehen muß. Wie es aussieht, wurden diese Bevölkerungsteile, wie andere klassische Aids-'Zielgruppen' nicht mit HIV befallen, sondern absichtlich mit künstlich veränderten Killerviren geimpft. Der Aids-Test ist daher ein Witz: An 'Aids' stirbt man nicht, weil man HIV-positiv ist, sondern weil man entweder selbst sein Immunsystem geschwächt hat oder Opfer eines dieser künstlichen Killerviren wurde, dessen Existenz weiterhin geheimgehalten wird."

(„ZeitenSchrift" Nr. 5, 12/1994, „HIV-Lüge ist nicht mehr haltbar")

Ob es diese 'Killerviren' nun gibt oder nicht, steht bei der 'AIDS'-Bekämpfung nicht im Vordergrund. Und wenn es sie gibt oder gegeben hat, ist es schon grausam genug, der 'gläubigen' Welt eine 'Musterprobe' einer angeblich neuen Krankheit vorzugaukeln, auch wenn man dafür tausende 'auserwählte Opfer' in Kauf nehmen mußte. (Ein Massenmord an nichtsahnenden 'Versuchskandidaten'?)

Im Vordergrund steht jedoch die sehr wahrscheinliche Tatsache, daß HIV kein Virus ist, überhaupt nichts mit 'AIDS' zu tun hat und demnach keine gesundheitliche Gefahr nach sich zieht! Es ist dennoch festzuhalten, daß ***übersteigerte***, homosexuelle Praktiken (nicht selten verbunden mit Drogen und Aufputschmitteln) aus energetischer Sicht die Möglichkeit drastisch erhöhen, das System der Vier Elemente oder das Chakra-Schwingungs-Gleichgewicht des beziehungsweise der Körper in Disharmonie versetzen, also eine Grundlage für eine wirksame, ***allgemeine*** Immunschwächung bereiten können.

Die teuflische 'AIDS'-Gefahr liegt im Glauben daran! 'AIDS' als 'Placebo-Effekt' (zu lat. = „ich werde gefallen")? 'AIDS' als Immunschwäche-Krankheit, die erst durch die 'Anti-AIDS-Mittel' der Pharma-Industrie angeheizt wird?

„Auch hier gilt: Das Ganze ist mehr als die Summe aller schädigenden Faktoren. Das Zusammenspiel verschiedener schädlicher Einflüsse ist in

ihrer Wirkung als Ganzes verheerender auf den Organismus, als man aufgrund der einzelnen Faktoren annehmen könnte.

Die Ärzte wissen heute um die gesundheitlichen Folgen dieser Einflüsse. Das jedoch auf AIDS zu übertragen, lehnen die meisten Schulmediziner rundweg ab. Dabei sind es 29 verschiedene Krankheiten, die es auch schon vorher gab, die nunmehr unter dem nebulösen Begriff 'AIDS' zusammengefaßt werden. [...]

Selbst Luc Montagnier, der das Virus entdeckt hatte, bezeichnet HIV heute als 'friedliches Virus'. Er begründet seine Meinungsänderung mit der chronischen Inaktivität des HIV und der Unfähigkeit dieser Viren, Lymphozyten zu liquidieren. Duesberg nennt das HIV einen 'harmlosen Blindgänger'.

Ein Retrovirus wie das HIV kann normalerweise gar keine Zellen töten, zudem müßte es 200.000mal so zahlreich vorkommen, als es das tut, um überhaupt einen erkennbaren Schaden im Körper anrichten zu können. Das HIV kommt aber selbst in Körpern von AIDS-Diagnostizierten oftmals gar nicht vor, oder nur in so geringen Mengen, daß es eines großen labortechnischen Aufwands bedarf, um es überhaupt festzustellen. In der gesamten Virologie ist nichts bekannt, was bei solchen Parametern einen Menschen umbringen könnte. [...]

Philippe und Evelynne Krynen sind AIDS-Experten in Tansania. Nachdem sie jahrelang geglaubt hatten, in Afrika würde sich AIDS explosionsartig ausbreiten, kamen sie später zu der ernüchternden Feststellung, daß es AIDS in Afrika nicht gebe. Behandelt man beispielsweise Tuberkulose oder Pneumonie [Anm.: Lungenentzündung] *bei HIV-Positiven gleich wie bei HIV-Negativen, also nicht mit einem Mittel gegen AIDS, so würden diese Krankheiten bei beiden Gruppen gleich schnell geheilt. Wichtig sei auch, daß man den Patienten nicht einrede, sie hätten AIDS und damit eine tödliche Bombe in ihrem Körper. Jedoch würden Leute, die für die offiziellen AIDS-Hilfen arbeiteten und die gängigen Theorien propagierten, rasch zu Wohlstand kommen - im Gegensatz zum Ehepaar Krynen.* [...]

AIDS wird heute in den meisten Fällen mit einem Mittel behandelt, das gar nicht hilft: Die britische Firma Wellcome hat bislang über eine Milliarde Dollar mit dem AIDS-Mittel AZT [Anm.: Markenname „Retrovir"] *verdient, obwohl noch kein einziger Patient damit geheilt worden ist. Vielmehr hat dieses Medikament so viele Nebenwirkungen, daß selbst ein kerngesunder Mensch innerhalb weniger Monate an ihnen sterben würde, da es sämtliche schnellwachsende Zellen abtötet, also gerade jene, die dem Körper die Kraft zur Immunabwehr und Selbstheilung geben. Das Knochenmark, wo die Immunzellen gebildet werden, wird durch AZT extrem geschädigt. In den ersten Behandlungsmonaten erreicht man damit zwar eine scheinbare Besserung. Nach der anfänglichen Erholung tritt aber das langsame Sterben ein.“*

(„ZeitenSchrift“ Nr. 5, 12/1994, „HIV-Lüge ist nicht mehr haltbar“)

Die große Herausforderung für die Medizin ist die chronische Allgemeinerkrankung ***Krebs***, nicht 'AIDS'! Denn diese angebliche 'Krankheit' existiert schlichtweg ***nicht***, jedenfalls nicht ***so***, wie sie offiziell dargestellt wird. In beiden Fällen aber - Krebs und 'AIDS' - muß das menschliche Immunsystem dazu gebracht werden, die körpereigene Abwehr zu reaktivieren (unter anderem durch die Bevorzugung pflanzlicher, vitaminreicher Kost). Hilfe zur Selbsthilfe!

„Dabei kann man die unter AIDS zusammengefaßten Krankheiten individuell und ganzheitlich behandeln. Wenn man den gesundheitsschädigenden Ursachen begegnet und sich nicht mit der chemischen Keule der Schulmedizin behandeln läßt, bestehen gute Chancen für einen positiven Krankheitsverlauf. Einhergehend mit einer Reifung des Bewußtseins des Patienten für die Zusammenhänge des Lebens, empfiehlt ein Arzt folgende Heilungsansätze: Eine Ozon-Eigenblut-Therapie wirkt viruzid und begünstigt die Immunabwehr des B- und T-Zellsystems. Hohe Vitamin C-Gaben können diesen Effekt unterstützen. Ein RT-Hemmer, sorgfältig dosiert, hat zwar Nebenwirkungen, aber keine tödlichen. Gammaguboline verstärken die Immunkraft. Der Sanierung der Darmflora kommt dabei eine vordringliche Bedeutung zu. [...]

Früher starb man an einer einfachen Lungenentzündung, heute, mit dem HIV im Blut, stirbt man statistisch an AIDS. Unter AIDS laufen so verschiedene Krankheiten wie Kaposi Syndrom, Diarrhöe, Salmonellen-Sepsis und Herpes. Es ist alles eine Frage der Definition. Die offiziellen WHO-Statistiken sind unbrauchbar, da jede Erkrankung eines HIV-Positiven automatisch als ein Ausbruch von AIDS eingestuft wird, selbst wenn er sich bloß eine harmlose Erkältung zugezogen hat. Diese wird dann sofort mit dem Zellgift AZT behandelt. Also braucht man sich nicht zu wundern, wenn nun auch der gesündeste Mensch an dieser 'Erkältung' stirbt."

(„ZeitenSchrift" Nr. 5, 12/1994, „HIV-Lüge ist nicht mehr haltbar")

Die Kirche, um wieder zum Ausgangspunkt der Überlegungen zurückzuführen, ist mehr daran interessiert, einen gesunden Umgang mit Sexualität und Körperlichkeit durch 'Teufel' und 'Sünde' zu verhindern.

Gerade die ***Abtreibung*** ist ein christlicher 'Dorn im Auge' (Und nicht nur da!), denn schließlich kann man in bevölkerungsreichen und durch Hunger ausgezerrten Ländern mit dem 'Segen der Kirche' friedlich sterben beziehungsweise langsam, qualvoll und unwürdig zugrunde gehen... Nicht nur der Abtreibung ist der apostolische Kampf erklärt, nein, sogar der ***Schwangerschafts-Beratung!*** Die christliche Tradition der Diffamierung der Frau! (Wieso eigentlich gibt es keine Päpstin?) Ein rein männliches Hineinpfuschen in intimste weibliche Bereiche: Zurück ins Mittelalter! Die Kirche als 'Hüter des Keuschheitsgürtels'? Der Gynäkologenstuhl der Heiligen Jungfrau?

Ein Kind zu bekommen, ein neues Leben auf die Welt zu bringen, ist sicherlich das Schönste, was einem Paar in Liebe widerfahren kann, eine persönliche Kraftquelle des Glücks; aber wohl nicht auf dem Opferaltar der Un-Freiheit! (Am Ende wird vielleicht sogar offiziell verkündet werden, daß der Storch ***doch*** die Kinder bringt, denn der Storch kommt ja aus dem Himmel...)

„Wohin die Kirche führt, macht ihre durch zwei Jahrtausende in Blut und Verbrechen versinkende Geschichte deutlich. Ihre grauenhafte Sexualmoral partizipiert daran in der Vergangenheit und in der Zukunft.
(Karlheinz Deschner: „Das Kreuz mit der Kirche - Eine Sexualgeschichte des Christentums")

DOMINUS VOBISCUM! „Der Herr sei mit Euch" - aber Ihr nicht mit ihm.

20. ÜBER DIE KUNST UND DIE MUSIK

„Was ist Kunst?“ ist eine viel und laut diskutierte Frage. ***Was*** ‘Diskussionen’ bewirken, wissen wir bereits. Diskussionen sind ein Kennzeichen moderner, aufgeschlossener und entwickelter Gesellschaftsformen - und mittlerweile ***ohne*** irgendwelche Regeln; chaotische und disharmonische Zustände. Geplante oder nicht geplante Disharmonie ist meist ein Kennzeichen moderner Kunst.

Ich maße mir an, den Begriff ‘Kunst’ ein wenig einzuschränken, um ihm seine Freiheit (!) wiederzugeben. (Auch hier ist kein Extrem gemeint, sondern immer ‘der mittlere Weg’.) ***Kunst*** ist ein Sammelbegriff für Malerei, Grafik Bildhauerei und Architektur (‘bildende Kunst’) für Poesie, Bühnenbild, Theater, Musiktheater, Tanz, Fotografie, Film undsoweiter. **Kunst ist alles, was man im Sinne der Natur gestalten kann.** Dazu gehören auch einzelne Versatzstücke aus der Natur, die in der Kombination ‘Traumbildern’ gleichen (Surrealismus).

Das Wort ‘Kunst’ leitet sich ab von dem Wort ‘Können’ und nicht - nach vorherrschender Meinung - von ‘künstlich’! Gefragt ist zum einen eine außergewöhnliche Begabung und eine langsame Entwicklung dieser Begabung auf der Grundlage von handwerklichem Umgang, sowohl theoretisch als praktisch. Mit anderen Worten: **Kunst ist die Einhaltung harmonischer Gesetzmäßigkeiten von farblicher, form- oder wortgebender sowie musikalischer Komposition** (lat. compositio = Zusammensetzung, Zusammenstellung).

Sonst wäre Kunst nämlich sinnlos. Was heißt hier ‘wäre’, schauen Sie sich an, was da an zeitgenössischer ‘Kunst’ in Museen und Galerien hängt oder steht, was sich auf den Bühnen fast weltweit abspielt: Der totale - staatlich durch Steuermittel unterstützte - ***Schwachsinn!***

Es gibt viele ‘Kulturschaffende’, die ihre Zeit damit verbringen, zum Beispiel ganz ernsthaft vor einer Leinwand zu stehen, um irgendwelche Farbkleckse höchst ‘künstlerisch’ und willkürlich anzuordnen. (Von ‘Fettecken und Filzrollen’ gar nicht erst zu sprechen...) Nicht automatisch ist erklärte ‘Kunst’ gleich Kunst; oft ist es einfach bedauernswerter Müll. Neben etwas Wut danke ich aber allen Beteiligten für herzhafte Lachanfälle, denn moderne Kunst kann unfreiwillig höchst komisch sein - und so doch noch einen Zweck erfüllen!

Wenn man erst in der Lobby - wie auch in allen anderen Bereichen - einen 'guten' Namen hat oder in irgendwelchen Kreisen 'in' ist, dann kann man so ein hochwertiges 'Gemälde', welches oft vor lauter Einfalls- und Inspirationslosigkeit nicht einmal einen Titel hat, zu einem beachtlich hohen Preis verkaufen. O. K., das kann auch alles tausendfach passieren, nur ***kann*** man sich dann nicht hinstellen und behaupten, „man mache Kunst", wenn man sein Handwerk nicht beherrscht!

Kunst funktioniert heute auf der Basis von Nicht-Wissen und nach den Prinzipien der alleinigen Haben-Orientierung des Materialismus. Es gibt keine Freude, keine Schönheit, keine Erhabenheit und keinerlei Göttliche Erhöhung, keine Schwingungserhöhung durch bloßes Betrachten und/oder Hören, die viele Menschen im wahrsten Sinne des Wortes ***bereichern*** könnte. Es gibt keine uneingeschränkte, wirkliche Wonne mehr, kein einfaches ***Sein***, kein Gefühl, von einem 'göttlichen Funken' gestreift oder gar mitgerissen zu werden! Stattdessen gibt es Häßlichkeit, Ekel, Widersprüchlichkeit, Erniedrigung und das einsame Ausleben von Perversionen einzelner 'Künstler' oder (Möchtegern-) 'Regisseure', die mit faden und langweiligen 'Provokationen' (lat. provocatio = Herausforderung) nur noch ein paar profilierungssüchtige Kritiker in ihren kranken Bann ziehen.

Was könnte man nicht alles Tolles machen, um der Kunst in Wahrheit und Schönheit zu ***dienen***, nicht unterwürfig und kreativlos an sie gefesselt, nein, auf ihren Regeln beruhend! Ein Feuerwerk von Harmonie!

Kunst ist die Möglichkeit, Bereiche des Göttlichen zwei- oder dreidimensional einzufangen, um sie als Gefühl der materiellen Erhöhung an Menschen weiterzugeben. Kunst kann in unserem irdischen Leben Momente der Göttlichkeit über einen langen Zeitraum hinweg konservieren - als Hinweis auf die Ewigkeit und die Unvergänglichkeit des Daseins, auf die Schönheit der Natur. Kunst ist keine Aufklärung, sondern ***Therapie***.

Es folgt eine Reihe von Zitaten wahrhafter Künstler, „Diener der Kunst":

„Die Kunst steckt in der Natur ; wer sie herausreißen kann, der hat sie." [...]

„Was aber die Schönheit sei, das weiß ich nicht... Um die schönen Dinge zu erforschen, dazu dient guter Rat; doch soll er von denen genommen

werden, die gute Werkleute sind mit der Hand; denn den Ungelernten ist es verborgen wie dir eine fremde Sprache.“ [...]

„Ein guter Maler ist inwendig voller Figur, und wenn er ewig leben könnte, hätte er aus den inneren Ideen, von denen Plato schreibt, immer etwas Neues durch die Werke auszugießen.“

(Albrecht Dürer)

„Die bildende Kunst ist von solcher Vortrefflichkeit, daß sie sich nicht nur den Erscheinungen der Natur zuwendet, sondern unendlich viel mehr Erscheinungen, als die Natur hervorbringt.“

(Leonardo da Vinci)

„Des Künstlers Gefühl ist sein Gesetz. Die reine Empfindung kann nie naturwidrig, immer nur naturgemäß sein. Nie aber darf das Gefühl eines andern uns als Gesetz aufgebürdet werden.“

(Caspar David Friedrich)

„Jeder, der mit Liebe und Einsicht arbeitet, hat gerade in seiner aufrichtigen Liebe zu Natur und Kunst eine Art Panzer gegen die Meinung der Menschen. Die Natur ist auch streng und gewissermaßen hart, doch trügt sie nie und hilft immer vorwärts.“

(Vincent van Gogh)

„Die Natur ist nicht an der Oberfläche, sie ist in der Tiefe. Die Farben sind der Ausdruck dieser Tiefe an der Oberfläche. Sie steigen aus den Wurzeln der Welt auf. Sie sind ihr Leben, das Leben der Ideen.“

(Paul Cézanne)

„Mein Traum ist eine Kunst voll Gleichgewicht, Reinheit, Ruhe ohne beunruhigende oder die Aufmerksamkeit beanspruchende Sujets, die für jeden geistig Arbeitenden, für den Künstler, ein Linderungsmittel ist, ein geistiges Beruhigungsmittel, etwas ähnliches wie ein guter Lehnstuhl, der ihm von seiner physischen Ermattung Erholung gewährt.“

(Henri Matisse)

„Kunst im Ganzen ist nicht ein zweckloses Schaffen der Dinge, die im Leeren zerfließen, sondern eine Macht, die zweckvoll ist, und muß der Entwicklung und Verfeinerung der menschlichen Seele dienen.“
(Wassily Kandinsky)

„Kunst verhält sich zur Schöpfung gleichnisartig. Sie ist jeweils ein Beispiel, ähnlich wie das irdische ein kosmisches Beispiel ist.“
(Paul Klee)

„Meine Kunst ist eine ländliche Kunst. Sie glaubt an all die menschlichen Eigenschaften und an die Urwesen, die schon längst von wissenschaftlicher Forschung verworfen sind und auch hinter Stadtmauern nicht mehr zu finden sind.“
(Emil Nolde)

„Es gibt den Maler, der aus der Sonne einen gelben Fleck macht, aber es gibt auch den, der mit Überlegung und Handwerk aus einem gelben Fleck eine Sonne macht.“
(Pablo Picasso)

„Kunst ist die menschliche Tätigkeit, die die Übertragung der höchsten und besten Gefühle, zu denen Menschen sich erheben können, auf andere zum Ziele hat.“
(Leo N. Tolstoj)

„Die Kunst hat die Verpflichtung, die Seele zu öffnen und den Geist zu entfalten“
(Émile Zola)

Das sind die Worte von Künstlern - darunter auch Schriftsteller - die ihr Handwerk verstanden haben, die ihr Handwerk gekonnt dafür eingesetzt haben, den Menschen Hinweise auf die tatsächliche Existenz des Geistigen Reiches zu geben.

Es sind Künstler, in deren Werken eine harmonisierend-anregende, entspannende oder erhöhende Wirkung (energetische Schwingung) zu finden ist. Die ***Wirkung*** ist das Aussenden eines höheren Schwingungsniveaus beziehungsweise das ‘Angebot’ an seinen Betrachter/Zuhörer, sich auf eine entsprechende Schwingungsangleichung einzulassen. ***Warum*** diese Wirkung zustande kommt, liegt in der Einhaltung künstlerischer Regeln. Ohne Ordnung gibt es für ***unsere*** Ebene von Wirklichkeit nun einmal keinen 'Kosmos', keine uns verständliche Ausdrucksform der Schöpfung! (Das ist keine dogmatische Feststellung; alles ist veränderbar...)

In Kapitel 13 haben wir bereits von der ***Farbenlehre*** erfahren. Sie ist ein sehr wichtiger Bestandteil aus dem theoretischen 'Handwerkskasten' eines jeden Künstlers; ebenso die ***Bildkomposition*** (zum Beispiel parallele Linien, die sich in einem Gemälde gegenseitig auffangen; das Wissen um die Wirkung geometrischer Figuren, die Verknüpfung von Ebenen undsoweiter) oder die harmonisierende Flächen- oder Raumaufteilung des sogenannten ***'Goldenen Schnitts'*** (Konstruktion eines Vierecks, dessen Höhe zur Breite ein harmonisches Verhältnis hat; Vorlage zum Beispiel für die großen gotischen Kathedralen, welche die Idee 'Gott ist Licht' verkörpern).

Es sind Regeln, die sich am deutlichsten in der ***Musik*** - der vielleicht höchsten Form der Kunst - offenbaren, in der ***musikalischen Komposition***. Die Regeln sind gegeben durch Tonfolgen oder ***Melodien***, durch Akkorde oder ***Harmonien***, durch eine zeitliche Ordnung oder ***Rhythmus***. Die Vorstellung einer übertragbaren Schwingungsangleichung - wie bei den Farben - wird gerade bei Musik sehr deutlich. Musik kann daher als eine weitere Möglichkeit von ***Heilung*** angesehen werden (Stichwort: Musiktherapie). Musik hinterläßt fantastische 'Gemälde' im Äther. Wer beispielsweise Beethovens IX. Symphonie mit Schillers Schlußchor „Ode an die Freude" im Konzertsaal gehört hat, ***weiß***, wovon ich spreche:

„Freude, schöner Götterfunken,
Tochter [!] *aus Elysium,*
Wir betreten feuertrunken,
Himmlische, dein Heiligtum!
Deine Zauber binden wieder,
Was die Mode streng geteilt;
Alle Menschen werden Brüder,
wo dein sanfter Flügel weilt."
(Friedrich Schiller, aus: „Ode an die Freude")

Es folgen Zitate einiger großer Komponisten:

„Die Musik soll euch in der schaudervollsten Lage niemals das Ohr beleidigen, sondern doch dabei vergnügen, folglich allzeit Musik bleiben."

(Wolfgang Amadeus Mozart)

„Musik ist höhere Offenbarung als alle Weisheit und Philosophie" [...]

„Von unsern Monarchen usw., den Monarchien usw. schreibe ich Ihnen nichts. Mir ist das geistige Reich das liebste und die oberste aller geistigen und weltlichen Monarchien."

(Ludwig van Beethoven)

„Ich kann den Geist der Musik nicht anders fassen als in der Liebe." [...]

„Die einzige Form der Musik ist die Melodie; ohne Melodie ist die Musik gar nicht denkbar."

(Richard Wagner)

„Licht senden in die Tiefe des menschlichen Herzens - des Künstlers Beruf!"

(Robert Schumann)

„Licht senden in die Tiefe des menschlichen Herzens", besser kann man es kaum in Worte fassen. Nur sollte dieses 'Lichtsenden' in der ***Musik*** - wie überall - nicht einseitig betrachtet werden.

Leider besteht auch hier ein 'Schubladendenken' in den Köpfen vieler Menschen, die eine Unterscheidung treffen zwischen 'ernster, klassischer Musik' und 'Unterhaltungsmusik' ('E- und U-Musik'). Solche Menschen schaffen eine Begrenzung intellektueller Art. Natürlich entscheidet am Ende das ***Gefühl*** oder der Musikgeschmack darüber, was man am liebsten hört, doch bietet Berührungsangst keinen Raum für Offenheit. ***Jede*** Musikrichtung kann je nach Empfinden und geistiger Ausrichtung ein Mittel zur Schwingungserhöhung sein, ob Klassik, Pop, Oper, Rock, Operette, Jazz, Musical, Schlager oder anderes. In vielen Richtungen gibt es dem entgegengesetzt ebenso viele Beispiele dafür, daß musikalische Regeln nicht oder nur bedingt eingehalten werden - als 'Halbwahrheit' oder Vorstufe von Chaos - sei es bei experimenteller Klassik (zu lat. experimentum = Probe, Versuch) oder ***'Techno'***. In beiden Fällen ist die harmoniegebende

Melodie eingeschränkt oder abgeschafft. Die Regeln sind überschritten und die Formgebung bricht zusammen, so daß von 'Musik' keine Rede mehr sein kann: Es sind nur noch Töne zu Rhythmen. (Gibt es gar eine Steigerung? Wird die Entwicklung zeigen, daß man nur noch einen einzigen Dauerton sieben Stunden lang auf dem 'dancefloor' spielt?) Das ist sehr schade, denn solche sich gesellschaftlich etablierende Sackgassen leiten ein 'Getrenntsein vom Göttlichen' ein - und finden lediglich einen Bezug zur materiellen Existenzweise des ***Habens*** und ***Konsumierens***. Und leider, leider wird wieder allzu großzügig mit Begriffen um sich geworfen, wie zum Beispiel die Berliner Techno- und Rave-Veranstaltung 'Love Parade', wohl eher eine 'Sex Parade', die mit 'Liebe' oder 'Liebe zur Schöpfung' nichts am Hut hat. Dennoch ist es eine positive Grundidee, Menschen friedlich zu vereinen. Eine moderne Form von Religion? Heiligt der Zweck die Mittel? Interessant ist, daß solche Massenveranstaltungen den Zeitgeist widerspiegeln; nur hat sich nicht der Zeitgeist verändert, sondern einmal mehr die 'Verpackung'. Es ist die Suche von (meist jungen) Menschen, die bewußt einfach nur Spaß ***haben*** wollen, auf der Suche nach einer unbewußten Zugehörigkeit. Die Suche bleibt orientierungslos, da sie an bequemen Oberflächlichkeiten klebt; es ist unter anderem die Oberflächlichkeit, für kurze Zeit ***äußerlich*** 'anders', 'revolutionär', schrill und bunt zu sein, ohne dabei denken zu müssen. Wie langweilig.

Während bei 'Techno' ganz offensichtlich eine (schwingungs-) erhöhende Wirkung ausgeschlossen wird, geschieht das Auslegen falscher Fährten intensiv auch in Bereichen klassischer Musik - und hier vor allem in der ***Oper*** (ital. opera = Werk). Die große klassische Oper scheint - ebenso wie die Dichtkunst von Schiller, Eichendorff, Rilke und vielen anderen - ein unzeitgemäßes Image zu haben: Kreischende Frauenstimmen, krächzende Heldentenöre und dramatisch-kitschige Handlungen einerseits, moderne und neu interpretierte Inszenierungen andererseits. Zusammengemixt ergibt das Lächerlichkeit und Entfremdung statt 'Erhöhung'. Das Handwerk wird eben nicht mehr beherrscht! Es ist das Handwerk der Gesangstechnik (so auch der Textverständlichkeit) und der Handwerk der adäquaten Umsetzung im Sinne des ursprünglichen Werkes und seiner Intention. Gerade das ***Musiktheater*** könnte die Musik als solches wesentlich erhöhen, indem es dem Zuschauer 'lebende Gemälde' in Form von wahrhaft künstlerischen Bühnenbildern, die der Partitur und dem Libretto entsprechen und untergeordnet (!) sind, zeigen: Eine harmonische Kombination von Dichtkunst, Theater, Musik, Gesang, Malerei und Architektur! Stattdessen hat man ***künstlich*** - nicht 'künstlerisch' - ein 'Virus' geschaffen, es heißt ***'Regietheater'***. Im Rampenlicht steht die Interpretation beziehungsweise bewußte Verunstaltung und Entfremdung des Werkes durch den jeweiligen 'Regisseur' (franz. régisseur = Gutsverwalter, Spielleiter) - und ***nicht*** das Werk selbst!

Nun, das sogenannte Regietheater läuft in all seiner Verlogenheit langsam ins Aus, da es sich gegen die einzuhaltenden Regeln richtet. Dahin aber, nämlich ins Aus, will es die entstellten Werke mitnehmen: Die Originale sollen unspielbar gemacht werden! Man will künftigen Generationen den Zugang versperren, den Zugang auch zu einer möglichen Schwingungserhöhung. Oder steckt viel weniger dahinter? Einfach nur Unvermögen? Wie auch immer, die großen, klassischen Werke verschwinden vergewaltigt und verstümmelt hinter dem Deckmantel einer 'Mozart-, Wagner,- Verdi- undsoweiter Alibi-Funktion', um Zuschauer anzulocken: Billiger Etikettenschwindel! Jahrmarktsversprechungen, die nicht eingehalten werden, nicht annähernd eingehalten werden ***können***. Betroffen ist nicht ausschließlich die Oper, es ist das Theater allgemein.

„Das Haupt der Medusa, das in der Antike der Inbegriff des Schreckens war, ist zum gängigen Markenartikel verblaßt. [...] *Was hat der Mensch hierzulande und in dieser Zeit eigentlich für ein Bild von sich selbst? Warum diese ausgeprägte Sucht nach Häßlichkeit? Woher kommt diese hektische, ja, längst psychotische Hatz nach Selbstentstellung? Reizüberflutung? Ratlosigkeit? Orientierungsverlust? Bedeutungssehnsucht? Angst, in der gesichtlosen Menge unterzugehen? Die Kunst strebte jahrhundertelang nach Überhöhung. Sie war auf dem Wege zu Gott oder Göttern. Sie gestaltete Schicksale, Charaktere, Schönheit. Sie gab dem Menschen Maß und Ziel. Sie versuchte zumindest, wie noch Rilke unwidersprochen formulieren konnte, die Natur schöpferisch zu übertreffen. Sie hatte Erlösung im Sinn."*

(Lothar Schmidt-Mühlisch: „Das Antlitz der Medusa", aus: „Die Welt", Nov. 1996)

„Vom Rhein sind gerade drei überlebensgroße Abflußrohre geblieben [...] *Hier hausen, heruntergekommen, grell geschminkt und fast kahlköpfig die Rheintöchter, greifen wie mechanisch nach dem teerverklebten Gefieder toter Vögel und warten, verseuchte Huren im letzten Stadium, auf*

Freier. Hier zwischen Abfall, Müll und Gerümpel stirbt Siegfried, der Held.“

(Werner Burkhardt über eine Opern-Inszenierung von Wagners „Der Ring des Nibelungen“, „Süddeutsche Zeitung“, April 1993)

Ich habe selbst Erfahrungen als Statist oder ‘Kleindarsteller’ in einer zweijährigen Nebentätigkeit an einem Berliner Opernhaus sammeln können. Gerade als Statist gilt man als austauschbar, wird während der Vorstellung kaum beachtet und hat dadurch genug Raum, Beobachtungen zu machen. Das erste, was einem sofort auffällt, ist die strenge, mittelalterliche Hierarchie der ‘Macher’ mit dem Regisseur als unantastbarer ‘Gottkaiser’ - und die Tatsache, daß mit beiden Händen das ***Geld*** aus dem Fenster hinausgeworfen wird! Es sind Millionen D-Mark von Produktionskosten, die für irgendwelche, extravaganten ‘Regie-Einfälle’ mißbraucht werden, von völlig übertriebenen Gagen ganz zu schweigen. ***Hier*** sollte der Staat einmal ‘hinter die Kulissen’ schauen, um festzustellen, auf welch kriminelle Weise die zur Verfügung gestellten Mittel verpulvert werden! Und was passiert dann auf der Bühne? Ich gebe Ihnen zwei absichtlich extreme Beispiele, welche ich selbst gesehen habe: Zum einen ‘Elektra’ von Richard Strauss auf einem Zehn- und Drei-Meter-Sprungbrett - und zum anderen Mozarts „Die Entführung aus dem Serail“, 80 cm tief im Wasser! Sie haben richtig gelesen! Die Bühne wurde eigens (und kostspielig) in ein riesiges Wasserbassin verwandelt, in deren Mitte eine Plastikinsel zu sehen war, die mit den aneinandergeketteten, weiß geschminkten Köpfen einiger Statisten bestückt war... Undsoweiter, undsoweiter, undsoweiter. Eigentlich bleibt einem nur noch übrig, darüber laut und schallend zu ***Lachen***. Weg damit!

„Das Wort von der Freiheit der Kunst ist so mächtig, daß jeder seinen Blödsinn machen kann. Die Aufführungen sind nur deshalb toll, weil sie eben gemacht sind und weil die Kunst frei ist. [...] *Man darf einen Herrn X* [Anm.: Name gestrichen] *nicht angreifen, da man ihm die Freiheit lassen muß. Er muß die Millionen für sein Haus verballern dürfen. Früher, als die Kunst noch mit Können verbunden war, vermied die Wahrung der Form das Unerlaubte.“*

(René Kollo, aus: „Das Opernglas“, 1995)

„Grundsätzlich muß ich sagen, daß sehr viele Regisseure heutzutage gegen die Musik Regie führen. Grundprinzip sollte doch sein, und zwar ganz gleichgültig, ob Regisseur, Sänger oder Dirigent, ein Werk zu rekreieren und somit dem Komponisten beziehungsweise dem Werk selbst zu dienen. Aber was machen heute Regisseure? Sie stellen nicht das Werk, sondern sich selbst in den Vordergrund, und das finde ich grundsätzlich falsch."

(Grace Bumbry, aus: „Das Opernglas", 1995)

„Ich lebe in Mailand. Ich gehe manchmal, aber nicht oft, in die Oper... Ich bin mit dem, was ich zu sehen und zu hören bekomme, meist nicht zufrieden. Da ist zu vieles, was mich stört. Die seltsamen Inszenierungen zum Beispiel. Was saugt man sich neuerdings nicht alles szenisch aus den Fingern, und keiner versteht, warum. Das macht mich schon sehr nervös. Es läßt mich kalt und künstlerisch tief unbefriedigt!"

(Renata Tebaldi, aus: „Die Welt", Aug. 1991)

Wenn Sie sich besonders für Oper interessieren oder Opernregisseur sind beziehungsweise glauben zu sein, lesen Sie an dieser Stelle die ***„Ratschläge für einen modernen Opernregisseur"*** von Kammersänger Günther Hofmann. Auch wenn Sie sich nicht dafür interessieren, ist anzumerken, daß genau nach demselben Prinzip die beschriebenen Mechanismen exakt auch in anderen Bereichen ablaufen. Die von Herrn Hofmann dargestellte 'Bühne der Oper' läßt sich ohne weiteres auf die uns vorgegaukelte 'Bühne des Lebens' übertragen. (Selbst der 'Teufel' kann das bestätigen!)

„Oberstes Gebot: Mache alles anders! Auch wenn die alten Autoren, Librettisten, Komponisten und besonders die Architekten und Baumeister nichts von deinen zukunftsweisenden künstlerischen Intensionen ahnen konnten, versuche das Theater auch räumlich auf den Kopf zu stellen - also setze die Zuschauer möglichst auf die leere Bühne und spiele Theater im Parkett. Notfalls weiche lieber auf Probebühnen, Malsäle, Foyers oder in den Heizungskeller aus.

Benutze nie den Vorhang. Im Notfall höchstens den Schleier, einen Bretterverschlag oder den Eisernen.

Lasse die Sänger nie dort auftreten, wo es gedacht war, sondern aus den Parkett-Türen, oder - besser - über Strickleitern aus den Ranglogen.

Überraschend ist auch die Landung mit einer Gondel, wobei es die Leistungsfähigkeit des Sängers immens erhöht, wenn er vor seinem Erscheinen 50 Minuten im Schnürboden hängt. Spiele das Stück nie in der konzipierten historischen Epoche, sondern setze es in die Zeit der Entstehung, oder anderswohin. Lasse nicht zu, daß der Bühnenbildner diesbezüglich selbständig zu denken beginnt. Spielt ein Bild im tiefsten Winterwald, siedle es in der Sahara an, oder - besser - in einem Ballsaal mit zerknittertem Bodentuch. Das ist besonders für lästige Balletteinlagen vorteilhaft. Sollte eine Szene im sonnigen Süden spielen, verlege sie unbedingt nach Grönland oder in die Antarktis. Äußerst lyrische Szenen spielen sich zunehmend gut auf Toiletten, dramatische stelle immer so, daß keine Partnerbeziehungen entstehen können. Bei einer Liebesszene ist es wichtig, wenn du sie so konzipierst, daß sich die Partner gar nicht sehen. Große, revolutionäre Massenszenen und Chorauftritte werden vorteilhaft hinter die Bühne verlegt. In chorlosen Opern aber besetze grundsätzlich den Chor. Auch wenn das teure Honorare kostet. Lasse die Chorsänger am besten unmotiviert auf der Hinterbühne herumstehen, oder lege sie als 'tote Figuren' am Portalrand ab, oder zwischen die Hauptdarsteller.

Beginnt der Handlungsablauf versehentlich der Normalität zu ähneln, greife sofort ein und betätige die Drehbühne. Natürlich müssen auch die Kostüme dazu mehrmals künstlerisch gebrochen werden. Vorteilhaft z.B. wäre also ein Tiefseetaucher im Vorspiel zu >Tiefland< (beachte den symbolischen Volltreffer zum Begriff 'tief'!), oder einen Schornsteinfeger in >Aida<. Lasse dich nicht auf eine normale Reihenfolge der Bilder ein. Am besten, du beginnst mit dem dritten. Dann folgen zwei, vier und eins. (Der Komponist hat sie vielleicht in dieser Reihenfolge komponiert!) Das schafft zusätzlich Spannung. Vorsicht vor der Ouvertüre! Sollte der Dirigent unbedingt nicht auf diesen Langweiler verzichten wollen, setze sie szenisch um. Du kannst z.B. auch die >Wildschütz<-Ouvertüre mit 128 Licht-Vorhang-Stimmungen etwas beleben. Ansonsten: Lasse dich nicht mit der Opernmusik ein, denn sie steht deinen Absichten sowieso entgegen. Negiere sie, die Sänger haben eh' Texte, die nicht zu deiner Konzeption passen. Lasse sie in der Originalsprache singen. Falls du Notenkenntnisse hast, gehe vorsichtig mit ihnen um. An renomierten Häusern werden Regisseure ohne solches Wissen bevorzugt. Vor der dilettantischen Öffentlichkeit sage immer, daß du nur aus der Partitur inszenierst. Kein Mensch kann das beurteilen.

Bewährt hat sich, mit musikalischem Insider-Wissen zu glänzen. So könnte mit einem versteckten Hinweis auf das Lieblingsinstrument des Komponisten szenisch begründet werden, daß z.B. Mimi nicht an einem Lungenleiden, sondern an den Folgen einer Blockflötenvergiftung eingeht, oder, daß sich eine Pharaonentochter an einer Zugposaune tödlich verletzt. Hat dein Scharfsinn ermittelt, daß der Komponist X gern einen Schlafrock trug, lasse auch deinen Wotan in einem solchen auftreten. Daran sieht man, daß du gebildet bist. Daß Othello heute 'weiß' gespielt wird, ist ein alter Hut. Treibe die Verfremdung mutig weiter: Falstaff als dünner Chinese, oder Monostatos als Eskimo wären denkbare Lösungen. Auch die Weiße Dame ließe sich gut mit einem dunkelhäutigen Baßbuffo besetzen, hätten die Komponisten nicht durch engstirnige Fachvorgaben dies verhindert. Halte dich stets an die großen Vorbilder. Übernimm' ihre Erfolge. Auch wenn du gerade den >Evangelimann< inszenierst, übernehme für das letzte Finale das 'tosende Meer' aus dessen Inszenierung. Auch das plötzliche Schließen des Vorhangs mitten im Stück oder die unmotivierte Beleuchtung des Zuschauerraums während der Oper sind nachahmenswerte Effekte. Das Zuspannen von Teilen des Zuschauerraumes, daß Ausspannen von Seil- und Drahtkonstruktionen über dem Kronleuchter, bringt Stimmung und erweckt auch bei der Technik den Eindruck deiner genialen Begabung. Lasse dir von der Musik keine Vorschriften machen. Im Gegenteil: bürste sie immer gegen den Strich. Spielt sie zart und leise - dann organisiere auf der Szene den Tumult einer Schmiedewerkstatt. Wird sie laut und dramatisch - räume die Szene und lasse nur einen einsamen Lichtkegel stehen. Eine kolossale Wirkung!

Beliebt ist auch die Adaption fremder Musik. Auf diese raffinierte Weise kann man mit Einlagen aus der >Walküre< den >Vetter aus Dingsda< mühelos um 3 Stunden verlängern. Vorsicht mit Strichen, denn lange Stükke sind 'In' und du ärgerst den Dirigenten und die Sänger. Vorsicht auch im Umgang mit Dramaturgen, da sie für das Programmheft dich nach der Handlung fragen. Schreibe deshalb das Programmheft besser selbst, d. h., stelle dafür ein paar unpassende Gedichte zusammen und lasse einige Seiten frei (schwarz) - das wirkt und regt den verblüfften Leser zum Nachdenken an. Und vergiß nicht, das Format des Heftes so zu wählen, daß es keinem Zuschauer in die Hand- oder Jackentasche paßt. Die Applaus-Ordnung gewinnt an Bedeutung. Obwohl sie niemals funktioniert. Für dich ergeben sich nun zwei Wege. Dies ist die Variante 'versöhnlich': Empfeh-

lenswert sind komplette Wiederholungen, wozu rhythmisches Klatschen organisiert wird. Die Zuschauer müssen dabei durch totale Dunkelheit im Zuschauerraum und verschlossene Türen am Verlassen des Hauses massiv gehindert werden. Durch endloses Drehen der Scheibe mit lebenden Bildern kann man so das Publikum bis zu 20 Minuten nach Ende der Vorstellung gewaltsam festhalten und das Ganze als Beifallsbezeugung verbuchen. Auch viele Sänger glauben das und vergessen dabei die nervtötende Probenarbeit. Und überhaupt: Zu den Sängern sei freundlich, denn sie durchschauen am ehesten dein Treiben. Einige haben sogar Notenkenntnisse, und sie sind auf Publikumserfolg angewiesen. Sie wissen auch zumeist, was die Zuschauer von einem Stück eigentlich erwarten. Das ist gefährlich. Darum: Lasse dir nie in die Karten schauen. Fragen nach deinen Regieabsichten beantworte immer nur grundsätzlich und mit tiefsinnigem Bezug wie: auf der Schräge, hinter Schleier, mit Scheibe oder mit Laser etc. Ein moderner Regisseur hat natürlich gar keine Konzeption. Deshalb komme auch nie vorbereitet auf eine Probe, sondern verlaß' dich auf die Intentionen deiner Assistenten. Du solltest - um die Sänger zu beschäftigen - mindestens ihrer drei haben. Damit die Sänger nicht an ihre Texte denken, lasse sie Lasten tragen, sich aus-, an- oder umziehen, oder an Seilen fassen. Gut sind auch kreisende Armbewegungen, Liegestütze, singen liegend in Bauch- oder Rückenlage, oder Purzelbäume. Auf diese Weise kann man auch synchron oder zeitversetzt den Chor - textunabhängig - bewegen. Doch zurück zur Applausordnung: Legst du keinen Wert auf weitere Zusammenarbeit mit dem Hause, organisiere einen Premierenskandal, denn nur wenn du ausgepfiffen und angebuht wirst, ist die Entlarvung des eigentlich saublöden Publikums restlos gelungen. Ein paar auf eigene Kosten eingeladene 'Fans' repräsentieren dann den Gegenpol der 'Erleuchteten' und verkürzen dir die Premierenfeier. Aber dann wird es höchste Zeit, den satten Rest des Honorars einzukassieren und von der Bildfläche zu verschwinden, denn es gibt immer noch Verwaltungsdirektoren, die den Erfolg einer künstlerischen Produktion auch an ihrer Publikumswirksamkeit messen."

(Günter Hofmann, aus: „Mitteilungen der Deutschen Richard-Wagner-Gesellschaft" Nr. 24/25, Nov. 1997)

Die Bühne, also 'das Theater im Theater', könnte wahrlich zu einer (Schwingungs-) Erhöhung beitragen. Entscheidend dabei ist nicht nur, was man hört, nein, auch was man sieht: Das Bühnenbild! Man kann es auf das 'Spielbrett Erde' projizieren; beide müssen, um einen für ***alle*** Beteiligten ***sinnvollen*** und ***harmonischen*** Spielablauf zu gewähren, harmonisierenden Gesetzmäßigkeiten folgen.

Ich zitiere aus einem eigenen Artikel - „Die Bühne als kosmischer Raum" - für die Deutsche Richard-Wagner-Gesellschaft zum Werk des Bühnenbildners ***Prof. Günther Schneider-Siemssen*** (unter anderem Metropolitan Opera New York), der in einer Kette so berühmter Namen wie Max Brückner, Kurt Söhnlein, Walter Preetorius und Heinrich Wendel steht.

„Das neue galaktische Weltbild fängt in seiner Wirkung langsam an, den Bewohnern des Planeten 'Erde' ein kosmisches Bewußtsein zu verinnerlichen - und dieses müßte sich auch, setzt man die Kette der Wirkungen fort, in den Bereichen der Musik, Literatur und Darstellenden Kunst einschließlich des Theaters niederschlagen: Kosmische Kunst! Gefragt wird nach einer neuen, zeitgemäßen Kunst als Ausdruck einer neuen Auffassung von 'Welt' und eines neuen, universellen Bewußtseins. - [...] Daß wahre Kunstwerke weder logisch durchdacht noch intellektuell erklärbar und durch den analysierenden Verstand nicht erfaßbar sind, bedarf selbst für den weniger phantasie- und gefühlvollen Menschen keiner weiteren Erklärung. Für Schneider-Siemssen bilden drei Elemente der Bühnengestaltung eine visionäre Einheit: 1. die Dynamik des optischen Bildes, 2. die Harmonie der Farbe, 3. die Lichteffekte. Der subjektive Wertmaßstab bildet sich in dieser Reihenfolge: optischer Bühnenraum, akustische Sinnesreize der Musik und schließlich intellektuelles Gebäude der Handlung, wobei zwischen den Elementen ein Fließgleichgewicht besteht. Die 'Sichtbarmachung' der Musik durch das Bühnenbild erzeugt Stimmungsbilder, die den Zuschauer in einen erhöhten Erlebniszustand führen, in einen Rausch der erlebten Harmonie, in archaische, verborgen geglaubte und mystische Tiefen unseres Wesens. Die Dramatik der künstlerischen Aussage gerade Richard Wagners wird erst durch Schneider-Siemssen mit-erlebbar! Der >Ring< ist von Wagner selbst als kosmische Dichtung verstanden worden. - Ein der musikalischen Aussage nicht entsprechendes Bühnenbild (Stichwort 'Regietheater') schafft bekanntlich Unbehagen und kann fast jede Oper umbringen.

Der optisch sichtbare Bühnen-Raum-Ausschnitt (Guckkasten-Modell) ist durch eine kosmische Gestaltung so angelegt, daß die Begrenzung des Bühnen-Raumes nicht nur in seiner optisch gedachten, sondern darüber hinaus in seiner s e e l i s c h e n Erweiterung zu sprengen ist - als Bestätigung eines kosmischen Daseins-Zusammenhanges. [...]

Vier universelle Aspekte sind dem Bühnenbildschaffen von Schneider-Siemssen zugewandt: Größe, Herrlichkeit, Tragik und - als Ausgangspunkt künstlerischer Entfaltung - Verwandlung. Sein Werk schwankt zwischen kosmischen wie apokalyptischen Visionen - verknüpft mit der Hoffnung, daß jedem unumkehrbaren Untergang der Keim eines Neubeginns innewohnt. Woher aber nimmt dieser 'Diener der Kunst' seine Kraft? Schneider-Siemssen ist - zitiert nach Besci - von der Lehre der Seelenwanderung wie von der Existenz verborgener metaphysischer Ordnungen überzeugt, die jeden Zufall ausschließen bzw. den Zufall benützen, um ihre eigentlichen Absichten zu verwirklichen. [...] *Schneider-Siemssen: 'Ich bin seit längerer Zeit der Ansicht, daß nach dem Tode unsere Energien zu weiterer Entfaltung gelangen und daß unsere Existenzen auf anderen Planeten weiter wirken.'*

Das kosmisch-galaktische Theater der Zukunft wird von dem neuen Bewußtsein geleitet sein, unser Sternensystem als unseren künftigen Ereignis- und Schicksalsraum zu begreifen, ein Schicksalsraum der Entscheidung: entweder Zerstörung - oder menschliche Integration hin zum Göttlichen."

(Udo Brückmann: „Die Bühne als kosmischer Raum", aus: „Mitteilungen der Deutschen Richard-Wagner-Gesellschaft" Nr. 7, Okt. 1993)

In diesem Sinne: Lassen wir Kunst und Musik um uns sein!

Abschließend möchte ich noch den österreichischen Künstler ***Ernst Fuchs*** in einem Zeitungsinterview zu Wort kommen lassen:

„WELT am SONNTAG: Sie haben einmal geschrieben 'Die Freiheit der Kunst ist der einzige Garant der Freiheit des Menschen' - Wie ist es um diese Freiheit heute bestellt?

Fuchs: Sehr schlecht, weil die Systematik der Verstaatlichung des Bürgers weltweit zugenommen hat. Durch die Vielzahl von Kontrollmöglichkeiten, darunter auch das Internet, ist das eingetroffen, von dem George Orwell sagte, es wäre der 'große Bruder', beziehungsweise alle Propheten des 19. und 20. Jahrhunderts von Jules Verne bis Huxley haben recht behalten.

Der Staatsbürger, ganz gleich welchen Landes, ist total verstaatlicht, von der Wiege bis zum Grab. Und daher meine ich auch, ist die Freiheit der Kunst in höchster Gefahr. Der Künstler kann nicht mehr von seiner Kunst leben, und Maler ist kein Beruf mehr. Durch die totale Verstaatlichung ist es nicht einmal mehr möglich, außerhalb großer Weltkonzerne Geld zu verdienen. Und es wird noch schlimmer kommen. Das sieht man schon allein an dem schrecklichen Gebilde EU. Die Europäische Union ist meiner Meinung nach auf dem Wege zum Euro-Faschismus, auf der wirtschaftlichen Grundlage, daß keiner eine krumme Banane haben darf. Demnächst wird jeder private Obstbaum verboten. Von dem Baum darfst du nämlich nicht essen, denn seine Früchte könnten ja ungespritzt sein. Sie müssen aber gespritzt sein, und mit dem neuesten Mittel, das von der EU vorgeschrieben wurde. Man kann wirklich nur sagen, nichts wie weg hier. Aber wohin?

Das ist allerdings die Frage.“

(Katja von Nagy, aus: „Welt am Sonntag“, Nov. 1996)

Wir wollen diese Frage weiter beantworten. Ganz ***bewußt***.

21. MEDITATION / WUNSCHIMPRÄGNIERUNG

Meditation (lat. meditatio = Nachsinnen, Denken; zu lat. medius = der mittlere) ist 'Gesundheitstraining' und Harmonisierung für den Astralkörper - und somit auch für den physischen Körper. Gemeint ist das Finden einer absolut neutralen Ruhe, Entspanntheit, Balance und Harmonie, eine Reise nach ***innen***. Es ist der wohlige Zustand, einfach nur in Zufriedenheit und durch Betrachtung aller im Bewußtsein (individuell) ***interessanten*** Dinge zu ***sein***. „ICH BIN". Weiter nichts. Ein Zustand ohne Urteile, ohne gut und schlecht, ohne negativ und positiv. Betrachten wir uns bildlich als Zwiebel, welche die übereinanderliegenden Zwiebelhäute nach und nach ablegt; Meditation ist Entblättern oder Abschälen, Astral-Striptease! Man benötigt keine fremde Hilfe oder Unterstützung von außen, keinen bestimmten Ort. **Meditation ist aufmerksames Beobachten.** Die Schwierigkeit liegt für unsere gesellschaftliche Verhältnisse in der Einfachheit. Man benötigt nur ***sich selbst*** als einzig in Frage kommenden 'Meditationslehrer'. Zu jeder Zeit und überall.

Meditation ist eine Möglichkeit, 'das Reich des Geistigen' zu erfahren. Meditation kann zur Stabilisierung des Elemente- beziehungsweise Chakren-Gleichgewichts beitragen, und somit eine heilende Wirkung haben. Es gibt verschiedene Meditationstechniken (wie der schon beschriebene 'Buddha-Sitz'), die hier jedoch nicht im Mittelpunkt stehen.

Leider ist im Umgang mit Meditation eine sich eher negativ auswirkende 'Verwestlichung' zu beobachten. Das ist umgekehrt so, als wenn ein Asiate statt mit Stäbchen zum erstenmal mit Messer und Gabel essen soll. Meditation ist natürlich für ***alle*** Menschen geeignet, nur ist eine Annäherung an das Thema kulturell unterschiedlich ausgeprägt. Es scheint in der westlichen Gesellschaft zunehmend 'schick' zu werden, zum Beispiel nach dem Fitneß- und Sonnenstudio noch zur 'Meditationsgruppe' zu gehen. Eine tolle Angelegenheit! ***Braucht*** man aber dazu bestimmte Meditationskissen, Meditations-Amulette, Meditations-Edelsteine, Meditations-Räucherstäbchen, Meditations-Kerzen und Meditations-Musik? (Noch einmal: Es soll nichts verurteilt werden; wenn jemandem diese Dinge behilflich sind, dann sollte er sie benutzen! Die Mittel sind oft der Zweck! Lassen Sie sich durch dieses Buch nicht ***Ihre*** Wahrheit nehmen! Ich möchte lediglich darlegen, daß es eventuell ratsamer wäre, eigene und sehr individuelle Meditationsgegenstände zu finden.) Übrigens eignet sich ***jede*** Musik, die ihrer Bezeichnung gerecht wird, zur Meditation.

Es ist dasselbe Spiel: Wir sind wieder bei einer ***Schublade*** angelangt! Passend dazu bietet uns die passende Industrie die passenden Artikel beziehungsweise die passende Ausrüstung und zusätzlich die Suggestion, diese Artikel zu Beginn des Meditierens unbedingt ***haben*** oder ***konsumieren*** zu wollen... Begrenzungen. Un-Freiheit.

Ich gebe Ihnen ein Beispiel: In den Tagen meiner Kindheit war es in unserem Dorf unter allen Nachbarkindern sehr populär, mit Rollschuhen durch die Gegend zu fahren. Natürlich wollte man als Kind diese Rollschuhe auch ***haben***, aber es ging darum, zusammen mit den anderen viel Spaß zu erleben! Also bekam man schlußendlich seinen Willen, konnte sich die Plastikrollen unter irgendwelche, passende Schuhe schnallen und „ab ging die Post"! Heute ist das anders: Die Dinger heißen jetzt 'Roller- oder Inline-Skates', scheinen in ihrer futuristischen Aufmachung eher dem neuesten Science-Fiction-Film entsprungen zu sein, und sind ohne ein entsprechendes 'Outfit' führender Markennamen gar nicht denkbar. Es geht gar nicht mehr so sehr darum, ein spontanes, gemeinschaftliches Erlebnis zu haben, sondern nur noch um 'haben', und darum, den anderen statt „ICH BIN" dieses „ICH HABE" zu zeigen. Genauso verhält es sich im westlichen Umgang mit dem Begriff 'Meditation'.

Oft wird Meditations-Kursen und Seminaren eine Erwartungshaltung entgegengebracht, die kaum erfüllt werden kann. Die Teilnehmer erwarten Entspannung (oder gar 'Erleuchtung') und strengen sich dabei fürchterlich an, diese Entspannung durch allerlei Verrenkungen, Beschränkungen (Gedankenbeherrschung) und durch vorgegebene Rituale, die gewünschte Entspannung zu erreichen. Das ist absurd!

„Der erste Grundsatz, den sich der Suchende vor Augen halten muß, ist, daß das Gemüt in der Meditation nur in Übereinstimmung mit den Gesetzen, die seiner eigenen Natur innewohnen, beherrscht und gesteuert werden kann und nicht durch Ausübung irgendeines mechanischen oder semimechanischen Zwangs. [...]

Erfolg in der Meditation setzt voraus, daß das Gemüt nicht nur ein tiefes Interesse für die göttlichen Themen oder Wahrheiten entfaltet, sondern auch beginnt, sich darum zu bemühen, sie zu begreifen und entsprechend zu würdigen. Verstehendes Meditieren dieser Art ist eine natürliche Tätigkeit des Gemüts, und da es die monotone Starrheit und Gleichförmigkeit mechanischer Meditation vermeidet, ist es nicht nur spontan und inspirierend, sondern auch leicht und erfolgreich. [...]

Meditation ist ihrem Wesen nach eine persönliche Angelegenheit, in dem Sinne, daß sie nicht der Zurschaustellung in der Öffentlichkeit dient, sondern dem eigenen geistigen Fortschritt.“

(Meher Baba: „Darlegungen über das Leben in Liebe und Wahrheit“)

Ich kann Ihnen von meiner früheren, eigenen Meditations-Erfahrung berichten; zum einen als Teilnehmer einer doch zu Denken gebenden ‘Violetten Stunde’, in der man unter Anleitung musikalisch mit ‘Wiener Walzern’ zu meditieren hatte (an sich keine schlechte Idee), woraufhin eine Teilnehmerin erkenntnisreich für die anderen formulierte: „Also, irgendwie hab’ ich da im Kopf irgendwo auch nur Walzer getanzt!“ (Was denn sonst? Tango?)

Und zum anderen habe ich - zusammen mit einer an dieser Stelle sicher grinsenden Freundin - immerhin ganze drei Monate durchgehalten, in einem buddhistischen Tempel jeden Samstag etwa zwei Stunden, ebenfalls unter Anleitung, in einer Gruppe sehr ernsthaft zu meditieren: 45 Minuten Meditation im Tempel, 20 Minuten meditatives Gehen im Garten - und schließlich noch einmal 45 Minuten Meditation im Tempel. Das vorgegebene Ziel, den eigenen Geist in Entspannung zu beruhigen, endete schon nach einer Viertelstunde damit, daß sämtliche Teilnehmer anfingen, möglichst unauffällig auf dem Teppich hin- und herzurutschen, um irgendwie die Schmerzen in den Beinen auszugleichen... Für die restliche Zeit wartete man auf den erlösenden Gong für die Pause, um sich dann erneut den quälenden Verknotungen hinzugeben. Nach Abschluß der gesamten Prozedur hätte man sich einen riesigen Schuhanzieher zum Aufstehen gewünscht, obgleich wir beide einige Stunden danach das Gefühl hatten, in bezug auf unsere gesamte Umwelt aufmerksamer zu sein.

Auch bei Meditation gilt ‘der mittlere Weg’ und niemals ein Extrem. (Meditation hat nebenbei mit Drogen und halluzinogenen Hilfsmitteln nichts im Sinn.)

„In bezug auf die Körperhaltung gibt es keine festen Regeln. Jede bequeme Stellung eignet sich zur Meditation, solange sie zur Wachheit des

Gemüts beiträgt und nicht zum Eindösen führt. Die gewählte Haltung darf keinerlei körperliche Spannung oder Schmerz verursachen, denn dies würde die Aufmerksamkeit auf den Körper lenken. Der Körper soll deshalb völlig entspannt sein, wie beim Einschlafen. Die übliche Schlafstellung ist indessen zu vermeiden, weil der Meditierende darin zu leicht einschlummert. Ist der Körper einmal in eine bequeme und geeignete Haltung gebracht, ist es hilfreich, die Aufmerksamkeit zur Einleitung der Meditation auf den Kopf zu lenken und diesen als Körperzentrum zu betrachten. Dies erleichtert das Vergessen des Körpers und die Sammlung der Aufmerksamkeit auf den Gegenstand der Meditation.“

(Meher Baba: „Darlegungen über das Leben in Liebe und Wahrheit“)

Das Beste, was jemals darüber geschrieben wurde, findet sich meiner Meinung nach bei Krishnamurti - zum Thema ***Meditation***:

„Dieses ganze Problem zu erforschen ist Meditation. Man ist mit diesem Wort sowohl im Osten wie im Westen in einer höchst unglücklichen Weise umgegangen. Es gibt verschiedene Meditationsschulen, verschiedene Methoden und Systeme. Es gibt Systeme, die sagen, >Beobachte die Bewegung Deiner großen Zehe, beobachte sie, beobachte sie, beobachte sie.< Es gibt andere Systeme, die empfehlen in einer ganz bestimmten Haltung zu sitzen, regelmäßig zu atmen oder Bewußtheit zu üben. das alles ist äußerst mechanisch. Eine andere Methode gibt Ihnen ein bestimmtes Wort mit dem Hinweis, daß Sie eine ungewöhnliche transzendentale Erfahrung haben werden, wenn Sie es ständig wiederholen. Das ist reiner Unsinn. Es ist eine Art von Selbsthypnose. Wenn Sie das Wort Amen oder Om oder Coca-Cola unaufhörlich wiederholen, werden Sie gewiß eine bestimmte Erfahrung haben, weil Ihr Geist durch die Wiederholung ruhig wird. Es ist ein wohlbekanntes Phänomen, das seit Jahrtausenden in Indien praktiziert worden ist - Mantra-Yoga wird es genannt. Durch Wiederholung können Sie bewirken, daß der Geist freundlich und sanft wird, aber er bleibt ein kleinlicher, minderwertiger, unbedeutender Geist. Sie mögen ebensogut einen Zweig, den Sie im Garten aufgelesen haben, auf den Kaminsims legen und ihm jeden Tag eine Blume opfern. Nach einem Monat werden Sie ihn anbeten, und wenn Sie es versäumen, eine Blume davor niederzulegen, wird es zu einer Sünde werden.

Meditation heißt nicht, einem System zu folgen; sie besteht nicht in ständiger Wiederholung und Nachahmung. Meditation ist keine Konzentration. [...]

Meditation ist keine Gedankenkontrolle, denn wenn das Denken kontrolliert wird, erzeugt es im Menschen Konflikt. [...]

Meditation bedeutet, eines jeden Gedankens, eines jeden Gefühls gewahr zu sein, niemals zu sagen, sie seien richtig oder falsch, sondern sie einfach zu beobachten und ihnen nachzugehen. In diesem Betrachten beginnen Sie alle Regungen des Denkens und Fühlens zu verstehen. [...]

Wenn Sie dieses Buch eine Stunde lang aufmerksam gelesen haben, ist das Meditation. Wenn Sie nur ein paar Worte mitgenommen und ein paar Ideen gesammelt haben, um darüber später nachzudenken, dann ist das keine Meditation mehr. Meditation ist ein Zustand des Geistes, der auf alles mit vollkommener Aufmerksamkeit schaut, der das Ganze betrachtet und nicht nur Teile. Und niemand kann es Sie lehren, achtsam zu sein. Wenn irgendein System Sie lehrt, wie Sie achtsam sein können, dann wenden Sie dem System Ihre Achtsamkeit zu, und das ist keine Achtsamkeit. Meditation ist eine der größten Lebenskünste, vielleicht die größte, und man kann sie unmöglich von jemandem erlernen; darin liegt ihre Schönheit. Sie hat keine Technik und daher keine Autorität. [...]

Meditation zu verstehen heißt zu lieben, und Liebe ist nicht das Produkt von Systemen, von Gewohnheiten; sie wird nicht durch das Befolgen einer Methode erzeugt.“

(Jiddu Krishnamurti: „Einbruch in die Freiheit“)

Meditation kann das Tor sein, das eigene Herz weit zu öffnen zum liebevollen Verständnis für sämtliche Aspekte der Schöpfung, für ‘Gott und die Welt’. Meditation kann das Tor sein zur reinen und urteilsfreien Existenzweise des „ICH BIN“.

Darüber hinaus formuliere ich in einer Erweiterung, jedoch auf der gleichen neutralen Grundlage, daß durch Meditation die gezielte oder bewußte Realisierung eines inneren, tiefen Wunsches möglich wird. Es ist der Seins-Wunsch, sich selbst und anderen Menschen, denen man sich tief verbunden fühlt - in welcher Art auch immer - ***helfen*** zu wollen. Nur ist dieses im ursprünglichen Sinn keine ‘Meditation’ mehr, es ist eine ***Wunschimprägnierung*** auf Meditationsbasis. Die Bedingungen sind Neutralität, innere Ruhe oder Entspannung, Harmonie und ein dem Materiellen entgegengesetztes Denken.

Viele Faktoren, die zur Aufrechterhaltung der menschlichen Gesundheit erforderlich sind, haben wir bisher ein wenig näher beleuchtet; bei der handelsüblichen Abhandlung des Themas 'Meditation' kommt, jedenfalls für die Einordnung in das aufgebaute Erklärungsgerüst, etwas hinzu: Die ***Atmung***!

Und jetzt sind wir bei einer weiteren Möglichkeit von ***Wunschimprägnierung***, die selbstverständlich den Universalgesetzen unterliegt.

Frische und möglichst saubere Luft ist ebenfalls 'Nahrung' für den Organismus und für den Astralkörper. Atmung ist ein lebenswichtiger Vorgang, bei dem Energie freigesetzt wird. Luft wird vom Organismus aufgenommen, jede Zelle durch das Blut besonders mit Sauerstoff versorgt, Kohlendioxid wird abgegeben: Ein Kreislauf der Transformation! Was verbirgt sich dahinter an weiterem Wissen?

„Sauerstoff ist dem Feuer-Element und Stickstoff dem Wasser-Element unterstellt. das Luft-Element ist das vermittelnde Element und das Erd-Element dasjenige, das den Sauerstoff und den Stickstoff zusammenhält. Das fünfte, das Akasha- oder Äther-Element, ist das gesetzmäßige, das Ursachen- oder Gottesprinzip. So wie im großen Universum, in der Natur, haben auch hier die Elemente ihr elektrisches wie magnetisches Fluid, ihre Polarität. [...]

Verlegt man in die einzuatmende Luft einen Gedanken, eine Idee oder Vorstellung, ganz gleich, ob sie sachlich oder abstrakt ist, nimmt sie das Akasha-Prinzip [Anm.: ind. Sanskrit = Äther] *der betreffenden Luft auf und leitet sie durch das elektrische und magnetische Fluid dem Luftstoff weiter. Dieser imprägnierte Luftstoff spielt dann, wenn er durch die Lunge den Blutgefäßen zugeführt wird, eine doppelte Rolle. Erstens dienen die stofflichen Teile der Elemente zur Erhaltung des Körpers, zweitens leitet das elektromagnetische Fluid, geladen mit der Idee oder Vorstellung, aus der Blutbahn die mit der Idee verfärbte elektromagnetische Luft durch die Astralmatrize* [Anm.: 'Silberschnur'] *dem Astralleib und von dort aus reflektorisch durch die Mentalmatrize dem unsterblichen Geist zu.* [...]

Setzen Sie sich bequem, entspannen Sie den ganzen Körper und atmen Sie durch die Nase. Stellen Sie sich vor, daß mit der eingeatmeten Luft Gesundheit, Ruhe, Frieden, Erfolg oder das, was Sie am ehesten erreichen wollen, durch die Lunge und durch das Blut in Ihren Körper übergeht. Die Vorstellung Ihrer Idee muß so intensiv sein, daß die Luft, die Sie einatmen, mit ihrem Wunsch derart imprägniert ist, daß dieser bereits zur Wirklichkeit geworden ist. Nicht der geringste Zweifel darf Ihnen dabei aufkommen.“

(Franz Bardon: „Der Weg zum wahren Adepten“)

Die energetische Wirkung der ***Atmung*** kann außerdem dahingehend genutzt werden, die bei vielen Menschen ***übersteigerte Sexualkraft*** beziehungsweise die Schwingung des überspannten Wurzelchakras wieder in harmonische Bahnen zu lenken.

Drosselung und Umpolung der Sexualkraft nach Gregorius:

„Der den Ätherkörper [Anm.: Astralkörper] *des Menschen regelmäßig durchflutende zweifache ätherische Strom, der die Chakra miteinander verbindet, steht mit der Dorsalflüssigkeit des Rückenmarkes in engem Zusammenhang. Die esoterische Atemlehre lehrt, daß der Mensch beim Einatmen durch das linke Nasenloch den sogenannten Ida-Ätheratemstrom einzieht, beim Ausatmen durch das rechte Nasenloch den Pingalastrom ausstößt in einem regelmäßigen Rhythmus.* [...]

Das Motiv der Handlung kann ganz verschieden sein. Oft ist der wissende Mensch nur gewillt, seine ihn bedrängenden sexuellen Regungen zu mildern und sich davon frei zu machen. Nehmen wir aber an, ein Mensch steht vor einer starken geistigen Anspannung oder einer Aufgabe, die seine ganze Kraft erfordert. Dann kann er sich durch die nachstehende, bewußt ausgeführte Übung kräftigen und widerstandsfähiger machen. Die vollzogene Umpolung wirkt wie ein Stimulantsmittel.

Ü b u n g [Anm.: nach dem Kundalini-Prinzip, das heißt Kundalini wäre bildlich ein ‘Hochgeschwindigkeitszug’ und diese Übung eine ‘Pferdekutsche’]:

Stellen Sie sich aufrecht hin mit leicht gespreizten Beinen. Atmen Sie 5mal tief ein und aus. Konzentrieren Sie sich auf sich, beide Hände zur Faust geballt. Positiver Blick geradeaus. Nach einer Pause öffnen Sie beide Hände und legen diese nebeneinander, die Fingerspitzen nach unten auf die Sexualgegend. Senken Sie nun den Kopf. Schließen Sie die Augen. Nun stellen Sie sich vor, daß Ihre beiden Handflächen die ausströmende Kraft

Ihres Wurzel-Chakra aufsaugen. Lassen Sie die Hände eine Zeitlang liegen, bis Sie das Empfinden einer Einstrahlung haben. Dann atmen Sie 5mal tief ein und aus und führen dann beide Hände dicht über den Körper an der Seite des Leibes empor über die Brust bis zur Halsgegend. Es erfolgt dabei eine leichte waagerechte Drehung der Hände. Dann drehen Sie die Hände senkrecht nach oben, führen sie seitwärts am Gesicht empor, über die Ohren hinweg. Beide Hände nebeneinander fest auf dem Hinterkopf. Atmen Sie dabei in gleichem Rhythmus. Nun stellen Sie sich vor, daß von den Handflächen die vom Wurzel-Chakra aufgesogene Kraft wieder ausstrahlt in Ihren Hinterkopf ins Kleinhirn und in die Gegend der Zirbeldrüse. Lassen Sie so die Hände eine Zeitlang liegen.

Nun atmen Sie wieder 5mal tief ein und aus. Heben Sie den Kopf, ohne die Hände wegzunehmen und biegen ihn leicht nach rückwärts. Dadurch strafft sich Ihr ganzer Körper, die Ellenbogen drücken sich durch. Lassen Sie aber die Augen geschlossen und konzentrieren Sie sich nur auf die Einstrahlung. Dann lösen Sie die Hände wieder, senken den Kopf, führen die Arme im Halbkreisbogen zurück, legen die Hände wieder wie vorher, auf das Wurzel-Chakra und beginnen die Übung nochmals. Denken Sie an nichts anderes als an Ihr Vorhaben: die Kräfte umzuleiten. Je stärker Ihre Imaginationskraft ist, desto besser wird die Übung gelingen. Machen Sie die Übung nicht mehr als 5mal hintereinander.

Sie werden eine Steigerung Ihrer geistigen Kräfte erleben, die erstaunlich ist, zumal wenn Sie die Übung mehrere Tage hintereinander fortsetzen. Bei Frauen ist diese Übung abends oder nachts vorzunehmen, niemals aber in der Phase des abnehmenden Mondes oder des Neumondes, auch niemals während der Menses. Männer sollen die Übung möglichst am Tage machen. [...] Man kann die entnommenen Kräfte auch auf andere Chakra-Gegenden und damit direkt auf andere Organe des Körpers übertragen.“

(Gregor A. Gregorius: „Die magische Erweckung der Chakra im Ätherkörper des Menschen“)

Zurück zur ***Wunschimprägnierung***. Jesus sagt:

„Bei allem, worum ihr in eurem Gebet bittet, glaubt nur, daß ihr's schon empfangen habt, so wird's euch zuteil werden.“

(Die Bibel, Markus 11, 24)

Mit anderen Worten: Gehen wir davon aus, daß etwas - ein wirklicher Wunsch oder eine Herzensangelegenheit - schon geschehen ist, dann geschieht es auch. Ganz einfach. Nutzen wir die Macht unserer emotionalen Gedanken und setzen diese in die Tat um!

Je mehr nun die eigenen, positiven Wünsche ***anderen*** dienen, je mehr fallen Sie positiv in Resonanz auf uns zurück. Egoismus hat keine Chance! Unser 'Meditationszentrum' kann - wie gesagt - ***überall*** sein: Auf dem Sofa, im Bett, im Wald, beim Spazierengehen, mit Musik, Klängen oder Naturgeräuschen, in der Stille, vor einer Blume, vor einem Gemälde, Foto oder einem anderen Gegenstand, welches harmonische Regeln in sich vereint, vor einem offenen Feuer oder einer brennenden Kerze, auf dem Fahrrad, beim Beobachten von Tieren, beim Geschirrspülen (!), beim Essen, auf dem Klo... undsoweiter. Und beim Waschen, Duschen oder Baden, denn das Element ***Wasser*** kann man - wie bei der Nahrungsaufnahme und Atmung - ganz bewußt als dritte Möglichkeit zur ***Wunschimprägnierung*** unter den beschriebenen Bedingungen positiv nutzen. Ob die christliche Kirche dieses während ihres Rituals der ***Taufe*** ebenfalls (wissentlich oder unwissentlich) 'positiv' nutzt, ist eine andere Frage.

„Bei jedem Waschen der Hände denken Sie intensiv daran, daß Sie durch das Waschen nicht nur den Schmutz von Ihrem Körper abstreifen, sondern auch den Ihrer Seele. Denken Sie z.B., daß Mißerfolg, Unruhe, Unzufriedenheit, Krankheit abgewaschen respektive in das Wasser übertragen werden. Waschen Sie sich womöglich unter der Wasserleitung, wo das schmutzige Wasser gleich abfließen kann, und denken Sie sich dabei, daß mit dem abfließenden Wasser auch Ihre Schwächen abfließen. Steht Ihnen dagegen nur ein Waschbecken zur Verfügung, dann müssen Sie nachher das benützte Wasser sofort ausschütten, damit es mit keinem anderen Menschen mehr in Berührung kommt. Sie können auch Ihre Hände auf eine Weile in kaltes Wasser tauchen und sich darauf konzentrieren, daß die astralmagnetische Anziehungskraft alle Schwächen usw. Ihres Körpers und Ihrer Seele an sich zieht. Seien Sie davon fest überzeugt, daß aller Mißerfolg in das Wasser übergeht. Sie werden schon nach kurzer Zeit vom Erfolg dieser Übung überrascht sein. Auch diese Wasser ist sofort auszuschütten. Außergewöhnlich stark wirksam ist diese Übung, wenn man sie im Sommer beim Baden im Flusse vornimmt, wo der ganze Körper (mit Ausnahme des Kopfes) unter Wasser ist.

Man kann diese Übung auch in umgekehrter Weise vornehmen, indem man im Behälter das Wasser, mit dem sich waschen will, vorerst entweder magnetisiert oder mit seinem Wunsch entsprechend imprägniert und fest davon überzeugt ist, daß beim Waschen die Kraft in den Körper übergeht und den Wunsch verwirklicht. Wer über genügend Zeit verfügt, kann beide Übungen verbinden, indem er in einem Wasser das Schlechte abstreift (sagen wir unter der Wasserleitung oder in einer separaten Schüssel) und sich dann in einem anderen mit dem entsprechenden Wunsch imprägnierten Wasser wäscht. In diesem Falle gebraucht man bei der ersten Übung, wo man das Schlechte usw. abstreift, Seife."
(Franz Bardon: „Der Weg zum wahren Adepten“)

Nebenbei erklärt sich auch der Mechanismus eines jeden ***Talismanes*** (arab. tilasm, Pl. tilisman = Zauberbild), der ja mit einem bestimmten Wunsch ‘imprägniert’ ist, und je nach Stärke des Wunsches dabei hilft, diesen zu realisieren.

Wunschimprägnierung ist das bewußte Anwenden von Mechanismen unter bestimmten Regeln und unter der Voraussetzung von Meditationsbedingungen.

Meditation an sich ist der immerwährende Wunsch, die Schöpfung durch Gefühl und Verstand, durch ‘Körper, Seele und Geist‘ zu begreifen.

Meditation ist - wie Heilen, Helfen, Tolerieren, Verstehen und Vergeben - ein **Akt der Liebe**.

22. DAS DRITTE AUGE

'Das Dritte Auge' ist bereits erwähnt worden als das sechste menschliche Haupt-Chakra oder als das Stirnchakra zwischen den physischen Augen. Es ist Teil des Großhirns im vorderen Teil des Kopfes und unterstützt - einseitig gesehen - Intellekt, Verstand und Wille (Kopf = Feuerelement). Daher kann 'das Dritte Auge' mittels Hypnose, also durch gezieltes Ausschalten des willentlichen Handelns, in seiner Schwingungs-Funktion beeinträchtigt oder kurzzeitig 'geschlossen' werden. Es ist weitaus mehr: Es ist der vergessene Blick in 'das Reich des Geistigen'; ein rudimentäres Werkzeug zur Bewußtseinserweiterung, das in allen Menschen - ähnlich wie die 'Schlangenkraft' des Kundalini - vorhanden ist. Seine volle Nutzung ist im Lauf der Evolution und im Verlauf religiöser Tradition in Vergessenheit geraten, und so aus dem Wahrnehmungsfeld der Menschen, jedoch nicht allen, herausgetreten. Das bedeutet aber nicht, daß 'das Dritte Auge' 'geschlossen' ist, man „sieht eben den Wald vor lauter Bäumen nicht"! Alle Chakren, auch das Stirnchakra, sind im Normalzustand in einer 'gesunden' Schwingung. Vielleicht liegt darin die Erklärung von schweren oder unheilbaren Geisteskrankheiten, bei denen das Stirnchakra permanent 'geschlossen' oder zu einem erheblichen Prozentsatz 'außer Schwingung' ist?

Sicher muß berücksichtigt werden, daß die Kopf-Chakren mit den Bauch-Chakren normalerweise in einem Gleichgewicht zueinander korrespondieren; die Sicht der Ganzheitlichkeit darf nicht verlorengehen.

Die Existenz einer Dualität läßt sich schnell untermauern: Unsere beiden physischen Augen (grch. = Licht, Glanz) sind das Organ zum physischen Sehen, 'Das Dritte Auge' ist das Organ zum astralen Sehen. Es muß dazu geistig ausgebildet werden. Auch durch physische Verletzungen kann es zu Beeinträchtigungen kommen.

Es bietet unter anderem die Möglichkeit, die ***Aura*** eines jeden Menschen zu erkennen und anhand der Farben individuell zu studieren, auch im Sinne eines 'Lügendetektors' oder im Sinne einer Krankheits-Diagnose.

Mit Ihren physischen Augen können Sie dieses Buch lesen, starre, vorgegebene Buchstaben und Erklärungsmodelle. Der Ausdruck „zwischen den Zeilen lesen" gibt schon die Richtung vor:

Mit Ihrem ‘Dritten Auge’ könnten Sie sich noch weiter davon lösen und ***Gedanken lesen*** beziehungsweise ‘Schwingungsmuster’ auswerten.

Das ist natürlich auch von Jesus überliefert, der auf Vermutungen nicht angewiesen ist:

„Er aber erkannte ihre Gedanken [...]“

(Die Bibel, Lukas 11, 17)

Da zusätzliche Emotionen meist eine große Rolle spielen, sollte man besser formulieren, daß es möglich wäre, Gedanken oder ‘Schwingungsmuster’ feinstofflich zu ***interpretieren***.

(Im kleinsten und feinsten Detail sind Gedanken nämlich nicht ersichtlich, es sei denn, es handelt sich um den Denkenden.)

Der international bekannte Roman „Das Dritte Auge“ des tibetischen Lamas (tib. = Lehrer, Lenker) ***Lobsang Rampa*** beschreibt die doch sehr radikale ‘Hauruck-Methode’, ‘das Dritte Auge’ - nach einer langen Vorbereitungszeit - durch einen fachmännisch vorgenommenen, chirurgischen Eingriff zu ‘öffnen’. Mit dem Skalpell zur Erleuchtung? Wenn die Dualität des Menschen vorausgesetzt wird, dann liegt auch ein physischer Ansatz zur Bewußtseinserweiterung im Rahmen des Möglichen.

Ob diese Methode unbedingt nachahmenswert ist, sei dahingestellt und meines Erachtens zweifelhaft; entscheidend ist das Ergebnis:

„Es war spannend, den Jungen zu begegnen, die ich so gut kannte und doch gar nicht gekannt hatte. Jetzt brauchte ich sie nur anzusehen, um ihren wahre Gedanken zu erkennen, die echte Zuneigung, die mir manche entgegenbrachten, die Eifersucht der einen und die Gleichgültigkeit der andern. Doch es war nicht so, daß ich einfach Farben sah und alles wußte; ich mußte in der Deutung dieser Farben unterwiesen werden. Ich saß mit meinem Mentor in einer versteckten Nische neben dem Eingangstor, von der aus wir die Leute beobachten konnten, die eintraten. Der Lama Mingyar Dondup sagte dann wohl: >Siehst du, Lobsang, bei dem, der da kommt, den Farbfaden über dem Herzen schwingen? Die Schattierung und das Schwingen bedeuten, daß er lungenkrank ist<, oder er sagte vielleicht, als ein Händler sich näherte: >Sieh diese an, beachte die fliegenden Bänder und die wechselnden Farbflecke. Unser Bruder vom Handel denkt eben, er wird die einfältigen Mönche betrügen können, Lobsang, er erinnert sich daran, daß er das früher schon einmal getan hat. Wie erniedrigen

sich die Menschen um des Geldes willen!< Als ein alter Mönch des Weges kam, sagte der Lama: >Den sieh dir gut an, Lobsang. Er ist ein wahrhaft heiliger Mann, aber er nimmt alles wörtlich, was in unsern Schriften steht. Bemerkst du die Verfärbungen im Gelb seines Strahlenkranzes? Das bedeutet, daß er noch nicht weit genug fortgeschritten ist, um selbständig zu urteilen.< So ging es fort, Tag um Tag. Besonders an Kranken machten wir Beobachtungen und übten die Kraft des Dritten Auges an körperlich Kranken oder Kranken am Geiste. [...]

Der Abt ließ mich eines Tages rufen und sagte: >Mein Sohn, du hast nun diese Fähigkeit, die den wenigsten gegeben ist. Gebrauche sie nur zum Guten, nie zum eigenen Gewinn. Wenn du fremde Länder durchwanderst, wirst du Leuten begegnen, die es gerne sähen, wenn du dich betrügest wie ein Zauberer auf einem Jahrmarkt. 'Beweise uns dies, beweise uns das', werden sie sagen. Doch ich sage dir, mein Sohn, das darf nicht sein. Diese Fähigkeit ist dir gegeben, um andern zu helfen, nicht um dich zu bereichern. Was immer dir durch das Hellsehen bekannt wird - und vieles wird dir bekannt werden! - enthülle es nicht, wenn es andern schadet oder auf den Pfad ihres Lebens Einfluß nehmen kann. Denn der Mensch muß selbst seinen eigenen Pfad wählen, mein Sohn, sage ihm, was du willst, er muß doch seinen eigenen Weg gehen. [...]"

(Lobsang Rampa: „Das Dritte Auge")

Und dieser Weg sieht in meiner Auffassung vor, daß auch mit dem etwas geheimnisvollen Begriff des 'Dritten Auges' eine 'Entmystifizierung' geschehen muß. Es handelt sich doch 'lediglich' um eines der Haupt-Chakren, dem der 'ursprüngliche Schwung' abhanden gekommen ist, nicht die Schwingung an sich. Wenn man dieses Buch bis hierher aufmerksam gelesen hat, ***weiß*** man, was zu denken und zu tun ist. Und 'das Dritte Auge' wird sich als Teil der bewußtheitlichen Gesamtentwicklung weiter ***entfalten***. 'Geöffnet' ist es sowieso schon durch das Vorhandensein eines bestimmten Schwingungspotentials; darauf und auf vieles andere sollte man seine konzentrierte Aufmerksamkeit oder Energie ***bewußt*** lenken. (Bevor eine ominöse 'Esoterik-Chirurgie' gewinnversprechende Konzepte umsetzt...)

Mit einem stärker schwingenden Stirnchakra ist man dann nicht nur in der Lage, die Aura von Lebewesen und vielleicht sogar - bei fortgeschrittener Entwicklung - die Leuchtfasern der ‘Energie-Eier’ zu ‘sehen’, sondern auch, analog dazu, die ***Energielinien unseres Planeten*** (Mikrokosmos/Makrokosmos).

„>Ich kenne den Ort<, entgegnete Morgaine. >Er liegt auf einer der alten magischen Linien der Macht, welche die Welt überziehen. Man brachte mich einmal dorthin, um die Kräfte der Erde zu spüren. Die Feen wissen Bescheid...<“
(Marion Zimmer-Bradley: „Die Nebel von Avalon“)

Sie, liebe Leser, wissen nun auch Bescheid! Unsere Erde ist überzogen mit einem kraftvollen Netz aus feinstofflichen ‘Energielinien’, die durch ihren Zusammenlauf in einer Vielzahl von Knoten- oder Kreuzungspunkten eine Verstärkung ihrer energetischen Kraft bereitstellen. Bestimmte, exakt lokalisierte ‘Orte der Kraft‘ beziehungsweise Heiligtümer der Ureinwohner aller Erdteile und viele alte Kultstätten versunkener Kulturen - oder ebenso darauf gesetzte Sakralbauten neuerer Zeitrechnung - sind genau auf diesen schwingungsreichen Kreuzungspunkten errichtet oder orientieren sich nach vorhandenen, ‘unsichtbaren’ Linien. Letzteres wird anhand moderner Luft- oder Satellitenbilder deutlich. Auch hier setzt sich das Christentum wieder einmal mehr in das ‘gemachte Nest’!

Für die Ureinwohner Australiens, den einst 500 Stämmen der ***Aborigines***, deren Nachkommen bis auf den heutigen Tag weiter beraubt und diskriminiert werden, gehören diese Beschreibungen zum festen Bestandteil ihrer Weltauffassung, die Entstehung der Welt in der *‘**Traumzeit**’* (die ‘Energielinien’ werden ‘Songlines’ genannt):

„Dann, dem ersten Schrei eines Neugeborenen ähnlich, öffnete jeder Ahne den Mund und rief: >ICH BIN!< >Ich bin Schlange... Kakadu... Honigameise... Geißblatt!< Und dieses erste >Ich bin!<, diese uranfängliche Namensgebung, galt - in diesem Augenblick und für alle nachfolgende Zeit - als die geheimste und heiligste Strophe des Ahnen-Lieds.

Jeder der Alten (die sich jetzt im Sonnenlicht wärmten) setzte seinen linken Fuß voran und rief einen zweiten Namen. Er setzte seinen rechten Fuß voran und rief einen dritten Namen. Er benannte das Wasserloch, die Riedbeete, die Gummibäume - er rief nach rechts und nach links, er rief alle Dinge ins Dasein und verwob ihre Namen zu Versen.

Die Alten sangen ihren Weg durch die ganze Welt. Sie sangen die Flüsse und Bergketten, die Salzpfannen und Sanddünen. Sie jagten, aßen, liebten, tanzten, töteten: wo immer ihre Pfade hinführten, hinterließen sie eine musikalische Spur.

Sie hüllten die ganze Welt in ein Liednetz ein, und als die Erde schließlich gesungen war, fühlten sie sich müde."

(Bruce Chatwin: „Traumpfade")

Das zentrale Heiligtum der Aborigines ist der etwa 350 m hohe ***Uhluru*** oder ***Ayers Rock***, einer der größten Monolithen der Erde, der den Eindruck erweckt, wie durch Zauberhand mitten im australischen Outback - in der Nähe von Alice Springs - gelandet zu sein. Ich hatte schon das Vergnügen, diesen berühmten, aus ***einem*** Stein bestehenden 'Ort der Kraft' zu umwandern, neun abwechslungsvolle Kilometer lang.

Ich möchte an dieser Stelle den Appell der Aborigines wiederholen, bei einem Besuch des Heiligtums eine touristische Besteigung aus Respekt zu unterlassen! Schließlich klettert in unseren Breitengraden auch niemand an der Fassade des Kölner Doms herum...

Man muß sich überlegen, ob die naturgegebenen, durch Linien verbundene 'Orte der Kraft' heutzutage vielleicht durch lähmende Schwingungen (zum Beispiel Atomkraftwerke, Kirchenglockengeläut) beeinträchtigt oder blockiert werden? Ist die bewußte Störung des Energieliniennetzes ein Mittel der modernen Kriegsführung, zum Beispiel durch die Besatzungsmacht eines fremden Landes? Es ist auf jeden Fall eine 'Kriegsführung gegen sich selbst': Werden die 'Linien der Kraft' (durch die moderne Zivilisation) zu sehr gestört, wird der Planet krank - und bekommt 'Krebs'. Das ist für unsere wahrhaft schöne Erde, unsere manifestierte und 'ins Dasein gesungene' Lebensgrundlage, leider allzu ersichtlich. Wir 'erstikken' langsam neben materiellem, besonders an geistigem Müll und niederen Schwingungen. Die harmonisierende Formgebung fehlt mehr und mehr... ***Aber***: Eine Schwingungs-Heilung ist für Krebs jederzeit möglich: Wie im Kleinen, so im Großen! ***Jeder einzelne selbst*** kann reinigend daran mitarbeiten, den ganzen 'verstopfenden Unrat' verschwinden zu lassen!

Nur muß man diesen 'Unrat' als solchen zuerst erkennen.

'Das Dritte Auge' ist dazu ein Hilfsmittel, eines von vielen.

23. HELDEN

Woran denken Sie dabei zuerst? An die mutigen, tapferen, angstlosen und idealisierten Gestalten aus der Frühzeit vieler Kulturkreise, die in der literarischen Form des 'Heldenepos' überliefert sind? 'Siegfried' aus dem germanischen „Nibelungenlied", 'Gilgamesch' aus dem gleichnamigen, sumerischen Epos oder 'Odysseus' aus Homers griechischer Saga „Ilias"? Unerschrockene Gestalten mit außergewöhnlichen Fähigkeiten, Sinn für Gerechtigkeit und unsagbaren Kräften à la 'Herkules'? Sind es die unzähligen Soldaten, die in unzähligen Kriegen für ihr 'Vaterland' auf dem 'Feld der Ehre' sinnlos niedergemetzelt wurden?

Jawohl, diese (überwiegend) Herren sind alle im herkömmlichen Alltagsgebrauch ***Helden***.

Ihr 'Outfit' hat sich dem jeweiligen epochalen Zeitgeschmack angeglichen, ihre Gesinnung ist dieselbe geblieben: Sie sind ***Krieger***!

Und bei allem Sinn für meist eigennützige Gerechtigkeit und selbstüberschätzende Unverwundbarkeit hat man die verantwortungsvolle Pflicht, ihnen von allen Seiten entgegenzurufen: **Gewalt bringt immer nur Gegengewalt hervor** (Resonanzgesetz)! Es ist der 'Teufelskreis' der Un-Freiheit!

„Töte einen, und du bist ein Mörder! Töte Tausende, und du bist ein Held!" heißt ein indisches Sprichwort.

Die 'Spiele für das Volk', welches seit jeher gerne einem Kräftemessen beiwohnt, haben sich im Lauf der Zeit (in der Verpackung) verändert: Im alten Rom waren es die 'heldenhaften' Gladiatoren, die in einer Arena zum Kampf antreten mußten, zum grausamen und blutigen Kampf um ihr Leben. Heutzutage stehen sich ebenfalls in einer Arena zwei oder mehrere Menschen gegenüber, um sich im Kräftemessen - wenn auch viel zu ernsthaft - Bälle zuzuspielen. Es ist in unserer zähflüssigen hominiden Entwicklung schon als Fortschritt aufzufassen, daß 'Verlierer' in einem Spiel für die Massen - wie Tennis oder Fußball - nicht mehr zerfleischt, gesteinigt oder sonstwie getötet werden.

Trotzdem steht ***Gewalt*** gesellschaftlich weit im Vordergrund! Um der altrömischen Tradition gerecht zu werden, verlagert man die ganze Sache in den Begriff der 'Unterhaltung' und bedient sich der Medien; gewaltverherrlichende Filme undsoweiter werden in das Bewußtsein gesät.

„Ich glaube an die Gewaltlosigkeit als das einzige Heilmittel."
(Mahatma Gandhi)

Die 'heldenhafte' Mythologie hilft uns nicht viel weiter. Denken Sie bei ***Helden*** vielleicht an den theatralischen Opfertod eine 'Christus', der sich für alle menschlichen 'Sünden' hat dahinraffen lassen? Religiöse Gestalten, die erneut in einem glorifizierten Mythos weiterleben?

Sind es die modernen 'Helden von heute' auf dem Fußball- oder Tennisplatz, im Rennwagen undsoweiter; 'Krieger' auf der Jagd nach Medaillen, Pokalen, Geld und Anerkennung? Pseudohafte Identifikationsfiguren einer Nation? Sind es die für die Bewunderer oder 'Fans' 'unerreichbaren' und 'göttlichen' Helden der Musik-, Film- und Fernsehbranche, personifizierte, oft zu Lebzeiten lebende oder noch lebendige Legenden? Heldentenöre, Popsänger, Schauspieler, Politiker, gekrönte Häupter mit und ohne Krummstab? Leute, die schlagkräftige Schlag-Zeilen machen? Medienfiguren im (künstlich inszenierten) Interesse einer breiten Öffentlichkeit?

Jawohl, im herkömmlichen Alltagsgebrauch sind dies alles ***Helden*** für die bunten, urteilenden Klatschspalten der 'Yellow Press' - und auf Dauer recht langweilig.

Erst solche Menschen in gedrängte Außenseiterpositionen, die das 'teuflische' Spiel durchschaut haben, und nicht mehr gewillt sind, es mitzumachen, verschwinden plötzlich von der Bildfläche. Ein Beispiel dafür ist die in der Nacht vom 30. zum 31. August 1997 - drei Tage vor Vollmond - in Paris zusammen mit Dodi al Fayed sehr wahrscheinlich ermordete ***Prinzessin Diana***, die 'Königin der Herzen'!

Die Antwort, ob es ein geplantes Attentat (gar aus religiösen Gründen?) oder ein tragischer Verkehrsunfall war, wird sich anhand der Wirkungen nach dem neutralen Kausalitäts- und Resonanzgesetz zeigen. Indem man nämlich solche Lichtgestalten, die öffentliches Bewußtsein positiv verändern können, beseitigt, hat man gleichzeitig und un-wissend die unaufhaltsame Zeitbombe aktiviert, sich selbst zu beseitigen. „God save the Queen... of Hearts"!

Dennoch können die vorgelebten ***'Taten des Herzens'*** nicht aus der Vergangenheit gelöscht werden, im Gegenteil, sie bekommen stetig mehr Bewußtseinskraft. Es darf aber um die Person von Diana nicht wieder in einem verklärten 'Mythos' (grch. = Rede, Erzählung, Fabel, Sage) enden, denn dann sind diese Taten als eine wahrhaft vorbildliche Orientierung durch alleinige Bewunderung eingeschränkt: Werden wir selbst durch unsere kleinen und großen ***Taten*** zu einer 'Königin' oder zu einem 'König des Herzens'!

Bewirken wir für andere ***Positives*** mit der ganzen Kraft unseres emotionalen Bewußtseins; es wird automatisch auf uns zurückfallen!

Zum einen sind es die großen, oft selbstlosen Taten der Rettungsdienste, des Natur- und Umweltschutzes, Ehrenämter, Kinderbetreuung, Altenpflege, Sterbehilfe, Spenden undsoweiter im Auftrag der ***Humanität***.

Zum anderen sind es gerade die kleinen Taten, die Großes bewirken, zum Beispiel ein ehrliches Lächeln, jemanden wirklich helfen durch Zuhören (!), Anteilnahme, Vertrauen, jemanden (wieder) zum Lachen bringen, ein paar liebevolle Worte, ein Gespräch - auch am Telefon, eine Umarmung, ein Brief, ein selbstgemachtes oder ganz persönliches Geschenk, für jemanden kochen (ob vegetarisch oder nicht, spielt bei einer liebevollen Absicht keine Rolle; vegetarisch wäre aber vorteilhafter), ein heißer Tee mit guten Freunden an kalten Tagen, Gesten der Freundschaft welcher Art auch immer, die sagen „Ich bin bei Dir", „Ich halte zu Dir", „Es ist mir nicht egal, wie es Dir geht". (Physische Entfernungen sind dabei belanglos.)

Die 'kleinen Taten' geschehen in der Stille, ohne viel Aufhebens, in vorurteilsfreier Verbundenheit, Verständnis und ***Liebe*** zu allen Menschen, die uns etwas bedeuten, vielleicht sogar zu ***allen*** Lebewesen. Dann ist man in der Tat ein wahrhaftiger ***Held***.

„Prahl' nicht heute: Morgen will
Dieses oder das ich tun.
Schweige doch bis morgen still,
Sage dann: Das tat ich nun."
(Friedrich Rückert)

Jesus:
„Denn wer sich selbst erhöht, der soll erniedrigt werden; und wer sich selbst erniedrigt, der soll erhöht werden."
(Die Bibel, Lukas 14, 11)

24. PAULINISMUS - UND DIE BUDDHISTISCHEN GRUNDLAGEN DES CHRISTENTUMS

Der Apostel (grch. apostolos, zu apo = von, weg + stellein = senden) ***Paulus*** (ca. 10-62 n.u.Z.; mit jüdischem Namen 'Saulus', vgl. Die Bibel, Apostelgeschichte 13, 9 und 21, 39) war ganz sicher kein Held. Dem - so die Überlieferung - Wegbegleiter oder Jünger von Jesus ist es größtenteils zu verdanken, daß die Taten und Lehren von Jesus verdreht, verunstaltet und im großen Stil verfälscht wurden. Gleich zu Beginn hat Paulus karrierebewußt dafür gesorgt, die 'Religion der Liebe und Erlösung' in die Katastrophe zu treiben, alles nur, um den totalen Machtanspruch und die Kontrollierbarkeit der Gläubigen zu sichern. Der Apostel, der auf seinen Missionsreisen im Mittelmeerraum eifrig seine ***eigene*** Botschaft verkündete, hätte vermutlich einen hervorragenden Fernsehprediger und Sektenführer abgegeben...

Über viele Fälschungen lacht man heute berechtigterweise, über die Möglichkeit des gefälschten, christlichen Glaubens darf man nicht einmal in Ansätzen nachdenken, um keine Massenhysterie und geistige Ketzerverfolgung auszulösen. Das christliche Feuer, das über Jahrhunderte Andersdenkende fanatisch verzehrt hat, ist als schnell zu entfachende Glut immer noch da. Will man aber zu den Wurzeln des Christentums zurück, muß man zuerst diese Glut ohne Haß austreten. Fanatismus erzeugt nur Aggression und Gewalt, und Gewalt erzeugt ***immer*** Gegengewalt. **In seiner traditionellen Auslegung ist das Christentum eine rein paulinistische Gesetzgebung**, welche mit den Lehren von Jesus höchst ***wenig*** zu tun hat: Geistige Blockierung statt Befreiung. Das Christentum soll in diesem Kapitel nicht verurteilt und zerstört werden, nein, es soll ein Stück seiner Würde und den Glanz seines ursprünglichen Lichtes zurückerhalten ('New Age'); ein Licht, dessen Leuchtkraft von Anfang an verhindert wurde. Jedoch sind dafür sehr offene und vielleicht unbequeme, provokative Überlegungen notwendig, um „die Spreu vom Weizen zu trennen".

„Man sieht, ***was*** *mit dem Tode am Kreuz zu Ende war: ein neuer, ein durchaus ursprünglicher Ansatz zu einer buddhistischen Friedensbewegung, zu einem tatsächlichen,* ***nicht*** *bloß verheißenden* ***Glück auf Erden****. Denn dies bleibt - ich hob es schon hervor - der Grundunterschied zwi-*

*schen den beiden **décadence**-Religionen: der Buddhismus verspricht nicht, sondern hält, das Christentum verspricht alles, aber hält **nichts**.*

*- Der >frohen Botschaft< folgte auf dem Fuß die **allerschlimmste**: die des Paulus. In Paulus verkörpert sich der Gegensatz-Typus zum >frohen Botschafter<, das Genre in Haß, in der Vision des Hasses, in der unerbittlichen Logik des Hasses. **Was** hat dieser Dysangelist alles dem Hasse zum Opfer gebracht! Vor allem den Erlöser: er schlug ihn an **sein** Kreuz. Das Leben, das Beispiel, die Lehre, der Tod, der Sinn und das Recht des ganzen Evangeliums - nichts war mehr vorhanden, als dieser Falschmünzer aus Haß begriff, was allein er brauchen konnte.*

***Nicht** die Realität,**nicht** die historische Wahrheit...* [...]

Die Kirche fälschte später sogar die Geschichte der Menschheit zur Vorgeschichte des Christentums... Der Typus des Erlösers, die Lehre, die Praktik, der Tod, der Sinn des Todes, selbst das Nachher des Todes - nichts blieb unangetastet, nichts blieb auch nur ähnlich der Wirklichkeit.

*Paulus verlegte einfach das Schwergewicht jenes ganzen Daseins **hinter** dies Dasein - in die Lüge vom wiederauferstandenen Jesus. Er konnte im Grunde das Leben des Erlösers überhaupt nicht brauchen - er hatte den Tod am Kreuz notwendig **und** etwas mehr noch... [...]*

*Was er selbst nicht glaubte, die Idioten, unter die er **seine** Lehre warf, glaubten es. - Sein Bedürfnis war die **Macht** mit Paulus wollte nochmals der Priester zur Macht - er konnte nur Begriffe, Lehren, Symbole brauchen, mit denen man Massen tyrannisiert, Herden bildet.“*

(Friedrich Nietzsche: „Der Antichrist“)

Nietzsche hat erkannt, woran es dem schwächlichen Fundament unserer abendländischen Kultur gänzlich fehlt, indem er formuliert: **„Das Christentum verspricht alles, aber hält nichts“.** Wie auch? Wie kann das Christentum das ‘ewige Leben’ und die ‘Erlösung’ versprechen, wenn sämtliche dafür (durch Jesus) ***gegebenen*** Voraussetzungen unter einem riesigen Berg aus Lügen und Halbwahrheiten verschüttet sind? Das Neue Testament beinhaltet ***zwei*** nebeneinander existierende, doch untereinander verquirlte christliche Lehren, die des Jesus und die des Paulus! Was sagt das ‘Buch der Bücher’ über den angeblichen Apostel, der erst ***nach*** der ‘Kreuzigung’ in Erscheinung getreten ist?

„Und sogleich predigte er in den Synagogen, daß Jesus Gottes Sohn sei. Alle, die es hörten, waren entsetzt und sagten: Ist das nicht der Mann, der in Jerusalem alle vernichten wollte, die diesen Namen anrufen? War er nicht deshalb hierher gekommen, um sie gebunden zu den Hohepriestern zu führen? Saulus aber redete immer kraftvoller und trieb die Juden in die Enge, die in Damaskus wohnten, und bewies, daß Jesus der Christus ist."

(Die Bibel, Apg. 9, 20 - 22)

„Zwar meinte auch ich selbst, ich müßte dem Namen Jesu von Nazaret viel Schaden zufügen. Das habe ich denn auch in Jerusalem getan; dort brachte ich viele Heilige ins Gefängnis, wozu ich Vollmacht von den Hohenpriestern empfangen hatte. Und wenn sie hingerichtet werden sollten, gab ich meine Stimme dazu. Und in allen Synagogen zwang ich sie oft durch harte Strafen, ihren Glauben abzuschwören. In maßloser Wut verfolgte ich sie auch bis in die fremden Städte.

Als ich nun so mit Vollmacht und im Auftrag der Hohenpriester nach Damaskus reiste, sah ich mitten am Tage, o König, auf dem Weg ein Licht vom Himmel, heller als der Glanz der Sonne, das mich und meine Begleiter umleuchtete. Als wir aber alle zu Boden stürzten, hörte ich, wie eine Stimme zu mir auf hebräisch sagte: Saul, Saul, was verfolgst du mich? Es wird dir schwer fallen, gegen den Stachel auszuschlagen. Da fragte ich: Herr, wer bist du? Der Herr antwortete: Ich bin Jesus, den du verfolgst; [...]

Und ich will dich retten vor deinem Volk und vor den Heiden, zu denen ich dich sende, um ihnen die Augen zu öffnen, damit sie sich von der Finsternis zum Licht und von der Gewalt des Satans zu Gott bekehren. So werden sie die Vergebung der Sünden empfangen und das Erbteil zusammen mit denen, die durch den Glauben an mich geheiligt sind."

(Die Bibel, Apg. 26, 9 - 18)

Allein dieses Zitat zeigt, auf welch lächerliche Weise Paulus seine einflußreiche Position festigt, indem er scheinheilig vorgibt, daß der zuvor massiv bekämpfte Jesus ihm angeblich in einer Erscheinung die christliche Mission überträgt. Und dieselbe Mission durchzieht weiter viele Passagen der 'Paulusbriefe' in der Bibel, daß sich einem nicht selten die Nackenhaare sträuben!

Paulus allein hat den *'**strafenden Gott**'* geschaffen, der durch 'Jesus Christus' die Menschen ***richtet*** (vgl. Röm. 2, 16), „denn durch das Gesetz kommt es zur Erkenntnis der Sünde" (vgl. Röm. 3, 20) und „der Lohn der Sünde ist der Tod" (vgl. Röm. 6, 23). So kommt Paulus dann zu der Erkenntnis, er sei ein „elender Mensch!" und fragt: „Wer wird mich erlösen von diesem todverfallenen Leibe?" Die erlösende Antwort: „Dank sei Gott durch Jesus Christus, unsern Herrn!" (Vgl. Röm. 7, 24/ 25.) „Ich ermahne euch dafür, ich ermahne euch hierfür..." Undsoweiter, undsoweiter. Schließlich sei es „gut für den Mann, keine Frau zu berühren" (vgl. 1. Kor. 7, 1), denn „die Frau aber ist des Mannes Abglanz" (vgl. 1. Kor. 11, 7), da die Frau sowieso vom Mann abstamme (vgl. 1. Kor. 11, 8)!

Und wenn Mann und Frau aber nur in der Ehe 'Satans Versuchungen' nun doch nicht widerstehen können, wolle Paulus „zwar lieber, alle Menschen wären wie ich bin; doch jeder hat seine eigene Gabe von Gott, der eine so, der andere so" (vgl. Röm. 7, 7). Wow! Am Schluß schlägt gar der 'Blitz der Erkenntnis' ein! Schade eigentlich, so möchte man fast sagen, daß aus frühchristlicher Zeit keine Talkshows überliefert sind...

„Er [Anm.: der christliche Mönch] *würde erkennen, daß sein Leben einer Verweigerung der Lebenskräfte gleichkam, die den Puls der Welt zum Schlagen brachten. Die Mönche verleugneten das Leben, anstatt es zu bejahen... das Leben des Herzens und das Leben der Natur ebenso wie das Leben, das im Wesen von Mann und Frau pulsierte..."*

(Marion Zimmer-Bradley: „Die Nebel von Avalon")

Nicht zuletzt ist es der Verdienst des Paulus, daß eine naturgegebene Sexualität hinter den geistigen Gefängnismauern von Selbstverachtung und Sünde eingekerkert wurde, und immer noch an den Spuren der Gefangenschaft oder christlichen Tradition krankt. Wie sehr dies alles auch unfreiwillig komisch und zum Lachen sein kann, möge eine Zugabe aus den Deschner-Zitaten zeigen:

„Wenn ein Papst noch 1728 zur Vorhaut Abrahams wallfahrte, überrascht es wohl nicht, daß erst recht die Vorhaut Jesu die frommen Christen tief bewegt hat.

Schon eine lange Reihe von Kirchenvätern quälte das ungewisse Schicksal dieser Vorhaut, die Gott am achten Tag seines irdischen Lebens verloren haben mußte. War sie verwest, zu klein geworden oder wunderba-

rerweise gewachsen? Schuf sich der Herr eine neue? Besaß er sie beim letzten Abendmahl, als er das Brot in seinen Leib verwandelte? Hat er eine Vorhaut nun im Himmel und ist sie seinen Proportionen adäquat? Wie verhält sich seine Gottheit zum Präputium? Erstreckt sie sich darauf? Und die Reliquie? Kann sie echt sein? Muß sie angebetet oder, wie andere Reliqien, bloß verehrt werden?

Endlich: Warum gibt es so viele Vorhäute Jesu? Die von dem ehemaligen Dominikaner A. V. Müller verfaßte Monographie >Die hochheilige Vorhaut Jesu< (1907) führt immerhin 13 Stätten auf, die sich des Besitzes einer >echten< göttlichen Vorhaut rühmen: [...]

Allmählich entwickelte sich ein regelrechter Vorhautkult. 1427 gründete man gar eine >Brüderschaft von der Heiligen Vorhaut<."

(Karlheinz Deschner: „Das Kreuz mit der Kirche - Eine Sexualgeschichte des Christentums")

Die „Paulusbriefe", die frühestens etwa 50-60 n.u.Z., also zwei bis drei Jahrzehnte nach der mutmaßlichen 'Kreuzigung' entstanden, sind angereichert mit einigen Versatzstücken aus den eigentlichen Lehren von Jesus - und bekommen so für den Suchenden den unglücklichen (schwer zu durchschauenden) Status der Halbwahrheit; für die Kirche ist ***das*** der wahre Segen.

Die ***unverfälschten Lehren von Jesus*** in ihrer ursprünglichen Aussage sind in den vorangegangenen Kapiteln anhand vieler Jesus-Zitate bereits erläutert worden. **Es sind die Lehren von der Anwendung der Universalgesetze und der Reinkarnation.**

Alles das steht in der Bibel, wenn man es versteht, sie richtig zu lesen, wenn man es versteht, sie mit dem Hintergrund der östlichen Religionen zu lesen. Es sind grundlegende Lehren, die mehrere hundert Jahre älter sind als die des Christentums. So sind wir also beim ***Buddhismus*** angelangt, bei buddhistischem Gedankengut in der Bibel. Beide, Jesus und Buddha, lehrten in bildhaften Gleichnissen.

Um den Weg einer Göttlichen Bewußtwerdung weiterhin zu folgen, können wir uns unter anderem auf das Neue Testament berufen; das Alte Testament ist hier und da als Ergänzung geeignet, im wesentlichen ist es jedoch der Stammbaum und die ermüdende Beschreibung einer Dynastie. Es folgt ein nicht so ernst gemeintes Zitat aus einem grotesken und sehr unterhaltsamen Werk, dem „bizarrste Roman über die Geschichte des Christentums, der je zu lesen war“:

„Steigt man erst mal ein in die Genealogie und verfolgt, wie Jesus Christus von König David abstammt und so weiter, so stellt man fest, daß sie nicht nur sterbenslangweilig ist, sondern auch reichlich verwirrend für ein Publikum, das nicht mal einen Juden von einem Chinesen unterscheiden könnte. Wie also brachte der Heilige diesen Stumpfsinn hinter sich? Indem er ganz allein und ohne jede fachliche Anleitung den Steptanz erfand. Der Heilige hatte sich die Sohlen seiner Sandalen mit Kupferplättchen beschlagen lassen. Immer wenn er zu der Abstammungsgeschichte kam, fing er an zu tanzen. Er tanzte von rechts nach links und von links nach rechts, und vor jedem ‘zeugte’ kam ein Klick und danach auch, und dann, großes Finale, ein Klick zwischen ‘zeug’ und ‘te’, [...]“

(Gore Vidal: „Golgatha live - oder Das fünfte Testament“)

Der ***Buddhismus*** ist - mit oder ohne Steptanz - die Ausnahmeerscheinung unter den Religionen, sein Hauptmerkmal ist die ***Toleranz*** gegenüber Andersdenkenden; er achtet die Tiere wie die Menschen. Der Buddhismus ‘predigt’ keine ‘Erlösung’, er lebt sie vor und hat zum Ziel, den Kreislauf von Geburt und Tod zu durchbrechen, um vollkommen losgelöst von Begierden, Leiden und Wiedergeburt in das ‘Nirwana’ (Mental-Ebene) einzugehen. Nur im Menschenbereich besteht die Möglichkeit, das ‘Rad des Lebens’ zu verlassen, losgelöst von allem Egoismus, von Urteilen und Meinungen. Der Buddhismus als ‘Macht des reinen Geistes’ wünscht ***allen*** Lebewesen vorurteilsfrei Glück und Wohlergehen. ***Jeder*** Mensch wird dabei als potentieller ‘Buddha’ angesehen. „Die vier heiligen Wahrheiten“ und „Der heilige achtfache Pfad der Erkenntnis“ des indischen Königssohnes ***Siddharta Gautama*** (ca. 560-480 v.u.Z.), der mit diesen Lehren zum Stifter einer Weltreligion, zum ***Buddha*** - zum ‘Erwachten’ - wurde, sollen dieses ermöglichen:

„I. Die Heilige Wahrheit vom Leiden,
II. Die Heilige Wahrheit von der Entstehung des Leidens,
III. Die Heilige Wahrheit von der Aufhebung des Leidens,
IV. Die Heilige Wahrheit von dem zur Aufhebung des Leidens führenden Pfades. [...]

Der achtfache Pfad wird auch häufig in folgende drei Gruppen eingeteilt:

I. SITTLICHKEIT: Rechte Rede - rechtes Tun - rechter Lebensunterhalt
II. SAMMLUNG: Rechte Achtsamkeit - rechtes Streben - rechte Sammlung
III. WEISHEIT: Rechte Erkenntnis - rechte Gesinnung

Dies ist die Reihenfolge, in der die drei Gruppen ihre höchste Vollendung erreichen. [...]

Welche Bedeutung Erkenntnis im Allgemeinen in der Buddha-Lehre hat, mag folgende bedeutsame Äußerung des Buddha zeigen:

‚Richtet euch nicht nach Hörensagen, nicht nach Überlieferungen oder Gerüchten, nicht nach der Übereinstimmung mit heiligen Schriften, nicht nach bloßen Vernunftsgründen und logischen Schlüssen, nicht nach vorgefaßten Meinungen oder bloßer Wahrscheinlichkeit, auch nicht nach der Autorität eines Lehrers! Wenn ihr hingegen selber erkennt: diese Dinge sind gut und heilsam, werden von Verständigen gepriesen, und sie gereichen, wenn angenommen und durchgeführt, zum Heil und Segen, - dann solltet ihr sie euch zu eigen machen und danach leben.'"

(Mahathera Nyanaponika: „Buddhismus - Weg zur Leid-Freiheit")

„Denke wie ein Buddha, verhalte dich wie ein Buddha und sprich wie ein Buddha - dann bist du ein Buddha."

(Suma Ching Hai)

Von Buddha selbst gibt es keine direkten schriftlichen Aufzeichnungen, nur von seinen Schülern.

Die größte Buddha-Statue der Welt befindet sich übrigens 26 Meter hoch und über 200 Tonnen schwer auf der chinesischen Insel Lantau in der Nähe von Hongkong.

Es gibt derart viele Parallelen zwischen buddhistischen Texten („Dhammapada", „Udanavarga") und dem Neuen Testament, daß man eine **buddhistische Grundlage des Christentums** formulieren kann. Allein die in diesem Buch vorangegangenen ***Jesus-Zitate*** beweisen es in aller Deutlichkeit, wenn man jetzt um ihre verdeckten Hintergründe ***weiß!*** Auch wird nochmals klar, daß die (Irr-)Lehren des Paulus das 'Wort Jesu' eben ***nicht*** verkünden.

„Die Maximen, die dieser außergewöhnliche Wanderlehrer [Anm.: Jesus] *in der kargen Landschaft zwischen Galiläa und Judäa vermittelte, klangen gewiß fremdartig. Doch sie hatten nichts von der Scherzhaftigkeit und Derbheit der Kyniker* [Anm.: Angehörige der von Antisthenes (444-368 v.u.Z.) gegründeten Philosophenschule, welche den Verzicht auf alle kulturellen Güter und Werte anstrebte], *sie waren vielmehr eingebettet in eine Aura des liebevollen Verstehens, des tiefen Wunsches, die armen schlafenden Geister zu wecken, um ihnen in ihrer Sehnsucht nach der befreienden, nach der erlösenden Erkenntnis unter die Arme zu greifen. Darum lief das Volk zusammen, wenn er sprach. Dafür erinnerte man sich an Jesus. Was er lehrte, war sozialpsychologisch revolutionär und - buddhistisch!"*

(Elmar R. Gruber und Holger Kersten: „Der Ur-Jesus - Die buddhistischen Quellen des Christentums")

Wenn man sich ganz wissenschaftlich mit dieser Thematik näher auseinandersetzen möchte, empfehle ich das oben zitierte Buch, welches hier nur anhand einiger Textstellen behandelt werden soll.

Gruber und Kersten berufen sich unter anderem auf eines der ältesten christlichen Quellen, auf das sogenannte ***Thomasevangelium***, welches mit buddhistischem Gedankengut noch stärker durchtränkt ist, als in den zugelassenen biblischen Schriften.

„Dieses Thomasevangelium ist ein apokrypher Text, der 1946 von ägyptischen Bauern zusammen mit 48 anderen Traktaten einer Bibliothek gnostischer Texte in koptischer (mittelägyptischer) Sprache in Nag Hammadi bei Luxor in einem Grab entdeckt wurde. Bis dahin kannten wir es nur dem Namen nach aus den Schriften frühchristlicher Autoren. Das Thomasevangelium ist eine Spruchsammlung von 114 lose aneinandergereihten Jesus-Worten."

(Elmar R. Gruber und Holger Kersten: „Der Ur-Jesus - Die buddhistischen Quellen des Christentums")

Nebenbei lohnt ein Besuch im Koptischen Museum in Kairo: So manches 'christliches Ur-Licht' wird einem dabei aufgehen... Auch die altägyptische Religion und Symbolik hat ihre Spuren im frühen Christentum hinterlassen. Als Kopten (arab. Kopt, Kipt = Ägypter) bezeichnet man die seit dem Dritten Jahrhundert mit eigener Kirche vertretenen, christlichen Nachkommen der alten Ägypter. Aus dem ägyptischen Kreuz, Nilschlüssel oder ***Ankh-Zeichen*** (ein Oval auf einem 'T') wurde sehr wahrscheinlich das christliche Kreuz, ein positives Symbol mutierte in ein negatives.

„Das Ankh ist das Symbol des Lebens, das Abzeichen der Isis, der Großen Mutter. Aus ihrem Schoß entspringt das offenbarte Leben, gewebt aus Licht und Schatten, aus Lust und Leid, aus Tiefe und Höhe, der sichtbaren und der unsichtbaren Natur - vom blutigen Kampf bis zum zärtlichsten, genialsten Gedanken.

Der Seelenvogel trägt auf seinen Schwingen das Leben in die Höhe empor, das Leben und den Schlüssel, der das Tor der Befreiung öffnet. Der Kreis auf dem höchsten Punkt, auf der höchsten himmlischen Ebene bedeutet die höchste Göttliche Idee, den Geist, auch auf der Mentalebene die höchste Höhe, die dritte Stufe, das Gehirn, die Stirn, das dritte Auge. Das Ankh ist aber auch das Abbild des Mannes mit den ausgestreckten Armen, Adam Kadmon. Der Seelenvogel hält das Ankh beim Kreis und zeigt mit ihm nach oben. Isis hält es in der Linken und zeigt mit dem spitzen Ende auf den Menschen, das heißt, sie ruft ihn, zieht ihn an und weist ihm den Weg."

(Mária Szepes: „Academia Occulta - Die geheimen Lehren des Abendlandes")

Das christliche Kreuz hingegen ist das Symbol des Leids, der Vernichtung, der Zerstörung und des Todes. Statt eines Kreises beziehungsweise Ovals konzentriert sich das Kreuz durch zwei sich schneidende Linien auf einen Punkt, aus der wahren Göttlichkeit und Ewigkeit des Ankh-Zeichens wird eine Konzentration auf die materielle Ebene. Die Markierung des Kreuzes bedeutet: „Es werde zu Materie"; der Hinweis auf das Leben und die Wiedergeburt ist nur versteckt zu finden. Wenn Sie etwas Unangenehmes zu bewältigen haben, kennen Sie vielleicht den Ausdruck „Ich mache drei Kreuze, wenn es vorbei ist!" Durch das 'Kruzifix' wird das morbide Kreuz-Symbol noch gesteigert und eine hängende, abgemagerte Leiche ist nun alles andere als aufbauend und richtungsweisend. Da hilft auch die Argumentation mit der ‘Hoffnung’ und dem ‘Glauben an die Auferstehung’ nicht viel weiter... Wir wissen es.

Mit den eigentlichen Lehren von Jesus hat das Ganze nichts zu tun, ja, man kann sagen, diese Lehren haben für den Kulturkreis des Abendlandes bisher noch gar nicht stattgefunden. Paulus und seine Vertreter bis heute sind - ‘der Anti-Christ’!

*„Der Parasitismus als **einzige** Praxis der Kirche, mit ihrem Bleichsuchts-, ihrem >Heiligkeits<-Ideale jedes Blut, jede Liebe, jede Hoffnung zum Leben austrinkend, das Jenseits als Wille zur Verneinung jeder Realität; das Kreuz als Erkennungszeichen für die unterirdischste Verschwörung, die es je gegeben hat - gegen Gesundheit, Schönheit, Wohlgeratenheit, Tapferkeit, Geist, **Güte** der Seele, **gegen das Leben selbst**...“*
(Friedrich Nietzsche: „Der Antichrist“)

Die ‘Wunder’, von denen die Bibel über Jesus berichtet, gehen ebenfalls - wen wundert’s - auf die Beherrschung bestimmter geistiger Gesetzmäßigkeiten zurück, was in alten buddhistischen Texten beschrieben ist; für jeden wahrhaft Eingeweihten sind verspielte Demonstrationen wie die ‘Brotvermehrung’ oder der ‘Wandel auf dem Wasser’ lediglich ‘peanuts’. Solche Fähigkeiten sind ***jedem*** wahrhaft Suchenden eigen, jedoch wohl nicht zum Zweck der Zur-Schau-Stellung.

„Die Fähigkeit, auf dem Wasser zu wandeln, wird im >Dighanikaya< und im >Majjhimanikaya<, den ältesten buddhistischen Texten, ausdrücklich als eine von vielen magischen Fähigkeiten Buddhas aufgelistet. Im >Mahavamsa< lesen wir, wie Gautama über den Ganges schwebt. Der Wasserwandel als paranormales Vermögen war in Indien zu Buddhas Zeiten nicht neu. Schon in den Veden lesen wir von heiligen Männern, die dazu in der Lage gewesen sein sollen.“ [...]

„Der Markusbericht [Anm.: Die Bibel, Markus 6, 45 ff.] *wirkt allein schon deshalb fremd und aufgesetzt, weil er Jesus das Wunder wirken läßt, allein um die Einsicht seiner Anhänger zu wecken. Ein solches Verhalten paßt zur Persönlichkeit und Intention Jesu überhaupt nicht. Weder hatte er*

es nötig, durch Wunder zu imponieren, noch weniger war er der Typus des Jahrmarktzauberers, der Wunder am Fließband ablieferte.“

(Elmar R. Gruber und Holger Kersten: „Der Ur-Jesus - Die buddhistischen Quellen des Christentums“)

Es geht jedoch um andere, um größere Dinge. Selbst ***wenn*** die Religionswissenschaft eindeutig anerkennen würde, daß der vor zweitausend Jahren gescheiterte Beginn des Christentums nurmehr ein ‘verwässerter’ Buddhismus ist, bleibt die Frage zu stellen, auf ***welcher*** Grundlage sich denn der Buddhismus aufbaut?

Am Ende (der Endzeit) beruht alles auf den denselben **universalen Gesetzmäßigkeiten in der alleinigen Verantwortung des Menschen**, welche jede Religion mit all ihren Traditionen, Ritualen und Begrenzungen durch das ‘Licht des Wissens’ transparent werden läßt.

Wenn wir einmal mehr zu den Kernaussagen einer jeden Religion vordringen, wird es zu einer Verschmelzung derselbigen kommen, egal, ob Buddhismus oder Christentum. Etwas hat auf ***jeden*** Fall ausgedient: Die unglücksvollen und menschenverachtenden Lehren des Paulus.

25. JESUS DER NAZARENER / DER KORAN

Mit Büchern über ***Jesus*** lassen sich ganze Bibliotheken füllen... Der mißverstandene, fehlinterpretierte und paulinistisch verfälschte, große Lehrer, aus dem man den Religionsstifter des Christentums machte, den 'Erlöser', den 'Messias', den 'Sohn Gottes', steht auch heute uneingeschränkt im Brennpunkt des öffentlichen Interesses. Es hat eigentlich schon etwas Komisches, daß die Kultur des Abendlandes aufgebaut ist auf Fälschungen, Lügen und Halbwahrheiten: „Der 'Christus' ist für die Sünden der Menschen am Kreuz gestorben." Wie praktisch! So braucht man selbst gar nichts mehr zu machen, betet das 'Vaterunser' (Wo bleibt das 'Mutterunser'?) herunter und - schwupp-di-wupp - die bösen Taten sind sogleich vergeben! Man muß eben nur daran ***glauben***, ohne Nachdenken, ohne eigene Verantwortung, ohne Wissen.

Allein diese kleine Einleitung reicht sicher aus, um die vielen fanatischen Glaubensverteidiger, die um ihre Macht fürchten, erneut auf den Plan zu rufen. Geistige Ketzerverfolgungen werden auch vor diesem Buch nicht verschont bleiben; ein Zeichen dafür, daß die richtigen Worte getroffen sind! Blasphemie (grch. blasphemia = Lästerung) ist nur eine Frage der Perspektive.

Schon die Tatsache, daß dieser ganze Glaubenszauber sogar als universitäre Fakultät offiziell und ernsthaft zum Studieren angeboten wird, ist eine Verspottung sondergleichen. Wie kann man etwas lehren, von dem man gar nichts ***weiß***!

Ich will nicht behaupten, die komplette Lebensgeschichte des historischen Jesus zu kennen; ich will aber behaupten, ein wenig Licht in diese die Gemüter erhitzende Begebenheit zu bringen.

Die Bibel als einzig autorisierte, offizielle Quelle hilft uns da wenig weiter: Das Jesus-Kind wird unter einem Stern in einem Stall zu Bethlehem von der Mutter Maria geboren, als erwarteter Prophet hoch verehrt und - taucht mindestens dreißig Jahre später wieder auf (!), zieht für kurze Zeit predigend und wundervollbringend durch die Lande und endet dann qualvoll am Kreuz: Schließlich ist er „am dritten Tage auferstanden von den Toten". Mit anderen Worten: Die eigentliche Lebensgeschichte ***fehlt*** komplett. Seltsam, oder? Das Leben und die Hintergründe einer so immens wichtigen Person - immerhin handelt es sich um den biblischen 'Sohn

Gottes' höchstselbst - werden nicht einmal weiter recherchiert oder hinterfragt. Es bleibt bei recht dürftigen Angaben, die in keinerlei Weise zufriedenstellend sind. 'Das Buch der Bücher' schweigt sich aus, gerade an den entscheidendsten Stellen. Gibt es da etwas zu verbergen? Wo war Jesus all die Jahre zwischen Geburt und 'Kreuzigung'? Hat die handwerkliche Ausbildung zum 'Zimmermann' so lange gedauert? Ist er mehrmals durch die Gesellenprüfung gefallen? Oder ist etwas gänzlich anderes passiert?

Fangen wir da an, wo wir immer wieder anfangen, bei der Geburt. Und von Anfang an wird um das Jesus-Kind besonders viel Aufhebens gemacht: „Die drei heiligen Könige aus dem Morgenlande, Kaspar, Melchior und Balthasar“, so die Legende, nehmen eine beschwerliche Reise auf sich, um dem 'Messias' edle Geschenke und Ehrerbietung zu bringen. Sie folgen damit einer wahrgewordenen Prophezeiung und einem hellen Stern mit einem Schweif... Den Rest kennen wir, denn auch diese Geschichte samt Schafshirten hat einen 'langen Bart' und ist als 'Krippenspiel' längst ein kirchlicher Bühnenklassiker, mehr nicht.

An Bedeutung gewinnt sie erst im Vergleich mit dem Buddhismus! Das Wissen um die Wiedergeburt mußte bei den 'drei Königen aus dem (buddhistisch geprägten) ***Morgenlande***' fast logischerweise vorausgesetzt werden. Somit wird auch klar, warum sie ihre so wichtige Reise antraten: Sie suchten nach einer sehr hohen Inkarnation, sie suchten nach Jesus!

Genauso wird es noch heute in Tibet praktiziert. Ein geistig sehr hoch entwickelter Lama (tib. blama = Lenker, Lehrer) kann kurz vor seinem physischen Tod exakt voraussagen, wann und an welcher 'irdischen Stelle' er wiedergeboren wird, damit die Suche nach dem 'heiligen Kinde' erfolgen kann. Die Parallele zum Jesus-Kind ist offensichtlich. (Stellen Sie sich einmal die 'drei heiligen Könige' als hohe buddhistische Würdenträger vor, die auf Kamelen durch die Wüste reiten, und einem Kometen oder vielleicht sinnbildlich einer Inkarnation folgen, die 'unter einem besonderen Stern' geboren ist.)

Die geistige Ausbildung, die ein Lama zu absolvieren hat, beträgt 30 bis 40 Jahre: Die Beherrschung geistiger Fähigkeiten und eine unvergleichliche 'Menschenveredlung' braucht eben Zeit. Aber schauen wir uns einmal das 'Ergebnis' an: Der so wissend und gelassen lächelnde ***Dalai Lama***, das amtierende Oberhaupt der Tibeter, ist ein Musterbeispiel an Würde, Güte und Humor! ***Das*** ist ein Staatsoberhaupt! (Sollte Seine Heiligkeit dieses

Buch lesen, möchte ich Sie, sehr verehrter Dalai Lama, darauf hinweisen, daß Sie mir meinen geplanten Buchtitel „Das Buch der Freiheit" weggeschnappt haben: Vielen Dank dafür, denn „Das Ende der Endzeit" gefällt mir jetzt doch besser... Grüße von Herz zu Herz und eine weiße Glücksschleife für Ihr geplagtes Land!)

Nebenbei wird deutlich, ***was*** Jesus sehr wahrscheinlich die ganzen (in der Bibel nicht erwähnten) Jahre gemacht hat: Keine weltliche, sondern eine viel mühevollere, ***geistige*** Handwerksausbildung!

Diese wird ganz christlich in vorgegebene Vergessenheit gedrängt, um aus dem Menschen Jesus, einem durch eigenen Antrieb gewordenen 'Gottmenschen', einen Mythos zu schaffen, einen tragischen Helden: Die unerreichbare 'Erlösergestalt' des ***Christus*** (grch. Christos = der Gesalbte), den gottgesandten ***Messias*** (grch. Messias, zu aram. meschicha, zu hebr. masiach = der Gesalbte) als anbetungsvollen Hoffnungsträger einer ganzen Religion!

Der Glaube an die Auferstehung, der das Christentum entscheidend prägt, ist längst qualitativ erweitert durch das Wissen von der universalen Gesetzmäßigkeit der Reinkarnation. An eine Tatsache muß keiner mehr glauben. Trotzdem haben Tatsachen historisch gesehen kaum eine Chance, an die für sie vorgesehene Stelle zu rücken, die bereits durch eine etablierte und traditionsreiche Fälschung besetzt ist.

Kommen wir auf die geistige Ausbildung von Jesus zurück. Diese hat zum Teil, davon kann man ausgehen, in einem geistig hoch entwickelten Nachbarland stattgefunden, natürlich in ***Ägypten***! Die Bibel schreibt davon wenigstens als vorübergehenden (mindestens zehnjährigen!) Aufenthaltsort während des Kindermordes des Herodes - in den Passagen „Die Flucht nach Ägypten" und „Die Rückkehr aus Ägypten".

„Da stand er [Anm.: Josef] *auf, nahm das Kind und seine Mutter bei Nacht, entwich nach Ägypten und blieb dort bis nach dem Tod des Herodes, damit erfüllt würde, was der Herr durch den Propheten gesagt hat: ‚Aus Ägypten habe ich meinen Sohn gerufen'.* [...]

Und im Traum empfing er Weisung von Gott und zog ins galiläische Land und ließ sich in einer Stadt mit Namen Nazaret nieder, damit erfüllt würde, was durch die Propheten gesagt worden ist: Er soll Nazoräer heißen."

(Die Bibel, Matt. 2, 14/15 und 22/23)

Es ist eine historische Tatsache, daß die Stadt Nazareth zu den offiziellen Lebzeiten von Jesus urkundlich nirgends erwähnt wird, als Stadt noch gar nicht existierte. Ein Übersetzungsfehler in der Bibel? Nicht ganz, denn die Erklärung wird im gleichen Atemzug mitgeliefert: „Er soll Nazoräer heißen." Ein anderes Wort dafür ist ***Nazarener***, der Name einer damaligen spirituellen Gruppierung, ähnlich der ***Essener*** (Erläuterungen folgen); aus 'Jesus der Nazarener' wird kurzerhand 'Jesus von Nazareth'. Dabei findet die Bezeichnung 'Nazoräer', 'Nazaräer' oder 'Nazarener' in der Bibel des öfteren Erwähnung. Und hier erweist sich Paulus doch noch als nützlich:

„Wir haben erkannt, daß dieser Mann eine Pestbeule ist, daß er Aufruhr erregt unter allen Juden auf dem ganzen Erdkreis und daß er ein Anführer der Sekte der Nazarener ist."

(Die Bibel, Apg. 24, 5)

Man mag sich jetzt fragen, ***wo*** Jesus hauptsächliche seine geistige Ausbildung und seinen 'letzten Schliff' erhielt? Die Antwort führt uns in ein anderes, fernes Land, in dem eine solche umfassende Ausbildung, die auf Jahrhunderte entsprechender Erfahrungen zurückgreifen kann, möglich ist: nach ***Indien!***

In Indien wird Jesus übrigens seit altersher als der Prophet „Yuz Asaf" verehrt.

Zur Vertiefung der Thematik empfehle ich Ihnen ganz besonders das weltweit beachtete, in über 20 Sprachen erschienene Sachbuch „Jesus lebte in Indien" von ***Holger Kersten***. (Ausgangspunkt seiner wissenschaftlichen Arbeit sind die Ergebnisse des russischen Forschungsreisenden Nicolai Notovitch, Ende des 19. Jahrhunderts.)

Eine kühne Behauptung? Mitnichten! Es spricht vieles dafür, daß der hochbegabte und wahrhaft 'auserwählte' Jesus-Knabe nach den ersten Einweihungen in Ägypten über eine der großen Handelsrouten (Seidenstraße) mit einer Kamelkarawane nach Nordindien 'verschickt' wurde, nach Kashmir, um die weitere, harte Ausbildung buddhistischer und anderer Prägung auf sich zu nehmen (und nicht etwa das Kreuz...). Als Angehöriger der Nazarener erlangte er unter anderem die erwähnten Fähigkeiten, 'Wunder' zu vollbringen; ein Wissen, das ihm in seiner Heimat bedingt zugänglich war, in Indien vermutlich aber wesentlich erweitert wurde. Indische Yogis gaben die Erlernung dieser Fähigkeiten - im Einklang mit den Universalgesetzen - seit Jahrhunderten an wahrhaft Suchende und 'Auserwählte' weiter.

Dennoch war den Essenern und Nazarenern die buddhistische Grundlehre seit langem bekannt. Den Beweis dafür liefern die vielzitierten ***Schriftrollen vom Toten Meer***, die 1947 in einer Felsenhöhle in der Gegend von ***Qumran*** als wohl bedeutendster Handschriftenfund unseres Jahrhunderts wiederentdeckt wurden. Die komplette Veröffentlichung der Schriftrollen, die bis heute behindert wird, birgt schon unvollständig genügend Zündstoff: **Die Papyrus- und Lederrollen**, die auf ca. 100 '***vor*** Christus' datiert werden, **nehmen die Lehren von Jesus und des frühen Christentums inhaltlich und zeitlich um ein Jahrhundert vorweg!** Das ist eine Sensation!

Die Kirche verhält sich trotz schwankender Fundamente weiterhin so, als sei nichts geschehen.

Die Sekte der ***Essener***, die uns ihre infolge politischer Wirren versteckte Bibliothek handschriftlich vermachte, lebte in vor- und frühchristlicher Zeit in den Klosteranlagen von Qumran; eine weltliche wie geistige Verbindung zum Orient?

„Philon erwähnt, die Essener seien als überzeugte Gegner des Blutopfers den blutigen Ritualen im Jerusalemer Tempel ferngeblieben. Die essenische Religion war vermutlich als Protest gegen diese blutigen Rituale der Jerusalemer Orthodoxie und die unnachgiebige Härte des mosaischen Gesetzes entstanden. Eine ähnliche Entwicklung hatte einige Jahrhunderte vorher in Indien stattgefunden, als der Buddha gegen die sinnentleerten brahmanischen Regeln und Rituale protestiert hatte. Die Essener-Gemeinde bestand wie die buddhistische Sangha aus Mönchen und Laien. Die Mönchsgemeinschaft führte ein kommunistisch organisiertes, asketisches Leben in den schwer zugänglichen Höhlen der Berge um Jericho, wo es ihnen möglich war, weitab orthodox-jüdischer Gruppen zu leben. Zu diesen essenischen Einsiedlern zählte Johannes der Täufer.

Die Laien der Essener lebten in Dörfern und Städten, wo sie heirateten, Kinder aufzogen und sich bemühten, ein frommes, reines, spirituelles Leben zu führen. Wie noch heute in vielen buddhistischen Ländern üblich, gaben die Laienfamilien oft ihren erstgeborenen Sohn als Mönch in das

Höhlenkloster. Vermutlich war auch Johannes d. T. in seiner Kindheit auf diese Weise als Novize aufgenommen worden. [...]

Ähnlich dem achtfachen Pfad der Buddhisten hatten auch die Essener acht Stufen geistigen Wachstums, deren Ziel, wie im späten Buddhismus, darin bestand, übernatürliche Kräfte zu erwerben und die Erleuchtung zu erlangen. [...]

Die Essener tauften ihre Novizen bei der Ordination. Bei der Mönchsweihe der buddhistischen Novizen wurde ein ähnliches Taufritual ausgeführt, das vermutlich von den Brahmanen übernommen worden war."

(Holger Kersten: „Jesus lebte in Indien")

Interessant ist auch die Person ***Johannes der Täufer*** (um 28 n.u.Z. durch Herodes enthauptet), der - so Holger Kersten - ein Prophet der Nazarener war und in Galiläa 'der Erlöser' (!) genannt wurde; ein geistiger Weggefährte von Jesus und ein Angehöriger derselben Gemeinschaft.

„Nach Plinius dem Älteren und Josephus lebte die Nazarener-Sekte schon mindestens 150 Jahre vor Jesus an den Ufern des Jordans und am östlichen Ufer des Toten Meeres. Ihren Anhängern war es erlaubt, das Haar lang wachsen zu lassen. Wahrscheinlich ließen sie sich sogar, genau wie die Mönche, Yogis und Asketen der Hindus, überhaupt niemals das Haupthaar schneiden. Johannes der Täufer wird mit langen Haaren dargestellt und >hatte ein Kleid von Kamelhaaren und um seine Lenden einen ledernen Gürtel< (Mt 3, 4); von einem römischen Patrizier, der sich Lentulus nannte, gibt es eine Beschreibung des Aussehens Jesu in einem Brief an den römischen Senat. In diesem apokryphen Bericht, dem sogenannten Lentulusbrief, wird das Haar Jesu als >wehend und lockig< über seine Schultern hinanwallend dargestellt, und >es hatte einen Scheitel in der Mitte des Hauptes nach der Art der Nazaräer<."

(Holger Kersten: „Jesus lebte in Indien")

Das Ritual des ***Abendmahles*** ist sicher auch essenischen Ursprungs beziehungsweise eine Form der 'magischen' Wunschimprägnierung. Mit der Symbolik des kannibalistischen 'Bluttrinkens' und des 'Leibessens' hat es ebenso sicher nichts zu tun! Außerdem spricht Jesus vom „Blut des (essenischen?) Bundes"! Vgl. Die Bibel, Markus 14, 24 oder Matt. 26, 28.

Es ist anzunehmen, daß 'Jesus der Nazarener' die Lehren der Essener nicht nur gut gekannt hat, sondern eine Reform derselben anstrebte:

„Er [Anm.: Jesus] *war in einer essenisch geprägten Umgebung groß geworden, und die meisten seiner Anhänger waren Essener. Obwohl er vermutlich Novize in einem essenischen Kloster gewesen war, brach er später ganz offensichtlich mit den festgefahrenen, erstarrten Ritualen der Essener, da er - genau wie 500 Jahre vor ihm Buddha - der Meinung war, die Befolgung rigoroser Regeln und Vorschriften sei der Erlangung des Heils nicht dienlich. Jesus schuf mit diesem Schritt eine neue, tolerante Spielart der essenisch-nazarenischen Religion, die auch die einfachen Menschen, denen ein asketischer Weg nicht offenstand, umarmte.* [...]

Was Jesus von den Essenern trennt, wird besonders deutlich bei der Frage der Feindesliebe [Anm.: vgl. Die Bibel, Matt. 5, 44]: *Anders als Jesus haßten die Essener ihre Feinde.* [...]

Ein deutlicher Unterschied besteht auch in der Verwendung von Öl oder Salbe. Jesus wurde ja >der Gesalbte< (Christus) genannt, und zwar im Sinne eines Titels oder einer Auszeichnung, die ihn von den Essenern abhob. [...]

Im apokryphen Philippus-Evangelium liest man: >Aber der Baum des Lebens ist in der Mitte des Paradieses, und der Ölbaum, aus dem das Salböl (chrisma) entstand; durch es (entstand) die Auferstehung.<

Wenn man an dieser Stelle an die Auferstehung des Geistes in einem neuen Körper denkt, so wird deutlich, welches entscheidend neue Element Jesus als >der Gesalbte< in die Lehren der verschiedenen Essener-Sekten einbrachte. Wie Irrenäus mitteilte, war die Salbung eine >Erlösungszeremonie< für die >Vollendeten<, die wesentlich höher eingeschätzt wurde als die Taufe. Wir wissen, daß die Salbung vornehmlich an Kopf und Stirn erfolgte, manchmal in Form eines Kreuzes. Die Tradition dieser Salbung hat ihren Ursprung in Indien, wo noch heute die Asketen (Sadhus) durch das Zeichen eines weißen senkrechten oder waagrechten Striches auf der Stirn zu erkennen sind, den sie aus einem Gemisch von Öl und heiliger Asche (vibhuti) mit dem Finger ziehen."

(Holger Kersten: „Jesus lebte in Indien")

Kommen wir nun von der Feindesliebe zu der Liebe zu den Kritikern, brechen ein Tabu und stellen uns ganz unvoreingenommen die Frage:

Hat Jesus die Kreuzigung überlebt? War die Kreuzigung nur eine geschickte Inszenierung, eine Täuschung?

Ich sehe schon, wie die christliche Empörung hohe Wellen schlägt, doch ich kann Sie beruhigen, denn die Kernaussage des Christentums bleibt sowieso in jetzt gefestigter Form erhalten, denn die Frage nach der 'Auferstehung' ist ja geklärt! (Übrigens leitet sich das Wort „Ostern" von „Tara" beziehungsweise „Ostara" ab, dem Namen der großen, vorchristlichen Fruchtbarkeits- und Frühlingsgöttin.)

Das Johannesevangelium liefert uns Fragmente einer biblisch-ungewöhnliche Szenerie in der „Auferweckung des Lazarus": Das symbolische Ritual der 'Auferstehung'!

„Als Jesus das hörte, sagte er: Diese Krankheit führt nicht zum Tod, sondern dient der Ehre Gottes, damit der Sohn Gottes dadurch verherrlicht wird."

(Die Bibel, Joh. 11, 4)

„Es ist möglich, daß diese ganze Episode ausschließlich auf innerer und symbolischer Ebene zu verstehen ist, in einem sehr engen Kreis der Liebe, und deswegen nicht in den anderen drei Evangelien auftaucht. Was auch immer Jesus die Menge gelehrt haben mag, er rief seine engsten Schüler immer dazu auf, sich im Sterben zu üben - dem eigenen Leben gegenüber, persönlichen Beziehungen, der ganzen Welt und allem gegenüber, das nicht direkt mit dem Willen Gottes zusammenhängt. [...]

Des eigenen spirituellen Totseins gewahr zu werden, ist an sich schon der erste größere Schritt zur Befreiung aus den Klauen des Todes. Wenn wir am weltlichen Leben hängen, das von Angst und Begierde beherrscht wird, stellt das den spirituellen Tod dar. Wenn wir uns aber nach wirklichem Leben sehnen und Abscheu empfinden vor der oberflächlichen Existenz in Sünde, dann sind dies die beiden Stacheln, die uns zu einer völligen Neuorientierung, >metanoia<, anspornen und dazu, dem Hängen am Leben abzusterben. So gibt einem das Bewußtsein, spirituell tot zu sein, das Verständnis, die Kraft und den Mut, dem egoistischen Ich abzusterben, das einen im Reich von Dunkelheit und Sorgen gefangenhält. Der Tod dieses Ichs bedeutet das Sterben des Eigenwillens und aller Gewohnheiten, *die einen an das Ich binden. Befreiung oder Erlösung bedeutet nicht Freisein f ü r m i c h, sondern Freisein v o n m i r."*

(Ravi Ravindra: „Mystisches Christentum - Das Johannesevangelium im Licht östlicher Weisheit")

Die Art der Einweihung - unvergleichlich beschrieben in dem Buch „Einweihung" von ***Elisabeth Haich*** (1897-1994) - müßte Jesus aus seiner eigenen Zeit aus Ägypten bekannt gewesen sein.

„Der Eingeweihte aber arbeitet nicht mehr mit körperlichen Kräften, und wenn er seine hohen, geistigen Energien in den Körper lenkt, bedeutet das für ihn einen neuen, tiefen Fall. Je höher die Energien sind, desto tiefer fällt er.

Du mußt also, wenn du die Einweihung bekommen willst, damit rechnen, daß du das, was ein gewöhnlicher Mensch ohne schwere Folgen - ohne 'Strafe' - tun kann, als Eingeweihte nicht mehr tun darfst, weil du von nun an göttliche und nicht menschliche Kräfte ausstrahlst und in Bewegung setzest. Wenn du diese Kräfte in deinen Körper lenkst, brennst du deine Nervenzentren aus und stürzest wie ein fallender Komet in die tiefste Tiefe. [...]

Ptahhotep führt mich zu einem in der entferntesten Ecke des Raumes stehenden sargförmigen Steinblock, den ich bisher nicht bemerkt hatte, und sagt: >Bisher hast du immer nur davon gehört, w a s die Einweihung ist, du weißt aber nicht, w i e die Einweihung erfolgt.

Während der Einweihung wird in den Körper des Einzuweihenden eine höhere Frequenz geleitet, als seinem Bewußtseinsgrade entspricht, wodurch er auch i n d i e s e m h ö h e r e n G r a d b e w u ß t w i r d!

Nur einen durch strenge Schulung vorbereiteten Menschen kann man auf solche Weise in eine höhere Kraft, also in einen höheren Bewußtseinsgrad, ohne Schaden einweihen. Nur er ist fähig, mit Hilfe von Verstand und Einsicht seinen Körper mit stählender Willenskraft zu beherrschen und seine Nerven auf höhere Schwingungen einzustellen. [...]

Jede Frequenz wirkt nach unten durchdringend, durchschlagend, nach oben ist sie aber wirkungslos. Einem höherstehenden Menschen kann ein auf niedriger Entwicklungsstufe stehender, wie die Menschen es nennen: ein 'böser' Mensch, nur auf der materiellen Ebene, nur durch Taten, scha-

den, nie aber durch Ausstrahlungen, da seine Kräfte nach oben wirkungslos sind. [...]

In der Einweihung werden alle negativen Kräfte, die beim Fall offenbar wurden, durch positive Kräfte ausgeglichen. Die 'Schulden' sind dann bezahlt [Anm.: Karma]. *Nach bestandener Einweihung beginnt für dich also ein s c h i c k s a l s l o s e r Z u s t a n d. Solange du Gottes Willen offenbarst, hast du keine Persönlichkeit, folglich auch kein eigenes Schicksal. Du bist vom Gesetze der Aktion-Reaktion frei. Wenn du dich aber in deinem Bewußtsein mit deiner Person, mit deinem Körper identifizierst, schaffst du dir wieder ein neues Schicksalsrad, und dann beginnen auch für dich die unzähligen Wiederverkörperungen."*

(Elisabeth Haich: „Einweihung")

Nach der Rückkehr von seiner 'Schulungsreise' aus Indien trat Jesus also in Palästina wieder öffentlich in Erscheinung, vom Volk als der neue, jüdische 'Messias' - in der Tradition von Salomon und David - jubelnd empfangen. Davon berichten die Evangelien. Nach dem Tod von König Herodes war das Land, das 'Reich Gottes', für lange Zeit von politischen Krisen heimgesucht worden, und man sah in Jesus nun den geistigen wie weltlichen Hoffnungsträger, der römischen Fremdherrschaft die Stirn zu bieten; so die damalige Situation. Auch die Gruppierungen der Essener und Nazarener, auf die die orthodoxen Juden ebenfalls nicht gut zu sprechen waren, leisteten zusammen mit ihrem prominenten Vertreter den Römern und den Gesetzeshütern Widerstand.

„Wirklich große spirituelle Lehrer scharen reine Seelen um sich und lehren sie nicht allein durch das gesprochene Wort, sondern durch tatsächliche Vermittlung von Spiritualität. Sie geben ihnen nicht nur Selbstvertrauen; sie erleuchten die Herzen ihrer Schüler und machen sie zum Licht der Welt. Denn nur diejenigen, die Erleuchtung erfahren haben durch die Vereinigung mit dem in unseren Herzen wohnenden Licht, können zum Licht der Welt werden. [...]

Die Religion verfällt, wenn sie von Nichterleuchteten gelehrt wird. Ein theologisches Abschlußdiplom allein genügt nicht, denn Bücher bringen keine Erleuchtung. Jemand mag Schriften, ja die gesamte Geschichte oder Philosophie studiert haben - sich in der Theologie, den Dogmen und Theorien bestens auskennen und herrliche Predigten halten - und trotz alledem ein Anfänger im spirituellen Leben sein. Um das Leben anderer zu verwandeln, muß man zunächst seine eigene Kerze anzünden.“

(Swami Prabhavananda: „Die Bergpredigt im Lichte des Vedanta [Anm.: philosophische Richtung des Hinduismus auf der Grundlage der vier Veden]“)

Jesus:

„Ihr seid das Licht der Welt. Es kann die Stadt, die auf einem Berge liegt, nicht verborgen bleiben. Man zündet auch nicht ein Licht an und setzt es unter einen Scheffel, sondern auf einen Leuchter; dann leuchtet es für alle im Hause.“

(Die Bibel, Matt. 5, 14/15)

Das ist ein weiteres Text-Beispiel aus der berühmten ***Bergpredigt*** (siehe Matthäusevangelium, Abschn. 5-7), aus der schon in bezug auf Erläuterung der Universalgesetze Zitate entnommen sind. Sie zählt zu den wohl bedeutendsten Predigten, die je gehalten wurden; die ‘Seligspreisungen’ sprechen seligmachend für sich selbst.

Jesus engagierte sich für die wahre Freiheit der Menschen, eine geistige und politisch-soziale Freiheit, eine Be-freiung von Mißständen und Ungerechtigkeiten - im Einklang mit der weiblichen Ur-Kraft. Eine so sanfte ‘Revolution’, die in die ***Gedanken*** der Menschen eindrang und sie veränderte, war für die Machthaber äußerst bedrohlich: Die ‘Waffen’, die Jesus in das Bewußtsein der Menschen ***aller*** Schichten ‘einschleusen’ wollte, waren und sind ‘die gefährlichsten Waffen aller Zeiten’: Verständnis, Vergebung, Toleranz, Verantwortung, Wissen und ***Liebe***.

„Gleich die erste Handlung Jesu in Jerusalem war Angriff auf die Obrigkeit, wie ihn in dieser Form noch niemand gewagt hatte: Mit unmißverständlicher Deutlichkeit griff Jesus die Hüter des Gesetzes im Tempel an. Seine scharf formulierten Gerichtsreden (Mt. 23) waren eine öffentliche Abrechnung mit seinen Gegnern vor einer großen Zahl begeisteter Pilger. Die Evangelien berichten sogar davon, er habe die Händler und Geldwechsler mit Geißelhieben aus dem Bethaus getrieben. Ein solcher Angriff auf die Autorität der Tempelbehörden natürlich nicht unwidersprochen hingenommen werden, da dieser in einer so gespannten Situation einen Volksaufstand ausgelöst hätte. >Die Hohenpriester und Schriftgelehrten

überlegten, wie sie ihn vernichten könnten. Aber sie hatten Furcht vor ihm, denn alles Volk staunte über seine Lehre.< (Mk 11, 18) Da man während der Festtage [Anm.: das jüdische Passahfest] *mit Aufständen und Unruhen gerechnet hatte, war Pilatus als Vertreter des Kaisers mit seiner Kohorte (500 Legionäre) von Caesarea einmarschiert, um eingreifen zu können, falls es nötig werden sollte.* [...]

Wollte man Jesus also beseitigen, war größte Eile und Vorsicht geboten. In einer öffentlichen Diskussion versuchten zuerst die Pharisäer [Anm.: religiöse und politische Partei der Juden seit Ende des Zweiten Jh. v.u.Z.], *Jesus einer strafbaren Handlung zu überführen. Sie fragten ihn, ob es denn richtig sei, dem römischen Kaiser Steuern zu zahlen. Hätte Jesus dies verneint, wäre er des Hochverrats überführt gewesen, durch einen Geniestreich zog er sich aber aus der Affäre (Mk 12, 14-17). Darauf versuchten die Sadduzäer* [Anm.: ebenfalls eine altjüdische Partei], *seine Lehre von der Wiedergeburt ins Lächerliche zu ziehen, doch auch diesen Angriff parierte er geschickt (Mk 12, 19-27).“*

(Holger Kersten: „Jesus lebte in Indien“)

Der Statthalter Pontius Pilatus hatte die Rechtsprechung im ‘Fall Jesus’ zu übernehmen und beugte sich, obwohl er Jesus für gänzlich unschuldig hielt, dem Druck des Volkes, das nach einem Urteil verlangte:

„Pilatus fragte sie: Was soll ich denn mit Jesus machen, von dem gesagt wird, er sei der Christus? Sie riefen alle: Laß ihn kreuzigen! Er aber sagte: Was hat er denn Böses getan? Sie schrien aber noch mehr: Laß ihn kreuzigen! Als aber Pilatus sah, daß er nichts erreichte, sondern daß das Getümmel immer größer wurde, nahm er Wasser und wusch sich die Hände vor dem Volk und sagte: Ich bin unschuldig an seinem Blut; das ist eure Sache.“

(Die Bibel, Matt. 27, 22 - 24)

„Da sagte Pilatus zu ihnen: Nehmt ihr ihn und kreuzigt ihn, denn ich finde keine Schuld an ihm.“

(Die Bibel, Joh. 19, 6)

Jesus wird im Neuen Testament mit einer Dornenkrone ‘gekrönt’ und als der ‘König der Juden’ verspottet. Daß dieser Begriff nicht politisch zu verstehen ist (wie viele Bibelforscher meinen), erklärt der große Lehrer während des Verhörs vor Pilatus selbst:

„Da ging Pilatus wieder ins Prätorium hinein, ließ Jesus rufen und fragte ihn: Bist du der König der Juden? Jesus antwortete: Sagst du das von dir aus, oder haben dir's andere über mich gesagt? Pilatus sagte: Bin ich denn ein Jude? Dein Volk und die Hohenpriester haben dich mir übergeben. Was hast du getan? Jesus antwortete: Mein Königtum ist nicht von dieser Welt [!]. *Wäre es von dieser Welt, so würden meine Diener darum kämpfen, daß ich den Juden nicht übergeben* [!] *würde; nun aber ist mein Reich nicht von dieser Welt. Da fragte Pilatus ihn: Also bist du doch ein König? Jesus antwortete: Du sagst es, ich bin ein König. Ich bin dazu geboren und in die Welt gekommen, daß ich die Wahrheit bezeugen soll. Wer aus der Wahrheit ist, der hört auf meine Stimme."*

(Die Bibel, Joh. 18, 33 - 37)

Die Umstände der ***Kreuzigung***, einer damals verbreiteten, römischen Hinrichtungsart, die ausschließlich Feinden des Reiches vorbehalten war, sind im 'Fall Jesus' mehr als seltsam. Mit Rücksicht auf den jüdischen Sabbat (lat. sabbatum, zu hebr. schabbath = Feiertag; Freitag- bis Samstagabend) beeilten sich die römischen Vollstrecker - es war bereits (Kar-; althochdt. char = Schlüssel) Freitag - mit der Folter-Prozedur, die sich normalerweise für den Verurteilten höchst qualvoll über Tage hinzuziehen hatte.

„Die Form der Kreuze und die Anbringung des Opfers konnten beträchtliche Unterschiede aufweisen. Würde die Körperlast eines Gekreuzigten ausschließlich an den Handgelenken hängen, träte der Tod innerhalb von fünf bis sechs Stunden durch allmähliches Ersticken ein und nicht etwa durch Blutverlust. Die Atmung ist in dieser extremen Haltung so stark beeinträchtigt, daß der Körper nicht mehr mit genügend Sauerstoff versorgt werden kann. Schon nach relativ kurzer Zeit würde eine Bewußtlosigkeit eintreten und durch den vornüberkippenden Kopf das Atmungsvolumen weiter reduziert. Um ein derart >rasches< Sterben zu verhindern, war am senkrechten Pfahl des Kreuzes in Höhe der Füße häufig ein kleines Querholz angebracht - das sogenannte s u p p e d a n e u m -, auf dem sich der Delinquent abstützen konnte, solange es seine Kraft erlaubte. [...]

Kreuzigungen erfolgten entweder durch Festbinden mit Lederriemen oder durch Nagelung an Händen und Füßen. Auf diese Weise konnte der Gekreuzigte aus eigener Anstrengung seinen Tod hinauszögern, indem er sich auf die Fixierung, den Nagel bzw. die Fußbank, abstützte und den Körper in die Höhe stemmte.“

(Holger Kersten: „Jesus lebte in Indien“)

Nach nur drei Stunden, so berichten die biblischen Schriften (vgl. Markus 15, 25 und 33), war es im „Fall Jesus“ ‘vollbracht’, worüber selbst Pontius Pilatus verunsichert erschien:

„Pilatus aber wunderte sich, daß er schon tot war, rief den Hauptmann und fragte ihn, ob er schon gestorben wäre.“

(Die Bibel, Markus 15, 44)

Um auch ganz sicher zu gehen, daß der Tod tatsächlich eingetreten war beziehungsweise den Tod zu beschleunigen, brach man den Gekreuzigten üblicherweise nach der Folter zusätzlich die Beine; im ‘Fall Jesus’ aber wurde dies unterlassen! Stattdessen wurde ihm ein leichter Stich in die Seite zugefügt, durch die ritzende Lanze eines römischen Soldaten.

„Weil es aber Rüsttag war und die Gekreuzigten nicht den Sabbat über hängen bleiben sollten - denn dieser Sabbat war ein hoher Festtag -, baten die Juden Pilatus, daß ihnen die Beine gebrochen und sie vom Kreuz abgenommen würden. Da kamen die Soldaten und zerschlugen dem ersten die Schenkel und dem andern auch, der mit Jesus gekreuzigt war. Als sie aber zu Jesus kamen und sahen, daß er schon gestorben war, zerschlugen sie ihm die Schenkel nicht; sondern einer der Soldaten stieß mit dem Speer in seine Seite, und sogleich kamen Blut und Wasser heraus.“

(Die Bibel, Joh. 19, 31 - 34)

Anmerkung: In diesem Zusammenhang möchte ich auf das Buch „Die heilige Lanze - Der Speer von Golgatha“ (Universitas Verlag, München) von Trevor Ravenscraft hinweisen. Der ‘Speer des Longinus’ oder der ‘Speer des Schicksals’, der sich heute als Teil der sogenannten Habsburger ‘Reichskleinodien’ wieder in der Wiener Hofburg befindet, wurde laut Ravenscraft am 30. April 1945 von der alliierten Militärregierung in einem als Versteck dienenden Keller in Nürnberg gefunden, nahe der Kaiserburg.

Nürnberg war bereits von 1424-1796 und dann - mit dem 'Anschluß' Österreichs - von 1938-1945 Aufbewahrungsort der 'Reichskleinodien'. (Ob Hitler, der im Besitz der heiligen Lanze gewesen sein soll, am 30. April 1945 im Keller der Berliner Reichskanzlei Selbstmord beging oder in das Ausland flüchtete, hat auf das abzutragende Karma des 'Führers' keinen Einfluß...)

Zurück nach 'Golgatha': Es ist nicht nur merkwürdig, daß aus einem Toten 'Blut und Wasser' kommt; es ist äußerst bemerkenswert, daß Pilatus zweifelsfrei einen Rechtsbruch beging, indem er einem gewissen ***Josef von Arimathäa***, einer Privatperson, den angeblichen Leichnam Jesu, eines 'römischen Staatsfeindes', ohne weiteres übergab. War Josef Mitglied des essenischen Bundes oder ebenfalls Mitglied der Nazarener? Ein durch die Sekte bereitgestellter Helfer? War Pilatus in das Geschehen einbezogen?

Ganz sicher ist, daß eine andere Person einen wichtigen Auftrag hatte, sein Name: ***Nikodemus***. Er brachte eine große Menge heilende Kräuter heran, um die Wunden des vermutlich ***bewußtlosen*** Jesus in einer organisierten Privatgruft auf einem in der Nähe gelegenen Gartengrundstück zu behandeln. (Auch wäre es denkbar, daß Jesus sich durch seine geistig-magische Schulung in einen todesartigen Trance-Zustand versetzt hatte.)

„Josef von Arimathäa aber, der ein Jünger Jesu war, doch nur heimlich, aus Furcht vor den Juden, bat darauf Pilatus, daß er den Leichnam Jesu abnehmen dürfte. Und Pilatus erlaubte es. Da kam er und nahm den Leichnam Jesu ab. Es kam aber auch Nikodemus, der früher einmal in der Nacht zu Jesus gekommen war, und brachte eine Mischung von Myrrhe und Aloe, etwa hundert Pfund. Da nahmen sie den Leichnam Jesu und umwickelten ihn mit Leinenbinden und taten die wohlriechenden Stoffe dazu, wie die Juden zu begraben pflegen. Er war aber an der Stätte, wo er gekreuzigt worden war, ein Garten und im Garten ein neues Grab, in dem noch nie jemand gelegen hatte.“

(Die Bibel, Joh. 19, 38 - 41)

An dieser Stelle fragt man sich: Gibt es denn dafür überhaupt irgendeinen authentischen Beweis? Und ob! Es ist das 'Ergebnis' jener Heilbehandlung von Jesus in der Privatgruft und es ist trotz wiederholter Brandanschläge der Öffentlichkeit erhalten geblieben: ***Das Grabtuch von Turin!***

Die Echtheit des Tuches ist mit Bezug auf die Altersdatierung mittlerweile wissenschaftlich anerkannt, doch die kleine Zeitungsnotiz von 1995 hat kaum jemand beachtet:

„Nach Untersuchungen von zwei US-amerikanischen Mikrobiologen ist das seit 1578 in Turin aufbewahrte Grabtuch fast 2.000 Jahre alt. Wie die Turiner Tageszeitung >La Stampa< jetzt berichtete, können die an der Universität Texas tätigen Forscher Leoncio Garza-Valdes und Steve Mattingly jedoch nicht feststellen, ob Christus tatsächlich in dem Leintuch ins Grab gelegt wurde.

Bei der Analyse von winzigen Gewebestückchen des Tuches haben die beiden Wissenschaftler nach Angaben der Zeitung die Existenz eines aus Bakterien und Pilzen bestehenden Biofilms festgestellt. Dieser überziehe das Grabtuch wie eine dünne Plastikhülle.

Nach Ansicht der Forscher ist dies der Grund dafür, daß das Grabtuch bei der im Jahre 1988 durchgeführten Radiokarbon-Untersuchung (C14) irrtümlicherweise auf das Mittelalter datiert worden war."

(Berliner Morgenpost, 28. 05. 1995)

Was die zitierten US-Forscher nicht feststellen konnten, ist als Tip für weiterführende Literatur durch Holger Kersten und Elmar R. Gruber recherchiert und rekonstruiert, nämlich die annähernd lückenlose Geschichte des Turiner Grabtuches in dem Buch „Das Jesus-Komplott", in einer aktualisierten Neuausgabe herausgegeben unter dem Titel „Jesus starb nicht am Kreuz" (Langen Müller Verlag).

Schauen wir uns einmal dieses 'Grabtuch', welches die Kirche gerne in das Mittelalter datiert gehabt hätte, näher an:

„Man kann nämlich deutlich zwei verschiedene Arten von Blutungen unterscheiden: einmal eingetrocknetes Blut, das geflossen war, als Jesus ans Kreuz genagelt wurde, zum anderen frisches Blut, das erst aus dem Körper austrat, als er schon waagerecht im Tuch lag! [...]

Betrachtet man das Portrait Jesu auf der Vorderseite des Linnens fällt gleich eine Blutspur auf der Stirn auf, die die Form einer seitenverkehrten 3 zeigt. Diese eigenartige Form kann nur entstehen, wenn der Kopf sich in einer leicht angehobenen waagrechten Stellung befindet. Dem Liegenden wurde wohl ein kleines Kissen unter den Hinterkopf gelegt, das langsam nachfließende Blut lief bis zu einer Stirnfalte, verteilte sich ein wenig, und während frisches Blut nachfloß, lief es weiter zur zweiten Stirnfalte. Diese

- ebenfalls durch die Dornenkrone verursachte - Verletzung befindet sich aber an der höchstgelegenen Stelle des ganzen Körpers. Selbst wenn unter gewissen Umständen aus großen Wunden einer Leiche noch Blut auslaufen kann, ist dies an der hochgelagerten Stirn unter keinen Umständen denkbar. Diese Blutung ist ausschließlich durch Herz-Kreislauf-Tätigkeit möglich! An den übereinanderliegenden Händen, die sich fast genauso hoch befinden wie die Stirn, läßt sich am eindrucksvollsten aufzeigen, daß neben bereits angetrocknetem Blut auch frisches Blut auf dem Tuch nachweisbar ist.“

(Holger Kersten: „Jesus lebte in Indien“)

Neben dem Begriff der ‘unbefleckten Empfängnis’ hätte die Kirche vielleicht längst den Begriff der ‘heiligen Leichenblutung’ einführen können... Man ist da mit dem Zeitgeist nicht so ganz auf der Höhe; immerhin wurde der italienische Physiker und Philosoph Galileo Galilei (1564-1642) nach den schweren Auseinandersetzungen mit dem Vatikan im Jahre 1633 bereits 1993 durch Papst Johannes Paul II. rehabilitiert! Somit hat auch der Heilige Stuhl nur 360 Jahre später offiziell anerkannt, daß die Erde keine Scheibe, sondern eine Kugel ist, welche sich auf die Sonne als Mittelpunkt bezieht. Immerhin. (Aufschlußreich ist auch das Buch „Die Vertreter Gottes - Eine Geschichte der Päpste im 20. Jahrhundert“ von Karlheinz Deschner.)

Aufschlußreiche Hinweise von ***Jesus*** und seinem Umfeld lassen sich in einer schon öfter zitierten Quelle finden, wo man sie zunächst gar nicht vermutet: im Heiligen Buch des Islam! Der ***Koran*** erwähnt sogar den Begriff der Nazarener:

„Und es sprechen die Juden und die Nazarener: >Wir sind Allahs Kinder und seine Geliebten.< Sprich: >Und weshalb straft Er euch für eure Sünden?< Nein, ihr seid Menschen von denen, die Er erschaffen. Er verzeiht, wem Er will, und Allahs ist das Reich der Himmel und der Erde und was dazwischen, und zu ihm ist die Heimkehr.“

(Der Koran, Sure 5, 18)

An einer anderen Stelle wird deutlich, daß der Koran Jesus, der auch als der Prophet ‘Issa’ bezeichnet wird, als einen Menschen ‘aus Fleisch und Blut’ auffaßt:

„Nicht ist der Messias, der Sohn der Maria, etwas anderes als ein Gesandter; vorausgingen ihm Gesandte, und seine Mutter war aufrichtig. Beide aßen Speise. Schau, wie Wir ihnen die Zeichen deutlich erklären! Alsdann schau, wie sie sich abwenden."

(Der Koran, Sure 5, 75)

Spannend ist die Aussage des Korans über die Kreuzigung Jesu; gar von einem ***Doppelgänger*** ist die Rede!

„Und weil sie sprachen: >Siehe, wir haben den Messias Jesus, den Sohn der Maria, den Gesandten Allahs, ermordet< - doch ermordeten sie ihn nicht und kreuzigten ihn nicht, sondern einen ihm ähnlichen - ... (darum verfluchten Wir sie). Und siehe, diejenigen, die über ihn uneins sind, sind wahrlich im Zweifel in Betreff seiner. Sie wissen nichts von ihm, sondern folgen nur Meinungen; und nicht töteten sie ihn in Wirklichkeit, [...]"

(Der Koran, Sure 4, 157)

Ob es einen solchen Doppelgänger gegeben hat, läßt sich nicht mehr feststellen. Doch sollte der Apostel ***Thomas*** Erwähnung finden, der im Johannesevangelium „mit dem Beinamen Zwilling" (vgl. Joh. 20, 24) umschrieben wird, und der nach späterer Überlieferung in Indien (!) gestorben sein soll.

Somit sind wir wieder auf der Spur, die uns auf das Leben von Jesus, 'Issa' oder 'Yuz Asaf' ***nach*** der Kreuzigung führt.

Holger Kersten nennt eine Fülle von Hinweisen und Quellen, einige davon sollen hier genügen:

„In der Geschichtsschreibung hat man bisher 21 verschiedenen Hinweise auf einen Aufenthalt Jesu in Kashmir entdeckt. [...]

Zu jener Zeit, als Jesus in Kashmir lebte, war das >glückliche Tal< Zentrum einer umfassenden geistigen, religiösen, kulturellen und politischen Erneuerung. Das Königreich Kashmir war Mittelpunkt des riesigen indoskythischen Reiches und wurde in der zweiten Hälfte des ersten Jahrhunderts von dem großen Kushan-Herrscher Kanishka I. (78-103 n.u.Z.) regiert. Als hervorragender Staatsmann und gütiger, weiser Herrscher versuchte Kanishka, das bunte Völkergemisch seines Landes durch eine tolerante und großmütige Politik zu einen. Ihren Höhepunkt fand die Verbindung zwischen griechischem und indischen Gedankengut in der Gandhara-Kultur. Das geistige Zentrum dieser Kulturbewegung bildete die *schon damals berühmte Universität von Taxila.* [Anm.: Zu erwähnen ist auch die 'Universität von Kashi' in Benares/Varanasi] [...]

Einen weiteren Hinweis auf den Aufenthalt Jesu in Kashmir liefert die Schrift >Raja Tarangini<, eine Geschichte Kashmirs, die im zwölften Jahrhundert von Pandit Kalhana in Sanskrit-Versen verfaßt wurde und zu den ersten wirklich historischen Berichten in der indischen Literatur zählt. [...]

Der im Jahre 962 n.u.Z. in Khurasan (Iran) verstorbene Geschichtsschreiber Shaik Al-Sa'îd-us-Sâdiq berichtet in seinem berühmten Werk >Ikmâl-ud-Dîn< über die beiden Reisen Jesu nach Indien und über seinen Tod als Yuz Asaf in Kashmir. Dieses Buch wurde 1883 im Iran neu veröffentlicht und später von dem Heidelberger Orientalisten Professor Max Müller ins Deutsche übertragen.“

(Holger Kersten: „Jesus lebte in Indien“)

Bei Kashmir, so Kersten, würde es sich vielleicht um das 'gelobte Land' handeln, dem Aufenthaltsort der 'verlorenen Stämme Israels'.

Das Grab von Yuz Asaf, der mit höchster Wahrscheinlichkeit nicht am Kreuz, sondern als alter, hochverehrter und weiser Mann in Indien 'gestorben' ist, und das 'Rad der Wiedergeburten' aus eigener Kraft durchbrochen hat, **befindet sich seit Jahrhunderten in Kashmir, in der Altstadt von Sriganar.**

Jesus, der 'aufgestiegene Meister', ist nicht im herkömmlichen Sinne 'gestorben', er hat den 'Tod' und die 'Auferstehung' überwunden. Vielleicht befinden sich daher in dem Grab die sterblichen Überreste des Apostels Thomas, des 'Zwillings'?

Es folgt eine detaillierte Beschreibung der Grabanlage:

„Das Gebäude ist rechteckig, eine kleine Eingangshalle ist angebaut. Über dem Durchgang zur eigentlichen Grabkammer befindet sich eine Inschrift, die berichtet, vor vielen Jahrhunderten sei Yuz Asaf in das Tal von Kashmir gekommen und sein Leben sei dazu bestimmt gewesen, die Wahrheit zu verkünden. Auf dem Boden der innersten Grabkammer befinden sich zwei verschiedene Grabsteine, von einem hölzernen Gitter umgeben, das mit einem schweren Tuch bedeckt und mit massivem Holz umbaut ist. Der größere Grabstein ist der von Yuz Asaf, der kleinere gehört zum

Grab des islamischen Heiligen Syed Nâsir-ud-Dîn, der dort erst im 15. Jahrhundert bestattet wurde.

Diese beiden Grabsteine sind nach islamischem Brauch in Nord-Süd-Richtung angelegt. Wie bei islamischen Grabmälern in Indien üblich, handelt es sich bei diesen Grabsteinen um Attrappen, die eigentlichen Gräber befinden sich in einer Krypta unter dem Boden des Gebäudes. Eine winzige Öffnung gestattet einen Blick in die darunter liegende Grabkammer. Der Sarkophag, in dem der Leichnam des Yuz Asaf bestattet ist, steht nach jüdischer Tradition in Ost-West-Richtung! Dies ist ein deutlicher Beweis dafür, daß Yuz Asaf kein islamischer Heiliger gewesen sein kann. Bei Hindhus und Buddhisten jedoch werden nur Asketen (Sadhus) und Heilige bestattet (Leichen werden ansonsten verbrannt). Hier liegt also jemand begraben, der schon vor der Ankunft des Islams, als Kashmir mahayana-buddhistisch und tantrisch-hinduistisch war, als Heiliger verehrt wurde. Die Etymologie des Namens Yuz Asaf hat gezeigt, daß er sich von >Bodhisattva< [Anm.: Wesen, die den Buddhazustand erlangt haben, im besonderen auch Bezeichnung für den historischen Buddha und für alle aufeinanderfolgenden Buddha vor Erreichen der Erleuchtung] *herleitet. Hier liegt also ein in vorislamischer Zeit als künftiger Buddha verehrter Heiliger begraben, der der Legende nach aus dem Westen gekommen sein soll und dessen Grab in Ost-West-Richtung verläuft, wie es auch bei den Juden üblich ist.“*

(Holger Kersten: „Jesus lebte in Indien“)

Dieses Grab könnte postum mit dazu beitragen, die großen Religionen, das Christentum, das Judentum, den Islam, den Hinduismus und den Buddhismus zu versöhnen und zu vereinen. Es ist an sich ganz egal, ob Jesus in Indien oder auf dem Mars gestorben ist; es geht darum, was er gesagt und vor allem getan hat! Würde Jesus heute unter uns leben, würde er ganz bestimmt nicht von der Notwendigkeit der Bildung von Gruppierungen (als Sammelbecken haltsuchender Existenzen) predigen, sondern auf die eigene Verantwortung jedes Einzelnen und seines ‘Schicksals’ hinweisen.

Am Ende bleibt die sich immer wieder erneuernde (ursprüngliche) Lehre von Jesus, dem einstigen Nazarener.

„Selig sind, die Frieden stiften; denn sie werden Gottes Kinder heißen.“

(Die Bibel, Matt. 5, 9)

26. DER HEILIGE GRAL

„Nicht soll der mehr verschlossen sein:
Enthüllet den Gral, öffnet den Schrein!“
(Richard Wagner: „Parsifal“)

Auch zu diesem Thema sieht man vor lauter ‘Gralsrittern’ den ‘Gral’ nicht mehr... Eine nicht geringe Anzahl von neuen Publikationen liefert regelmäßig Nachschub zur Diskussion, ***was*** es mit diesem geheimnisvollen Begriff auf sich haben könnte. Das Christentum identifiziert den ‘Gral’ als den Kelch, aus dem Jesus während des Letzten Abendmahles getrunken hatte, und mit dem er symbolisch sein ‘Blut’ an die Jünger weitergab; oder die Schale, mit der das Blut der Seitenwunde während der Kreuzigung Jesu aufgefangen wurde. Ein heiliger, aber materieller ***Gegenstand***? Eine dennoch aufsehenerregende Verbindung zu Jesus?

1991 gab es in der Akademie der Künste zu Berlin eine Ausstellung mit dem Titel „Auf der Suche nach dem Gral“ - und während dieser ‘Suche’ hatte ich mir einige Notizen gemacht. Den Auftakt bildeten historische Weltkarten: Eine 1448 von dem Benediktiner-Mönch Andreas Walsperger angefertigte Darstellung zeigt die Erdscheibe des Mittelalters mit Jerusalem als Mittelpunkt. Die ‘Gralsburg’ des Priesterkönigs Johannes und das dahinterliegende Paradies sind im Osten angesiedelt (!), was eine indische Karte von 1086 bestätigt. Im Folgenden wurde man mit den ‘Paradiesen des Buddhismus’ vertraut: Der legendäre „Trank Amrita“, der Unsterblichkeit verleiht, ist die Shambhala oder Quelle des Glückes und der Freude. Buddhas Königreich findet sich symbolisch in Form einer achtblättrigen Lotusblüte; das Pendant des Christentums ist der ‘Lebensbrunnen’.

Als Ausstellungsbesucher wanderte man nun auf den Pfaden zoroastischer Priester, die sich ‘Magier’ nannten. (Zoroaster oder Zarathustra ist der persische Prophet und iranische Religionsstifter, zeitlich angesiedelt zwischen 1000 und 600 v.u.Z.) Der Legende nach soll einer der Priestermagier auf dem Rückweg von Bethlehem einen Stein bei sich getragen haben, den ‘Christus’ ihm anvertraut hatte. Der Magier starb während der Reise, doch von der Stelle, wo er begraben wurde, ging laut Legende seitdem ein Licht aus, das rasch eine kultische Bedeutung erlangte. (Zoroaster verkündete das Gute als personifizierten Gott „Ahura Mazda“, den man als

Mensch im Kampf gegen 'das Böse' „Angra Manju" unterstützen müsse. Noch heute werden im Iran zoroastische Feueraltäre verehrt. Und in Norddeutschland hält sich hartnäckig der heidnische Brauch des 'Osterfeuers'.)

Lokalisierungsversuche der 'Gralsburg' folgten; vor allem Hinweise auf die unzugängliche Festungsruine „Takht-i-Suleiman" in Schiz, Aserbaidschan und auf das achteckige „Castel del Monte" in Apulien, südlich von Neapel, welches der Stauferkönig Friedrich II. (1194-1250) errichten ließ.

Auch der Schutzheilige „Sankt Georg" der mittelalterlichen Kreuzritter kam erneut zum Einsatz und stellte dem Besucher die Frage: Wurde während der Eroberung von Jerusalem 1099 durch Gottfried von Bouillon und nach der Konstituierung des Templerordens der 'Gral' gefunden? Die Kreuzfahrer jedenfalls, so will es die Legende, errichteten in Jerusalem einen Altarbaldachin und hängten eine goldene Urne hinein - angeblich mit dem Blut Jesu!

Islamische Miniaturen aus dem 14. Jahrhundert berichten zudem von einem 'Schwarzen Stein', den die Kaaba - das heute noch zentrale Heiligtum des Islam - als Mittelpunkt der Großen Moschee in Mekka beherbergen soll. - Und die Grabeskirche in Jerusalem soll einst Aufbewahrungsort eines geheiligten Onyxkelches gewesen sein... (Gewünscht hätte man sich noch die 'Ritter der Tafelrunde' um König Arthus und seinen weisen Magier Merlin.)

Was also ist der 'Gral'? Ein Kelch? Eine Urne? Ein Stein? Eine Festung? Ein Gegenstand buddhistischen, islamischen, christlichen oder zoroastischen Ursprungs? Gar etwas völlig anderes?

Das bekannteste Buch der letzten Jahre ist ***„Der Heilige Gral und seine Erben"*** des britischen Autorenteams Henry Lincoln, Michael Baigent und Richard Leigh. Den Inhalt dieses spannenden Werkes, das auf einer reinen ***Hypothese*** beruht, möchte ich kurz skizzieren und als Zitat mit dem Klappentext beginnen:

„Mit Recherchen für einen BBC-Fernsehfilm fing es an. Die Entschlüsselung alter Urkunden brachte das Autorenteam auf die Spur jenes legendären Gefäßes, das im Mittelalter Christi Auferstehung symbolisierte.

In einem atemberaubenden Forschungsbericht erschließt sich dem Leser die rätselhafte Welt des Mittelalters mit ihren Ketzerbewegungen, Ordensburgen und Königsdynastien - und die bestürzende Erkenntnis, daß die größten Denker Europas bis in die jüngste Vergangenheit hinein möglicherweise Mitglieder einer Geheimgesellschaft waren...“

(Lincoln/ Baigent/ Leigh: „Der Heilige Gral und seine Erben“)

Ausgangspunkt der Untersuchungen ist der kleine Ort Rennes-le-Château im Süden Frankreichs, in dem 1885 ein Monsieur Saunière als neuer Gemeindepfarrer sein Amt antritt. Während der Restaurierung der Dorfkirche findet dieser beim Entfernen der Altarplatte vier alte Pergamente, dessen geheime Botschaften er mit Hilfe von Grabinschriften entziffern kann. Die Pergamente beinhalten unter anderem Hinweise auf den Merowinger-König Dagobert II. und auf ***Zion*** (franz. Sion): Jerusalem und das Judentum. Der Pfarrer gelangt daraufhin - nach Gesprächen mit hohen kirchlichen Würdenträgern - zu großem Reichtum, mit dem er wichtige Gemeindeprojekte und eigene Bauvorhaben finanziert, so den Turm „Tour Magdala“. Der Priester stirbt im Jahre 1917 - unter Verweigerung der ‘Letzten Ölung’ - angeblich an einem Herzinfakt, obwohl schon mehrere Tage vor seinem Tod ein Sarg für ihn bestellt war...

Mit der Beschäftigung auf den in den Pergamenten erwähnten Maler Nicolas Poussin (1594-1665) stoßen die drei Autoren auf das Gemälde „Die Hirten in Arkadien“ (Paris, Louvre), das Ludwig XIV. in seinen Privatgemächern in Versailles unter Verschluß gehalten haben soll. Das Gemälde zeigt - in der Kulisse einer Gebirgslandschaft - eine Hirtengruppe vor einem antiken Grabmal mit der Inschrift *„ET IN ARCADIA EGO“* („Auch ich in Arkadien...“), in der seltsamerweise das Verb fehlt: Hierbei handelt es sich um ein sogenanntes Anagramm. Vertauscht man die Buchstaben, ergibt sich ein neuer Sinn: *„I TEGO ARCANA DEI“* - „Scher’ dich hinweg! Ich halte die Geheimnisse Gottes verborgen!“

(Nebenbei findet sich der Ausdruck „Et in Arcadia ego“ auch in den Werken von Friedrich Schiller, Johann Wolfgang Goethe, E. T. A. Hoffmann, Friedrich Rückert oder Johann Gottfried Herder.)

In Frankreich gelangte seit 1956 eine Fülle von Material um Saunière und Rennes-le-Château Stück für Stück an die Öffentlichkeit.

Weitere Nachforschungen von Lincoln/Baigent/Leigh über den geheimen Templerorden, auch als „Prieuré de Sion“ bezeichnet, führen auf die Spur der Dynastie der Merowinger, die keineswegs ausgestorben sei, sondern sich in direkter Linie von Dagobert II. über seinen Sohn Sigibert IV.

bis auf den heutigen Tag fortsetze. Das Haus Habsburg lasse grüßen. (Die 1989 verstorbene Kaiserin Zita von Österreich, eine 1892 geborene Prinzessin von Bourbon-Parma, führte übrigens unter anderem den Titel „Königin von Jerusalem".)

Der 651 geborene Dagobert wurde als fünfjähriger Kronprinz entführt und wuchs in einem Kloster in Irland auf. Zwar konnte er sein Reich (Austrien) zurückfordern, wurde jedoch später im Auftrag Pippin II. (der Mittlere) unter Zustimmung der Kirche ermordet. Im Mittelalter wurde systematisch der Versuch unternommen, Dagobert aus der Geschichte zu eliminieren, denn erst 1655 wurde er in die offizielle Liste der fränkischen Könige wieder aufgenommen.

Das Fortbestehen des geheimgehaltenen Merowinger-Geschlechts, so die Autoren, sei der „Prieuré de Sion" zu verdanken, die seit ihrer Gründung im Jahre 1099 durch Gottfried von Bouillon ebenfalls bis in unsere Gegenwart existiere.

Die weiteren Untersuchungen lenken die Aufmerksamkeit auf den 'Heiligen Gral'. ***Maria Magdalena*** beziehungsweise ***Maria von Magdala***, die in der Bibel als Gefährtin von Jesus und Augenzeugin der Kreuzigung (vgl. Matt. 27, 56) überliefert ist, soll der Legende nach mit dem 'Gral' nach Gallien gekommen sein. Ihr angebliches Grab, welches ich schon besichtigt habe, wird in einer Kirche im südfranzösischen Ort Saintes-Maries-de-la-Mer verehrt, am Mittelmeer.

Bemerkenswert erscheint, daß in vielen frühen Handschriften von den im Mittelalter sehr verbreiteten Gralsdichtungen (wie zum Beispiel den „Parzival" des Wolfram von Eschenbach) der 'Gral' als 'Sangraal' oder 'Sangreal' bezeichnet wird. Eine dieser Formen, so die Autoren, mag die ursprüngliche gewesen sein, die man später bewußt oder unbewußt falsch trennte, so daß aus 'Sang Raal' beziehungsweise 'Sang Real' irrtümlicherweise 'San Graal' beziehungsweise 'San Greal' wurde. In heutiger Schreibweise ist 'Sang Real' mit 'Sang Royal' gleichzusetzen: königliches Blut!

Das Autorenteam stellt folgende Hypothese auf: Der 'Heilige Gral' beziehungsweise das 'Heilige Blut' sei gleichermaßen Symbol für die ***Dynastie Jesu*** und dessen königliche Herkunft, als auch für den Schoß der Ehefrau, aus dem die Nachkommenschaft hervorging. Demnach, so Lincoln/Baigent/Leigh, war Jesus mit Maria Magdalena ***verheiratet!***

Die direkten Nachkommen flohen mit ihrer Mutter nach Gallien, wo sich das Geschlecht im Geheimen fortpflanzte, bis es sich im fünften Jahrhundert mit dem der Franken vereinigte und so eine neue Dynastie hervorbrachte: die Merowinger. Und wenn sie nicht gestorben sind, dann leben sie noch heute.

Die drei Autoren sehen (nach Auskunft der Bibel) in Jesus den direkten Nachkommen Salomons und Davids und darüber hinaus den rechtmäßigen jüdischen König, der nach seiner 'Salbung' den Beinamen 'Messias' als politisch aufzufassenden Begriff erhielt. Nach jüdischem Brauch wurde zu jener Zeit die Ehelosigkeit strengstens verurteilt, folglich war Jesus auch verheiratet... Der 'König der Juden' mit einem legitimen Anspruch auf den Thron war so für die Römer eine ernstzunehmende Bedrohung und mußte beseitigt werden. Die Autoren gehen davon aus, daß es bei der 'Kreuzigung' nicht mit rechten Dingen zuging und sehen in Josef von Arimathäa einen Blutsverwandten von Jesus, da Pilatus den mutmaßlichen 'Leichnam' an Josef übergibt. Soweit „Der Heilige Gral und seine Erben" samt geheimnisvoller Geheimgesellschaft. (Gerade aber die 'Geheimgesellschaft' ist es, die von dieser 'Story' publicity-trächtig profitiert.)

Wie Sie im Verlauf der vorangegangenen Kapitel selbst feststellen konnten, steht die gesamte Hypothese vor einem ***erweiterten*** Hintergrund auf recht wackeligen Beinen; in meiner Auffassung besteht sie hauptsächlich aus 'heißer Luft' und läßt sich überhaupt ***nicht*** halten. (Vielleicht ist hier wieder der Apostel Thomas 'mit dem Beinamen Zwilling' ins Spiel zu bringen?) Die 'Forschungsergebnisse' sind der Lehre, dem Wirken und der Spiritualität von Jesus kraß ***entgegengesetzt***. Es ist kaum anzunehmen, daß der große Lehrer infolge seiner buddhistisch-essenischen Ausbildung durch eine Heirat die ***familiäre*** Bindung zu einer Frau einging (beziehungsweise eingehen wollte und ***konnte***) und seine Aufgabe darin sah, leibliche Kinder in die Welt zu setzen... Noch dazu, um als 'rechtmäßiger König' eine weltliche Herrscher-Dynastie für die Zukunft zu sichern? (Für welche Zukunft? Des jüdischen Staates? Sicher nicht.) Fest steht, daß Jesus die Frauen allgemein, egal welcher Nationalität, Glaubensgemeinschaft oder sozialen Schicht, sehr verehrte.

Es ging ihm um '***geistige*** Kinder', um die **universale Verwandtschaft zu allen Wesen** im Einklang mit der Schöpfung.

Jesus gibt in der Bibel selbst Auskunft über seine 'wahren Verwandten':

„Als er noch zu dem Volk redete, siehe, da standen seine Mutter und seine Brüder draußen, die wollten mit ihm reden. Da sagte einer zu ihm: Siehe, deine Mutter und deine Brüder stehen draußen und wollen mit dir reden. Er antwortete aber dem, der es ihm ansagte: Wer ist meine Mutter, und wer sind meine Brüder? Und er streckte die Hand aus über seine Jünger und sagte: Siehe da, das sind meine Mutter und meine Brüder! Denn wer den Willen meines Vaters im Himmel tut, der ist für mich Bruder und Schwester und Mutter."

(Die Bibel, Matt. 12, 46 - 50)

Der Begriff des Grals ist von kosmischer Natur! Die Suche nach dem Heiligen Gral ist die Suche eines jeden danach strebenden Menschen nach dem Inneren Selbst, nach dem „ICH BIN". Es ist die Suche nach dem Licht und die Suche nach Erleuchtung.

„Der Gral gilt als Träger göttlicher Lebenskraft, wird aber nur vom reinen, selbsterwachten, von innen her geleiteten Menschen gefunden. Er besitzt nicht nur die Eigenschaft, Wunden zu heilen und Not zu wenden, sondern darüber hinaus die Fähigkeit, die geistige Reife zu fördern, von der Nichterkenntnis zur Erleuchtung und zum Einssein mit dem Göttlichen zu führen.

Das Wort 'Gral', altfranzösisch graal oder greal, katalonisch gresal, leitet sich vom lateinischen 'gradalis' (stufenförmig, abgestuft) oder von 'cratalis' her, das auf das griechische 'krater', d.h. 'Mischkrug' zurückgeht und an das Sternbild 'Crater' oder 'Becher' erinnert, das wiederum als kosmisches Sinnbild jenes 'Goldenen Bechers' gilt, der uralter Sage zufolge das Elixier des Lebens barg... [...]

Es ist die Botschaft vom i n n e r e n E r l ö s e r, vom Christus in uns, von dem uns der Gralskelch ewigen Lebens gereicht wird, wenn unser Ich in ihm entwird... [...]

Der 'G r a l s r i t t e r' symbolisiert den i n n e r e n M e n s c h e n, der immerfort auf der Suche nach seiner ewigen Heimat ist und in der

Hinwendung nach innen - zum 'allerinnersten Menschen' - zur Gralsburg gelangt und zum Gralfinder wird. [...]

Damit wird der Gral zum Sinnbild der Dreieinheit von Erkenntnis, Wille und Tat, wobei die Schale des Kelches das Erkennen symbolisiert, der Knauf das aufrechte Wollen und der Fuß des Kelches den festen Stand des Gralsritters auf der Erde und sein rechtes Tun. [...]

Die Gralsritterschaft ist ein Sinnbild der Brüderschaft der Großen Liebenden, der Gemeinschaft der Heiligen und Erleuchteten, die der leidenden Menschheit immer wieder das Licht der göttlichen Weisheit und Liebe bringen und ihr den Weg nach innen aufs neue bewußt machen, der aus der Wirrwelt zur Wahrheit ewigen Lebens im Licht hinanführt."

(K. O. Schmidt: „Dreistufenweg zum Gral")

Im 'Gralskelch' brennt die ewige Flamme des Daseins, das 'Licht der Welt'.

Ein Tip am Rande: Gestalten Sie die 'Suche nach dem Gral' musikalisch; Richard Wagners großartige und wahrhaft kosmische Ouvertüre zu seiner Tondichtung „Parsifal", die nach 'Erlösung' und geistiger Vollkommenheit strebt, kann Ihnen dabei helfen!

Der Zweck des 'Grals' in einem Satz:

Finde den 'Gral', erkenne Dich selbst und fühle den Gott, den Du von Dir denkst. Sei Teil des Universalen Ganzen in Verständnis, Güte und Liebe!

27. KASPAR HAUSER

Als hohe und außergewöhnliche Inkarnation muß man nicht gleich zum 'Religionsstifter' avancieren; man kann auch unmittelbar nach der Geburt wehrlos von der Bildfläche verschwinden, eingekerkert - und schließlich doch noch ermordet werden. Somit sind wir bei eine der interessantesten Persönlichkeiten und bei einem der interessantesten Kriminalfälle unseres Jahrtausends angelangt: ***Kaspar Hauser***.

Auffallend ist die ungebrochene Anteilnahme an dieser so kurzen Lebensgeschichte, die mehr als 150 Jahre zurückliegt. Sie sehen, ein in die Welt gebrachtes Bewußtsein, das die Herzen der Menschen berührt, kann man nicht einfach 'töten' und ungeschehen machen! (Ich möchte an dieser Stelle auf eine weitere, zeitgenössische 'Lichtgestalt' hinweisen, welche zwei Jahre vor Kaspars Geburt an einer Lungenentzündung verstarb: ***Königin Luise von Preußen*** (1776-1810). Auch sie sollte verstärkt in das Bewußtsein zurückkehren; besuchen Sie einmal als 'Energiequelle' das Mausoleum im Schloßpark Charlottenburg in Berlin.)

Viele Vermutungen halten sich hartnäckig, obwohl die Beweise (aus nachvollziehbaren Gründen) fehlen: ***Kaspar Hauser*** gilt als der rechtmäßige ***Erbprinz des Hauses Baden***, geboren in Karlsruhe am 29. September (Michaelistag) 1812, der zwei Wochen später aus der Wiege heraus entführt wurde; offiziell erklärte man den Erbprinzen am 16. Oktober 1812 für 'tot'. Das ist an sich eine unter Herrscherfamilien traditionell 'gängige Methode', wenn es um die Ziele und Absichten geht, die wichtigste Position mit einer Figur zu besetzen, die politisch 'erwünscht' ist und zu funktionieren hat: Ist die Figur nicht erwünscht, wird sie kurzerhand beseitigt.

Kaspar - das wahrscheinlich gefundene 'heilige Kind' - wurde jedoch nicht auf der Stelle getötet, sondern über viele Jahre in einem geheimen Kerkerverließ gefangengehalten. Wieso machte man sich solche 'Umstände'? Die Verantwortlichen mußten von der Gesetzmäßigkeit der Reinkarnation in Kenntnis gewesen sein (Auch von der des Karmas?), denn durch die gewaltsame Einkerkerung hielt man auch die 'Seele' in der Hülle des physischen Körpers 'gefangen'; ein schneller gewaltsamer Tod hätte nur eine Reinkarnation Hausers, die zwar zeitlich nicht einzuschätzen war, zufolge gehabt.

Statt die ganze Geschichte auf sich beruhen zu lassen - der breiten Öffentlichkeit sind die Hintergründe sowieso nicht bekannt - besteht ganz plötzlich in den letzten Jahren ein großes Medien-Interesse daran, an den Verbrechen und Vertuschungen von einst weiter herumzubasteln. Das ist bemerkenswert! 1996 wurde gar behauptet, im 'Fall Kaspar Hauser' die Antwort auf alle Fragen gefunden zu haben.

Das Nachrichtenmagazin „Der Spiegel" brachte es auf seine Titelseite: „Kaspar Hauser - Der entzauberte Prinz. Gen-Forscher lösen ein Jahrhundert-Rätsel". - Kommt Ihnen der Ansatz bekannt vor? Es soll uns wieder das ***Blut einer Dynastie*** aufgetischt werden, diesmal aber, um einen Zusammenhang ***nicht*** erkennen zu lassen! Um von ***derselben*** Dynastie (grch. dynasteia = Macht, Herrschaft) abzulenken?

Die Adoptivtochter Napoleons, ***Stephanie de Beauharnais*** (1789-1860), die den Titel „Fille de France" erhielt, wurde 1806 mit dem Erbprinzen ***Karl von Baden*** (1786-1818) verheiratet. Das Haus Bonaparte verkuppelte sich machtpolitisch mit dem Geschlecht der ***Zähringer***, einer jahrhundertealten Nebenlinie der Habsburger.

Kaspar Hauser war nach vorherrschender Meinung das zweitgeborene Kind der Stephanie, der ersehnte Thronfolger!

Direkte, weibliche Nachkommen von Stephanie wurden zwecks Genuntersuchung zur Ader gelassen - und siehe da, es gab keinerlei Übereinstimmungen! Das Institut für Rechtsmedizin der Universität München und der Dienst für Forensische (gerichtsmedizinische) Forschung des britischen Innenministeriums bestätigten dieses Ergebnis. Parallelen zur Radiocarbon-Untersuchung des Turiner Grabtuches von 1988 - vorgenommen im Auftrag des Vatikans - sind 'rein zufällig'...

Um einen mikrobiologischen Vergleich der DNS-Erbsubstanzen überhaupt bewerkstelligen zu können, brauchte man natürlich ebenso Blutspuren von Kaspar Hauser - und fand sie in der erhalten gebliebenen Kleidung des Mordanschlags in Ansbach vom 14. Dezember 1833: Eine mehr als **150 Jahre alte Unterhose als 'Beweisstück'!**

„Damit ist eine Legende widerlegt, die gekrönte Häupter und kluge Köpfe in den Bann schlug und bis jetzt zu den unaufgeklärten Geheimnissen der Geschichtsforschung gehörte. Das Rätsel ist gelöst, der historische Krimi, der so viele Phantasien freisetzte, erweist sich als Märchen aus der deutschen Romantik: das Auftauchen aus dem Nirgendwo, das unsägliche

Leiden und Sterben des Wildlings Kaspar Hauser - und die unendlichen Fragen nach seinem Geblüt. [...]

Nun ist der Mythos entzaubert - das anrührende, sehr gefühlsträchtige, sehr deutsche Mysterium um einen Nobody, der zur Klasse der Herrschenden gehört haben könnte. [...]

Noch zu Lebzeiten von Esoterikern zum „Großen atlantischen Eingeweihten" erhoben, von Mystikern als Bote von einem fremden Stern ausgegeben - eines war er, und das läßt sich erstmals beweisen, mit Sicherheit nicht: Kaspar Hauser war nicht der Erbprinz von Baden. [...]

Das Kleidungsstück, auf das sich die genetische Beweisführung stützt, blieb nach der Tat am 14. Dezember 1833 in der Registratur des Gerichts eingeschlossen und wurde 1888 dem Historischen Verein zu Ansbach übergeben, der sie bis 1926 in versperrten Schränken des Schlosses verwahrte. Im Herbst jenen Jahres wurden die Hauser-Devotionalien erstmals öffentlich gezeigt, auch auf der Berliner Polizeiausstellung. Während des Krieges ausgelagert, liegen die Stücke seit 1961 im Markgrafenmuseum."

Im gleichen Artikel heißt es unter anderem aber auch:

„Mitglieder des badischen Hofes selbst ließen systematisch Dokumente verschwinden oder vernichten, insgesamt verwehrte die Sippschaft aus Karlsruhe bis in unsere Tage Einblick in ihre Hausarchive. [...]

Stadtgerichtsrat Dr. Preu untersuchte den Zugereisten und fand ihn 'weder verrückt noch blödsinnig': 'Er ist wie ein halbwilder Mensch in Wäldern erzogen worden, ist zur ordentlichen Kost nicht zu bequemen, sondern lebt bloß von schwarzem Brot und Wasser. Doch er ist geimpft, wie man am rechten Arm deutlich sieht.'

Preus Stellvertreter Dr. Osterhausen stellte auch körperliche Abnormitäten vor allem an Becken und Beinen fest, aus denen er folgerte, der Findling müsse 'viele Jahre hindurch ununterbrochen in sitzender Stellung zugebracht haben'. [...]

Eine Ansbacherin, 83, habe als Schülerin in den zwanziger Jahren gesehen, so schrieb die Fränkische Landeszeitung, wie der Hausmeister des Museums aus einem Kännchen mir roter Flüssigkeit 'ein paar Tröpfle auf die Kleidung Kaspar Hausers schüttete', er müsse das Gewand von Zeit zu Zeit mit Rinderblut naß machen, 'damit es eindrucksvoller aussieht'."

(„Der Spiegel" Nr. 48/1996: „Kaspar Hauser - Der entzauberte Prinz. Gen-Forscher lösen ein Jahrhundert-Rätsel")

Ganz so 'entzaubert' scheint die Sache doch wohl nicht zu sein... Die wichtigsten Ereignisse des damaligen Geschehens sollen daher etappenweise 'beleuchtet' werden. Blenden wir uns einmal zurück in die Zeit um 1812. (Vorweg noch ein Hinweis auf den 1993 gedrehten Spielfilm „Kaspar Hauser" von Peter Sehr mit André Eisermann in der Titelrolle.)

Auf den ersten Blick war alles ein tödliches Intrigenspiel um die Erbfolge eines angesehenen Großherzogtums; die Schlüsselrolle dabei hatte eine ehemalige Hofdame: ***Luise Geyer von Geyersberg*** (1768-1820). Zwischen dem Markgrafen Karl-Friedrich von Baden (1728-1783) und der nicht standesgemäßen Luise wurde - nach dem Tod der Gräfin Karoline Luise von Hessen-Darmstadt - eine damals durchaus übliche, aber nicht standesgemäße 'morganatische Ehe' ('zur linken Hand') geschlossen. Luise erhielt den Titel ***„Gräfin Hochberg"***.

Ihre eigenen Kinder aus der Verbindung mit dem 40 Jahre älteren Markgrafen konnten nur dann in der Thronfolge berücksichtigt werden, wenn die Linie der Nachkommenschaft aus Karl-Friedrichs erster Ehe (drei Söhne) erlosch. Genau das passierte, innerhalb weniger Jahre. Nacheinander starben ausschließlich die männlichen Nachfahren, die Zähringer Prinzen, auf mysteriöse Weise! Geschahen hier Morde im Auftrag der karrierebesessenen Gräfin Hochberg, die um jeden Preis ihren ältesten Sohn Leopold, der tatsächlich 1830 Großherzog wurde, auf dem Thron sehen wollte? Und wenn ja, wie konnte sie in ihrer doch nicht allzu bedeutenden, gesellschaftlichen Stellung überhaupt einen derartigen Einfluß nehmen? Waren 'hinter den Kulissen' wieder einmal 'andere Mächte' am Werk? Die Kaspar-Hauser-Forschung wird diese Fragen vielleicht irgendwann exakt beantworten können.

Karl von Baden, ein Enkel des Markgrafen und der Vater von Kaspar Hauser, wurde der neue Erbprinz beziehungsweise Großherzog. Karl starb 1818 im Alter von nur 32 Jahren und behauptete auf dem Sterbebett, daß er und seine beiden Söhne vergiftet worden seien. Kaspars Bruder Karl Alexander starb 1817 einjährig offiziell an 'Zahnschmerzen'... Was Karl von Baden aber nicht wußte, war die Tatsache, daß sein ältester Sohn ***Kaspar*** 1812 nicht vergiftet, sondern **als Säugling entführt** wurde: Das gesunde Kind wurde gegen ein sterbendes Kind ***vertauscht!***

Alle Indizien dieses Kriminalfalles sprechen dafür und deuten vordergründig auf eine bestimmte Person: Gräfin Hochberg.

Ich zitiere zunächst aus dem Bericht eines Geheimrats Kolber, der um 1830 mit der Amme Kaspar Hausers, Josefa Schindler, sprach, welche folgenden Bericht überlieferte:

„Ich hatte den Prinzen, ehe ich wegging, gestillt. Eine innere Unruhe trieb mich früher als gewöhnlich nach dem Schlosse zurück. Aber als ich ankam, ließ man mich nicht mehr zu dem Kinde. Man sagte, es sei bedeutend erkrankt. All' mein Bitten und Flehen half nichts, ich wurde immer zurückgewiesen. In meiner Verzweiflung wollte ich mich zur Mutter, der Großherzogin Stephanie, begeben. Aber auch das verhinderte man; es hieß, die Großherzogin sei krank, niemand dürfe zu ihr. Endlich gelang es mir, jemanden von der nächsten Bedienung der Fürstin aufzufinden, und mein verzweifeltes Erflehen bewirkte, daß man mich auf einer geheimen Treppe und durch eine geheime Tür zu ihr führte. Als die Großherzogin mich ansichtig wurde, verlangte sie, fast außer sich, Nachricht von ihrem Kinde, das man auch sie nicht sehen lasse, angeblich weil der Anblick sie zu sehr angreifen könnte. Ich erzählte, daß man mich durchaus zurückweise. Die Fürstin gab mir jemanden mit, damit ich zu dem Kinde gelassen würde. Als wir gegen die betreffenden Gemächer kamen, hieß es aber, der Prinz sei tot. Ich verlangte ihn wenigstens jetzt zu sehen, aber auch dies ließ man nicht zu - ich durfte ihn nicht einmal mehr tot sehen!“

(Ulrike Leonhardt: „Prinz von Baden, genannt Kaspar Hauser“)

Die geheime Aktion um den geheimen 'Zwilling' hatte begonnen und mußte fast perfekt geplant gewesen sein, aber eben nur 'fast':

„Aus den Taufmatrikeln der evangelisch-protestantischen Stadtgemeinde Karlsruhe von 1812 geht hervor, daß drei Tage vor Stephanie, am 26. 9. 1812 also, eine Arbeiterfrau mit Namen Elisabeth Blochmann einen Sohn geboren hatte, der bei der Taufe den Namen Johann Ernst Jakob erhalten hatte. Der Vater, Christoph Blochmann, wird im Taufbuch als 'Arbeiter im reichsgräflichen Gewerbehaus' bezeichnet. Dieses sogenannte 'Gewerbehaus', eine Art Spinnerei, gehörte der Gräfin Hochberg. Christoph Blochmann wurde später, nach 1812, Haus- und Rechnungsdiener der Gräfin Hochberg und bekam eine Wohnung in der Waldhornstraße Nr. 5, einem Herrschaftshaus in der Nähe des Schloßplatzes. Eine solche Bevorzugung mußte einen besonderen Grund haben. In irgendwelchen Fähigkeiten Blochmanns kann er nicht erblickt werden, denn Blochmann wurde nach dem Tod der Gräfin - und damit dem Wegfall ihrer Protektion - als Hofta-

gelöhner und Arbeiter im großherzoglichen Holzgarten beschäftigt. Die Namen von neun der insgesamt zehn Kinder des Christoph Blochmann sind im Sterberegister der evangelisch-protestantischen Stadtgemeinde Karlsruhe zusammen mit dem jeweiligen Todesdatum aufgeführt. Für ein Kind gibt es jedoch keinen Vermerk, und zwar für den am 26.9.1812 geborenen Johann Ernst Jakob. Dieser konnte natürlich nicht eingetragen werden, wenn man davon ausgeht, daß es sich bei ihm um das untergeschobene Kind handelt. [...]

Der im Jahre 1812 geborene Johann Ernst Jakob Blochmann wäre 1833 militärpflichtig geworden, war aber, da untergeschoben und als Erbprinz 1812 gestorben, nicht mehr am Leben. Um Untersuchungen zu vermeiden, mußte man ihn deshalb jetzt offiziell auch als Blochmann sterben lassen. Im Sterberegister der evangelisch-protestantischen Stadtgemeinde Karlsruhe von 1833 findet sich unter Nr. 342 ein Eintrag, aus dem hervorgeht, daß Kaspar Ernst Blochmann, Sohn des Hofbediensteten Christoph Blochmann, als Soldat des königlich-griechischen Truppenkorps [Anm.: Otto von Bayern wurde 1832 König von Griechenland] *am 27.11.1833 gestorben ist. Da Christoph Blochmann aber nur drei Söhne hatte, von denen der älteste, Jakob, 1846 und der jüngste, Philipp, 1828 verstorben war, mußte der aufgeführte Kaspar Ernst mit dem 1812 geborenen Johann Ernst identisch sein. Der Name Kaspar zeigt, daß die Todesmeldung nicht durch Angehörige des Verstorbenen erfolgt sein kann, denn diese hätten keinen falschen Namen angegeben. Der Name ist auch gerade dann besonders auffallend, wenn man weiß, daß Kaspar Hauser am 17.12.1833 an den Folgen eines Attentats gestorben war. Der Sterbevermerk des Kaspar Ernst Blochmann steht zwischen den Eintragungen vom 14. und 16.12.1833. Daraus folgt, daß das Pfarramt Karlsruhe die Nachricht zwischen diesen beiden Daten erhielt, also nach dem am 14.12.1833 erfolgten Anschlag auf Hauser.“*

(Ferdinand Mehle: „Der Kriminalfall Kaspar Hauser“)

Es kann davon ausgegangen werden, daß die Gräfin Hochberg, die den badischen Hof und das Karlsruher Schloß genauestens kannte, und bei keinem Verdacht erregte, den Kindesaustausch selbst vornahm. Die Hauser-Forschung vermutet, daß der kleine Prinz zunächst bei seiner ‘Ersatzmutter’ Elisabeth Blochmann untergebracht wurde, welche allerdings 1815 verstarb. Für Kaspar mußte eine andere Unterkunft gefunden werden, am besten außerhalb der Stadt. Die Wahl fiel auf Schloß Beuggen in der Nähe von Laufenburg am Oberrhein. Das Schloß war unbewohnt, wurde von der Bevölkerung wegen der früheren Nutzung als Typhuslazarett gemieden und war ganz 'zufällig' der Gräfin Hochberg übereignet.

Auch dieser Ort samt engagierter Kinderfrau war wohl davor nicht sicher genug, dem Verbrechen vielleicht auf die Spur zu kommen: Ein absolut geheimes Versteck mußte her, ein grausamer, auf eine unbestimmte Lebenszeit ausgerichteter ***Kerker***. Die Endstation der Gefangenschaft war erreicht: Schloß Pilsach bei Neumarkt in der Oberpfalz.

Kaspar Hauser dämmerte über zehn Jahre (!) in fast nur sitzender Stellung (!), bei Wasser und Brot (!), zeitweise durch Opium betäubt, in einem engen Verließ vor sich hin, ohne Zuwendung, ohne Liebe, ohne Sonnenstrahlen, vollkommen abgeschnitten von der Außenwelt. Trotz alledem nahm die 'Seele' keinen Schaden...

Der Gefängnisraum wurde erst 1924 wiederentdeckt. Lesen Sie jetzt einen authentischen Bericht über die Gefangenschaft aus „Kaspar Hausers Leben - Von ihm selbst geschrieben", 1829. (Die Originalschrift Hausers wird im Zitat beibehalten, es handelt sich daher nicht um Schreibfehler.)

„Das Gefängnis, in dem ich bis zu meiner Befreiung leben mußte, war ohngefähr sechs bis sieben Schuh lang, vier breit und fünf hoch. Der Boden schien mit festgestampfte Erde zu seyn, an der Vorderseite waren zwei kleine Fenster mit Holz verschlichtet, welches ganz schwarz aussah. Auf dem Boden war Stroh gelegt, worauf ich zu sitzen und zu schlafen pflegte. Meine Füße waren von den Knieen an mit einer Decke bedeckt. Über meinem Lager auf der linken Seite war im Erdboden ein Loch, worin ein Topf angebracht war; es war auch ein Deckel darüber, den ich wegschieben mußte, und immer wieder darüber deckte. Die Kleider, die ich im Gefängnisse getragen habe, waren ein Hemd, kurze Hosen, in denen aber das Hintertheil fehlte, daß ich meine Nothdurft verrichten konnte, weil ich die Hosen nicht ausziehen konnte. Die Hosenträger hatte ich auf dem bloßen Leib. Das Hemd war darüber. Meine Nahrungsmittel waren nichts anderes als Wasser und Brod; an Wasser hatte ich zuweilen Mangel; Brod war immer genug da, ich aß wenig Brod, weil ich keine Bewegung hatte; ich konnte ja nicht gehen, und wußte nicht, daß ich aufstehen könnte, weil mir das Gehen niemand gelehrt hatte; es ist mir nie der Gedanke gekommen, aufstehen zu wollen. Ich hatte zwei hölzerne Pferde und einen Hund, mit

denen ich mich immer unterhalten habe; ich hatte Bänder von roth und blauer Farbe, damit putzte ich die Pferde und den Hund, aber manchmal fielen sie herunter, weil ich sie nicht binden konnte. Wenn ich erwachte, lag das Stück Brod neben mir und ein Krüglein Wasser. Zuerst griff ich nach dem Wasser, um meinen Durst zu stillen, dann aß ich Brod, hierauf nahm ich die Pferde und putzte sie eine Zeitlang, dann nahm ich den Hund; war ich mit diesem fertig, so trank ich das übrige Wasser aus, und nahm nochmal die zwei Pferde, that wieder alle Bänder herunter, und putzte sie von neuem, und machte eine Zeit lang so fort. Dann aß ich Brod, ich wollte auch trinken, aber es war kein Wasser mehr darin, da nahm ich den Hund, und wollte ihn putzen, wie die Pferde, aber ich konnte ihn nicht mehr fertig bringen, weil mein Mund zu trocken wurde, ich nahm sehr oft das Krüglein in die Hand und hielt es lange an den Mund, aber es ging niemals Wasser heraus, ich stellte es immer wieder hin, und wartete eine Zeitlang, ob nicht bald ein Wasser kommt, weil ich nicht wußte, daß mir das Wasser und Brod gebracht werden mußte; ich hatte ja keinen Begriff, daß außer mir noch Jemand seyn könnte. Ich habe nie einen Menschen gesehen, auch niemals einen gehört; wenn ich eine Zeitlang gewartet habe, und es ist kein Wasser gekommen, dann legte ich mich rückwärts und schlief ein. Ich erwachte wieder, da ist mein erstes gewesen, nach dem Wasser zu langen, und so oft ich erwachte, war ein Wasser in dem Krüglein, und auch ein Brod war da. Das Wasser trank ich beinahe immer aus, dann war mir sehr wohl, ich nahm die Pferde und machte es gerade wieder so, wie ich's schon erzählte. Gewöhnlich fand ich das Wasser recht gut, aber manchmal war es nicht so gut, und wenn ich getrunken hatte, verlor ich alle Munterkeit, aß nicht mehr, und spielte auch nicht, sondern schlief ein. Wenn ich erwachte, war's einmal so hell, als das anderemal; ich habe niemals eine Tageshelle gesehen, in der ich jetzt lebe."

(Ferdinand Mehle: „Der Kriminalfall Kaspar Hauser")

1828 entschieden sich die Verantwortlichen doch noch dafür, ihren Häftling, der nichts weiteres 'verbrochen' hatte, als geboren zu sein, freizulassen. Kaspar war 16 Jahre alt, offensichtlich geistig weit zurückgeblieben, konnte kaum laufen, sprechen oder sich in irgendeiner Weise intelligent artikulieren. Die Erinnerung an sein früheres Leben und an seine Herkunft schien ausgemerzt. Er stellte keine Gefahr mehr dar und wurde seinem Schicksal überlassen, vielleicht als irgendein 'idiotischer' Hilfsarbeiter. Am 26. Mai 1828, an einem Pfingstmontag, tauchte Kaspar Hauser auf dem Unschlittplatz in ***Nürnberg*** auf.

Doch es sollte alles anders kommen; die an ihre Aufgabe gehinderte, große 'Seele' suchte sich ihren Weg... Der seltsame 'Findling' erreichte bald einen beachtlichen Bekanntheitsgrad, der ihn zu Gesprächsstoff in ganz Europa werden ließ; *„**Kind Europas**"* wurde er sogar betitelt. Ein 'König der Herzen' ***und*** ein rechtmäßiger Herrscher?

Der Präsident des Ansbacher Appellationsgerichts, ***Anselm Ritter von Feuerbach*** (1775-1833), der mit der Untersuchung des Falls beauftragt war, veranlaßte, daß Kaspar aus dem Nürnberger Polizeigewahrsam befreit, und ***Prof. Georg Friedrich Daumer*** (1800-1875), einem ehemaligen Gymnasiallehrer und späteren Begründer des ersten deutschen Tierschutzvereines (1840), unterstellt wurde. Prof. Daumer öffnete als Privatlehrer Kaspar den Weg, viele Erinnerungsfragmente und Träume aufzuschreiben, machte ihn mit Kunst und Musik vertraut, lehrte ihn Zeichnen und Malen undsoweiter.

Der Biologieunterricht wurde praxisnah im Garten des Professors gestaltet, was jedoch ein unerwartetes Verhalten des sensiblen Schülers nach sich zog:

„Überhaupt mochte Kaspar Gartenarbeit eigentlich gar nicht. Das Begradigen der Pflanzenreihen, das Ausreißen von Unkraut, das Vertilgen der Insekten - jede Form der Zerstörung war ihm schrecklich. ‚Als man eine Blume abriß und ihm zeigte, sagte er, man müsse nichts abreißen und zerbrechen, befestigte die Blume, so gut es gehen wollte, wieder an ihre Stelle und glaubte, sie nun in ihren vorigen Zustand zurückversetzt zu haben.'"

(Ulrike Leonhardt: „Prinz von Baden, genannt Kaspar Hauser")

Der Gerichtspräsident kümmerte sich zuweilen selbst um den Schützling:

„Es war im Monat August (1829), als ihm an einem schönen heitern Sommerabend sein Lehrer zum erstenmal den gestirnten Himmel zeigte. Sein Erstaunen und Entzücken überstieg jede mögliche Schilderung. Er konnte sich nicht satt daran sehen, kehrte immer wieder zu diesem Anblick zurück, faßte dabei die verschiedenen Sterngruppen richtig ins Auge und bemerkte die ausgezeichneten hellen Sterne mit ihren verschiedenen Far-

ben. 'Das', rief er aus, 'das ist aber doch das Schönste, was ich noch auf der Welt gesehen habe. Wer aber hat die vielen schönen Lichter da hinaufgestellt, wer zündet sie an, wer löscht sie wieder aus?' Als man ihm sagte, daß sie, wie die Sonne, die er schon kenne, immer fortleuchteten, aber nicht immer gesehen würden, fragte er von neuem: wer sie denn da oben hinaufgesetzt habe, daß sie immer brennen? Endlich verfiel er, indem er, gesenkten Kopfes, unbeweglich, mit starren Augen dastand, in tiefes, ernstes Nachdenken. Als er wieder zu sich kam, war sein Entzücken in Schwermut übergegangen. Er ließ sich zitternd auf einen Stuhl nieder und fragte: warum jener böse Mensch ihn doch nur immer eingesperrt gehalten und von allen diesen schönen Sachen ihm gar nichts gezeigt habe, er (Kaspar) habe doch nichts Böses getan. Er brach hierauf in ein langes, schwer zu stillendes Weinen aus und sagte: man möge nun auch einmal den Mann, bei dem er immer gewesen, auf ein paar Tage einsperren, damit er wisse, wie hart dieses sei. Vor diesem großen Himmelsschauspiele hatte Kaspar noch nie Unwillen gegen jenen Mann geäußert, noch weniger von einer Bestrafung desselben etwas wissen wollen. Nur die Müdigkeit und der Schlummer vermochten seine Empfindungen zur Ruhe zu bringen; er schlief - was vorher noch nie geschehen war - erst gegen elf Uhr ein."

(Ulrike Leonhardt: „Prinz von Baden, genannt Kaspar Hauser")

Herr von Feuerbach meinte es gar zu gut mit Kaspar Hauser und stellte selbst nähere Nachforschungen an. Er verfaßte (neben der Schrift „Kaspar Hauser - Beispiel eines Verbrechens am Seelenleben eines Menschen") ein geheimes 'Mémoire' für die Königinwitwe Karoline von Bayern, eine Schwester des verstorbenen Großherzogs Karl von Baden, in welchem er Kaspar als **legitimen badischen Thronerben** darstellt! Diese Nachforschungen wurden ihm zum mörderischen Verhängnis: Man hatte den Begründer des bayerischen Staatsrechts sehr wahrscheinlich bei einem Picknick mit Arsen vergiftet, 1833!

Auch Kaspar mußte wieder um sein so neues und bewußtes Leben bangen, denn schon 1829, am 17. Oktober, wurde auf ihn in der Wohnung von Prof. Daumer ein ***Attentat*** verübt:

„Als er die Toilette aufsuchte - entsprechend den schlichten Verhältnissen der damaligen Zeit ein Plumpsklo auf dem Hof - hörte er die Holzkammertür gehen. Bevor er noch nachsehen konnte, erhielt er einen Hieb auf den Kopf, der ihn zu Boden warf. 'Du mußt noch sterben, ehe du aus

Nürnberg wegkommst', rief ihm der Attentäter im Fliehen zu. Da außer ihm niemand zu Hause gewesen war, wurde Kaspar erst Stunden später blutüberströmt aufgefunden, mit einer Schnittwunde, die quer über die Stirn verlief und bis auf die Knochenhaut ging. Bei seiner Vernehmung gab er an, daß der Mann, der ihm den Hieb versetzt hatte, mit einem schwarzen Mantel bekleidet gewesen sei und sein Gesicht hinter einem schwarzen Tuch verborgen gehabt habe."

(Ferdinand Mehle: „Der Kriminalfall Kaspar Hauser")

Was sollte mit dieser Kopfverletzung erreicht werden? Eine Warnung? Gar eine Beeinträchtigung des geistigen Zustandes (beziehungsweise des Stirnchakras)? Eine wirklich tödliche Verwundung sieht bekanntlich anders aus. Es ist uns überliefert, wie Kaspar nach dem Attentat reagierte; offenbar erkannte er den Täter:

„In den Delirien der ersten Nacht stieß er immer wieder kurze, abgerissene Sätze hervor, in denen seine Todesangst laut wurde und sein seltsam dringlicher Wunsch, man möge den Täter nicht einsperren. Dazwischen beteuerte er immer wieder flehend, er habe doch niemandem etwas getan: ‚Herrn Bürgermeister sagen. - Nicht einsperren! - Mann weg! - Mann kommt! - Weg! nicht umbringen! Ich alle Menschen lieb, nicht umbringen! - Ich doch bitten, daß du nicht eingesperrt wirst. - Hast mich niemals herausgetan aus meinem Gefängnis, du mich gar umbringen! - Du mich zuerst umgebracht, ehe ich verstanden, was Leben ist. - Du mußt sagen, warum mich eingesperrt hast gehabt..."

(Ulrike Leonhardt: „Prinz von Baden, genannt Kaspar Hauser")

Genau am gleichen Tag, an dem das Attentat verübt wurde, quartierte sich (nachweislich) ein ziemlich widerlicher Zeitgenosse in Nürnberg ein, der sich 19 Monate später ebenso widerlich in das so 'reine Herz' Kaspar Hausers 'einquartierte', um es durch Selbstsucht, falschen Versprechungen, Eitelkeiten und Lügen zu 'beschmutzen':

Philipp Henry, 4. Earl of Stanhope, ein Neffe des britischen Premiers William Pitt, und ein in den höheren Kreisen Europas oft gesehener Gast; unter anderem war der Lord mit dem Wiener Kanzler Metternich, dem „Schiedsrichter Europas" auf dem Wiener Kongreß 1815, bekannt.

Am Tage des Attentats erkundigte sich Lord Stanhope jedoch überhaupt nicht nach Kaspar... Erst im Mai 1831 - der älteste Sohn der Gräfin Hochberg hatte bereits als Großherzog Leopold den badischen Thron bestiegen - trat der so besorgte Earl offiziell in Erscheinung und bemühte sich sofort um die Vormundschaft Kaspar Hausers! Der berühmte Findling war aus Sicherheitsgründen nach dem Anschlag dem Gerichtsassessor Gottlieb Freiherr von Tucher unterstellt worden und wohnte für kurze Zeit bei dem wohlhabenden Kaufmann Johann Christian Biberach. Die Rechnung des ***noch*** wohlhabenderen Lords, der Kaspar mit teuren Geschenken überhäufte und ihm ein finanziell sorgenfreies, beschütztes und glückliches Leben in England versprochen hatte, ging auf: Der Nürnberger Magistrat, der auf diese Weise die Unterhaltskosten sparte, übertrug Earl Stanhope trotz Protestes des Freiherrn von Tucher offiziell die Erziehung; die Vormundschaft allerdings übernahm Nürnbergs Bürgermeister Jakob Friedrich Binder. Auch Anselm Ritter von Feuerbach fiel auf den heuchlerischen Lord herein und schenkte ihm sein Vertrauen und seine Zustimmung, denn gleichzeitig wurde die Übersiedlung Kaspars in eine neuen Pflege-Obhut nach ***Ansbach*** veranlaßt: Den von Prof. Daumer begonnenen Privatunterricht übernahm nun der Lehrer Johann Georg Meyer, der laut zeitgenössischen Beschreibungen ein rechthaberischer, streitsüchtiger und zuweilen brutaler Mensch gewesen sein muß - und für Kaspar eine Katastrophe. Meyer ließ keine Gelegenheit aus, seinen eingeschüchterten und oft weinenden Schüler zu diffamieren. Der Earl hingegen, der überschwenglich 'liebende' Ersatzvater, zog sich mehr und mehr zurück... Lief ein Plan nach Plan?

Ich zitiere erneut aus dem hervorragenden Buch von Ulrike Leonhardt, beginnend mit dem Text einer Zahlungsanweisung des Bankhauses Lödel und Merkel vom 15. Juni 1835:

„'Ich ersuche Sie hierdurch beym Empfang der fünf hundert Gulden die ich im Jahre 1831 deponiert dieselbe Summe an den Herrn Schullehrer Meyer in Ansbach zu bezahlen, der sie zu dem von mir bestimmten Zwecke verwenden wird.' Unterschrift: Graf Stanhope.

Daß diese 500 Gulden, einundhalb Jahre nach Kaspar Hausers Tod, noch eine nachträgliche Zahlung für dessen Unterhalt gewesen sein könnten, wird niemand ernstlich annehmen wollen. Also muß sich Lehrer Meyer anderweitig verdient gemacht oder Anweisungen erhalten haben, an wen das Geld weiterzuleiten sei."

(Ulrike Leonhardt: „Prinz von Baden, genannt Kaspar Hauser")

Der tüchtige Earl kümmerte sich ganz dreist auch um andere Personen und besuchte im Januar 1832 kurzerhand Ex-Großherzogin Stephanie, wohl um persönlich abstecken zu können, wie weit die kursierenden Gerüchte vorgedrungen waren. Instinktiv ***wußte*** Stephanie, daß Kaspar Hauser ihr leiblicher Sohn war; sie wollte Gewißheit darüber erlangen.

„Großherzogin Stephanie in Mannheim hatte es inzwischen aufgegeben, weiter darauf zu warten, daß Stanhope seine Zusage wahr machen würde, ein Treffen zwischen ihr und Kaspar zu arrangieren. Sie beschloß deshalb, selbst nach Ansbach zu fahren. Allerdings war es dafür nötig, den Karlsruher Hof um eine Reisegenehmigung zu ersuchen, die sie aber für das Ziel Ansbach wohl kaum erhalten hätte. Sie gab also ein anderes Reiseziel und einen anderen Reisezweck an. In ihrer Begleitung befanden sich ihre 18jährige Tochter Josephine, die spätere Fürstin von Hohenzollern-Sigmaringen, und ihre 14jährige Tochter Maria, die spätere Herzogin von Hamilton, sowie die Hofdame Fräulein v. der Recke. Die Abreise von Mannheim erfolgte am 3. April 1832. Die Nacht vom 4. zum 5. April verbrachte die Reisegesellschaft in der Nähe von Ansbach, um der dort üblichen Registrierung durch die Fremdenpolizei zu entgehen, was für die Verschleierung des eigentlichen Reiseziels notwendig war. Im 'Intelligenzblatt für den Rezatkreis', das die Fremdenlisten der Ansbacher Gasthöfe veröffentlichte, findet sich deshalb auch kein Hinweis auf diesen hohen Besuch aus Baden. Durch die vorangegangenen Gespräche mit Stanhope wußte die Großherzogin, daß Kaspar Hauser fast täglich, wenn es das Wetter zuließ, einen Spaziergang im Hofgarten machte. Wenn man ihm zwanglos und unauffällig begegnen wollte, war es am einfachsten, den Hofgarten aufzusuchen und dort auf ihn zu warten. Am Morgen des 5. April begab sich Stephanie mit Töchtern und Hofdame in den Hofgarten und verbarg sich hinter einer kleinen Baumgruppe. Als Kaspar erschien und vorbeiging, wurde die sensible Frau ohnmächtig, so sehr hatte sie Kaspars Ähnlichkeit mit ihrem verstorbenen Mann, Großherzog Karl, erschüttert. Von den Damen in ihrer Begleitung gestützt, brachte man sie in die Kutsche zurück, die am Eingang des Hofgartens gewartet hatte und sofort mit ihr davonfuhr. Am 8. April meldete sie dem Karlsruher Hof ihre Rückkehr nach Mannheim."

(Ferdinand Mehle: „Der Kriminalfall Kaspar Hauser")

Stephanie konnte als ehemalige „Fille de France“ - Napoleon war 1821 entmachtet und besiegt auf St. Helena gestorben - keine politische Unterstützung erwarten, und ließ aufgrund ihrer aussichtslosen Lage die Sache schweren Herzens auf sich beruhen. Sie und ihre beiden Töchter standen gesellschaftlich wie finanziell in totaler Abhängigkeit vom badischen Hof, der sie nurmehr duldete.

Die Gerüchte um Kaspars wahre Identität bekamen Verstärkung und die Welle der Anteilnahme wurde zusehends größer, Zeitungsartikel deuteten auf eine mögliche Herkunft aus dem Haus Zähringen; der prominente Findling, am 29. September 1833 mit 21 Jahren volljährig geworden, mußte nun doch beseitigt werden! (Anselm Ritter von Feuerbach hatte man bereits aus dem Weg geräumt.)

Das ‘Kind Europas’ wurde ermordet!

Am 14. Dezember 1833 wurde auf Kaspar Hauser im Ansbacher Hofgarten ein ***zweites Attentat*** verübt! Diesmal sollte es eine ***tödliche*** Stichwunde in die Brust sein. Wer steckte dahinter?

War es die Gemahlin des badischen Großherzogs Leopold, Sophie von Schweden, die ihre Machtposition und die ihres Mannes gefährdet sah? Es wurden Vermutungen laut, daß sie ihrem Gatten die Tat gestand, die sie angeblich mit Hilfe des pensionierten Majors Johann Heinrich David von Hennenhofer in die Wege leitete; jedenfalls kam es danach zu einer Entfremdung des großherzoglichen Paares. Zog Lord Stanhope als Auftraggeber die roten Fäden in diesem Geschehen?

Hennenhofer hatte in der Tat mit der Organisation des Mordanschlages zu tun: Ein gewisser Ferdinand Sailer erhielt die Aufgabe, Kontakt zu Kaspar herzustellen, was bei den fast täglichen Spaziergängen im Hofgarten keine Schwierigkeit gewesen sein muß. Als Lockmittel dienten angebliche Dokumente über Kaspars Herkunft, welche den Betroffenen selbst natürlich am meisten interessierten. Auch hieß es, es sollten ihm die Bauarbeiten am hofgärtlichen Brunnen gezeigt werden. Neben einem Komplizen namens Friedrich Horn, der sich am geplanten Ort des Geschehens - inklusive der Fluchtmöglichkeiten undsoweiter - gut auskannte, engagierte Major Hennendorfer den vorbestraften Johann Jakob Friedrich Müller, Kaspars Mörder!

Die Ausführenden, welche nach ihrer Tat mehrfach gesehen wurden, und welche Kaspar zum Teil noch in Beschreibungen zu Protokoll gab, hatte man gerichtlich niemals angeklagt.

Kaspars ***letzte Worte*** sind erhalten (vgl. Ulrike Leonhardt: „Prinz von Baden“, S. 34 ff.): „Ich will ja gerne verzeihen, aber ich weiß nicht, wer mir's getan hat.“ - „Ich habe ja alle Leute, die ich kenne, um Verzeihung gebeten, warum sollte ich nicht ruhig sein? Warum sollte ich Zorn oder Haß oder Groll auf die Menschen haben, man hat mir ja nichts getan.“ Das ermüdete Haupt erbittet sich Ruhe, indem es so schwer gegangen ist, bis es auf den rechten Weg gegangen ist.“

Am Abend des 17. Dezember 1833 starb Kaspar Hauser im Haus des Lehrers Meyer an den Folgen des Attentats. Drei Tage später wurde seine irdische Hülle auf dem Johannisfriedhof in Ansbach beigesetzt. Damit erlosch endgültig die Linie der Zähringer. Geblieben ist ein wahrer 'Held', ein 'König der Herzen'.

Vielleicht werden deshalb neue Untersuchungen gemacht, um der Welt offiziell zu verkünden, daß sich ***alle*** Kaspar-Hauser-Forscher grundsätzlich geirrt haben müssen; Kaspar sei gewiß nur ein billiger Trickbetrüger gewesen, der sich selbst das Leben nahm, ebenso wie

Anselm von Feuerbach, Karl von Baden und alle Zähringer Thronanwärter... Billig allein ist dieser Versuch der Verleumdung.

Das Haus Baden stellte übrigens den letzten Kanzler des deutschen Kaiserreiches, Max von Baden (1867-1929). Der Prinz, so überlieferte es die letzte deutsche Kronprinzessin, Cecilie von Mecklenburg-Schwerin, dachte ernsthaft an eine Rehabilitierung Kaspar Hausers. Wer nun wen innerhalb der Herrscherfamilien auszustechen versuchte, sei dahingestellt; am Ende hatten sie alles verloren, nicht nur ihre Titel...

Kaiser Wilhelm II. hatte 1918 abzudanken, ebenso der österreichische Kaiser Karl I., der russische Zar Nikolaus II. wurde samt Familie ermordet. Die drei großen Monarchien Europas waren zerstört: Der Weg war fast frei, genau die Staatsform zu etablieren, die wir heute als 'Demokratie' bezeichnen, aber wenig damit zu tun hat. (Die weltweite Korruption der unwissenden Haben-Orientierung kommt hinzu.)

Meine persönliches Ideal als Staatsform wäre daher die Monarchie, eine Monarchie der geistigen wie moralischen Rechtschaffenheit durch eine universal-wahrhafte, der Orientierung dienenden 'Lichtgestalt' an der Spitze eines Staates! Eine 'Königliche Hoheit' durch Geburt 'von Gottes Gnaden' bezeichnet nicht irgendeinen Vertreter einer traditions- und vererbungsbewußten Dynastie, sondern eine dazu ***geeignete*** Inkarnation, die zur Ausübung des 'göttlichen Amtes' eine entsprechende Voraussetzung mitbringt ***und*** eine geistige Ausbildung zu absolvieren hat. Der Dalai Lama läßt grüßen...

Der einstige Erbprinz von Baden wird als neue Inkarnation seine Aufgabe fortsetzen, so verlangen es die universalen Gesetzmäßigkeiten.

„Zufriedenheit
Ist die größte Wunderthäterin.
Sie verwandelt Wasser in Wein,
Sandkörner in Perlen,
Regentropfen in Balsam,
Die Armuth in Reichthum,
Das Kleinste ins Größte,
Das Gemeinste ins Edelste,
Die Erde in ein Paradies.
Schön ist das Herz,
Das in all seinen Regungen
Mit sich selbst
Im reinsten Einklang bleibt,
Schön ist das Leben,
Dessen Thaten untereinander
Vollkommen
Übereinstimmen.“
(Kaspar Hauser)

28. DIE PYRAMIDEN VON GIZEH - UND DIE ENTSCHLÜSSELUNG DER DNS

Sie werden sich vermutlich fragen, was es mit dieser seltsamen Überschrift des neuen Kapitels auf sich haben mag... Ich gebe Ihnen einfach ein kleines Stichwort, welches Sie als Hintergrundinformation ständig parat halten sollten: *'**Mikrokosmos/Makrokosmos**'*.

Über die drei ägyptischen Pyramiden am Stadtrand von Kairo, welche zu den 'Sieben Weltwundern' der Antike zählten, und als einziges 'Wunder' dieser Kategorie erhalten geblieben sind, gibt es ebenfalls hunderte Publikationen. Daß innerhalb der geometrischen Figur einer Pyramide eine bestimmte Energie wirksam wird, ist hinlänglich bekannt: Rasierklingen bleiben scharf, Fleischstückchen mumifizieren, et cetera. Das ist zwar als Zirkusnummer interessant, soll aber nicht Gegenstand dieses kleinen Kapitels sein.

Der Besuch des Pyramidenfeldes von Gizeh ist ein persönliches Erlebnis besonderer Art, welches in der Erinnerung niemals verblaßt; zu überwältigend ist der Anblick dieser aufeinandergetürmten Steinquader mit einem Einzelgewicht von etwa 200 Tonnen! Man kann es eigentlich in keinem Moment fassen, ***wie*** so etwas möglich sein soll... Ich hatte die große Freude, mich den altehrwürdigen Bauwerken zusammen mit einem befreundeten Koreaner in einem Kairoer Linienbus zu nähern, was an sich schon völlig absurd ist! Und dann wandert man plötzlich - von Getränke-Verkäufern verfolgt - inmitten der tonnenschweren Kolosse umher und fragt sich: ***Wer*** hat das gebaut - und zu welchem ***Zweck***?

Bekanntlich soll es sich ja um etwa 4.500 Jahre alte 'Grabanlagen ägyptischer Pharaonen' handeln, nämlich die des ***Cheops***, des ***Chephren*** und des ***Mykerinos***. Und wer's glaubt, wird selig!

Ich schließe mich der Auffassung an, daß es sich bei den Gizeh-Pyramiden (neben etwa 70 bis 80 weiteren Pyramiden in Ägypten) um **Stätten geistiger Einweihung** handelt, wie es Elibabeth Haich in ihrem Werk so nachvollziehbar beschreibt. Darüber hinaus hatten sie aber, wie ich darstellen möchte, eine zusätzliche, im wahresten Sinne des Wortes 'universelle' Funktion:

Das Tor zu einer astralen Reise ins All, die Verbindung zwischen den Bewohnern verschiedener Planeten!

Diese auf den ersten Blick etwas kühne These soll konkretisiert werden; ein ***absoluter*** Beweis ist natürlich nicht möglich (jedenfalls nicht zur Zeit); es ist eine ***Hypothese***.

Werfen wir aber zunächst einen Blick auf die bautechnische Leistung: Hunderttausende von ägyptischen Sklaven mußten angeblich Jahrzehnte mühevoll schuften, um mit Stein- oder Kupferwerkzeugen die in ihrer Perfektion unerreichten, architektonischen Meisterleistungen zu schaffen. Wirklich?

„Die Methode, wie diese gewaltigen Steinblöcke aus dem Fels herausgehauen worden sind, kann von den Archäologen ausschließlich von einigen der Werkzeuge abgeleitet bzw. vermutet werden, die von ihnen entdeckt wurden. Diese ägyptischen Archäologen behaupten, daß die Steinbrucharbeiter die riesigen Blöcke aus in den massiven Fels geschlagenen Tunneln herausmeißelten, Spaltkeile benutzten, gruben und hackten, sodann die Blöcke zurechthauten, polierten und schließlich zu nahezu perfekten Steinquadern formten. Dies alles sei, so sagen sie, unter Benutzung kupferner Werkzeuge geschehen, die von geschickten Schmieden gehärtet worden waren und mit denen die verlangte außerordentliche Genauigkeit der Blöcke erreicht wurde. Von diesen so gut gehärteten Werkzeugen ist aber niemals etwas gefunden worden. Anscheinend ist es auch für jeden Schmied unserer Zeit unmöglich, Kupferwerkzeuge in einem Maße zu härten, daß es damit möglich wäre, hartes Felsgestein zu bearbeiten oder zu schneiden."
(Max Toth / Greg Nielsen: „Pyramid Power - Kosmische Energie der Pyramiden")

„In der von Masoudi, einem koptischen Historiker des Mittelalters, verfaßten Geschichte des alten Ägypten wird behauptet, daß die beiden großen Pyramiden - die von Cheops und Chephren - von Surid erbaut worden seien, einem ägyptischen König aus der Zeit v o r der Sintflut. [...]
Auch einige der anderen Messungen und Berechnungen ergeben erstaunliche Resultate; man gewinnt den Eindruck, als wäre die große Py-

ramide [Anm.: Cheops-Pyramide], wie koptische Autoren in vergangenen Jahrhunderten immer wieder behaupteten, nicht als Grabstätte, sondern als Kompendium des mathematischen und astronomischen Wissens gedacht gewesen - zum Beispiel:

1. Basisumfang geteilt durch zweimal die Höhe = 3,1416 [Anm.: die Zahl „Pi"]

2. 50 Pyramiden-Zoll = 1 Zehnmillionstel der Rotationsachse der Erde.

3. Höhe mal 1.000.000.000 = ungefähre Entfernung zwischen Erde und Sonne zur Zeit der herbstlichen Tagundnachtgleiche.

4. Gewicht der Pyramide mal 1 Billion = ungefähres Gewicht der Erde.

5. Basisumfang mal zwei = 1 Minute (sechzigster Teil eines Grades des Äquatorkreises)."

(Charles Berlitz: „Weltuntergang 1999")

Wenn man sich einmal vor Augen hält, wie weit die altägyptische Kultur in ihrer geistigen und technischen Entwicklung gekommen war, und welche Fähigkeiten zur 'Normalität' der eingeweihten Priester gehören haben mochten, sind andere Methoden zum Pyramidenbau naheliegend. Dies erkannte auch der Seher Edgar Cayce:

„Cayce hatte etwas Licht auf den Transport der riesigen Steine geworfen, aus denen die Pyramiden bestehen. Seinen Worten zufolge gab es dabei keinerlei Problem. Die Ägypter waren uns einfach technisch voraus. Im Juli 1932 fragte man den Mystiker, wie die Cheops-Pyramide von Gizeh gebaut worden sei. Er antwortete: 'Durch die Anwendung jener Kräfte in der Natur, die Eisen schwemmen lassen. Stein schwebt auf diese Weise in der Luft. [...]'"

(Jess Stearn: „Der schlafende Prophet - Prophezeiungen in Trance 1911 bis 1998")

Es ist anzunehmen, daß die Pyramiden in nur wenigen Wochen errichtet wurden, nur von wem? Hatten die Pyramiden ***ursprünglich*** mit der erst später entstandenen Kultur des alten Ägyptens überhaupt nichts zu tun? Dienten Sie als Transformationsvorrichtung, um zu anderen Sternen zu gelangen? (Schauen Sie sich dazu einmal den zu Unrecht belächelten Hollywood-Film „Stargate" von Roland Emmerich an, der immerhin einen Ansatz bietet, obgleich es im Film um eine Zeitreise in die Vergangenheit geht.) Derweil ist bekannt, daß auch auf dem ***Mars*** eine Pyramidenanlage exitiert, welche die „Viking“-Sonde der NASA im Juli 1976 fotografierte. (Siehe dazu als Buchempfehlung „Leben auf dem Mars“ von Johannes von Buttlar, sowie „The Monuments of Mars“ von Richard C. Hoagland.) Sollte diese Form der astralen und vielleicht sogar körperlichen Kommunikation („Beam me up, Scotty!“) bestanden haben, hatte man sich aber bestimmt nicht nur auf ***ein*** langweiliges Sonnensystem beschränkt...

Die ***Große Pyramide von Gizeh*** ist nicht ‘zufällig’ an dem Ort gebaut, wo sie sich nun einmal befindet, nämlich auf dem Schnittpunkt des 30. Breiten- und des 30. Längengrades, auf dem geographischen Mittelpunkt des Planeten Erde, im ***‘Nabel der Welt’***. Nur sind die drei Gizeh-Pyramiden heute wirklich steinerne Zeugen, ‘Gräber’ aus der Vergangenheit, denn eine mutmaßliche Anwendbarkeit zu einer ‘Reise in den Weltraum’ ist schon aufgrund der durch Präzession erfolgten Erdachsenverlagerung (alle 72 Jahre um 1°), also der Verschiebung der Tag- und Nachtgleiche, nicht mehr möglich. Die erforderlichen Ausgangsdaten kommen nicht mehr zur Deckung, Gerätschaften und Vorrichtungen fehlen.

Ich denke, man muß die ***drei*** Pyramiden im Zusammenhang sehen, wobei die große, jetzt 137 m hohe (‘Cheops’-) Pyramide die Hauptfunktion innehatte.

Wenn man nämlich die Pyramiden aus der Vogelperspektive betrachtet (im Ägyptischen Nationalmuseum in Kairo hängt eine Luftbildaufnahme), fällt auf, daß die Pyramiden nicht - wie zuerst angenommen - auf einer Linie ausgerichtet sind, sondern einen leichten ***Bogen*** beschreiben! Wenn Sie diesen Bogen geometrisch weiter konstruieren, erhalten Sie die Form, um die es letztenendes geht: die (logarithmische) ***Spirale***.

Ich rufe Ihnen an dieser Stelle kurz in Erinnerung, wie der Begriff ‘Präzession’ definiert ist, er meint „einen Kegelmantel beschreibende Drehbewegung einer Kreiselachse, die ihr durch äußere Kräfte aufgezwungen wird.“ Mit anderen Worten: Die Bewegung ist die einer Spirale (grch. speira, lat. spira = Windung; lat. spirare = hauchen, atmen)!

„Das Symbol des Strudelns, der Entstehung im kosmischen Uterus. Wenn ein Punkt im Raum zu kreisen beginnt, bildet er einen Strudel um sich, der die Spirale hervorbringt. Die Spirale ist jener Trichter, durch den aus der transzendenten Welt Kräfte in die sichtbare Welt einsickern. Der

rechtsdrehende Strudel ist eine schöpferische, erschaffende, der linksdrehende Strudel eine vernichtende, zerstörende Bewegung. Dies läßt sich bei der Geburt, beim Untergang und bei der Wiedergeburt von Planeten und Sonnen exakt beobachten. Die Spiralnebel des Kosmos sind gewaltige, auf himmlische Steintafeln gezeichnete Bilder dieses Gesetzes."

(Mária Szepes: „Academia Occulta - Die geheimen Lehren des Abendlandes")

Gleichzeitig ist in diesem Zitat der wahrscheinliche Mechanismus beschrieben, wie man durch die Wahl der Rotationsrichtung 'hin- und herkommt'.

Schauen wir einmal in DAS INNERE DER GROSSEN PYRAMIDE; für mich übrigens ein Höhepunkt meiner Ägypten-Reise. Besonders eindrucksvoll ist es, wenn man sich in der sogenannten 'Großen Gallerie' steil aufwärts der 'Königskammer' nähert. Der Eingang zu dieser offiziellen Grabkammer ist gerademal so groß, daß man gebückt hindurchpaßt. Schon die Vorstellung, inmitten dieser Steinmassen zu sein, hat etwas Fantastisches! Die 'Königskammer' selbst, ich nenne sie lieber die 'Einweihungskammer', besticht durch ihre schmucklose Schlichtheit. Sie ist übrigens nicht direkt mit der imaginären Querschnittslinie zur Pyramidenspitze verbunden, wie es unterhalb die 'Königinnenkammer' ist, sondern um 30° versetzt!

Was bei der 'Einweihungskammer' sofort ins Auge fällt, sind die perfekt glatten und riesigen Granitblöcke, aus denen der Raum besteht. Diese sind fugenlos aufeinandergefügt und bilden nach immerhin tausenden von Jahren immer noch ***eine*** Fläche, wenn man einmal erstaunt mit der Hand darüberfährt. Und diese Meisterleistung soll nun mit primitiven Stein- oder Kupferwerkzeugen entstanden sein? Wohl kaum! Es ist eher eine 'prähistorische Lasertechnik' zum Einsatz gekommen, wenn man das Resultat selbst gesehen hat; eine Technik 'von außen'? ***Außerirdische Technologie***? Es spricht vieles für diese Annahme.

Ich zitiere nochmals aus dem Buch von Max Toth und Greg Nielsen, in dem die 'Einweihungskammer' beschrieben ist:

„Diese Königskammer ist ganz aus polierten roten Granitblöcken gebaut, ist 5,2 x 10,4 Meter groß und 5,8 Meter hoch. [Anm.: 5,2 x 10,4 x 5,8

= 313,664. Verschiebt man das Komma um zwei Stellen nach vorne, ergibt sich fast die Zahl „Pi".] [...]

Nahe der Westwand steht ein deckelloser, rechteckiger Sarkophag aus Granit. Das mysteriöse an diesem Sarkophag ist, daß seine Breite um 2,45 cm größer ist als die Weite des zur Kammer führenden aufsteigenden Korridors.

Weil er logischerweise nicht durch diesen Korridor transportiert worden sein kann, haben die Archäologen gefolgert, daß der Sarkophag schon während des Bauens an seinen jetzigen Platz gebracht worden sein muß. Es hat sich auch gezeigt, daß die flache Decke der Königskammer architektonisch gesehen nicht exakt parallel ist. Diese Decke, aus neun Kalksteinplatten zusammengesetzt, hat schätzungsweise ein Totalgewicht von 400 Tonnen. Drei weitere Deckensteine, ganz exakt bearbeitet, sind von den anderen abgeteilt. Der fünfte und letzte Abdeckungsstein läuft spitz zu. Man hat sich gedacht, daß der Zweck dieser besonderen Deckenkonstruktion der gewesen ist, die Gefahr auszuschließen, daß die Decke der Kammer unter dem Gewicht der sie umgebenden gewaltigen Steinmassen oder durch elementare Naturkräfte zusammenbricht."

(Max Toth / Greg Nielsen: „Pyramid Power - Kosmische Energie der Pyramiden")

In der 'Einweihungskammer' befinden sich keinerlei Inschriften oder Verzierungen; auf einem Drittel der rechteckigen Grundfläche ist - wie zitiert - in der Nähe einer Wand lediglich ein offener ***Stein-Sarkophag*** zu sehen. Meiner Auffassung nach handelt es sich um den 'Einweihungs-Sarg', die Erfahrungen des 'Todes' zu Lebzeiten machen zu können, und zwar als **Ausgangspunkt bewußter, astraler, an die 'Silberschnur' gekoppelte Reisen.**

Sogar die Bibel weiß davon in der Episode „Die Auferweckung des Lazarus" fragmentarisch zu berichten:

„Da sandten die Schwestern zu Jesus und ließen ihm sagen: Herr, siehe, dein Freund, den du lieb hast, ist krank. Als Jesus das hörte, sagte er: Diese Krankheit führt nicht zum Tod, sondern dient der Ehre Gottes, damit der Sohn Gottes dadurch verherrlicht wird."

(Die Bibel, Joh. 11, 3/4)

Solche ‘Einweihungen’ sind an geschützter, x-beliebiger Stelle durchzuführen, damit ‘die Seele fliegen kann’. Weshalb also machte man solche Umstände mit riesigen, mathematisch durchwebten Pyramidenbauten an einer ganz bestimmten Stelle? Ganz einfach: Das ***‘Reiseziel’*** war nicht irgendein Ort irgendeiner - meist irdischen - Traumsequenz, sondern ein ganz ***bestimmter Ort*** im Kosmos.

Der Stein-Sarkophag der Großen Pyramide steht ebenfalls nicht nur einfach ‘zufällig’ an genau der Stelle, wo er heute noch steht. Um die Gesetzmäßigkeiten beziehungsweise Voraussetzungen für eine ‘astrale Reise’ auszunutzen, muß der Sarkophag mit dem liegenden, physischen Körper des durch Einweihung präparierten ‘Astraltouristen’ so angeordnet sein, daß er mit dem Ausgangspunkt der zu beschreibenden Spirale identisch ist. Der italienische Mathematiker ***Leonardo Fibonacci*** (ca. 1170-1240) hilft uns hier weiter: Die auf ihn zurückgehende ‘eckige Spirale’ innerhalb eines Rechtecks (‘Einweihungskammer’) nähert sich in der Bewegung der logarithmischen Spirale an (Transformation der Materie in Geist); Fibonacci wurde bekannt durch die Entdeckung der Zahlenfolge 1, 1, 2, 3, 5, 8, 13, 21, 34, 55, 89, 144, 233, 377, 610 undsoweiter, in der jede Zahl die Summe aus den beiden vorangegangenen Zahlen ist. Der Logarithmus meint diejenige Zahl b, mit der man die Zahl a potenzieren muß, um das Ergebnis c zu erhalten et cetera. Der durch die Nutzung der Pyramidenanlage in Bewegung gesetzte Spiralwirbel ***verkleinert*** sich hingegen meines Erachtens ins Unendliche, um schließlich an einer bestimmten Stelle im Universum seine Bewegung (Schwingung!) einzustellen.

„Wie im Großen, so im Kleinen“: Erst in unserem Jahrhundert hat man das Geheimnis gelöst, aus welch einer Struktur die ***menschliche Erbsubstanz***, die aus Zucker und Phosphaten aufgebaute und bei der Zellteilung wirksame Stickstoffbasenstruktur ‘Desoxyribonukleinsäure’ - kurz ***DNS*** - besteht: Aus einer ***Spirale***! Zwei Stränge von Eiweiß-Kettenmolekülen bilden eine sogenannte ‘Doppelhelix’, zwischen denen vier verschiedene Grundbasen in unterschiedlichsten Abfolgen sich windend unterschiedlich kombinierte Paare bilden. Man spricht vom ‘genetischen Code’. Die Windung erfolgt nach dem logarithmischen Prinzip, wobei die zu beschreibende Spirale nicht durch Windung stetig größer wird, sondern in regelmäßigen Abständen zu der Ausgangsposition zurückkehrt, um sich erneut bis zu einem bestimmten Punkt weiterzuschrauben, das heißt, die Windungen der

Spirale werden in regelmäßigen Abständen kleiner, größer, kleiner, größer... Der 'Bauplan' des Universums?

Mein 'Mikrokosmos/Makrokosmos'-Vergleich ist nun der folgende: Der Planet Erde ist - bildlich gesehen - ein an einem 'Sternen- oder Universumsstrang' haftendes 'Base-Teilchen' unseres Sonnensystems. Unwissenderweise gibt es aber noch einen direkten 'Zugang' zu einem Paralleluniversum oder wenigstens zu einem Parallel-Sonnensystem, nämlich durch das exakt passende, andere 'Base-Teilchen' eines anderen 'Sternen- oder Universumsstrang', welches sozusagen mit der Erde ein Paar bildet.

Dieser andere, vielleicht ebenfalls bewohnte Planet war möglicherweise das Ziel der mit Hilfe der Pyramiden von Gizeh durchgeführten 'Reisen'. Der Name dieses Planeten, so überlieferten es auch die alten Sumerer, ist ***Sirius B***, ein Fixstern im Sternbild des 'Großen Hundes'. Die Situation wird sich aus zeitlicher, irdischer Sicht geändert haben: Die 'Technik' der brachliegenden Pyramidenanlage ist vermutlich überholt (ihre Wirkung allerdings ist heute noch von großem Einfluß), denn auch die geistige Evolution der 'Außerirdischen' ist derweil vorangeschritten und steht nicht still...

Also dann: Auf zu den Sternen!

29. PRÄHISTORISCHE RAUMFAHRT / DIE GEZIELTE BEVÖLKERUNG DER ERDE

Als kleine Einleitung zu diesem Kapitel möchte ich anmerken, daß in vielen Büchern zu diesem und zu schon besprochenen Themen oftmals keine strikte Trennung gemacht wird zwischen ***Außerirdischen*** und den ***Universalgesetzen***. Die Gemeinsamkeit besteht lediglich darin, daß sich beide 'Bereiche' eben nicht ausschließlich auf den Planeten „Erde" beschränken! Vom Prinzip her gelten die universalen Gesetzmäßigkeiten auch für unsere Freunde im All, wie weit auch immer ihre technische Entwicklung der unseren voraus sein mag. Technik ist ***nicht*** der Maßstab, auch wenn uns dies unsere materialistische Haben-Orientierung vorgaukelt.

Sie merken an dieser Stelle, daß ich die ***Existenz außerirdischer Lebensformen*** in einem universalen Zusammenhang als Selbstverständlichkeit voraussetze, denn ohne diese Voraussetzung kann der Kreis der Erkenntnis niemals endgültig geschlossen werden. (Das wäre genauso, als ob man behaupten würde, man sei ein sehr guter Schwimmer, wüßte aber nicht, was Wasser ist.)

Unsere bunte Medien-Welt versucht sich auch hier daran, Informationen zu beschränken und zensieren, und in gewissen Teilen unter Kontrolle zu halten. Es gibt tausende von persönlichen UFO-Begegnungen und Erlebnissen: Eigene Erfahrungen lassen sich trotz großer Bemühungen nicht ungeschehen machen oder als Halluzination beziehungsweise 'Tagtraum' abspeisen. Der Trend in den Medien geht in den letzten Jahren dahin, mehr und mehr Informationen 'durchsickern' zu lassen. Nur muß dabei beachtet werden, daß man diese 'Informationen' so hinbiegen kann, daß sie für bestimmte Interessengruppen von großem Nutzen sind. Überhaupt, so hat es den Anschein, soll die breite Öffentlichkeit behutsam und bewußt mit der Tatsache vertraut gemacht werden, daß wir nun einmal nicht alleine sind im Universum. Fernsehserien wie „Akte X" oder „Outer Limits" sprechen da für sich; von der TV-Werbung ganz zu schweigen, in der plötzlich Kloreiniger tricktechnisch durch das All fliegen... Für Kinder gibt es die intergalaktische UFO-Flotte zum Selberbauen undsoweiter; „Star Wars" und „Star Trek" sind längst Kult-Angelegenheiten mit einer weltweiten Schar von Fans.

Auch gibt es einen ganz bestimmten Menschen, auf den ich hinweisen möchte, der in einer unvergleichlichen Pionierarbeit hart dafür gekämpft hat, ein 'außerirdisches Bewußtsein' reifen zu lassen: ***Erich von Däniken***. Der Schweizer Forscher hat bereits vor fast 30 Jahren erkannt, daß es eine ***prähistorische Raumfahrt***, eine 'Entwicklungshilfe' der Kultur der Menschheit, gegeben haben muß!

Am 28. Oktober 1987 konnte ich Erich von Däniken selbst erleben - in einem Vortrag der Berliner „Urania" zum Thema „Wir alle sind Kinder der Götter"; so auch der Titel des damals erschienenen Däniken-Buches. Schon einen Tag später verfaßte ich skeptisch einen Brief, den ich Ihnen zum besseren Verständnis der gesamten Thematik (ausschnittsweise) nicht vorenthalten möchte:

„Wie ich Sie richtig verstanden habe, gehen Sie bei der Evolutionsgeschichte zunächst von Darwin aus: Leben entsteht, eine Artenvielfalt erobert die drei verschiedenen Lebensräume und bringt schließlich irgendwann eine dem Menschen schon sehr nahe Affenpopulation hervor. Diese breitet sich aus und ist schließlich irgendwann soweit entwickelt, daß man sie vielleicht als 'Ureinwohner der Erde' bezeichnen könnte. Nun passiert folgendes: Außerirdische Wesen besuchen mit ihren Raumschiffen die Erde und werden von jenen 'Ureinwohnern' als Götter verehrt: Kargo-Kult [Anm.: span. cargo = Ladung] *entsteht undsoweiter.*

Die Technik und die noch heute (leider) verbindlichen Religionen kamen somit aus dem Weltall. Dem Titel Ihres neuen Buches zufolge sei also die Menschheit einschließlich ihrer Kultur ein Produkt der Außerirdischen. Nun zu Ihrem Gottesbegriff: Sie sagten, Sie seien ein sehr gläubiger Mensch, das heißt Sie glauben genau wie ich an eine geistige, allgegenwärtige Macht, die ich 'das Göttliche' nennen möchte. (Im Gegensatz dazu waren die Außerirdischen, die unseren Vorfahren als Götter vorkamen, ja nur 'materialistische' Wesen.)

Hier greift jetzt meine Vorstellung des 'Göttlichen' ein, die ich kurz erläutern möchte: Gott ist Ausgangspunkt und Schicksal. Von der Geburt an durchläuft jeder Mensch einen Kreislauf, bis er wieder bei Gott angelangt ist, also nach dem Tode. Das Leben auf der Erde ist gewissermaßen ein 'göttliches Spiel', zu dem natürlich auch Spielregeln gehören, die sich in den Naturwissenschaften einschließlich ihrer Voraussetzungen von Material, Raum und Zeit zusammenfinden, die man aber, will man 'das Gött-

liche' beschreiben, dann nicht mehr definiert sind; eigentlich gibt es sie nicht. Das Erdenleben findet also in einer gewissen 'Schwingungsebene' statt und der Tod als Trennung von Körper und 'Seele' ist dann nur der Übergang in eine andere, dem 'Göttlichen' näher.

Nun zurück zu Ihrer Theorie: Wenn wirklich Außerirdische dem Menschen die Technik und vielleicht durch Genmanipulation bestimmte, vorher nicht vorhandene Eigenschaften gebracht hätten, dann müßte dieses den Außerirdischen auch widerfahren sein, lange bevor sie auf der Erde zur Landung ansetzten. Sie sagten in der Diskussion, diese Kette der Weitergabe würde sich solange fortsetzen, bis 'das Göttliche' erreicht ist. Meiner Meinung nach kann auf diese Weise 'das Göttliche' niemals erreicht werden, weil es schlicht außerhalb der materialistischen Welt liegt. Somit wären wir auch keine 'Kinder der Götter', sondern des 'Göttlichen' - einschließlich aller planetarischen Lebewesen, die schon vor uns den technischen Segen empfangen haben. Sollten Sie Ihren Buchtitel ändern? [...]"

Lesen Sie jetzt den ***Antwortbrief*** von Erich von Däniken vom 14. November 1987:

„Sehr geehrter Herr Brückmann

Dankeschön für Ihren Brief vom 29. 10. Was die Frage nach Gott anbelangt, entwarf ich vor vielen Jahren mal eine Krücke, ein Modell. Es ist das letzte Kapitel des Buches AUSSAAT UND KOSMOS (erhältlich als Ullstein-Taschenbuch).

Ich schliesse es überhaupt nicht aus, dass es im Universum ausserirdische Lebensformen geben mag, die bereits alles Materielle ablegten und in einer Art 'spiritueller Form' existieren. Auch von dieser Sorte Ausserirdischer könnten wir beeinflusst werden - heute noch! - und dennoch wären diese Ausserirdischen nicht 'Gott'.

Man kann sich natürlich auf den Standpunkt stellen, alles habe bei uns begonnen und eine ausserirdische Beeinflussung habe niemals stattgefunden. Dann muss man gleichzeitig sämtliche alten Ueberlieferungen nicht zur Kenntnis nehmen. Tut man dies, so gerät man rasch in eine Zwickmühle. Alle alten Überlieferer, die sogenannten Propheten, berichteten in der ersten Person, welche stets Augenzeugenschaft beansprucht. Irgendwer kommunizierte mit ihnen, gab ihnen Anweisungen. Stellt man sich nun auf den Standpunkt, diese Berichte seine erfunden, erlogen oder sonstwie gefälscht, dann müssen wir uns fragen lassen, weshalb wir aufgrund dieser gefälschten Berichte unsere grossen Religionen aufbauten. Anerkennen wir hingegen, die Propheten hätten nicht gelogen, so müssen wir uns fragen, wer war denn eigentlich der Kommunikator? Der liebe Gott?

Mit freundlichen Grüßen
Erich von Däniken"

Und genau das ist ja mein Anliegen: Das 'Göttliche' ist mit den Außerirdischen natürlich nicht identisch! Doch um ein wirklich universelles Bewußtsein zu erlangen, muß das ***Wissen*** um die 'Universalgesetze' vorausgesetzt werden. Als Erklärungsmodell möchte ich formulieren, daß die 'beseelten' Bewohner ***jedes*** Planeten innerhalb des Universums dieselbe, ***geistige Evolution*** durchlaufen, auf dem Weg zurück zum ***Ursprung von allem***, auf dem Weg zurück zum ***Göttlichen***. Die noch so verfeinerte UFO-Technologie hilft auf diesem ***inneren Weg*** keinem weiter! Stellen wir uns einmal die Evolutionsgeschichte des Universums als Marathonrennen in Zeitlupe vor, wobei jeder teilnehmende Läufer die Wesenheiten eines Planeten repräsentiert. Start und Ziel sind für ***alle*** Läufer identisch, nur sind die Läufer unterschiedlich voneinander entfernt.

Ich zitiere aus Erich von Dänikens Erstlingswerk und Klassiker „Erinnerungen an die Zukunft":

„Unsere geschichtliche Vergangenheit setzt sich aus indirektem Wissen zusammen. Ausgrabungen, alte Schriften, Höhlenzeichnungen, Legenden und so fort wurden in ein Denkmodell, eine Arbeitshypothese also, eingebaut. Es ergab sich aus diesem Puzzlespiel ein ansehbares, interessantes Mosaik - aber es entstand nach einem vorher konzipierten Denkmodell, in das sich die Teile - manchmal mit etwas zu deutlich sichtbarem Kitt gefügt - einpassen ließen. So und so muß es gewesen sein. Genauso. Und siehe da - wenn man nur will, dann war es genauso. Zweifel an jedem Denkmodell sind legitim, ja notwendig, denn wenn nicht Vorhandenes in Frage gestellt wird, ist die Forschung am Ende. Also ist unsere geschichtliche Vergangenheit nur relativ wahr! [...]

Im Libanon gibt es glasartige Felsbrocken, sogenannte Tektiten, in denen der Amerikaner Dr. Stair radioaktive Aluminium-Isotope entdeckte.

Im Irak und in Ägypten fanden sich geschliffene Kristall-Linsen, die sich heute nur unter Verwendung von Cäsiumoxyd herstellen lassen, einem Oxyd also, das auf elektrochemischem Weg gewonnen werden muß.

In Heluan gibt es ein Stück Tuch, ein Gewebe von einer Feinheit und Zartheit, das sich heute nur in einer Spezialfabrik mit großen erfahrungstechnischen Erkenntnissen weben ließe.

Im Museum in Bagdad stehen elektrische Trockenbatterien, die nach dem galvanischen Prinzip arbeiten.

An gleicher Stelle sind elektrische Elemente mit kupfernen Elektroden und einem unbekannten Elektrolyten zu bestaunen.

Die Universität London besitzt in ihrer ägyptischen Abteilung einen urzeitlichen Knochen, der zehn Zentimeter über dem rechten Handgelenk in einem glatten, rechtwinkligen Schnitt fachgerecht amputiert worden ist.

In den vorderasiatischen Berglandschaften von Kohistan gibt eine Höhlenzeichnung die genauen Positionen der Gestirne wieder, die sie [...] vor 10 000 Jahren einnahmen. Venus und Erde sind durch Linien verbunden.

Auf der Hochebene von Peru wurden Ornamente aus Platin gefunden.

In einem Grab in Chou-Chou (China) lagen Teile eines Gürtels, die aus Aluminium bestehen.

In Delhi existiert ein alter Pfeiler aus Eisen, der weder Phosphor noch Schwefel enthält und daher durch Witterungseinflüsse nicht zerstört werden kann.

[Anm.: Undsoweiter! - Bemerkenswert erscheint die Tatsache, daß sich prähistorische oder darauf aufbauende Technik heute meist an Orten befindet, in denen es soziale Mißstände, politische Krisen, ständige (künstliche?) Auseinandersetzungen und Kriege gibt.]

Dieses Sammelsurium von 'Unmöglichkeiten' sollte uns doch neugierig und unruhig machen. Mit welchen Mitteln, mit welcher Intuition kommen primitive, in Höhlen lebende Wesen dazu, die Gestirne in ihren richtigen Positionen zu zeichnen? Aus welcher Präzisionswerkstatt stammen die geschliffenen Kristall-Linsen? Wie konnte man Platin schmelzen und modellieren, da dieses Edelmetall erst bei Temperaturen von 1800° C zu schmelzen beginnt? Und wie erhielt man Aluminium, ein Metall, das nur unter beträchtlichen Schwierigkeiten aus dem Bauxit gewonnen werden kann?

Unmögliche Fragen, zugegeben, aber müssen wir sie nicht stellen? Da wir nicht bereit sind, anzunehmen oder zuzugeben, daß es vor unserer Kultur eine höhere - vor unserer Technik eine ähnlich perfekte gab, bleibt doch nur die Hypothese vom Besuch aus dem Weltall!"

(Erich von Däniken: „Erinnerungen an die Zukunft - Ungelöste Rätsel der Vergangenheit")

Alle alten Schöpfungsmythen - wenn man sie zu deuten vermag - erzählen davon. **Die Entwicklung der Menschheit wurde außerirdisch beeinflußt.** Die vielbelächelten 'grünen Männchen' (die gar nicht grün sind...) näherten sich in ihren 'Fliegenden Untertassen' der Erde, wohl nicht, um das damals sicher uninteressante Gebiet während des Durchfluges zu einem zollfreien Einkauf zu nutzen, nein, sie kamen mit einer ganz bestimmten ***Mission***.

Auch hier steht es wieder einmal in der Bibel; der staunende Prophet Hesekiel überliefert - mit den Mitteln seines damals natürlich wenig technischen Wortschatzes - eine detaillierte Beschreibung eines UFOs und seiner Insassen:

„Und ich sah, und siehe, es kam ein ungestümer Wind von Norden her, eine mächtige Wolke und loderndes Feuer, und Glanz war rings um sie her, und mitten im Feuer war es wie blinkendes Kupfer. Und mitten darin war etwas wie vier Gestalten; die waren anzusehen wie [!] *Menschen.* [...]

Und in der Mitte zwischen den Gestalten sah es aus, wie wenn feurige Kohlen brennen, und wie Fackeln, die zwischen den Gestalten hin- und herfuhren. Das Feuer leuchtete, und aus dem Feuer kamen Blitze. Und die Gestalten liefen hin und her, daß es aussah wie Blitze.

Als ich die Gestalten sah, siehe, da stand je ein Rad auf der Erde bei den vier Gestalten, bei ihren vier Angesichtern. Die Räder waren anzuschauen wie ein Türkis und waren alle vier gleich, und sie waren so gemacht, daß ein Rad im andern war. Nach allen vier Seiten konnten sie gehen; sie brauchten sich im Gehen nicht umzuwenden. [...]

Und über der Feste, die über ihrem Haupt war, sah es aus wie ein Saphir, einem Thron gleich, und auf dem Thron saß einer, der aussah wie ein Mensch. Und ich sah, und es war wie blinkendes Kupfer aufwärts von dem, was aussah wie seine Hüften; und abwärts von dem, was wie seine Hüften aussah, erblickte ich etwas wie Feuer und Glanz ringsumher.“

(Die Bibel, Hes. 1, 4/5, 13 - 17 und 26/27)

Was kann der Auftrag des so aufsehenerregenden Besuches gewesen sein? Fragmentarische Spuren davon sind meiner Meinung nach im Schöpfungsbericht der Bibel nachzulesen:

„Da ließ Gott der HERR einen tiefen Schlaf fallen auf den Menschen, und er schlief ein. Und er nahm eine seiner Rippen und schloß die Stelle mit Fleisch.“

(Die Bibel, 1. Mose, 2, 21)

Abgesehen davon, daß das erste Buch Mose die unsinnige (machtpolitisch nachvollziehbare) Geschichte folgen läßt, daß die Frau als solche aus der Rippe des Mannes ‘gebaut’ worden sei, ist in dieser Passage vielleicht eine erstaunliche, biologische Leistung ansatzweise beschrieben: **Der Versuch einer Gen-Manipulation!**

Die Beschaffenheit der sich spiralförmig windenden Erbsubstanz DNS muß bekannt gewesen sein, was nicht weiter verwundert, wenn man von gar weit her angereist kommt... In Äquivalenz dazu ***fehlt*** bis heute das archäologische ‘Bindeglied’ zwischen dem ‘Neandertaler’ und dem plötzlich auftauchenden, jetztzeitlichen Menschen ‘Homo sapiens’. Die EVOLUTIONSTHEORIE NACH CHARLES DARWIN (1809-1882), ***alle*** Lebewesen hätten sich aus einer oder wenigen gemeinsamen Urformen durch eine naturgegebene Auslese im ‘Kampf um das Dasein’ („Nur der Stärkere gewinnt“) entwickelt, bleibt ***im Falle der Menschheitsentwicklung*** eine recht zweifelhafte Theorie. Meiner Ansicht nach ist sie unter diesem Aspekt ***falsch***.

Das biblische Ergebnis à la Frankenstein war nach dem ersten Anlauf nicht ganz geglückt; wahrscheinlich folgten weitere Eingriffe. (Ob das heutige 'Resultat' zufriedenstellend ist, sei mit einem ganz universalen Fragezeichen versehen: Die 'Krone der Schöpfung' wird erst nach dem Ende der Endzeit in Reichweite sein...) Der so allwissende und mächtige 'Gottvater' des Alten Testaments - und hier stimme ich mit Herrn von Däniken bei der Behauptung überein, daß der alttestamentarische 'Gott' zuweilen mit den 'schöpferischen Außerirdischen' gleichzusetzen ist - hatte auf gut deutsch 'Mist gebaut', denn:

„Als aber der HERR sah, daß der Menschen Bosheit groß war auf Erden und alles Dichten und Trachten ihres Herzens nur böse war immerdar, da reute es ihn, daß er die Menschen gemacht hatte auf Erden, und es bekümmerte ihn in seinem Herzen, und er sprach: Ich will die Menschen, die ich geschaffen habe, vertilgen von der Erde, vom Menschen an bis hin zum Vieh und bis zum Gewürm und bis zu den Vögeln unter dem Himmel; denn es reut mich, daß ich sie gemacht habe."

(Die Bibel, 1. Mose, 6, 5 - 7)

Es geht mir bei diesem Zitat nicht um die Diskussion, ob eine bestimmte moralische Integrität gentechnisch manipulierbar sei, sondern um eine Einordnung der durcheinandergeworfenen Begriffe von dem 'Gottvater' der ***Bibel***, der in meiner Auffassung im ***Alten Testament*** als Instrument eines außerirdischen Eingriffs in den materiell-irdischen Körper des Menschen - und im ***Neuen Testament*** als die durch Jesus verkörperte, geistige Idee des 'Göttlichen' zu begreifen ist. Das sind zwei völlig verschiedene Bereiche, **zwei verschiedene Gottesbegriffe in der Bibel!** (Und auf welchen 'Gott' schwören diverse Staatsvertreter feierlich bei ihrer Vereidigung?)

In enger Verbindung zu Erich von Dänikens „Erinnerungen an die Zukunft" steht ein hochinteressanter Roman des Science-Fiction-Autors ***Walter Ernsting***. ***„Der Tag an dem die Götter starben"***, so der Titel, in den peruanischen Anden gestartete Zeitreisen in die außerirdische Vergangenheit, so die Thematik, war einigen Institutionen ein recht schmerzender Dorn im Auge, denn ganze Auflagen in den USA und in Deutschland verschwanden oder wurden eingestampft - trotz (oder wegen?) großer Nachfrage. Zum Glück gibt es Flohmärkte und so können Sie sich, liebe Leser, ihre eigenen Gedanken machen:

„Etwa vierzigtausend Jahre vor Christi landete zum erstenmal ein Erkundungsschiff der Altairer auf der Erde. Im Auftrag der Galaktischen Kolonisationsbehörde wurden Systeme mit bewohnbaren Planeten katalogisiert. Da man auf der Erde bereits halbintelligente Lebewesen vorfand, fiel sie für eine Besiedlung durch die Altairer aus, interessierte jedoch den biologischen Überwachungsdienst. Mit Genehmigung des Galaktomedizinischen Hauptrats wurde auf der Erde eine Beobachtungsstation eingerichtet. Kurz darauf begannen die Experimente. Unsere Wissenschaft hat nie eine befriedigende Erklärung für das plötzliche Entstehen einer fortschrittlichen Menschenrasse aus dem primitiven Neandertaler heraus formulieren können. Sehr logisch schien eine natürliche Mutation zu sein, die den Cromagnon hervorbrachte, unseren direkten Vorfahren.

Wahrheit ist, daß die Altairer vor vierzigtausend Jahren in Südafrika, in der Sahara, in Nordeuropa und in der Mongolei diverse Hominiden-Gruppen einfingen und an ihnen einen Gen-Umwandlungsprozeß vollzogen. Durch Veränderung der Basenfrequenz im DNS-Makromolekül wurden im Labor künstliche Gene gezüchtet, und nach Entwicklung der programmierten Chromosomenkette, die aus sechsundvierzig Kernschleifen mit zweiundzwanzig Autosomenpaaren und zwei Heterochromosomenpaaren (welche das Geschlecht festlegen) bestand, wurden die künstlich gezüchteten Blastomeren in die Gebärmutter der weiblichen „Test-Hominiden" transplantiert. Die männlichen Exemplare machte man durch Bestrahlung unfruchtbar. Sie sollten weiterhin ihrem Geschlechtstrieb frönen können und glauben, die neugeborenen Jungen seien ihre eigenen. Damit wurde auch erreicht, daß die männlichen Hominiden sowohl die Weibchen als auch die Jungen vor der Umwelt beschützten. Erst die neugeborenen - und damit mutierten - Jungen wurden wieder zeugungsreif!

Derartige Experimente gab es überall in der Galaxis. Sie hatten den Zweck, die allgemeine Entwicklung selbständig bleibender Zivilisationen zu fördern, damit sie um so schneller dem bereits bestehenden Galaktischen Bund eingegliedert werden konnten. So sparte man Zeit, und nichts wurde dem Zufall überlassen. [...]

Was nun die Erde anging, so wurden die Experimente nach vier Jahrzehnten abgebrochen, als die Resultate definitiv waren. Schon als Kind war ein Cromagnon intelligenter als ein erwachsener Neandertaler. Der Galaktomedizinische Rat berief seine Leute zurück; andere Welten warteten auf sie.

Auf der Erde zurück blieb lediglich eine Kontrollstation. Sie arbeitete vollautomatisch und funkte in regelmäßigen Zeitabständen ihre Berichte an den Kontrollrat. Sie überprüfte außerdem die Tätigkeit der Warnsonden, die den Planeten als künstliche Satelliten umkreisten. Die Sonden hatten die Aufgabe, jedes Raumschiff des Bundes vor einer Landung auf der Erde zu warnen. Jede auch noch so geringfügig erscheinende Einmischung in die weitere Entwicklung des mit Erfolg mutierten Menschen war streng verboten.

Nahezu zwanzigtausend Jahre vergingen. Ungestört entwickelte sich der Mensch nach oben, wurde intelligenter und fortgeschrittener. Die geheime und heute höchstwahrscheinlich noch bestehende Kontrollstation der Außerirdischen entdeckte er nie.

Über die vereiste Behringstraße wanderten aus Asien eiszeitliche Jäger nach Nordamerika ein und besiedelten das bis dahin menschenleere Land. Langsam nur drangen sie nach Süden vor. Als sie die Landbrücke zwischen Nord- und Südamerika erreichten, geschah etwas, womit niemand gerechnet hatte.

Ein illegales Auswandererschiff der Altairer landete auf der Erde. Sein Kommandant hatte Unsummen für die Passage kassiert. Geschickt hatte er mit Spezialsendern die Warnsonden der Kontrollstation neutralisiert, damit die Landung nicht bekannt wurde. Ehe die Auswanderer bemerken konnten, daß sie auf einem bereits bewohnten und daher zum galaktischen Sperrgebiet erklärten Planeten abgesetzt worden waren, brachte sich der verbrecherische Kommandant mit seinem Schiff in Sicherheit. Er hatte rechtzeitig dafür gesorgt, daß kein weitreichendes Funkgerät auf der Erde zurückblieb, und die nächste direkte Überprüfung fand nicht vor dreihundert Jahren statt. Für die Zurückgebliebenen galt es nun, diese Frist zu nutzen. Sie wußten, daß sie als illegale Auswanderer mit ihrer Vernichtung rechnen mußte, würde man sie jemals auf dem verbotenen Planeten entdecken. Sie wußten aber auch, daß sie dreihundert Jahre Zeit hatten, ihre Spuren auf der Erde zu verwischen. Sie durften nichts zurücklassen, was den Galaktischen Kontrollrat mißtrauisch machen konnte. Ihre Existenz und die ihrer Kinder hing davon ab. Damit ist auch die Frage geklärt, warum wir kaum Hinweise auf den tatsächlich vor dreiundzwanzigtausend

Jahren stattgefundenen Besuch aus dem Weltraum finden. Die Altairer haben alle Spuren verwischt, die von ihrer Anwesenheit hätten zeugen können. Und dann taten sie noch etwas, um ganz sicherzugehen. Ihnen standen zwar einige wenige Maschinen, außerdem Arbeitsroboter und andere Hilfsmittel, aber um spurlos unterzutauchen, mußten sie sich tarnen und mit der bereits vorhandenen Bevölkerung vermischen. [Anm.: In der griechisch-römischen Mythologie ist zuweilen von 'Halbgöttern' die Rede.] *Ein Problem der Chromosomenungleichheit bestand nicht, denn die Nachkommen der vor vierzigtausend Jahren mutierten Hominiden hatten sich erwartungsgemäß gegen ihre damaligen Stammesbrüder durchgesetzt. Und d i e s e , heute lebenden Nachkommen tragen die Chromosomenzahl 46. Und dies ist der Chromosomensatz aller 'Hominiden' des Galaktischen Bundes.*

Es gab in Südamerika noch keine Menschen; aber das hochgelegene Andengebiet bot die besten Lebensbedingungen. Mit Gravitationsgleitern gingen Spezialkommandos auf die Jagd. Sie fingen kleinere Gruppen der mongoliden Eiszeitjäger in Nordamerika ein und brachten die in abergläubischer Furcht total verstörten und fast besinnungslosen Menschen in die Anden, um sie dort anzusiedeln. So versetzten sie einen Teil der sogenannten Folsom-Kultur Nordamerikas in einen anderen Kontinent. Um das Tarnmanöver noch vollkommener zu gestalten, flogen andere Kommandos aus tropischen Gebieten Asiens eingefangene Nachkommen nach Osten abgezogener Cromagnon in die vereisten Gebiete Nordalaskas. Dort sollten sie sich akklimatisieren und später südwärts wandern. Dazu kam es allerdings nie, denn die Ausgesetzten blieben im Polargebiet und fühlten sich dort wohl. Wir kennen sie heute als Eskimos. [Anm.: Bei den Eskimos wird der fliegende 'Rabengott' als wichtigster Schöpfer verehrt.] [...]

Für den Galaktischen Bund wurde im Verlauf der Jahrtausende ein Eingreifen immer schwieriger, den die Gesetze verlangten, daß sich niemand in die inneren Belange der Eingeborenen mischen durfte. Und durch ihre freiwilligen Mischehen waren die restlichen Altairer inzwischen fast selbst zu Eingeborenen geworden. Nur die Erinnerung, die immer vager und undeutlicher wurde, verband sie noch mit ihrer Vergangenheit. Und auch diese letzte Erinnerung begann zu verblassen, wurde zu Sage und Mythos."

(Walter Ernsting: „Der Tag an dem die Götter starben")

Wenn wir nun einmal auf andere Schöpfungsmythen schauen, dann kommen wir um eines der ältesten, geschichtlich erwähnten Völker nicht herum: die ***Sumerer***!

Etwa 3000 v.u.Z. agierte diese Hochkultur in Mesopotamien (heute größtenteils zum Irak gehörig), welche uns die Keilschrift, viele astronomisch-mathematische Berechnungen, das berühmte „Gilgamesch-Epos" und so manch anderes Zeugnis vergangener Zeiten hinterließ. Zu diesem Thema erwähne ich nochmals den Altertumsforscher ***Zecharia Sitchin***, der mit seinem Buch „Der zwölfte Planet" weltweite Beachtung fand. Er vertritt die Annahme, daß es in unserem Sonnensystem (den Mond mitgezählt) einst einen zwölften Planeten mit einer anderen, sehr viel 'weitläufigeren' Umlaufbahn um die Sonne gab, und daß dieser später zerstörte Planet sozusagen der mögliche Ausgangspunkt zur Besiedlung der Erde war, bis es zu einer tragischen Katastrophe kam: zur ***Sintflut*** (german. sin = gewaltig)! Die Sintflut ist in den Mythen fast aller alten Kulturen überliefert; die 'Pionierarbeit' der Außerirdischen versank (beabsichtigt?) im Schlamm und so mußte ein Neuanfang gestartet werden. Von der Erschaffung beziehungsweise von der gentechnischen Verbesserung zum Jetztzeit-Menschen, so Sitchin, berichten auch die Sumerer.

„In allen sumerischen Texten steht, daß die Götter den Menschen schufen, damit er ihre Arbeit verrichte. Im >Epos der Schöpfung< wird die Erklärung Marduk in den Mund gelegt:

>Ich will einen niederen Primitiven hervorbringen,
'Mensch' sei sein Name.
Ich will einen primitiven Arbeiter erschaffen;
er soll im Dienst der Götter stehen,
auf daß sie es leichter haben.< [...]

Nach der sumerischen Darstellung wurde der Beschluß, den Menschen zu schaffen, in einer Versammlung der Götter gefaßt. Verwunderlicherweise wird in der biblischen Schöpfungsgeschichte - die ja alle Leistungen einer einzigen Gottheit zuschreibt - an dieser Stelle die Mehrzahl benutzt, nämlich E l o h i m (buchstäblich >Gottheiten<):

>Und Elohim sprach:

'Lasset uns Menschen machen nach unserem Bilde und uns ähnlich.'<

Zu wem sprach die einzige, aber im Plural aufgeführte Gottheit, und wer ist mit >uns< gemeint, nach deren Bild der Mensch geschaffen werden sollte? Die biblische Geschichte beantwortet diese Frage nicht. Nachdem Adam und Eva die Frucht vom Baum der Erkenntnis gegessen haben, erläßt Elohim eine Warnung an seine ungenannten Genossen: >Sehet, der Mensch ist einer von uns geworden und weiß, was gut und böse ist.< Da die biblische Schöpfungsgeschichte wie auch die anderen Geschichten der Genesis von sumerischen Originalen herrühren, liegt die Antwort auf der Hand. In der Bibel sind die vielen Götter in einer einzigen Obergottheit zusammengefaßt; es ist gewissermaßen eine überarbeitete Fassung der sumerischen Darstellung der Götterversammlung."

„Nach der Sintflut hielten die Nefilim, wie die sumerischen Texte berichten, lange Beratungen über die Zukunft der Götter und der Menschen auf Erden ab. Das Ergebnis dieser Beratung war die Gründung der >vier Gebiete<. Drei von ihnen - Mesopotamien, das Nil- und das Indus-Tal [Anm.: Die großen Weltreligionen hatten in diesen Gebieten ihren Ausgangspunkt] - *wurden von den Menschen besiedelt.*

Das vierte Gebiet war >geheiligt< - ein Wort, das ursprünglich >gewidmet, vorbehalten< bedeutete. Allein den Göttern gewidmet, war es ein >reines< Land, das ohne Befugnis nicht betreten werden durfte; widerrechtliches Betreten konnte zu einem raschen Tod durch >furchtbare Waffen< führen, die feurige Wächter handhabten. Dieses Land oder Gebiet hieß TIL.MUN (wörtlich: >Ort der Raketen<). Es war das verbotene Gebiet, wo die Nefilim ihre Raumflugbasis wiederaufgebaut hatten."

(Zecharia Sitchin: „Der zwölfte Planet")

„Aus sumerischen Mythen

Nachdem der Himmel von der Erde getrennt wurde
und die Muttergottheiten hervorgesprossen waren,
nachdem die Erde gesetzt wurde, die Erde gegründet wurde,
da nahmen An, Enlil, Utu und Enki, die großen Götter,
an dem erhabenen Hochsitz Platz
und erzählten untereinander:

'Was wollt ihr nun tun?
was wollt ihr nun schaffen?'....

'Im Uzumna von Nippur
wollen wir die Lamga-Götter schlachten,
damit ihr Blut die Menschheit hervorsprießen lasse;
die Arbeitsaufgabe der Götter sei ihre Arbeitsaufgabe:
daß sie [die Menschen] aud ewig den Grenzgraben festsetzen,
die Spitzhacke und den Tragkorb in ihre Hand legen,
für den Tempel der großen Götter
Flur an Flur einreihen,
Getreidehaufen aufschütten,
den Überfluß im Lande vermehren,
Die Feste der Götter geziemend feiern.' - -"
(„Die Erschaffung des Menschen", Informationsblatt des Museums für Vor- und Frühgeschichte Berlin)

Bei fast allen Schöpfungsgeschichten der ersten irdischen Kulturen - so auch ***Indien*** - kamen die 'Schöpfer' (wortwörtlich zu nehmen) aus dem Himmel! Gerade die ***ägyptischen*** Darstellungen der 'geflügelten Götter', die zum Beispiel auf den verschiedenen Sarkophagen des Pharaos ***Tut-Ench-Amun*** (ca. 1350 v.u.Z.) - und in Verbindung zu anderen Herrschern - im Ägyptischen Nationalmuseum in Kairo zu sehen sind, unterstreichen diesen Eindruck. Der ägyptische 'Vogel mit Menschenkopf' wird auch als das 'Seelenwesen' interpretiert, mit dem Namen „Ba" als Träger der unsterblichen, menschlichen Substanz.

Die alten ***Germanen*** gaben uns ein (jetzt gelöstes?) Rätsel auf - in der berühmten „Edda", einer Sammlung altnordischer Dichtungen aus der Wikingerzeit:

„Wie zeugte Kinder der kühne Jöte,
Da er ohne Gattin ging."
(Götterlieder der Älteren Edda: „Vafthrúdhnismál")

Doch trösten wir uns, wenn wir uns jetzt ein wenig herabgesetzt als 'zweitklassige Mutation' empfinden sollten: Das in diesem Buch beschriebene Gedankengebäude des ***Göttlichen*** - inklusive seiner Mechanismen - bleibt unangetastet. Sollte sich unsere Geschichte tatsächlich auf ein außerirdisches, genetisches Experiment begründen, wäre das bis heute gültige Endergebnis 'nur' eine leichte Beeinträchtigung der sich entwickelnden 'irdischen Hülle', welche der aus der Mental-Ebene kommende ***göttliche Geist*** trotzdem ungehindert erreichen und aufgrund karmischer Verknüpfungen in unterschiedlicher Qualität 'beleben' kann. Vielleicht aber wurde der ursprünglich als Arbeits-Sklave konzipierte 'Mensch' derart gentechnisch 'verbessert' und 'verfeinert', daß er seine Situation erkannte und so für die Obrigkeit eine Gefahr darstellte? Wäre es denkbar, daß man es anstrebte, den 'alten' Zustand wiederherzustellen, dieses weitgehend aber nicht funktionierte? Sollte dem so gewesen sein, war für die außerirdische Obrigkeit das Experiment aus den Fugen geraten und - Gott sei es gedankt - lichtvoll mißglückt. Durch Kausalität und Resonanz wurde der 'Knecht' zum 'König': Nur durfte dieser Zustand für den Menschen nicht erkennbar sein, um (bis in unsere Tage) mit verschiedenen Mitteln eine ***Kontrolle*** zu gewährleisten. Ist das der Hintergrund für den 'Sündenfall', für die Konzentration auf nur ***eine*** Hälfte der dualen Welt? Die 'Sünde' als ***scheinbar*** direkte, aber keineswegs endgültige 'Trennung' vom Göttlichen? ***Oder*** ist der Mensch eine gelungene, annähernd perfekte Schöpfung 'von außen', die in ihrer Entwicklung lediglich von einem neutralen Standpunkt aus wohlwollend beobachtet werden durfte beziehungsweise betrachtet wird?

Die präzise Antwort läßt auf sich warten, ändert aber auch nichts an unserer Situation auf dem 'Blauen Planeten' - und ist somit nicht gravierend von Bedeutung. Passiert ist passiert! Von außerordentlicher Bedeutung aber ist die Erkenntnis des ***Göttlichen:*** Nur durch ***eigene***, ***ganz bestimmte*** Gedanken, Erfahrungen, Taten und Gefühle läßt sich ausschließlich in eigener Verantwortung - und ***unabhängig*** von der Existenz außerirdischer Lebensformen - indirekt ein direkter Zugang zum Göttlichen herstellen: **Durch den richtigen Gebrauch der Universalgesetze ist uns allen der Schlüssel gegeben, bewußt 'unser eigener Gott' zu sein.** (Bildlich übertragen ist es ja auch für ein Auto, in dem der Motor tadellos funktioniert, vollkommen unrelevant, wenn die Karosserie einen Lackschaden oder eine kleine Beule hat.)

Es könnte sich auch ganz anders zugetragen haben. Und ich möchte die Frage in den Raum stellen, ob uns die 'Mittel zur Erkenntnis' vielleicht gezielt genommen worden sind? Kommt das 'Nachahmungspaket' einer ***Geheim-Gesellschaft*** als 'Import-Versandschlager' aus dem Weltall? Ganz so albern ist die Frage nicht, wenn zum Beispiel berücksichtigt wird, daß die (damals in Vergessenheit geratenen?) australischen Ureinwohner, die ***Aborigines***, ein Chromosomenpaar (Träger der Erbinformation in den Zellkernen) weniger - und dadurch mehr Fähigkeiten als andere Menschen besitzen! Wer weiß?

Die Evolutionstheorie nach Darwin jedenfalls, die für den 'Homo sapiens' - den vernunftbegabten Menschen - keine Gültigkeit hat, ist auf ***geistigem Wege*** zu bestreiten, wobei uns nichts 'von außen' wirklich helfen kann.

Wir können mit der Macht unserer Gedanken damit beginnen, die 'kleinen Mängel' transformierend auszugleichen:

Wir selbst sind Teil der Evolution, welche sich nicht mehr auf einen Punkt im Universum beschränkt, sondern das gesamte Universum und seine geistige Substanz umfaßt.

30. ATLANTIS UND DIE NACHFAHREN

„Vor allem zuerst wollen wir uns erinnern, daß zusammengenommen 9.000 Jahre verstrichen sind, seitdem, wie erzählt wurde, der Krieg zwischen den außerhalb der Säulen des Herakles [Anm.: die Meerenge von Gibraltar] *und allen innerhalb derselben Wohnenden stattfand, von dem wir jetzt vollständig zu berichten haben. Über die einen soll unser Staat geherrscht und den ganzen Krieg durchgefochten haben, über die andern aber die Könige der Insel Atlantis, von welcher wir behaupteten, daß sie einst größer als Asien und Libyen war, jetzt aber, nachdem sie durch Erdbeben unterging, die von hier aus die Anker nach dem jenseitigen Meere Lichtenden durch eine undurchdringliche, schlammige Untiefe fernerhin diese Fahrt zu unternehmen hindere.* [...]

Wie im Vorigen von der von den Göttern angestellten Verlosung erzählt wurde, daß sie unter sich die ganze Erde in bald größere, bald kleinere Lose verteilten und sich Tempel erbauen und Opfer darbringen ließen: so bevölkerte auch Poseidon [Anm.: der griechische Gott des Meeres, der Erdbeben und der Pferde], *dem jene Insel Atlantis zum Lose fiel, dieselbe mit seinen eigenen Nachkommen, die er mit einem sterblichen Weibe an einer folgendergestalt beschaffenen Stelle der Insel zeugte. An der Seeküste, gegen die Mitte der ganzen Insel, lag eine Ebene, die schöner und fruchtbarer als irgendeine gewesen sein soll.“*

(Platon: „Kritias“)

Das sagenumwobene ***Atlantis!*** Eine Fiktion, die heute romantisiert als idealisiertes ‘Ur-Land der erfüllten Sehnsüchte’ gesehen wird - ***oder*** als eine hochentwickelte Kultur, die mit samt Kontinent so plötzlich wie die „Titanic“ untergegangen ist? Ich tippe auf letzteres und stehe mit dieser ebenfalls ur-alten Überzeugung nicht alleine.

Wo aber lag Atlantis? Es gibt darüber die wildesten Spekulationen; ich möchte den verschwundenen Erdteil durch die den Wortstamm naheliegendste Region lokalisieren. Demnach lag Atlantis im ***Atlantik***! Dies wird im Atlantisbericht des griechischen Philosophen Platon bestätigt. Die zu Portugal gehörende, etwa 2.250 qkm große Inselgruppe der ***Azoren*** und die zu Großbritannien zählende, nur 53 qkm große Inselgruppe der ***Bermudas*** gelten als klägliche Reststücke. Überhaupt gibt es viele ***geologische Bestätigungen*** besonders auf dem Meeresboden des Atlantikbeckens, welches übrigens im Zentralbereich seiner Wasseroberfläche kaum Inseln aufweist!

Die große Frage heißt: Wie konnte ein ganzer Kontinent von der Bildfläche verschwinden? Ganz einfach: Durch eine verheerende Naturkatastrophe vorher nie dagewesenen Ausmaßes, die ein so prägendes Ereignis darstellte, daß sie in den Mythen der Völker überliefert ist. ***Edgar Cayce*** liefert den möglichen Hintergrund:

„Der Nil floß in den Atlantischen Ozean. Die heutige Sahara war ein bewohntes Gebiet und sehr fruchtbar. Das heutige mittlere Gebiet dieses Landes oder das Mississippibecken lag damals ganz im Ozean. Nur das Plateau gab es oder die Regionen, die heute Teile von Nevada und Utah sind, und Arizona bildete den größeren Teil dessen, was wir als die Vereinigten Staaten kennen. Das Gebiet entlang der Atlantikküste bildete die Außengebiete, damals das Tiefland von Atlantis. Die Anden oder die Pazifikküste Südamerikas nahmen damals die äußeren westlichen Gebiete von Lemuria [Anm.: ebenfalls verschwundenes Land, dessen einstige Lage zwischen Indien und Madagaskar angenommen wird] *ein. Der Ural und die Gebiete nördlich davon wurden in tropisches Land verwandelt. Die Wüste in der Mongolei war damals das fruchtbare Gebiet. Die Ozeane waren damals umgekehrt. Sie tragen nicht mehr ihre alten Namen* [Anm.: Ein Widerspruch? Entstand das Wort ‘Atlantik’ in unbewußter Erinnerung an ‘Atlantis’?] [...]

Es gab noch weitere Beweise für Cayces Andeutung, daß die ‘arktischen oder nordarktischen Regionen im Gebiet der Wendekreise’ lagen. Bei dieser vermuteten Polverlagerung hätte Alaska zumindest von 230.000 v. Chr. bis 50.000 v. Chr. in der Region der Wendekreise gelegen. Der Forscher J. W. Gidley entdeckte in Alaska Überreste eines Kamels, eines Elefanten und anderer Tiere wärmerer Klimate und glaubte, diese Fossilien seien ein weiterer ‘Beweis zur Bestätigung der Vermutung, daß in Alaska’ während des größten Teils der Eiszeit ‘milderes Klima herrschte.’“

(Jess Stearn: „Der schlafende Prophet - Prophezeiungen in Trance 1911 bis 1998“)

Hatte ein ***Polsprung*** stattgefunden, der (nach dem Untergang von Lemuria) den Untergang von Atlantis einleitete? Es ist durchaus anzunehmen, doch nützt uns diese Erkenntnis heute wenig, da die kulturellen Errungenschaften von Atlantis zu der ***vor-sumerischen Ära*** gehören. Vermutlich kamen noch andere Faktoren der Zerstörung dazu. Wie gesagt, man muß aber seine Vergangenheit kennen, um die Zukunft einzuordnen: Eine mögliche atlantidische Vergewaltigung der Natur durch Mißachtung der Naturgesetze hinterläßt auf den ersten Blick eine erschreckende Parallele zur Jetzt-Situation der Erde.

„Cayce nannte drei Untergangsperioden, die ersten beiden etwa 15. 600 v. Chr., als sich das Hauptland in Inseln spaltete, und die letzte 10.000 v. Chr., als eine Gruppe von drei großen Inseln zusammen mit mehreren kleinen über Nacht vom Meer verschlungen wurde, wie auch Platon andeutete. [...]

Vor der letzten Massenvernichtung hatten sich Cayce zufolge ganze Wellen von Atlantiden in alle Himmelsrichtungen ergossen. Das würde die hochstehenden und oft seltsam ähnlichen Kulturen in so verschiedenen Gebieten wie Ägypten, Peru, Mittelamerika, New Mexico und Colorado erklären. [...]

Cayce deutete einmal dunkel an, daß die in drei Gebieten der Erde verborgenen Archive, aus denen die Existenz von Atlantis ersichtlich sei, schließlich und endlich gefunden würden. Eines dieser drei Gebiete sei Ägypten. [...]

Es [Anm.: ein Cayce-Reading] *schilderte, daß die Bewohner von Atlantis riesige laserähnliche Kristalle für Kraftwerke konstruiert hatten.* [...]

Cayce sagte, die Katastrophe, bei der die Landmasse des atlantischen Kontinents zerbarst, sei die unglückliche Folge eines Zusammenwirkens zerstörerischer, von „Menschenhand erzeugter Kräfte mit Naturkräften gewesen". Dazu könnte es heute beispielsweise kommen, wenn eine mächtige Atombombe das Gleichgewicht der Erde in einem Bruchgebiet stören würde. Nach unseren Maßstäben muß die damalige Kultur wirklich fortschrittlich gewesen sein, um sich selbst vernichten zu können. Wenn man Cayce glaubt, löste der Mißbrauch von Sonnenenergie das Debakel aus. Es gibt Beweise dafür, wie der Geologe berichtete, daß der Mensch damals technisch weit genug entwickelt war, um die ätherischen oder kosmischen Strahlen der Sonne als primäre Kraftquelle zu nutzen. [...]

Als wichtigen Faktor bei der Nutzbarmachung der Sonnenenergie erwähnte Cayce einen Feuerstein, 'den Kristall', dessen magische Kraft anscheinend jener des Laserstrahls ähnelte, der erst viele Jahre nach Cayces Tod erzeugt wurde. [...] *'Die Aktivität des Steins erhielt man aus den*

Sonnenstrahlen, sagte Cayce. 'Die Konzentration durch die Prismen oder das Glas wirkte auf Instrumente, die mit den verschiedenen Verkehrsmitteln (Eisenbahnen, Schiffe usw.) in Verbindung standen, wie es heute bei der Fernsteuerung durch Radioschwingungen oder in anderer Weise übermittelter Befehle ist.' [...] *'Die Einflüsse der Energieausstrahlung in Form von Strahlen waren für das Auge unsichtbar, wirkten aber auf die Steine in den Antriebskräften, sei es von Flugzeugen, die durch Gase gehoben wurden, oder von Vergnügungsfahrzeugen, die knapp über der Erde dahinglitten, oder von Unterwasserfahrzeugen.'*

In ganz Atlantis wurden Stationen zur Erzeugung dieser Energie errichtet. Doch dann ging irgend etwas schief, und es kam zur Katastrophe. 'Diese wurden versehentlich zu hoch eingestellt und lösten die zweite Periode zerstörerischer Kräfte aus und spalteten das Land in Inseln, auf denen später weitere zerstörerische Kräfte wirkten.' Cayce gab eine genaue Beschreibung des Steins, der Quelle aller dieser Energie war: 'Ein großes zylindrisches Glas, mit so eingeschnittenen Facetten, daß der Deckstein die Kraft zentralisierte, die sich zwischen dem Ende des Zylinders und dem Deckstein konzentrierte.'"

(Jess Stearn: „Der schlafende Prophet - Prophezeiungen in Trance 1911 bis 1998")

Setzt man die einstige Existenz von Atlantis voraus, erklärt sich sehr leicht die frappierende Ähnlichkeit der großen, alten Kulturen auf beiden Seiten des Atlantiks. Die ***Nachfahren*** von Atlantis besiedelten demnach in ***vor-sumerischer Zeit*** mit erstaunlichen Fähigkeiten und einem erstaunlichen ***Wissen*** andere (Alternativ-) Kontinente.

Ich stelle folgende, weitere ***Hypothese*** auf: Die Machthaber von Atlantis mißbrauchten ihre Position und kassierten dafür in Kausalität und Resonanz die Quittung. Oder aber Atlantis wurde in seiner technischen wie geistigen Entwicklung langsam eine Bedrohung der Macht anderer Zivilisationen, die 'von außen' in das Geschehen eingriffen, um es aufzuhalten! War der Planet Erde nach einem erfolgten Polsprung wirklich ein Austragungsort von „Star Wars", einem „Krieg der Sterne"? Ein außerirdischer Flugscheiben-Angriff auf die Sonnenkraftwerke? **Plante man anstelle der Atlanter einfachere und besser zu kontrollierende Menschenrassen durch den Eingriff einer Gen-Manipulation?**

„Als nächstes ließe sich die [Anm.: im Topkapi-Palast in Istanbul gefundene und auf das Jahr 1513 datierte] *Piri-Reis-Karte anführen, eine Weltkarte, die einem türkischen Kapitän im 16. Jahrhundert gehörte und auf der die Küsten Südamerikas, Afrikas und Teile der Antarktis eingezeichnet waren. Allerdings ist es ein völliges Rätsel, wieso man zur damaligen Zeit Kenntnisse über die Antarktis besaß - und dieses Rätsel wird dadurch noch geheimnisvoller, daß unsere modernen kartographischen Kenntnisse über die Antarktis die Genauigkeit dieser Karte bestätigen.*

Die Piri-Reis-Karte (Reis oder Rais ist ein Kapitäns- oder Steuermannstitel) soll nach alten griechischen Karten erstellt worden sein, die bei der Vernichtung der Bibliothek von Alexandria verlorengingen. Falls diese Karte tatsächlich nach einer Reihe von Karten aus der Antike kopiert worden war, würde das bedeuten, daß es im Altertum weitreichende geographische Kenntnisse besaß [Anm.: von denen vielleicht Kolumbus aus ähnlichen Quellen wußte?], *die im Mittelalter verlorengingen oder in Vergessenheit gerieten."*

(Charles Berlitz: „Das Atlantis Rätsel")

Die geographischen Begebenheiten der Piri-Reis-Karte, einer Kopie einer Kopie einer Kopie undsoweiter, lassen sich natürlich dadurch erklären, wenn man davon ausgeht, daß die exakten Vermessungen von oben aus dem Luftraum gemacht wurden. Offenbar war einem 'Raumgleiter' oder ähnliches die Aufgabe einer kartographischen Erstellung zugeteilt worden.

Die Überlebenden von Atlantis, sei es nach einer Naturkatastrophe oder nach einem intergalaktischen Krieg atomar-ähnlichen Ausmaßes, leisteten einen eindrucksvollen Wiederaufbau ihrer Kultur an verschiedenen Orten rund um den Atlantik, vor allem durch den ***Pyramidenbau*** (Mexiko, Peru, Bolivien, Ecuador, Kolumbien, die Küstengebiete Europas, Ägypten). Sie gelangten eventuell erneut in die Position einer bereitstehenden (friedensbringenden?) Weltmacht im Einklang mit den Universalgesetzen, die es nun endgültig zu beseitigen galt; wirkungsvollere Mittel mußten her: Eine künstlich geschaffene ***Sintflut***?

Verhalfen hinter den Kulissen die untergetauchten Atlanter durch ihr gentechnisches Wissen den 'Sklavenmenschen' zur befreienden Erkenntnis? Sollte es sich um einen Krieg handeln, der bis heute (!) andauert, ist es verständlich, warum möglichst wenig beziehungsweise nur gefälschtes

Wissen über ***UFOs*** und Außerirdische in die irdische Öffentlichkeit dringen darf...

Der Philosoph ***Platon***, der ja einen Atlantisbericht in seinem Werk überliefert hat, hinterläßt uns noch sehr viel mehr: den detaillierten **Bauplan zur Erschaffung einer Menschengattung** und deren gesundheitliche Erhaltung! Allerdings erinnert die spätere Beschreibung - mit mythologischen Versatzstücken vermengt - gleichzeitig an eine Autopsie, so als ob die 'Götter' beziehungsweise außerirdischen Gentechniker, die sich auch des für sie gültigen ***Göttlichen Ursprungs*** bewußt waren, über eine von ihnen selbst oder von ihnen ***nicht*** 'geschaffene', aber durch sie neu 'überarbeitete' Hominiden-Gattung staunen würden. Offenbar war die 'Gattung Mensch' in ihrer physischen Erscheinung bereits vorhanden und ausgereift, was fehlte, war für die weitere Evolution entscheidende 'Hilfe zur Selbsthilfe', die Erkenntnis und richtige Benutzung des geistigen Teils des Körpers. Es folgt ein recht langes Zitat, bestehend aus nur wenigen Ausschnitten, aus Platons „Timaios", welches mit einem kurzen Hinweis auf Atlantis beginnt:

„; denn das Aufgezeichnete berichtet, eine wie große Heeresmacht dereinst euer Staat überwältigte, welche von dem Atlantischen Meere her übermütig gegen ganz Europa und Asien herzog. Damals war nämlich dieses Meer schiffbar; denn vor dem Eingang, der, wie ihr sagt, die Säulen des Herakles heißt, befand sich eine Insel, größer als Asien und Libyen zusammengenommen, von welcher den damals Reisenden der Zugang zu den übrigen Inseln, von diesen aber zu dem ganzen gegenüberliegenden, an jenem wahren Meere gelegenen Festland offenstand. [...] *Auf dieser Insel Atlantis vereinte sich auch eine große, wundervolle Macht von Königen, welcher die ganze Insel gehorchte sowie viele andere Inseln und Teile des Festlandes;* [...]

Um die runde Gestalt des Weltganzen nachzubilden, knüpften sie [Anm.:?] *die beiden göttlichen Umläufe an einen kugeligen Körper, denselben, den wir jetzt Kopf nennen, das Gottähnlichste und über alles in uns Gebietende. Ihm übergaben die Götter, eine Dienerschaft um ihn her versammelnd, den ganzen Körper, indem sie erkannten, daß er an allen Bewegungen, welche stattfinden würden, teilnehmen werde. Damit er nun nicht, rollte er auf dem Boden umher, der mancherlei Höhen und Tiefen hat, unvermögend sei, die einen zu übersteigen und aus den anderen heraufzukommen, verliehen sie ihm dieses Gefährt und diese Wegerleichte-*

rung. Darum dehnte sich der Körper in die Länge und ließ, indem der Gott auf Gehwerkzeuge für ihn bedacht war, vier ausgestreckte und biegsame Glieder aus sich hervorwachsen; mit ihnen sich festhaltend und auf sie sich stützend, ward er in den Stand gesetzt, allerwärts hinzugehen, indem er den Aufenthaltsort des Heiligsten und Göttlichsten über uns trägt. In solcher Weise und aus diesen Gründen wuchsen an allen Hände und Füße; weil aber die Götter den Vorderteil unseres Körpers für vorzüglicher und zur Herrschaft geeigneter hielten als den Hinterteil, verliehen sie uns das Gehen vorzüglich nach jener Richtung hin. Der Vorderteil mußte also von dem übrigen Körper geschieden und von demselben verschieden sein. Darum fügten sie zuerst an des Kopfes Wölbung, indem sie dort das Antlitz anbrachten, alle der Fürsorge der Seele dienstbaren Werkzeuge und ordneten an, daß dieses, das seiner Natur nach vorwärts Gekehrte, an der Herrschaft teilhaben solle. [...]

Der neue Anfang nun über das All sei mehr als der vorige auseinandergelegt. Denn früher unterschieden wir zwei Gattungen, jetzt aber müssen wir noch eine von diesen verschiedene dritte aufweisen. Reichten doch jene zwei bei der früheren Darstellung aus, die eine als Gattung des Vorbildes zugrunde gelegt, als denkbar und stets in derselben Weise seiend, die zweite aber als Nachbildung des Vorbildes, als Entstehung habend und sichtbar. Eine dritte aber stellten wir früher nicht auf, indem wir meinten, daß die beiden ausreichen würden; doch scheint die Untersuchung zu dem Versuche uns zu nötigen, eine schwierige und dunkle Gattung durch Reden zu erhellen. Als welche Natur und Kraft besitzend müssen wir sie also annehmen? Vor allem die: daß sie allen Werdens Aufnahme sei wie eine Amme. [...]

Inwieweit wir aber aus dem früher Gesagten an seine Natur zu gelangen vermögen, möchte man sich wohl so am richtigsten darüber ausdrükken: als Feuer erscheine jeweils der zu Feuer, als Wasser der zu Wasser gewordene Teil desselben, als Erde und Luft, soviel es etwa Nachbildungen dieser in sich aufnimmt. [...]

Aber gegen das Klopfen des Herzens, bei Erwartung schrecklicher Ereignisse, und gegen das Erwachen des Zornes ersannen sie, da sie voraus erkannten, jedes solche Anschwellen der Leidenschaft werde eine Wirkung des Feuers sein, ein Hilfsmittel, indem sie das Geflecht der Lunge einpflanzten, welche erstens blutlos und weich, ferner aber auch, wie ein Schwamm, mit Öffnungen durchzogen ist, damit sie, den Atem und den

Trank in sich aufnehmend, die Glut durch Abkühlung milder und erträglicher mache. Darum öffneten sie die Kanäle der Luftröhre nach der Lunge und legten sie wie ein Polster um das Herz, damit es, wenn der Mut in demselben aufloderte, gegen ein Nachgebendes anschlagend und so abgekühlt, minder bewegt, eher mit dem Mut verbunden der Vernunft sich zu fügen vermöge. [...]

Dem nach Speise und Trank begierigen Teil unserer Seele und nach dem, wonach er sonst vermöge der Natur des Körpers ein Bedürfnis zukommt, den wiesen sie seinen Wohnsitz zwischen dem Zwerchfell und der in der Gegend des Nabels gezogenen Grenze an, indem sie in diesem ganzen Raume eine Art von Krippe für die Ernährung des Körpers herrichteten, und fesselten an diese Stelle den so beschaffenen Teil, wie ein wildes Tier, das aber doch, fest mit uns verbunden, ernährt werden müsse, wenn irgend das sterbliche Geschlecht bestehen solle. [...]

Über die vorzüglichste Gattung unserer Seele müssen wir uns aber folgende Vorstellung machen, daß Gott sie jedem als seinen Schutzgeist verliehen hat - eben der Teil von welchem wir behaupten, daß er in unserem Körper die oberste Stelle einnehme und uns von der Erde zu dem im Himmel uns Verwandten erhebe, sofern wir ein Gewächs sind, das nicht in der Erde, sondern im Himmel wurzelt. Und das behaupten wir mit vollem Recht, denn indem dort, wo die Seele zuerst ihren Ursprung nahm, das Göttliche unser Haupt und unsere Wurzel befestigt, richtet sie den ganzen Körper nach oben. [...]

Nun sind die dem Göttlichen in uns verwandten Bewegungen die Gedanken und Umschwünge des Weltganzen; diese muß demnach jeder zum Vorbilde nehmen, indem er die bei unserm Eintritt in das Leben irregeleiteten Umläufe in unserem Kopfe dadurch auf die richtigen zurückführt, daß er den Einklang und die Umläufe des Weltganzen erkennen lernt, und muß so dem Erkannten seiner ursprünglichen Natur gemäß ähnlich machen, durch diese Verähnlichung aber das Ziel jenes Lebens besitzen, welche den Menschen von den Göttern als bestes für die gegenwärtige und die zukünftige Zeit ausgesetzt wurde. [...]

Und nun, behaupten wir, ist unsere Rede über das All bereits zum Ziel gediehen. Denn indem dieses Weltganze sterbliche und unsterbliche Bewohner erhielt und derart davon erfüllt ward, wurde zu einem sichtbaren, das Sichtbare umfassenden Lebenden, zum Abbild des Denkbaren als ein sinnlich wahrnehmbarer Gott, zum größten und besten, zum schönsten und vollkommensten dieser einzige Himmel, der ein eingeborener ist.“

(Platon: „Timaios“)

Zurück zur damaligen Ausgangssituation: Atlantis taumelte seinem endgültigen Untergang entgegen, die Überlebenden gelangten zum einen verstärkt nach Südamerika und zum anderen in die Küstengebiete ***Europas***. Die letztere der beiden Spuren möchte ich etwas näher verfolgen, handelt es sich doch um die „präkulturelle“ (vorsintflutliche) Grundlage des Abendlandes.

Der Forscher ***Prof. Harald Braem*** liefert in seinem Buch „Die Geheimnisse der Pyramiden“ den sensationellen Beweis dafür, **daß es auch in Europa** (zum Teil sogar gut erhaltene) **Pyramiden gibt!**

Die Westküste Frankreichs, so Prof. Braem, gilt als Wiege der sogenannten ‘Atlantischen Westkultur’: **Die über sechstausend Jahre alten Pyramiden-Bauten in der Bretagne sind rund zweitausend Jahre älter als die in Ägypten!**

Hierbei handelt es sich um Stufenpyramiden, welche wahrscheinlich das Vorbild für die ägyptische Stufenpyramide in Sakkara (ca. 2600 v.u.Z.), die als Vorläufer für die nur wenig später errichteten Pyramiden von Gizeh gilt, darstellt. Eine zusätzliche Namens-Verbindung gibt uns der französische Ort ***Carnac*** (bretonisch „Karnak“), der eine Stufenpyramidenanlage besitzt, im Vergleich zu dem schon erwähnten ägyptischen Ort ***Karnak*** mit seiner imposanten Tempelanlage in der Nähe von Luxor.

„Barnenez ist nicht der einzige Ort in der Bretagne, der Pyramiden, gestufte Tempelanlagen und Mausoleen gewaltigen Ausmaßes aufweist. Auf der Insel Carn bei Ploudalmezeau (Departement Finisterre) ragt ein gemeinhin als Grabhügel bezeichneter - Tumulus auf, der heute eine halbkugelige Form besitzt. [...] *Die Radiocarbon-C-14-Messungen ergaben eine Datierung auf 4160 v. Chr. - allerdings dürfte der ursprüngliche Teil der Anlage wesentlich älter sein.*

Auf der Insel Guennoc (ebenfalls Departement Finisterre) ragen gleich drei gewaltige Hügel auf, die etwa zeitgleich zu den Pyramiden von Barnenez erbaut wurden (4720 v. Chr.). Auch hier läßt sich in den älteren Bauabschnitten ein völlig anderes Grundkonzept ablesen. Die Begräbnisplätze müssen ursprüngliche Monumente zu ganz anderen Zwecken gewe-

sen sein, d. h. es muß bei dem Bau eine völlig andere Idee zugrunde gelegen haben. Die Basis der Anlagen ist nämlich rechteckig und wurde erst viel später durch einen Cairn (Steinhügel) ergänzt. In den pyramidenförmigen Bauten befinden sich Kammern, die durch ausgemauerte Gänge von Südwesten bzw. Nordosten zugänglich sind. Diese Kammern waren bei ihrer Entdeckung unversehrt und verschlossen und zeigen keinerlei Spuren von Begräbnissen. [...]

Auch die Anlage von Colombiers-sur-Seulles (Departement Calvados) zeigt sich als trapezförmiger Bau von etwa 65 Metern Länge ohne reine Begräbnisfunktion. [...]

Was mir zudem noch auffiel, ist die Tatsache, daß eine ganze Reihe von bretonischen Dolmen den gleichen Grundriß und Aufbau wie die älteren Tempel von Malta besitzen, die allerdings später erbaut wurden und gleichfalls keineswegs für Bestattungen dienten - ein Umstand, auf den nirgendwo in der Fachliteratur hingewiesen wird. Die möglichen Zusammenhänge der Großsteinbaukunst der Bretagne und der Maltas wurden bisher nicht untersucht, ja nicht einmal in Erwägung gezogen, obgleich die Parallelen doch unübersehbar sind. [...]

Die vier großen Stufenpyramidenanlagen Frankreichs - in Falicon bei Nizza, Couhard bei Autun, St. Michel bei Carnac und die Doppelpyramide von Barnenenz - ähneln sich stark.“

(Harald Braem: „Die Geheimnisse der Pyramiden“)

Prof. Braem geht auch auf die ***Pyramidenanlagen auf den Kanarischen Inseln*** - besonders auf Teneriffa (Guanchen-Kultur) - ein und zieht eine Verbindung von der französischen Atlantikküste über die Kanaren und den Mittelmeer-Raum (Malta) nach Ägypten.

Als kleinen Zusatz folgt ein Zitat über ***Malta***:

„Tatsächlich war Malta bereits in grauer Vorzeit eine heilige Insel und wahrscheinlich schon damals das Ziel von Pilgerreisen. Es gibt auf Malta einige über 6.000 Jahre alte Steinzeittempel, errichtet von einem geheimnisvollen Volk, über das man nur sehr wenig weiß. Man verehrte eine Göttin, die man die „Große Erdmutter“ nannte, eine Symbolfigur der Fruchtbarkeit. Die Tempel, in denen man Schutz, Geborgenheit und Rat suchte, glichen symbolhaft großen Frauenkörpern. Diese Tempel wurden aus riesigen, bis zu 50 Tonnen schweren Felsbrocken errichtet, die man aus weit entfernten Steinbrüchen herbeischaffte. Es ist bis heute für die Wissen-

schaft ein Rätsel, wie dies ohne besondere Werkzeuge bewerkstelligt werden konnte, denn Seile, Eisen oder sonstige Metalle und auch das Rad waren nachweislich noch unbekannt."

(aus einem Prospekt des Fremdenverkehrsamtes Malta)

Der von Harald Braem beschriebene Weg ist in meiner Interpretation der Weg der sich westwärts begebenen Ex-Bewohner von Atlantis und ihren architektonischen Hinterlassenschaften vor der Sintflut! Es gibt in der Tat archäologische Beweise dafür, daß die Pyramiden von Gizeh samt Sphinx einst unter Wasser standen! Erwähnen möchte ich noch - neben zahlreichen Muschelfunden - die in unmittelbarer Nähe der Pyramiden entdeckte „Barke des Pharaos Cheops", ein auch in seiner Größe eindrucksvolles Holzboot, welches in einem eigens dafür gebauten Museum auf dem Pyramidenfeld von Gizeh zu bestaunen ist. Diente dieses Boot gar nicht rein kultischen (der Tod als symbolische 'Überfahrt'), sondern rein praktischen Zwecken?

Außerdem befindet sich in der heutigen Sahara, inmitten des Gebirges Gilfkebir ein äußerst interessanter Berg: der ***Gebel Uweinat***. Dieser liegt jedoch in einem militärischen Sperrgebiet, dreigeteilt in den Ländern Sudan, Libyen und Ägypten. 1933 entdeckte der ungarische Wüstenforscher Ladislaus E. Almásy (1895-1951) zu Füßen des Gebel Uweinat - im ***Wadi Sura*** (= Tal der Bilder) - jahrtausendealte Felszeichnungen, die 'Schwimmer in der Wüste', bekannt geworden durch Anthony Minghellas Kinofilm „Der englische Patient" nach dem Roman von Michael Ondaatje.

Übrigens gibt es Untersuchungen darüber, daß die Stadt Karlsruhe 1715 (ebenso wie später Washington D.C.) nach atlantidischem Vorbild geplant, gebaut und in ein schon vorhandenes Energieliniennetz ('Songlines' oder 'ley-lines') eingefügt wurde. Das Karlsruher Schloß befindet sich nach diesem Vorbild genau im Mittelpunkt. Und wer wurde in diesem Schloß als hohe Inkarnation geboren? Kaspar Hauser!

(Buchempfehlung: „Mythos einer Sonnenstadt" von Jens Martin Möller, Dingfelder Verlag, ISBN 3-926253-91-6, hervorragend recherchiert!)

Diese Bemerkung soll der Vollständigkeit halber nicht fehlen. Vielleicht denken einige Leser jetzt auch an die kleine Pyramide auf dem Karlsruher Marktplatz, errichtet als Grabmal für den Stadtgründer Markgraf Karl-Wilhelm von Baden-Durlach; 1738 in einer hölzernen, 1825 in einer steinernen Version.

Viele Fragen werden sich hartnäckig offen halten; worauf es mir ankommt, sind ***mögliche*** Gedankengänge in Form von Querverbindungen, die selbstverständlich keinen Anspruch auf Verbindlichkeit erheben.

Atlantis ist die Verbindung zu unserer Zukunft aus der Vergangenheit, denn WIR sind die Nachfahren von Atlantis!

31. „RELATIV IST ALLE THEORIE" – ALBERT EINSTEIN UND NIKOLA TESLA

Knien wir zusammen nieder vor dem Tempel der naturwissenschaftlich 'unfehlbaren' Physik und werfen einen keuschen, untertänigen Blick auf das 'unantastbare Gebilde', welches bis heute auf der höchsten Säule dieses Tempels ruht: DIE RELATIVITÄTSTHEORIE NACH EINSTEIN. (1905 als spezielle Relativitätstheorie aufgestellt und 1916 als allgemeine Relativitätstheorie formuliert)! Diese physikalisch-philosophische Relativitätstheorie, die unser neuzeitliches Weltbild entscheidend bestimmt, ist vor allem etwas ganz Bestimmtes, nämlich eine Theorie! Es handelt sich um ein festgelegtes Dogma, welches nicht hinterfragt werden darf; man darf hingegen aber annehmen, daß sie wohl irgendwie der Struktur von Raum und Zeit entspricht. Mit anderen Worten: Man darf daran ***glauben***!

Albert Einstein (1879-1955, 1940 amerikanischer Staatsbürger) selbst, der 1939 in einem Brief an US-Präsident Roosevelt den Anstoß zum Bau der Atombombe gab (den Rest erledigte Harry Truman sechs Jahre später), hat es treffend formuliert:

„Um ein tadelloses Mitglied einer Schafsherde sein zu können, muß man vor allem ein Schaf sein."

(Albert Einstein)

Die berühmte Formel lautet: $E = mc^2$

Jede ***Energie*** „E" entspricht demnach der ***Masse*** „m", verknüpft mit der (Vakuum-) ***Lichtgeschwindigkeit*** „c" zum Quadrat.

Nach Einstein stehen 'Zeit' und 'Raum' in Relativität zueinander, in einer gegenseitigen Bedingtheit. Diese Wechselbeziehung soll nun den Begriff der 'Energie' festlegen...

Man muß nur kurz das 'Yin und Yang'-Symbol heranziehen und überlegen: Wann sind 'Raum und Zeit' ein weiteres Paar von Dualität? ***Nur*** in der materiellen, dreidimensionalen Ebene unserer (Möglichkeit von) Wirklichkeit, nicht in der Astralebene - und schon gar nicht in der Mental-Ebene! Die Relativitätstheorie leugnet die Trinität des Daseins und das Reich des Geistigen und ***kann*** auf dieser 'sündigen' Grundlage ***niemals*** die Struktur oder Beschaffenheit des GANZEN UNIVERSUMS erklären! Und überhaupt ist ***Energie***, wie Sie und ich ja bereits ***wissen*** (fast möchte man gähnen), in seiner Begrifflichkeit längst ***erweitert***.

Die Relativitätstheorie legt fest, daß die ***Lichtgeschwindigkeit*** (ca. 300.000 Kilometer pro Sekunde) die ***größte***, ***erreichbare*** Geschwindigkeit ist. Ist sie das? Für die physikalischen Erscheinungen, wie sie für die Erde und die auf ihr herrschenden, physikalischen Bedingungen gültig sind, heißt die Antwort ***Ja***; doch wollen wir den Heimatplaneten verlassen, um das Universum und andere Galaxien problemlos (und nicht mühevoll nach angeblich vielen 'Raumschiff-Generationen') zu besuchen und zu erforschen, heißt die Antwort ***Nein***!

Die Begriffe 'Materie' und 'Energie' sind in Kapitel 9 bereits ***feinstofflich*** erweitert. Dabei geht es auch um ***Licht***, jedoch mit einer entscheidenden Ergänzung:

Energie und ***Masse*** sind durch eine andere, schnellere Qualität oder Form von ***Zeit*** zu verbinden. **Es gibt ein Phänomen, welches schneller ist als das Licht: Das ist – der Gedanke!**

Gemeint ist hier der universale Gedanke, der die verschiedenen Körper des Menschen (auch emotional) 'durchflutet' und die Blockierungen von Zeit und Raum aufhebt, also von der materiell-physischen Ebene ***durch*** die Astral-Ebene ***in*** die Mental-Ebene des 'Göttlichen' führt, aber dabei natürlich alle Ebenen betrifft. Bildlich gesehen ist es ein oft benutzter Stempel, dessen Stempelfarbe nach jedem Abdruck ein wenig mehr verblaßt; der Stempelabdruck an sich bleibt in seiner Form aber stets derselbe.

Für die ***Mental-Ebene*** ist zwar ***Zeit- und Raumlosigkeit*** definiert; sie beinhaltet jedoch ebenso die jeweilige **Idee von Zeit und Raum!**

Die Begriffe ***Zeit*** und ***Raum*** treffen in Einsteins Relativitätstheorie gar nicht sich selbst, sondern werden durch alberne ***Messungen*** durch Uhren und Meßstäbe umschrieben. Weiter nichts. Das ist fast schon ein Witz! Leider hat sich dieser Witz (durch Nachahmung und profilneurotisches Nachsagen) dermaßen etabliert, daß ein lautes Lachen zwar berechtigt ist, innerhalb der modernen Physik jedoch die mathematischen Schreibtischverteidiger auf den Plan rufen läßt: Den kleinsten Ansatz einer Kritik will man einfach nicht wahrhaben! Ist Ignoranz ein Mittel wissenschaftlichen

Arbeitens? Hat man Angst, das Gesicht zu verlieren? Oder gar die Macht über Zeit und Raum? Zum Begriff ***'Zeit'***:

„Die Ineinssetzung der Zeit mit der Zeitmessung durch eine Uhr, mit ihrer Angabe, ist nun offenbar unrichtig. Denn die Zeitangabe s e t z t die Zeit als das, w a s sie angibt, eindeutig bloß v o r a u s und kann folglich nicht d a s s e l b e wie die Zeit sein. In der Zeitmessung als Ergebnis ist eben die Zeit nur G e g e n s t a n d der Messung, d h. hier: der Angabe, indes nicht die Messung, die Angabe, s e l b s t. Hinzu tritt: Die Messung betrifft lediglich die bemessene Zeit; und als Ergebnis b e z e i c h n e t sie außerdem nur mit einem >Zeitwert t< (einer Zahl) die bemessene Zeit oder g i b t sie höchstens w i e d e r, d.h. in ihrem Ausmaß. Dabei ist die Wiedergabe noch an die g e n a u e Messung gebunden. Anders ausgedrückt: Die Zeitmessung im Ergebnis i s t k e i n e Zeit; aber sie b e f i n d e t, falls sie genau ist, darüber, w e l c h e Zeit v o r l i e g t. Ein Beispiel: Ein Hundertmeterlauf h a t seine Zeit; w e l c h e Zeit er hat, bestimmt die - genaue - Messung.

An der Falschheit der Ineinssetzung von Zeit und Zeitmessung im Ergebnis ändert es nichts, daß - wie zitiert - die >Definition der 'Zeit'< auf eine solche >in der Physik< beschränkt ist. Eine andere kennt nämlich EINSTEIN nicht. Und ob innerhalb oder außerhalb der Physik, - in k e i n e m Bereich ist die Zeit gleich der genannten Zeitmessung. [...]

Eine zweite Folge ist diese: Jede Zeitmessung kann, wenn sie genau ist, die bemessene Zeit allein h i n n e h m e n, nicht aber sie s c h a f f e n oder h e r v o r b r i n g e n: Sie ist bloß e r k l ä r e n d (d e k l a t o r i s c h). Sie bestimmt so einzig das W i e der Zeit, demnach - wie schon gesagt - w e l c h e Zeit vorliegt. Sie bestimmt aber nicht ihr O b, also daß eine Zeit vorliegt. Das ist M e s s u n g s r e a l i s m u s. Ganz anders die Relativitätstheorie. Damit, daß nach ihr die Zeit gleich ihrer Angabe durch eine Uhr ist, läßt sie die Zeit in der Messung als Zahl erst entstehen: Ihre Messung ist b e g r ü n d e n d (k o n s t i t u t i v). Sie bestimmt nicht bloß das W i e, sondern auch das O b der Zeit, d a ß sie vorliegt. Das ist M e s s u n g s i d e a l i s m u s. [...]

Von der Zeit ist bloß das W o r t >Z e i t< beibehalten. Der G e g e n s t a n d >Z e i t< indes, d. h. die Dauer, in der als Form mit allem Seienden auch jeder zeitliche Vorgang steht, oder das reine Nacheinander, wurde als etwas vor allem Eindimensionales, Objektives und Geistiges ausgeschieden. Hierbei wurde das Ausgeschiedene ersetzt durch den G e g e n –

s t a n d >Z e i t m e s s u n g<, d. h. etwas insbesondere Dreidimensionales, Subjektives und grundlegend Stoffliches.“
(Karl Brinkmann: „Grundfehler der Relativitätstheorie“)

Schauen wir uns dazu an, wie Platon den Begriff ‘Zeit’ sieht:
„Als nun der Vater, der es erzeugte, in dem Weltganzen, indem er es in Bewegung und vom Leben durchdrungen sah, ein Schmuckstück für die Götter erblickte, ergötzte es ihn, und erfreut sann er darauf, seinem Urbilde es noch ähnlicher zu gestalten. Gleichwie nun dieses selbst ein unvergänglich Lebendes ist, versuchte er auch dieses Weltganze soviel wie möglich zu einem solchen zu vollenden. Da nun die Natur dieses Lebenden aber eine unvergängliche ist, diese Eigenschaft jedoch dem Erzeugten vollkommen zu verleihen unmöglich war: so sann er darauf, ein bewegliches Bild der Unvergänglichkeit zu gestalten, und machte, dabei zugleich den Himmel ordnend, dasjenige, dem wir den Namen Zeit beigelegt haben, zu einem in Zahlen fortschreitenden unvergänglichen Bilde der in dem Einen verharrenden Unendlichkeit. Da es nämlich, bevor der Himmel entstand, keine Tage und Nächte, keine Monate und Jahre gab, so ließ er damals, indem er jenen zusammenfügte, diese mit entstehen; diese aber sind insgesamt Teile der Zeit, und das >war< und >wird sein< sind gewordene Formen der Zeit, die wir, uns selbst unbewußt, unrichtig auf das unvergängliche Sein übertragen.“
(Platon: „Timaios“)

In seinem bemerkenswerten Kinderbuch „Momo“ läßt Michael Ende es der cleveren Titelfigur wie folgt formulieren:
„>Nein, ich meine<, erklärte Momo, >die Zeit selbst - sie muß doch irgend etwas sein. Es gibt sie doch. Was ist sie denn wirklich?<
>Es wäre schön<, sagte Meister Hora, >wenn du auch das selbst beantworten könntest.<
Momo überlegte lange.
>Sie ist da<, murmelte sie gedankenverloren, >das ist jedenfalls sicher. Aber anfassen kann man sie nicht. Und festhalten auch nicht. Vielleicht ist sie sowas wie ein Duft? Aber sie ist auch etwas, das immerzu vorbeigeht. Also muß sie auch irgendwo herkommen. Vielleicht ist sie so was wie der Wind? Oder nein! Jetzt weiß ich's! Vielleicht ist sie eine Art

Musik, die man bloß nicht hört, weil sie immer da ist. Obwohl, ich glaub', ich hab' sie schon mal gehört, ganz leise.<

>Ich weiß<, nickte Meister Hora, >deswegen konnte ich dich ja rufen.<

>Aber es muß noch was anderes dabei sein<, meinte Momo, die dem Gedanken noch weiter nachhing, >die Musik ist nämlich von weither gekommen, aber geklungen hat sie ganz tief in mir drin. Vielleicht ist es mit der Zeit auch so.<

Sie schwieg verwirrt und fügte dann hilflos hinzu: >Ich meine, so wie die Wellen auf dem Wasser durch den Wind entstehen. Ach, das ist wahrscheinlich alles Unsinn, was ich rede!<

>Ich finde<, sagte Meister Hora, >das hast du sehr schön gesagt. Und deshalb will ich dir nun ein Geheimnis anvertrauen: Hier aus dem Nirgend-Haus in der Niemals-Gasse kommt die Zeit aller Menschen.<"

(Michael Ende: „Momo")

'Zeit' läßt sich mittels der materiellen 'Vereinbarung' einer Uhr ***nicht*** feststellen. (Das sehen Sie schon an der Einrichtung der mitteleuropäischen Sommerzeit, in der einfach und anmaßend bestimmt wird, ***wie*** ab einem bestimmten Zeitpunkt die 'Zeit' durch Umstellung der Uhren aufzufassen ist. Die vereinbarte Zeitspanne beträgt eine Stunde, es hätte zum Beispiel auch eine Stunde und elf Minuten sein können... undsoweiter.)

Wie Sie gerade vielleicht innerhalb einer bestimmten Zeit festgestellt haben, lesen rein naturwissenschaftliche Physiker viel zu selten gute Kinderbücher! Denn oft sind sogenannte 'Märchen-Bücher' der Wahrheit sehr viel näher, als es bei angeblich bahnbrechenden Wissenschaftsschriften der Fall ist; oft ist es - wie im Fall des Märchens von der Relativitätstheorie - umgekehrt.

Beleuchten wir als nächstes in der Einstein-Theorie den Begriff ***'Raum'***:

„Den Raum mit der Raummessung durch Meßstäbe, mit ihrer Angabe, ineinszusetzen, ist nun offenbar unzutreffend. Die Raum-Angabe s e t z t nämlich den Raum als das, w a s sie angibt, unzweideutig lediglich v o r a u s; und damit kann sie n i c h t d a s s e l b e wie der Raum sein. Entsprechend bildet der Raum allein den G e g e n s t a n d der Messung als Angabe, nicht indessen die Messung, die Angabe, s e l b s t. Es kommt

hinzu, daß die Messung bloß den bemessenen Raum betrifft und das Ergebnis ihn überdies wiedergibt, nämlich in seinem Ausmaß. Hierbei ist letzteres an die genaue Messung geknüpft. Die Raummessung im Ergebnis ist so - anders gesagt - kein Raum; doch sie bestimmt, falls sie genau ist, darüber, welcher Raum vorliegt. Auch hier ein Beispiel: Ein Flugkörper hat seinen Raum; welchen Raum er jeweils hat, befindet die - genaue - Messung. - Was von der Raumangabe als scheinbaren Raum gilt, das gilt - in der Voraussetzung dafür - desgleichen von der Längenangabe als scheinbarer Länge. Setzt man also in das soeben Ausgeführte statt des Wortes >Raum< überall das Wort >Länge< ein, so heißt das im Erfolg: Die Längenmessung im Ergebnis, die Längenangabe, ist keine Länge; aber sie befindet, wenn sie genau ist, darüber, welche Länge vorliegt. Der Flugkörper hat folglich seine Länge; welche er hat, bestimmt die - genaue - Messung.

Daß folgerichtig die wiedergegebene >Definition des Raumes<, d.h. seine Bestimmung als messende Festsetzung im Einzelfall - wie bei der Zeit [...] *- nur als eine solche >in der Physik< verstanden ist, ändert trotzdem nichts an der Verfehltheit der Ineinssetzung von Raum und Raummessung im Ergebnis. Auch insofern ergibt sich, daß EINSTEIN keine andere Definition kennt; und daß - ob innerhalb oder außerhalb der Physik - in keinem Bereich der Raum gleich der gekennzeichneten Raummessung ist."*

(Karl Brinkmann: „Grundfehler der Relativitätstheorie")

Die Gravitation (lat. gravitas = Schwere) unseres Planeten wird in der allgemeinen Relativitätstheorie als Folge der sogenannten ***'Raum-Zeit-Krümmung'*** des Universums erklärt: „In einem beschleunigten Bezugssystem sind die auftretenden Kräfte den Gravitationskräften äquivalent" (allgemeines Lexikon), das heißt, mit einem herkömmlichen Raumschiff kommt man eigentlich gar nicht richtig von der Stelle! Grobmaterielle Körper werden nach der Theorie 'gekrümmt' beziehungsweise deformiert, so auch in der Bewegung. Der Begriff der 'Geschwindigkeit' basiert somit (fälschlicherweise) auf dem Begriff der 'Gravitation'; das ist für die rein physikalischen Begebenheiten dieses Planeten in ***materieller*** Sicht sicher richtig, nur kann man nicht aufgrund von Einzelbeobachtungen die Allgemeingültigkeit des gesamten Weltalls gleich mit formulieren, zumal diese Einzelbeobachtungen auch noch auf ***völlig*** falschen Voraussetzungen beruhen! 'Raum' und 'Zeit' an sich, also **die Idee von Raum und Zeit läßt**

sich nicht krümmen; Raum dehnt sich im besten Fall nach allen Richtungen hin aus und Zeit betrifft verschiedene Formen von Dasein.

Es ist noch anzumerken, daß Albert Einstein 1921 den Nobelpreis für Physik ***nicht*** für die 'Relativitätstheorie' feierlich entgegennehmen konnte, sondern - als Beitrag zur Quantentheorie (eine ebenfalls zweifelhafte Theorie, nach der die Energie einer Strahlung nicht gleichmäßig, sondern sprunghaft in Portionen entsteht) - für die Entdeckung des 'Gesetzes des fotoelektrischen Effektes'. Kräftig mitgeholfen bei dieser ungewöhnlichen Karriere hatte übrigens Einsteins großer Gönner Max Planck (1858-1947; Nobelpreis 1918 für die Quantentheorie und verewigt auf den frühen Zwei-Mark-Stücken der Bundesrepublik Deutschland).

Weiterempfehlen, besonders an Zweifler 'aus dem Fach', möchte ich die Broschüre „Der gigantische Betrug mit Einstein - Historisch und mathematisch" von Gotthard Barth (Verlag WISSEN im Werden, 1987).

„Das Falsche und zudem Dilettantische der gegenteiligen Ergebnisse der Theorie ergeben sich daraus, daß sie zur >Union<, Bedingtheit, Vierdimensionalität und Kontinuität wieder nichts besseres vermag, als Uhren mit ihren Zeigerstellungen und Meßstäbe mit ihren Meßzeichen zu präsentieren! Uhren, nichts als Uhren sowie Meßstäbe, nichts als Meßstäbe...

Was sodann noch Messung und Meßmittel in bezug auf Zeit und Raum betrifft, so ist in Hinblick auf das Grundsätzliche lediglich Folgendes herauszustellen: Die Meßmittel der Uhr, des Meßstabes und des Lichtes sind, anders als die Theorie es will, nicht die Bedingungen für Zeit und Raum in der Hand des Menschen, sondern allein die für Zeit- und Raummessung. Sie setzen eben Zeit und Raum, soweit diese als Dauer bzw. Leere meßbar sind, als zu Bemessendes voraus. Mehr, wie Uhr, Meßstab und Licht auch je eine Dauer haben und auch je einen Raum einnehmen, d.h. ohne das Nacheinander und ohne das Auseinander, in dem sie jeweils sind, gar nicht sein könnten, so sind gleichfalls sie durch Zeit und Raum bedingt. Daß aber die Theorie diese offensichtliche Tatsache nicht sieht und stattdessen beide durch ihre Meßmittel bedingt sein läßt, macht sie desgleichen insoweit so falsch wie dilettantisch. [...]

Nach alledem stellt erst recht die große Masse bloßer Nachläufer nur eine solche naturphilosophischer Dilettanten, ja, weitgehend gar Ignoranten dar, die nicht über leeres Nachplappern und Lobpreisen hinauskommt. So ist die relativitätstheoretische Zeit- und Raumlehre eine Lehre v o n Dilettanten f ü r Dilettanten: sozusagen ein
T r i u m p h d e s D i l e t t a n t i s m u s."
(Karl Brinkmann: „Grundfehler der Relativitätstheorie")

Die Relativitätstheorie nach Einstein ist definitiv FALSCH!

„Sie stellen es sich so vor, daß ich mit stiller Befriedigung auf ein Lebenswerk zurückschaue. Aber es ist ganz anders von der Nähe gesehen. Da ist kein einziger Begriff, von dem ich überzeugt wäre, daß er standhalten wird, und ich fühle mich unsicher, ob ich überhaupt auf dem rechten Wege bin."
(Albert Einstein - in einem Antwortbrief vom 28. 03. 1949, anläßlich seines 70. Geburtstages, an seinen Freund Solovine)

Doch seien Sie ohne Sorge: Die Antworten auf ALL die wichtigen Fragen sind schon lange vorhanden - und werden seit einigen Jahren verstärkt - oder besser 'bewußt' - wiederentdeckt! Zurück in das ihm gebührende Licht rückt eine faszinierende Persönlichkeit, welche auch unter anderem mit Einstein bekannt - und ein scharfer Gegner der Relativitätstheorie - war: Es ist der kroatische Physiker, Erfinder und Entdecker, das Genie ***Nikola Tesla*** (1856-1943, 1891 amerikanischer Staatsbürger)!

Tesla ist der Entdecker des Wechsel- und Hochfrequenzstromes, unter anderem der Erfinder des Radios (nicht Marconi), des Radars, der Fernsteuerung und der Elektrotherapie – und vor allem der Entdecker der (seitdem von allen Seiten heftig blockierten) 'FREIEN ENERGIE'!

Gemeint ist die Energie, die kostenlos, sauber und umweltfreundlich überall und unaufhörlich - frei - im Universum zur Verfügung steht, von Tesla selbst bereits 1891 als „Energiequelle der Zukunft" beschrieben. Sie wissen ja: Die Bausteine unserer Materie sind - auch in einer bestimmten Feinstofflichkeit - ständig in Bewegung! (Und funktionieren Elektronen mit Benzinmotoren?)

Um diese Energie aber 'einzufangen', sie also nutzbar zu machen, ist ein Gerät notwendig, welches viele Wissenschaftler im Bereich der Utopie ansiedeln; Tesla hingegen ist auch der **Erfinder eines funktionierenden 'Perpetuum Mobile'** (lat. = etwas beständig Bewegtes). Ein Perpetuum mobile ist definiert als „Maschine, die, ohne Energie zu verbrauchen, dauernd in Bewegung bleibt". Eine physikalische Unmöglichkeit? Wenn man von absolut falschen Voraussetzungen ausgeht, ja. Das alte physikalische Verständnis mit seinen Fassadenhütern hat jedoch längst ausgedient. Weg damit!

„Er [Anm.: Tesla] *legte seine Pläne für den Antrieb von Autos, Eisenbahnen und Flugzeugen und der Versorgung von Industriebetrieben und Haushalten durch seinen Konverter dem Bankier Morgan vor. Dieser war entsetzt - ein kleiner Kasten mit einer Antenne sollte die gesamte Kraftwerkindustrie verdrängen - und ordnete an, daß keine weiteren Projekte Teslas mehr unterstützt werden sollten.*

Erst 1931 kam Tesla wieder auf seinen Konverter zurück. Aus eigenen Geldmitteln finanzierte er den Umbau eines Pierce Arrow, eines Luxusautomobils der damaligen Zeit: 'Der Motor war entfernt worden, Kupplung, Getriebe und Achsübertragung auf die Hinterräder blieben unverändert. Der Benzinmotor war ersetzt worden durch einen runden, allseits geschlossenen Elektromotor von etwa 1 m Länge und 65 cm Durchmesser, mit einem Kühlpropeller an der Vorderseite...

Den >Energieaufnehmer< (Schwerkraftfeldenergiekonverter) hatte Tesla selbst hergestellt. Das Gehäuse dieses Konverters hatte etwa die Abmessung von 60 x 25 x 15 cm. Es war vor dem Armaturenbrett angebracht. Unter anderem enthielt der Konverter zwölf Röhren, drei davon von der Type 70-L-7. Aus dem Gehäuse des Konverters ragte eine starke Antenne von etwa 1,80 m Länge. Diese Antenne hatte offensichtlich die gleiche Funktion wie die Antenne des Moray-Konverters. ... Ferner ragten zwei starke Stäbe etwa 10 cm aus dem Gehäuse des Konverters. Tesla schob diese hinein und sagte: >Nun haben wir Energie.< Der Motor lief dann mit einer maximalen Drehzahl von 1.800 U/ min. Tesla sagte, er laufe ziemlich heiß, daher sei der Windfächer erforderlich. Die Energie aus dem >Konverter< sei im übrigen groß genug, daß er zusätzlich zu dem Automobilmotor noch ein ganzes Haus erleuchten könne. Der Wagen wurde über eine Woche hin ausprobiert, er erreichte ohne weiteres die be-

trächtliche Geschwindigkeit von 90 Meilen pro Stunde, seine Leistungsdaten entsprachen zumindestens denen des vergleichbaren Wagens mit Benzinmotor.'

All diese Daten sind erst 1967 von dem Flugzeugingenieur Derek Ahlers zusammengetragen worden und sind heute in der Keith-Brewer-Bibliothek in Wisconsin archiviert. Teslas Konverter ist allerdings bis heute noch nicht wieder aufgetaucht."

(Franz Ferzak: „Nikola Tesla")

Die Technologie aber wurde derweil von anderen Erfindern weiterentwickelt und ***ist vorhanden***, wird jedoch nach wie vor massiv blockiert! (Buchtips: „My Inventions - The Autobiography of Nikola Tesla" with an introduction by Ben Johnston, Hart Brothers Williston, Vermont 1982; „Energie für das 3. Jahrtausend" von Gottfried Hilscher und vieles mehr.) Das genial-einfache 'Perpetuum mobile' steht bereit, die gesamte Energieversorgung des Planeten Erde zu übernehmen! **Die Energie des Universums steht jederzeit kostenlos zur Verfügung.**

Richtig aufgefallen in seiner ***technologischen und universalen Bedeutung*** ist mir Tesla, der nebenbei gesagt mit Mark Twain befreundet war, erst während meiner Australien-Reise 1994: In Melbourne besuchte ich zusammen mit meinem Freund und Reisepartner - nach dem schicksalhaften Kauf eines „Holden Panelvan" - einen öffentlichen Dia-Vortrag im dortigen Planetarium (Museum of Victoria, Swanston Street Walk) zu einer populärwissenschaftlichen Erläuterung des Universums. Der Name „Einstein" kam dabei gar nicht vor, stattdessen war von einem gewissen „Tesla" die Rede! Nach dem Vortrag erkundigte ich mich bei dem Referenten, der mir freundlicherweise später eine Kurzbiographie per Luftpost schickte.

Schlägt man heute in einem allgemeinen Konversationslexikon unter „Tesla" nach, findet sich bezeichnenderweise nur ein bescheidener Hinweis auf die Entdeckung des Drehfeldprinzipes und die nach ihm benannte, physikalische Einheit der 'magnetischen Induktion'.

Zu Lebzeiten Teslas war das ganz anders. Als kleine Sensation präsentiere ich Ihnen an dieser Stelle den Text zu dem Stichwort „TESLASCHE

VERSUCHE“ aus „BROCKHAUS’ KONVERSATIONSLEXIKON“ von 1903!

„Teslasche Versuche, die eigentümlichen, von Nikola Tesla (geb. 1856 zu Smiljan in Kroatien) zuerst ausgeführten Versuche (1891) mit Wechselströmen (f. d.) von hoher Spannung und hoher Wechselzahl (Frequenz). Durch die primäre Wickelung einen Rühmkorffschen Induktoriums (f. Induktionsmaschinen) hatte man früher nur Wechselströme von relativ niedriger Frequenz (etwa 100 in der Sekunde) geschickt. Tesla konstruierte eine Maschine, mit der er Ströme von 50.000 Wechseln pro Sekunde in der Primärspule erzeugen konnte. Dadurch erhielt er in der sekundären Wickelung Ströme von außerordentlich hoher Spannung und bisher unbekannten, überraschenden Wirkungen. [...] *Die Leidener Flasche L, welche durch das Induktorium I mit rotierendem Unterbrecher U geladen wird, entlädt sich durch die primäre Wickelung von wenigen Windungen starken Kupferdrahtes des Transformators T und durch die Funkenstrecke M. Diese Entladung besteht nicht in einem einfachen Ausgleich der positiven und negativen Ladung der Leidener Flasche, sondern vollzieht sich unter raschem Hin- und Herschwingen der Elekticität, wie etwa eine Flüssigkeit in* U-*förmigem Rohr pendelnd der Gleichgewichtslage zustrebt, und zwar ist die Schwingungsdauer dieser Entladungsströme noch bedeutend kleiner (einige Millionstel Sekunden) als die der Teslaschen Maschinenwechselströme. Je schneller aber die Änderung des primären Stroms, um so größer ist bei gleichem Maximalwert des Primärstroms die in der sekundären Wickelung induzierte elektromotorische Kraft. So kann man an deren Enden leicht Wechselspannungen von mehreren Millionen Volt erzeugen.*

Die Ströme hoher Frequenz und Spannung zeigen nun höchst merkwürdige Eigenschaften. Die Luft von Atmosphärendruck nimmt unter ihrem Einfluß ein beträchtliches Leitvermögen an, so daß z.B. zwischen den beiden Drahtreifen bei K [...], *die mit den Enden der Sekundärspule verbunden sind, keine Funken überspringen, sondern eine stetige leuchtende Entladung stattfindet. Evakuierte Röhren mit und ohne Elektroden, z.B. Glühlampen, leuchten auf, wenn man sie einem von Teslaströmen durchflossenen Leiter nähert.* [...]

Tesla sieht in diesen Versuchen den Keim des Beleuchtungswesens der Zukunft und hofft auf diesem Wege ein elektrisches Licht von weit größerem Nutzeffekt zu erhalten, als dies nach andern Systemen möglich ist. [...]

Ein den Drahtbügel durchfließender Gleichstrom vermeidet den Weg über die Glühlampe wegen ihres großen Widerstandes, beim Anschluß des Bügels an einen Hochfrequenzstrom aber glüht die Lampe, da für diesen die Drahtschleife wegen ihrer Selbstinduktion (f. d.) größeren Widerstand (Impedanz) besitzt, als die Glühlampe. Leitet man den Teslastrom durch ein Solenoid [...], *so induziert er bereits in ein oder zwei darumgeführten Drahtwindungen so starke Ströme, daß eine eingeschaltete Glühlampe zum Brennen gebracht wird. Dabei ist es gleichgültig, welchen Leitungswiderstand diese Windungen haben, da die Hochfrequenzströme nicht in das Metall eindringen, sondern an der Oberfläche leitender Körper bleiben. Die Lampe kann deshalb auch zum Brennen kommen, wenn ein Mensch statt der Drahtwindungen seine Arme um das Solenoid legt und mit jeder Hand einen Pol der Glühlampe ergreift. Gerade das ist eine der überraschenden Erscheinungen der T. V., daß der menschliche Körper gegen die Hochspannungs- und Hochfrequenzströme unempfindlich ist und daß man daher ungestraft die beiden Enden der Hochspannungsleitung berühren darf, während die dabei durch den Körper geleitet elektrische Energie bei l a n g s a m e m Stromwechsel tödlich wirken würde. Später hat D'Arfonval gefunden, daß die Teslaströme, wenn auch nicht vom Körper empfunden, doch auf die im lebenden Organismus stattfindenden Verbrennungsprozesse fördernd einwirken. Er will darauf ein Heilverfahren für solche Krankheiten gründen, die in einer Erschlaffung der Ernährungstätigkeit ihren Ursprung haben, wie z.B. gewisse Formen der Zuckerkrankheit, Gicht, Rheumatismus, Dickleibigkeit.* [...] *Vgl. Fodor, Versuche mit Strömen hoher Wechselzahl (Wien 1894); Teslas Untersuchungen (deutsch von Maser, Halle 1895).*"

Wie sehr sich doch die Zeiten geändert haben, nicht wahr? Mittlerweile ist Teslas Lebenswerk in vielen Publikationen wieder zugänglich, was schon Stoff genug für ein weiteres Buch wäre; ich möchte daher das vorhandene Material ein wenig einschränken. Abgesehen davon sind nach Teslas Tod am 7. Januar 1943 in New York viele unveröffentlichte Schriften und Original-Manuskriptblätter auf rätselhafte Weise 'verschwunden'. Das umfangreiche Material gelangte nach dem Zweiten Weltkrieg nach Belgrad, wo seitdem ein staatliches Tesla-Museum existiert! (Hatte dieser Umstand auch mit der Jugoslawien-Krise zu tun?)

Wie gesagt, der oben zitierte Brockhaus-Text ist von 1903; was Tesla in den nächsten 40 Jahren bis zu seinem Tod noch alles zu Papier brachte, kann logischerweise nicht erwähnt werden. Aber jetzt:

„Letzendlich kommen wir auch nicht darum herum, die künftige Raumfahrttechnik etwas zu beleuchten - und zwar mit fliegenden Untertassen. Es ist natürlich klar (genau ab jetzt nämlich), daß solche Flugobjekte, die in 30-50 Jahren die ganze Welt umschwirren und die Eroberung des Weltraums erst ermöglichen werden, ohne Teslas Erfindungen nur das sein würden, für was sie heute allgemein gehalten werden, nämlich Hirngespinster. Aufgrund der wirklich spärlichen Informationen, die über Teslas Schaffen in den letzten 40 Jahren seines Lebens an die Öffentlichkeit gelangt sind, ist es fast unmöglich, viel mehr als wenig davon zu berichten. Es ist jedoch klar, daß Tesla an neuartigen Antriebsmöglichkeiten für Raumschiffe gearbeitet hat, und er wird behauptet, daß er das Geheimnis seiner Erfindung an einen seiner Mitarbeiter namens Arthur Mathews weitergegeben hat. Wie dem auch immer sei, fliegende Untertassen z.B. werden an anderen Orten der Erde schon längst gebaut und ihr Durchbruch wird nicht mehr lange auf sich warten lassen."

(Franz Ferzak: „Nikola Tesla")

In der Tat verdichten sich die Beweise dafür, daß die Deutschen und auch die Amerikaner ***vor*** dem Zweiten Weltkrieg ***Flugscheiben*** gebaut haben. Lesen Sie dazu den aufsehenerregenden Roman „Die innere Welt - Das Geheimnis der Schwarzen Sonne" von Jan Udo Holey! (Ama-Deus-Verlag, ISBN 3-9805733-1-1)

Doch in der Tesla-Technologie geht es nicht nur um Antriebssysteme für Flugkörper; es geht auch um ***Waffen***, militärische Abwehrsysteme, gegen die selbst die Atombombe nichts ausrichten könnte!

Übrigens war das 'Raketen-Prinzip' schon in der Antike bekannt. Warum wohl? Atlantis läßt grüßen! (Sind die milliardenschweren Raumfahrt- und Rüstungsprogramme der führenden Weltmächte heute nur eine Farce, um dienen der ***Ablenkung***? War zum Beispiel die spektakuläre, angeblich erste Mondlandung der NASA von 1969 teilweise eine Inszenierung?)

„Erst heute, im Zuge der Entwicklung von Weltraumwaffen, wird der Wert von Teslas Konzeption erkannt. Der NASA-Physiker Thomas Bear-

den, Experte auf dem Gebiet der Tesla-Waffen, hält folgende Waffentechnologie für möglich:

a) 'Ein auf bestimmte Weise modulierter Laserstrahl kann zusätzliche Energie aus dem Tachyonenfeld (Anm.: Das Tachyonenfeld wurde 1967 von Feinberg entdeckt) aufnehmen und ist auf diese Weise auf Entfernungen ungeheuer wirkungsvoll.

b) Die Entwicklung solcher Strahlen, die von Satelliten aus Objekte mit chirurgischer Genauigkeit zerstören können, ohne die Umgebung zu verletzen.

c) Die Bildung von gewaltigen 'Domen' von ungefähr 70 km Radius, die aus 'aktivierten Energiewällen' gebildet sind. Alle Objekte, die in diesen Dom fliegen, Raketen und Flugzeuge, würden explodieren.

d) Das Feuern von modulierter Energie in die Erde. Mit dieser Technik können zerstörerische Erdbeben oder gewaltige Explosionen am Gegenpol der Erde ausgelöst werden. Wir haben den starken Verdacht, daß die Sowjets diese beiden Experimente bereits ausgeführt haben. (Anm.: 1979 wurden von amerikanischen Aufklärungssatelliten in der Sowjetunion zwei sogenannte Teslainterferometer entdeckt, mit denen es prinzipiell möglich ist, künstliche Erdbeben zu erzeugen oder Energiewälle zu errichten.)

e) Mit dieser Technologie können militärische Land-, See- und Luftfahrzeuge einfach, ökonomisch und ohne Benzin über unbegrenzte Entfernungen mit Energie versorgt werden.'"

(Franz Ferzak: „Nikola Tesla")

Tesla wird zudem in Verbindung gebracht zu dem auch als Kinofilm bekannt gewordenem ***'Philadelphia Experiment'***; schon 1936 wurde er Direktor dieses ungewöhnlichen Forschungsprojektes.

Der Hintergrund: In Teslas Todesjahr 1943 führte die amerikanische Armee im Hafen des Marinestützpunktes Philadelphia am 12. August ein für den Zweiten Weltkrieg strategisch wichtiges Experiment zur Radar-Unsichtbarkeit durch. Gegenstand des Versuches war das Marineschiff „USS Eldridge" samt Besatzung. Das ***Schiff*** wurde zwar tatsächlich unsichtbar, ***verschwand*** jedoch unerwartet im ***Raum-Zeit-Kontinuum***!

Weit entfernt von seiner Ausgangsposition, in Norfolk, Virginia, kam es grausam wieder zum Vorschein: Die Besatzungsmitglieder schienen geistig verwirrt oder waren teilweise tödlich mit dem Schiff verschmolzen! Allerdings gelang es zwei Besatzungsmitgliedern während der Transformation durch Zeit und Raum nicht nur von Bord, sondern unerwartet auch ***in eine andere Zeit*** zu springen! Die „USS Eldridge“ wurde zur Zeitmaschine!

Die Überlebenden tauchten exakt ***40 Jahre später***, am 12. August 1983, wieder auf - in dem kleinen Ort ***Montauk*** auf Long Island bei New York! Da diese Thematik den verfügbaren Rahmen dieses Buches sprengen würde, empfehle ich Ihnen die direkte Weiterführung des ‘Philadelphia-Experimentes’ als zusätzliche, atemberaubende Buchlektüre: „Das Montauk-Projekt - Experimente mit der Zeit“ von Preston B. Nichols und Peter Moon (E.T. Publishing Unlimited, ISBN 3-89539-269-3).

Es sei noch erwähnt, daß die Titelseite des Buches ein futuristisches, goldenes Pferde-Denkmal auf einem mit Inschriften verzierten Sockel zeigt. Laut der beschriebenen Zeitreisen handelt es sich demnach um das auf einem zentralen Platz errichtete Denkmal einer verlassenen Ruinenstadt - aus dem Jahre 6037. (Vgl. „Das Montauk Projekt“, S. 103.) Erinnern wir uns kurz an den Platon-Bericht, der in bezug auf Atlantis den griechischen Gott ‘Poseidon’ erwähnt, Gott des Meeres, der Erdbeben und - der ***Pferde!*** Kehren die ***Atlanter*** in die irdische Öffentlichkeit zurück? Was wird in Zukunft geschehen? Eine erneute Zerstörung? Die Besiedlung anderer Planeten?

Noch ist es nicht zu spät... **Es liegt an uns, durch „Das Ende der Endzeit“ für uns und für die Erde die Notbremse zu ziehen! Die Zukunft liegt in uns!**

Fünf Jahre vor seinem Tod sprach Tesla von seiner Entwicklung eines ***interplanetarischen Kommunikationssystems***:

„Die Erfindung, sagte er [Anm.: Tesla], *sei ‘vollständig entwickelt. Ich bin mir ebenso sicher, daß die Energie über einhundert Meilen übertragen kann, wie daß ich Energie über eine Millionen Meilen übertragen kann’, sagte er. Er sprach, wie schon in der Vergangenheit, von einer ‘anderen Art von Energie’, die sich durch einen Kanal bewege, der einen Durchmesser von weniger als die Hälfte eines Millionstel Zentimeters habe. Leben auf anderen Planeten sei eine ‘Gewißheit’.“*

(Margaret Cheney: „Nikola Tesla - Erfinder, Magier, Prophet - Über ein außergewöhliches Genie und seine revolutionären Entdeckungen“)

32. BRÜDER UND SCHWESTERN IM ALL

Das Leben auf anderen Planeten ist in der Tat eine Gewißheit! Zu erdrückend ist die gewaltige Beweislast, die mehr und mehr nach außen dringt. Doch hier besteht erneut die große Gefahr der durch Lügen und Halbwahrheiten ***gefälschten*** Information, denn die Informations-Kontrolle obliegt ja den Massenmedien.

Die Weltöffentlichkeit wird schon seit einer Weile langsam darauf vorbereitet, daß die Existenz außerirdischer Wesenheiten der Realität entspricht. Vielleicht wird es sogar in den nächsten Jahren 'offiziell' zu einem Kontakt oder einer 'historischen' Begegnung kommen, welche international von den (kontrollierten) Fernsehsendern in aufregenden Sondersendungen - („die Ziehung der Lottozahlen verschiebt sich um ca. 13 Minuten") - „über den Äther geschickt" wird. ***Wie*** diese 'Berichterstattung' aussehen wird, können Sie sich ***jetzt*** sicher denken: Man wird es ***rein negativ*** als große, nicht zu überblickende ***'Gefahr'*** darstellen, eine in der Gefährlichkeit vorher nie dagewesene ***'Bedrohung'*** für die gesamte Menschheit und für die Existenz der Erde! Panik! Das wäre dann wahrscheinlich der letzte und wieder unnötig leidbringende Schachzug der Vertreter der 'Endzeit'.

Die Wahrheit sieht einmal mehr ganz anders aus: Der ***bewußte Kontakt*** zu irdischen, ausgewählten, geistig dafür geeigneten Personen findet seit langem bereits statt. Auch hier muß man sicher Unterschiede zwischen der Gesinnung und den Absichten der verschiedenen 'Besucher aus dem Universum' treffen. (Viele Fälle von 'Entführungen' sind bekannt. Entführungen, um in das genetische Potential einzugreifen?)

Ein besonderes Buch möchte ich Ihnen in diesem letzten Kapitel ganz besonders ans Herz legen: „Unternehmen Aldebaran - Kontakte mit Menschen aus einem anderen Sonnensystem" von „Jan van Helsing" alias ***Jan Udo Holey!*** Ausgangslage des Buches sind die Erlebnisse von ***Karin und Reiner Feistle*** und ihren Kindern. Die Aldebaraner sind nur ***eine*** Gruppe von Vorfahren, welche unsere Erde einst besiedelten, wodurch gleichzeitig erklärt wird, warum es heute so unterschiedliche Rassen und deren Merkmale gibt. (Die hübschen, mandelförmigen Augen der Asiaten zum Beispiel, für die beim besten Willen kein darwinistischer Grund vorliegt, werden so plausibel.)

Die Aldebaraner, um wieder die Hintergründe des Abendlandes zu beleuchten, werden beschrieben als sehr große, schlanke und schöne hominide Wesen mit großen, blauen Augen und langen, blonden Haaren. In ihrer universalen, friedensstiftenden und harmonischen Lebensweise sind sie der Entwicklung der irdischen Menschheit voraus - und möchten deshalb ihre Hilfe anbieten; ein, wie Sie sich denken können, recht schwieriges Unternehmen!

Um diese ***außerirdische Entwicklungshilfe*** durchführen zu können, wurde neben einer spezialisierten UFO-Technologie ein weiteres 'Hilfsmittel' als Vorsichtsmaßnahme zum Einsatz gebracht: Die als '***Bioroboter***' konstruierten '***kleinen Grauen***' mit dünnen Körpern, großen Köpfen und überdimensional großen, schwarzen Augen!

„Die kleinen ca. 1,20 Meter großen Grauen [...] *sind dabei weniger richtige Außerirdische, sondern eine Art Bioroboter, also Roboter aus Fleisch und Blut. Sie sind scheinbar das 'ausführende Organ', die 'Arbeiter' der Aldebaraner, die die Menschen nachts abholen und auch wieder zurückbringen. Die Bioroboter werden aus verschiedenen Gründen verwendet. Zum einen, da es tausende Menschen sind* [...], *die nachts abgeholt werden und diese Routinearbeit nicht die eigentliche Tätigkeit der Aldebaraner ist. Zum anderen scheint es zu gefährlich zu sein, selbst die Menschen abzuholen, da die Geheimregierung mit 'ihren' Außerirdischen offenbar versucht, diese Abholmanöver zu verhindern. Im Fall eines Abschusses oder Absturzes würden so keine Aldebaraner in die Hände der US- und der Schattenregierung fallen, sondern nur deren Bioroboter. So offenbar geschehen in Roswell 1947.* [...]

Die eigentlichen 'Grauen' hingegen, also richtig beseelte Wesen, die auf einem anderen Planeten leben sollen, sind die etwas größeren (ca. 1,50 m), den Biorobotern in gewisser Weise ähnlich sehenden 'Ärzte' auf den Raumschiffen. Auch sie haben große Augen, deren telepathische Stimme hat jedoch angeblich keinen solch metallenen Klang. Sie sind zu leichten Gefühlsregungen fähig [...] *im Gegensatz zu den Biorobotern, die zwar freundlich, aber so kalt wie eine Maschine sind.*

Doch was haben die 'Grauen' mit den Aldebaranern zu tun und warum holen sie Genmaterial von der Erde?

Diese 'Grauen' haben trotz ihrer hochentwickelten Technologie in ihrer Evolution etwas Entscheidendes verloren - ihren Emotionalkörper. Auch sie hatten vor Jahrtausenden noch Krieg auf ihrem Planeten, hatten aber erkannt, daß Emotionen die Ursache dieser Kriege waren. Daher begannen sie, ihre Emotionen durch genetische Veränderungen herauszuzüchten. Als Resultat hatten sie keine Kriege mehr - aber auch keine Gefühle.

Sie kennen inzwischen keinen Unterschied mehr zwischen Liebe und Haß und brauchen daher das irdische Genmaterial und die menschlichen Gefühle, um in ihrer Entwicklung weiter fortzuschreiten - in die nächst höhere Dimension.

Doch warum sind die Gefühle so von Bedeutung? Das hat folgenden Hintergrund. Wer keinen Emotionalkörper (oder Gefühlskörper) vorweisen kann, also ein rein intellektueller Mensch ist, begrenzt sich dadurch vor dem Aufstieg in höher schwingende Dimensionen beziehungsweise Da-Seins-Formen. Und diese Dimensionswechsel, von der dritten in die vierte und weiter, sind Teil der Evolution der Seele. [...]

Das heißt vereinfacht, nur liebevolle Wesen, also solche, die Liebe verspüren und diese auch an andere weitergeben, aufgrund dessen deren Eigenfrequenz höher schwingt, kommen durch! [...]

Durch die genetischen Eingriffe und Kreuzungen wollen sie unsere Merkmale in ihr eigenes genetisches Konzept mit einbringen, um zumindest einem Teil ihrer Rasse das Überleben zu sichern. [...]

Die verschiedenen großen, uns liebenden und beobachtenden Außerirdischen, die die spirituelle Technologie besitzen, also aufgrund ihrer spirituellen Reife in der Lage sind, auch ohne Raumschiffe (zumindest kurze Strecken) durch Dematerialisationen zu bereisen, haben dieses Projekt befürwortet, da die 'Grauen' nicht unsere Feinde sind, sondern den gleichen Ursprung haben wie wir auch - da alles aus einer Schöpfungsquelle kommt. Die Schöpfung kennt keine Gegner, sondern Polaritäten und geht immer Entwicklungswege, die allen Bereicherung bringen. Die Grauen sind im Prinzip unsere Sternenbrüder, die jetzt merken, daß sie den falschen Weg gegangen waren und nun unsere Hilfe benötigen."

(Jan van Helsing: „Unternehmen Aldebaran - Kontakte mit Menschen aus einem anderen Sonnensystem")

Das 'Unternehmen Aldebaran' ist angeblich darauf vorbereitet, die Geschicke der Menschheit auf der Erde ***nach*** dem 'Ende der Endzeit', also im 'Frühling' des ***Neuen Zeitalters***, zu lenken. Haben wir keine (blockierende) Angst. Freuen wir uns darauf! Wer weiß, vielleicht sind Sie selbst schon - (noch) unwissend - ein genetischer Bestandteil dieses Unternehmens! Es bleibt ja alles in der Familie!

Waren die Aldebaraner die Vorfahren der Atlanter?

„Die Aldebaraner sind ihrer eigenen Aussage nach unsere Vorfahren, hatten aber auch vor langer Zeit genetisch in unsere Entwicklung eingegriffen (offenbar aber nicht ganz so glücklich und wertfrei). Nun tun sie es erneut (aber diesmal in Vereinbarung mit den Menschen, die dafür herangezogen werden). Und zwar werden sie nach den Erdveränderungen und der Zeit des Wiederaufbaus nach der angekündigten Polwende hier landen und eine neue Rasse aussetzen - halb Mensch, halb Aldebaraner. Diese Mischwesen entstehen auf die gleiche Weise, wie auch die Kreuzungen zwischen Menschen und Grauen - durch Samen von Menschen (oder durch aldebaranische Samen, die in irdische Menschenfrauen eingebracht werden. In diesem Fall werden den Frauen, die sich vor der Inkarnation dafür bereit erklärt hatten, nach drei Monaten die Föten wieder entnommen und dann in die Zuchtanlagen auf den Raumschiffen verlegt.) [...]

Die Aldebaraner hingegen können die neuen Kinder - halb sie, halb wir - jedoch noch nicht auf der Erde aussetzen. Dahinter sollen verschiedene Gründe stehen. Zum einen scheinen sie wegen ihrer hohen Sensitivität aber auch gleichzeitig empfänglich für 'andere' Energien zu sein. Sie spüren demnach die Schmerzen der Tiere bei Tiertransporten, hören ihre Schreie, sie fühlen die Schmerzen und die Melancholie von Kranken und Einsamen, die destruktiven Frequenzen der Satelliten, die tagtäglich gezielt über den Menschen ausgestrahlt werden, um diese aggressiv oder depressiv zu machen. Sie spüren diese feinen Frequenzen. [...]

Sie sollen durch ihre gemeinsam und harmonisch arbeitenden Gehirnhälften einen direkten Zugang zu ihrem Unter- aber auch zu ihrem Überbewußtsein haben und wären daher in der Lage, immer direkte Informationen aus höheren Dimensionen abzurufen. Das würde die Welt positiv verändern - neue Technologien, Architektur, Glaubensvorstellungen [Anm.: beziehungsweise Wissensvorstellungen], *Ernährung, Erziehung,*

Zahlungswesen, Regierungswesen, ein völlig anderer Umgang mit dem sogenannten Tod, und und und... [...]

Die Integration dieser 'Kinder' wird eines der schönsten und aufregendsten Erlebnisse in der Geschichte dieses Planeten. Und das Schönste daran ist, daß es unsere eigenen Kinder sind.“

(Jan van Helsing: „Unternehmen Aldebaran - Kontakte mit Menschen aus einem anderen Sonnensystem“)

Wenn wir jetzt um diese ganzen Dinge ***wissen***, nützt uns das rein intellektuelle Verständnis überhaupt nichts, ja, es besteht sogar wieder die Gefahr der ***Bequemlichkeit***, unter dem Motto „Die Aldebaraner werden's mit den neuen Superkindern irgendwie schon machen“!

Das ist nur der Ansatz einer Hilfestellung, falls wirklich ***alles*** schiefgeht... Abgesehen davon haben sich vielleicht bereits jetzt einige Wegbegleiter 'mitschöpfend' auf der Erde inkarniert, um die Schwingung behutsam zu erhöhen, damit 'negative Taten' noch weniger Chancen auf eine Umsetzung beziehungsweise Realisierung bekommen.

Integrieren wir uns in das 'Unternehmen Aldebaran'! Ob wir genetisch daran teilnehmen oder nicht, wir haben die ***emotionalen*** Mittel dazu, ***Liebe*** zu geben und zu empfangen! Wir haben die Mittel dazu, das zugeschüttete ***Göttliche Bewußtsein*** wiederzuerlangen. **Wir haben den Schlüssel für den nächsten Schritt in der Universalen Evolution selbst in der Hand.** Wir haben die Wahl. **Leben wir im Sinne der Schöpfung, es wird auf uns zurückfallen!**

„Die Mehrzahl außerirdischer Rassen lebt nach dem universellen Gesetz, das besagt, daß sie nicht unmittelbar in unseren freien Willen eingreifen dürfen. Doch nach diesen höheren, für die meisten Menschen noch nicht nachvollziehbaren, geistig-ethischen Gesetzen, gibt es sogenannte 'Ausnahmezustände', die es erlauben, in die Evolution einer unterentwikkelten Rasse einzugreifen, wenn die vollkommene Vernichtung der Rasse und des Planeten bevorsteht.

Unsere Erde ist ein Juwel im weiten Universum und daß die verschiedenen Außerirdischen, egal welcher Rasse, das wissen, ist naheliegend. Aus diesem Grunde wird es niemals zugelassen werden, daß die Menschen aus lauter Habgier und niedrigen Motiven alles im Unverstand zerstören. Alle diese Bedürfnisse sind vergänglich und niemand kann beim Übergang ins Jenseits, ob durch physischen Tod oder den sogenannten 'Aufstieg', irgendwelche Form der Materie mitnehmen, weder sein Auto, seinen Partner, sein Haus oder die Perlenketten. Nur unsere geistig-seelischen Qualitäten nehmen wir mit (unsterbliche Seele)."

(Jan van Helsing: „Unternehmen Aldebaran - Kontakte mit Menschen aus einem anderen Sonnensystem")

Die Außerirdischen stehen uns in Freundschaft verbunden und liebevoll zur Seite: **Sie sind unsere Brüder und Schwestern im All!**

Diese Verwandtschaft mag einerseits rein genetisch aufzufassen sein, vor allem aber ist es eine ***universal-geistige*** Verwandtschaft.

Das letzte Kapitel schließt mit einem letzten Zitat zum Verständnis unserer bewußten, schöpferischen 'Zeit' aus dem Roman 'Momo' von Michael Ende:

„>Dies<, sagte Meister Hora, >ist eine Sternstunden-Uhr. Sie zeigt zuverlässig die seltenen Sternstunden an, und jetzt eben hat eine solche angefangen.<

>Was ist denn eine Sternstunde?< fragte Momo.

>Nun, es gibt manchmal im Lauf der Welt besondere Augenblicke<, erklärte Meister Hora, >wo es sich ergibt, daß alle Dinge und Wesen, bis zu den fernsten Sternen hinauf, in ganz einmaliger Weise zusammenwirken, so daß etwas geschehen kann, was weder vorher noch nachher je möglich wäre. Leider verstehen die Menschen sich im allgemeinen nicht darauf, sie zu nützen, und so gehen die Sternstunden oft unbemerkt vorüber. Aber wenn es jemand gibt, der sie erkennt, dann geschehen große Dinge auf der Welt.<"

(Michael Ende: „Momo")

Ihnen allen, liebe Leser, viele wundervolle Sternstunden!

ZUSAMMENFASSUNG: INDIVIDUALITÄT IN DER GEMEINSCHAFT ODER VIELHEIT IN EINHEIT

Wir sollten uns in der geistigen Evolution nicht allein auf die Aldebaraner beschränken und den Gedanken erweitern, daß es noch eine Vielzahl anderer Sonnensysteme mit beseelten Bewohnern gibt, die alle - wie wir auch - Erfahrungen sammeln, um – **im Wissen und in der Anwendung der Universalgesetze** - zu dem einen **gemeinsamen Ursprung aller Seinsformen** zurückzufinden, zum **Ursprung des Göttlichen**!

Der universale Kreis des Daseins, der sich erst durch das Erreichen des 'göttlichen Zieles' endgültig schließt, betrifft ***alle*** Wesenheiten, vor der 'Schöpfung' sind alle ***gleich***. **Es ist die Gleichheit der Souveränität des Geistes in verantwortungsvoller Freiheit.** Das Leben in seiner tiefen Bedeutung hat nur dann eine Entwicklung beziehungsweise einen Sinn, wenn die Erkenntnis oder der tiefe Wunsch herangereift ist, uns gegenseitig in Verantwortung und Toleranz zu begegnen, mehr noch, um uns gegenseitig zu ***helfen***.

Es ist so einfach! Räumen wir Begrenzungen und Blockierungen aus dem Weg, wir haben SELBST die Mittel dazu. Und je mehr wir ***anderen*** gewissenhaft und liebevoll helfen, helfen wir uns ***selbst***.

Viele unsinnige Begrenzungen wie die Entwicklung von Vernichtungswaffen jeglicher Art, Kriege, religiöse Glaubensrichtungen, gesellschaftliche Klassensysteme, hoffnungslos veraltete Technologien und überhaupt jede Art von vorgestanzter Un-Freiheit widersprechen schon längst dem herrschenden 'Zeitgeist' - oder der herrschenden Schwingung in einer neuen 'Qualität'. Wirken wir dem dadurch überall entstehendem Chaos entgegen! Lassen wir die Fassaden im 'Licht der Wahrheit' transparent werden! **Lassen wir das 'Neue Zeitalter' beginnen – ohne Kontrolle, ohne Geheimniskrämerei, ohne Lügen, ohne Angst, ohne Verwirrung, ohne Glaube an irgendwas, ohne 'Tod und Teufel', ohne 'einseitige' Medizin und falsche Ernährung, ohne eine gefälschte Vergangenheit der Menschheit.**

Pflegen wir als grundsätzliche Voraussetzung die Verständigung und Freundschaft zu anderen Kulturen dieser Erde - egal, welcher Rasse, Nationalität, Religion oder politischen Anschauung. Wie gesagt: Im Erkennen der Gemeinsamkeiten liegt das Überwinden der Unterschiede! **Es ist eine Verständigung des Herzens**.

Vielleicht werden wir ***dann*** auch einmal Freundschaft mit ***'Außerirdischen'*** schließen, nicht mit Monstern, die es irgendwo vielleicht auch gibt, nein, mit hominiden Wesen, mit uns geistig und genetisch verwandten Menschen aus einem anderen Sonnensystem! Wäre das nicht fantastisch? Stellen Sie sich vor, Sie machen zusammen zum Nachmittagstee einen witzigen UFO-Ausflug oder haben im Wohnzimmer nette Gäste aus dem All, während im Hof eine Flugscheibe parkt!

Ein neues Gesamtbewußtsein ergibt sich aus dem Bewußtsein aller ***Individuen***; keine stumpfe und formbare Masse, kein un-wissendes Gegeneinander, sondern ein verantwortungsvolles Miteinander: **Individualität in der Gemeinschaft.**

Die vielen, spannenden Kulturen sollen ja nicht abgeschafft werden: Gemeint ist eine 'lichtvolle' Verbundenheit ohne Berührungsängste; bildlich betrachtet sind es aufgereihte Perlen auf einer (verbindenden) Schnur. Jede Perle für sich ist und bleibt dabei einzigartig, nur bilden viele lose Perlen eben keine Verbundenheit.

Vielmehr liegt der erweiternde Aspekt des Zusammenfassens in der Erkenntnis des ***gleichen Ursprungs*** und des ***gleichen Zieles***:

Vielheit in der Einheit.

Wenn Sie, liebe Leserin, lieber Leser, nun am Schluß dieses Buches angekommen und gleichzeitig einer doch beachtlichen Fülle an Themen, Informationen und Wissen begegnet sind, so liegt es ganz und gar nicht in meiner Absicht, Sie möglicherweise vor den Trümmern eines zusammengestürzten Weltbildes zurückzulassen. Bleiben Sie kritisch (griech.: kritike = die Kunst der Beurteilung) gegenüber allem, was in diesem Buch gesagt wird! Überprüfen Sie es selbst! Finden Sie die Schwächen der Argumentation aus Ihrer eigenen Sicht! Machen Sie sich auf die Suche nach Ihren individuellen Ergänzungen. Schalten Sie sich aktiv ein in die all-umfassende Kommunikation der Geistigen Welt. Nur so kann es eine Weiterentwicklung für **alle** geben.

Als Autor kann ich dafür nur Vorschläge anbieten beziehungsweise formulieren. Dabei habe ich die Wahrheit nicht gepachtet; Wahrheit ist ein sehr individueller und dehnbarer Begriff. Es ist das Leben in all seinen unendlichen Möglichkeiten (von Wirklichkeiten). Daran ist grundsätzlich nichts und nie etwas falsch, im Gegenteil, aus uneingeschränkt **allem** können wir nur lernen. Das **Lernen** an sich ist oft ein mühevoller und unbequemer Prozeß, der immer zu einem Ergebnis, aber nie zu einem Endergebnis führt. Lernen heißt Verstehen, Begreifen, Gedanken verändern, Gedanken erweitern. Es läßt sich niemals in eine hundertprozentige Absolutheit kleiden. Zu verstehen, was Lernen heißt, bedeutet zu leben, richtig zu leben, einen Bogen zu spannen in der Erwartungshaltung von unerwarteter, spontaner und daher auch 'spannender' Veränderung welcher Art auch immer. Es ist die Schönheit der Schöpfung, dessen Teil **jeder** von uns ist.

Mein persönliches Anliegen ist es, an einem Neuen Bewußtsein, welches sich an neu zu definierenden Maßstäben orientiert, zum Zweck des Helfenwollens teilzuhaben. Ich erhebe – wie gesagt – keinen Anspruch auf Vollständigkeit: Dieses Buch ist das Angebot eines (hoffentlich) weitreichenden Gesamtüberblicks. Erst das Wissen um die Hintergründe und um das Funktionieren von einigen Mechanismen ermöglicht eine gezieltere und bewußtere Auseinandersetzung. Ein alleiniges Anhäufen von Wissen aber bringt noch lange kein Bewußtsein, so wie ja die Überschrift des zweiten Teils dieses Werkes lautet: „Aus Wissen wird Bewußtsein“. Wir müssen zuerst einmal - bildlich gesehen - auf den höchsten erreichbaren Turm steigen, um uns einen Überblick zu verschaffen. Erst dann können und sollten wir (nach dem Verlassen des Turmes) weiter ins Detail gehen.

Bewußtsein aber braucht Wissen: das Wissen um die eigene Göttlichkeit des „ICH BIN“; zum einen das Wissen, ein Stück des ewigen Schöpfungsprozesses aus Geburt, Tod und Wiedergeburt zu sein - und zum anderen darüber hinaus diesen Schöpfungsprozeß aktiv (bewußt!) zu beeinflussen. Das Bewußtsein des „ICH BIN“ ist ein Teil der Evolution. Gemeint ist das in unserer jetzigen Situation verschüttete, geistige Potential, das in uns allen steckt, um tatsächlich einen individuellen Beitrag leisten zu können, die Evolution unserer eigenen Spezies 'Mensch' lichtvoll in eine neue und positiv verändernde Richtung weiterzuführen. Und der Schlüssel zu diesem Bewußtsein ist zunächst ein bestimmtes Wissen. (Es führt vom Kopf ins Herz.)

Dieses Wissen möchte ich Ihnen auf unkomplizierte Weise zugänglich machen. Es findet sich in der Formulierung der neutralen **Universal-Gesetze**, so wie sie die Schriften aller großen Religionen - miteinander verbindend - durchziehen. Erst die bewußt **positive** Anwendung der Universalgesetze auf der Basis von Verständnis, Vergebung und Liebe kann das Bewußtsein eines **Neuen Zeitalters** in einer neuen Schwingungsqualität herbeiführen. Dieses geistige Potential ist schlicht und ergreifend vorhanden, es ist da! Sie, ich, wir alle **haben** das Potential, **wir sind das Potential!** Menschen wie beispielsweise Jesus, Buddha, Mohammad oder Krishna haben uns dieses Potential bereits vorgelebt; ihre Kernaussagen über das Leben und die Schöpfung sind dieselben! Sie alle deuten nachdrücklich - um einen Göttlichen Bewußtseinszustand zu erreichen und beizubehalten - auf eine stets zu beachtende **hohe Ethik** (grch. ethikos = sittlich) hin, **ohne** einen 'moralischen Zeigefinger' oder einen 'strafenden Gott' mit 'Sünde', 'Teufel' und 'Hölle'. Um es noch einmal zu unterstreichen, es ist **der Weg des Herzens**. Es ist nicht der Weg des Hasses, des Ausgrenzens und des Anspruches der absoluten Wahrheit. Meine in diesem Buch dargelegte Kritik richtet sich gegen die Institution der Kirche und ihres weltlichen Machtapparates, nicht aber gegen die Grundaussagen der Religionen. Wenn Sie selbst als Christ erzogen wurden und immer einen starken Halt in Ihrem Glauben gefunden haben, so ist es sicher nicht notwendig, nach der Lektüre dieses Buches aus der Kirche auszutreten. Suchen sie statt dessen den Dialog, das Gespräch, die Auseinandersetzung. Unternehmen sie den Versuch, Ihre eigene Religion lichtvoll zu erweitern. Sie **wissen** nun um die Begriffe 'Seele', 'Jenseits', 'Dreifaltigkeit' und 'Auferstehung', Sie können Ihren Glauben weiter ausbauen und zwar so, wie es der eigentlichen Lehre von Jesus entspricht! Gerade die hier verwendeten Bibel-Zitate beweisen (freigelegt von aller Paulus-Interpretation) die hohe Ethik und Humanität der Lehre Jesu. Verstehen Sie, es ist ein zusätzlicher Gewinn! Alte Strukturen müssen neuen Strukturen weichen! So ist das ganze Leben! „Das Ende der Endzeit" könnte die Chance eines neuen positiven Aufbruchs sein in eine wirklich glückliche, zufriedene und harmonische Zukunft des Menschen im verantwortungsvollen Einklang mit allen Ausdrucksformen der Schöpfung. Halten Sie diese **in der Tat zu realisierende Hoffnung** ab jetzt in Ihren Gedanken fest, sie wird Sie auch durch schwere Zeiten als Hilfestellung begleiten.

Sie können das Leben nie wirklich verlieren, nur verändern. Nichts und niemand soll verurteilt werden, auch die 'Vertreter der Endzeit' nicht, die Ihnen Ihr geistiges Potential zwecks Machtsicherung vorenthalten möchten.

Im Sinne der Dualität für das momentan gültige 'Spiel des Lebens' haben auch die negativen Gegenstücke in allen Bereichen des Daseins ihren berechtigten Sinn. Nichts passiert eben zufällig. Uneingeschränkt ALLES, was sich in unserer materiell-dreidimensionalen Ebene manifestiert und realisiert, ist dazu da, um daraus zu Lernen, um alle nur denkbaren Erfahrungen machen zu dürfen, die jede individuelle 'Seele' (Astralkörper) braucht, um einen **energetischen Schwingungsausgleich** oder eine energetische Schwingungserhöhung - auch in Form von Karma-Befreiungen - vorzunehmen. Das Problem liegt dabei in der Eigenverantwortlichkeit, möglichst nicht in ein Extrem abzurutschen, sondern den 'mittleren Weg' zu finden und beizubehalten.

Dies hat Buddha für uns im 'achtfachen Weg der Erkenntnis' formuliert: Rechte Rede, rechtes Tun, rechter Lebensunterhalt, rechte Achtsamkeit, rechtes Streben, rechte Sammlung, rechte Erkenntnis, rechte Gesinnung.

Der Begriff 'Freiheit' birgt eben das Einhalten von Regeln in sich.

Seien Sie ein Beispiel für andere, ein wahrer Held, eine 'Königin oder ein König des Herzens'! Integrieren Sie auch die negativen Erscheinungen dieser Welt. Darin liegt das Geheimnis, die Dualität zu überwinden: Wenn Sie Ihren Gegnern oder Feinden tief aus dem Inneren Ihres Herzens vergeben, wird die gegen Sie gerichtete 'Feindschaft' transformierend aufgehoben und IST im wahrsten Sinne des Wortes macht-los!

Darüber hinaus steckt in jeder Feindschaft der Beginn oder Neubeginn einer Freundschaft. Unterdrücken Sie kein Gefühl: Machen Sie alle Erfahrungen, von denen Ihr Gefühl Ihnen zweifellos sagt, daß diese Erfahrungen für Sie ganz persönlich richtig und von Bedeutung sind. Je besser es sich für Sie anfühlt, je mehr nutzt es der Entwicklung Ihres Bewußtseins. Trotzdem sollten Sie sich dabei in dem Kontext einer menschlichen Gemeinschaft (Partnerschaft, Familie) sehen und niemanden verletzen. Außerdem wissen Sie jetzt um die völlig wertneutralen ('Bumerang'-) Konsequenzen Ihres Handelns, um Ihre Verantwortung in Kausalität und Resonanz.

Doch damit nicht genug: Die Schwingungsfrequenz wird sich zu Beginn eines Neuen Zeitalters - rein astronomischen Gesetzmäßigkeiten folgend – nach 2.160 Jahren verändern, wie es für das 'Wassermann-Zeitalter' erwartet wird.

Eine Schwingungserhöhung 'von außen' ist **unabhängig** von dem jetzigen, geistigen Entwicklungszustand der hominiden Lebewesen auf dem Planeten Erde! Das sind zwei ganz verschiedene Bereiche! Die Spielregeln eines Neuen Zeitalters mit einer zeitlos hohen Ethik werden neu definiert werden. Wäre es da nicht klug, sich rechtzeitig auf eine Schwingungserhöhung vorzubereiten?

Die Antwort darauf wissen wir alle schon längst. Wir können auf der Stelle damit anfangen, unsere geistige Substanz zu entdecken und freizulegen, es ist im Hinblick auf das Leben an sich nie zu spät dafür, im Hinblick auf unsere aktuelle Situation **noch** nicht zu spät...

Das ist meine Wahrheit, die ich Ihnen, verehrte Mit-Schöpfende, vertrauensvoll mit auf den Weg gebe. Jeder von uns hat **sein** Weltbild, **seine** Werte und **seine** Wahrheit; wahr sind unsere Sehnsüchte, wahr sind unsere Hoffnungen, Hoffnungen auf eine wahrhaft humanitäre und universale Zukunft.

Lassen wir **alle zusammen** diese Hoffnungen **Realität** werden! Besinnen wir uns auf die große Aufgabe, die vor uns liegt, und katapultieren wir uns in ein lichtdurchflutetes, fassadenfreies **Neues Zeitalter**!

Setzen wir der 'Endzeit' kein Denkmal, sondern ein Ende, denn im ENDE liegt der ANFANG!

In diesem Sinne: Alles Gute, Wahre, Schöne,

viel Glück - und

A L L E S L I E B E.

DANKSAGUNG

Für das Zustandekommen dieses Buches, für die vielen Gespräche, Inspirationen, Hinweise, für die Geduld, den Ansporn und für das Zur-Verfügung-Stellen geistig wertvoller Sekundärliteratur möchte ich mich bei einigen Menschen ganz besonders bedanken, denen ich auch über meine 'aktuelle' Inkarnation hinweg freundschaftlich in Liebe verbunden bleibe; bei: Erna († 1998) und Herbert Maschke (meine 'Ersatzeltern' in Berlin), bei meiner verstorbenen Großmutter Marie Janßen, meiner Schwägerin Edith Brückmann, bei meinen besten Freunden Vivek Gautam (Kanpur/Indien), Myung-sik Sohn (Seoul/Südkorea), Michael Stege (mein 'Wegbegleiter' von Anfang an), Olaf Conrads (... für die vielen Lachanfälle!), Bianca Schmitt („Hallo Pfeife!"), Brigitte Jackwerth (Ex-Opern-Partnerin aus „Arabella"), Simon Schulz (mein Reisepartner in Australien), Rüdiger Pohl (Deutsche Richard-Wagner-Gesellschaft), Dr. Lothar Pohl, bei der (noch unbekannten) Sängerin Kaya David, Marlene und Saskia Walentowitz (meine geistige 'Einweihung'), bei meinen Schullehrern Signe Sutor und Ernst Ehrentraut, Irina Leffers, Niels Hennig, Gabriela Egner, Abdel Boujondar (Rabat/Marokko), Axel und Ina Hampel, Nina Kortwich, bei der Bühnenbildnerin Manuela Geisler, der Schauspielerin, Sängerin und Autorin Rani Chanda, Martina Schulte, Vienne Verheesen (Melbourne/Australien), bei dem Dirigenten Taku Suzuki (Tokyo/Japan), Dongheui Pi (der mir seine komplette Wohnungseinrichtung geschenkt hat; Seoul/Südkorea), Han Ki Yoon, Sang Nam Kim, Yongsung Park, Kristell Glimois (Pornichet/Frankreich), Gabriela Krüger, Dr. Heide Evers, Fathi Ali Ben Sager (Tripolis/Libyen), Andreas Lamken, Ina Göden, Thomas C. Mayer, Petra Lammert, Marlies Hübner, Martin Streif, Johannes Rückelt, Britta Schilling, ferner bei

Susanne und Christian Lang ('Schlösserrundfahrt Potsdam'), bei dem Bestseller-Autor Holger Kersten (mit dem ich einen Drehbuch-Entwurf zu „Jesus in Indien" geschrieben habe), Arthur Laubach (der mich 1987 zu einem wichtigen Besuch empfing), Richard Allen (Planetarium Melbourne), Prof. Dr. Eli E. Lasch, bei dem Maler Karl Käfer (Innsbruck/Österreich), bei allen Teehändlern dieser Welt, Hannes Holey, Ama Deus-Verlag - und bei meinem Kollegen und Freund Jan Udo Holey alias ‚Jan van Helsing' (für Korrektur, Satz und Veröffentlichung des Manuskriptes).

Dankeschön!

QUELLENVERZEICHNIS DER VERWENDETEN ZITATE

(nach Kapiteln geordnet, in chronologischer Reihenfolge)

EINLEITUNG:

- Johann Wolfgang Goethe (1749 - 1832): „Faust - Der Tragödie erster Teil“, Verlag Philipp Reclam jun., „Universal-Bibliothek“ Nr.1, neu durchgesehene Ausgabe, Stuttgart 1986, Z. 960/961, S. 29

- Johann Emanuel Schikaneder (1751 - 1812)/ Wolfgang Amadeus Mozart (1756 - 1791): „Die Zauberflöte“ - Oper in zwei Aufzügen; Verlag Philipp Reclam jun., „Universal-Bibliothek“ Nr. 2620, Stuttgart 1962, 2. Aufzug, 30. Auftritt „Verwandlung“, S. 69

- Die Bibel - oder die ganze Heilige Schrift des Alten und Neuen Testaments - nach der Übersetzung Martin Luthers, revidierter Text, Deutsche Bibelstiftung, Stuttgart 1975, NT, „Der Brief des Paulus an die Epheser“, Abschn. 5, V. 8/9 u. 13, S. 205

- Jiddu Krishnamurti (1895 - 1986): „Einbruch in die Freiheit“, Originaltitel: „Freedom from the Known“; Dt. Erstausg., Frankfurt/ M., Ullstein-Verlag, Berlin1996, ISBN 3-548-34103-9, aus dem Vorwort, S. 9

- „Ramtha“ - Herausgegeben von Steven Lee Weinberg, Ph. D., Originaltitel: „Ramtha Dialogues“, Sovereignty, Inc., Washington 1986, P.O. Box 909, Eastsound, Washington 98245, USA; In der Tat Verlag, Peiting 1989, ISBN 3-9802507-2-5, aus der Einleitung, S. 3

- Friedrich Schiller (1759 - 1805): „Die Räuber - Ein Schauspiel“, Verlag Philipp Reclam jun., „Universalbibliothek“ Nr. 15, Stuttgart 1969/1992, Vierter Akt, Fünfte Szene, S. 105

Kapitel 1: DAS SPIEL DES LEBENS

- Arthur Laubach: „Der Weg des Geistes“, Droemersche Verlagsanstalt Th. Knaur Nachf., München 1987, S. 68

- Erich Fromm (1900 - 1980): „Haben oder Sein - Die seelischen Grundlagen einer neuen Gesellschaft“, Originaltitel: „To Have or to Be?“, Harper & Row Publishers, New York 1976; Deutsche Verlags-Anstalt GmbH, Stuttgart 1976, S. 80

Kapitel 2: TRÄUME / BEWUSSTSEIN UND UNTERBEWUSSTSEIN

- C. G. Jung (1875 - 1961): „Zugang zum Unbewußten“, ein Beitrag aus „Der Mensch und seine Symbole“ von C. G. Jung und Marie-Louise von Franz, Joseph L. Henderson, Jolande Jacobi und Aniela Jaffé, Originaltitel: „Man and his Symbols“, Aldus Books Limited, London 1964; Walter-Verlag, Olten und Freiburg i. Br. 1968, ISBN 3-530-56501-6, S. 50

- Laubach: „Der Weg des Geistes“, a.a.O., S. 97

- Walt Disney (1901 - 1966), Zitat aus der Einleitung eines Presseheftes der Walt Disney Company Germany, 1996 (ITB Berlin)

Kapitel 3: DIE DUALITÄT DER WELT / DAS REICH DES GEISTIGEN

- Ernst Meckelburg: Transwelt - Erfahrungen jenseits von Zeit und Raum“, Langen Müller Verlag , München 1992; Wilhelm Heyne Verlag, München 1994, ISBN 3-453-07828-4, S. 18/19

- „Das Kind & der Kater - oder die seltsame Verwandlung des Großvaters“, Musical von Kathrin Brigl (Buch und Songtexte) und Andreas Bikking (Musik), aus dem ersten Song „Alles ist möglich“, Veronika Fischer und das Deutsche Filmorchester Babelsberg, 1996/97, Begleitheft der Compact-Disc Nr. 533 480-2, S. 5

- Thomas Carlyle (schottischer Schriftsteller, 1795 - 1881; Carlyle-Museum in London!): „Arbeiten und nicht verzweifeln“, Verlag Karl Robert Langewiesche, Königstein i. T. und Leipzig 1920, S. 167

- Schiller: „Wallensteins Tod", zitiert aus: „Das große Krüger Zitaten Buch", zusammengestellt und herausgegeben von J. H. Kirchberger, Lexikographisches Institut, München 1977/1981, S. 332

- Marion Zimmer-Bradley: „Die Nebel von Avalon", Originaltitel: „The Mists of Avalon", Alfred A. Knopf, Inc., New York 1982; S. Fischer Verlag, Frankfurt am Main 1983, ISBN 3-596-28222-5, S. 26

- a.a.O., S. 7

- a.a.O., S. 954

- a.a.O., S. 9

- Die Bibel, a.a.O., NT, „Das Evangelium nach Lukas", Abschn. 11, V. 52, S. 79

- a.a.O., Abschn. 17, V. 20/21, S. 86

Kapitel 4: DIE VIER ELEMENTE

- Aristoteles (348 - 322 v.u.Z.): „Von der Seele", Artemis Verlag, Zürich 1950; Deutscher Taschenbuch Verlag, München 1996, Erstes Buch, S. 34

- Goethe: „Faust - Der Tragödie erster Teil", a.a.O., Z.1271 ff., S.37

- Schikaneder/ Mozart: „Die Zauberflöte", a.a.O., 2. Aufzug, 28. Auftritt, S. 63

- Schiller: „Punschlied", zitiert aus: „Das große Krüger Zitaten Buch", a.a.O., S. 328

Kapitel 5: DER TOD /
DIE VERSCHIEDENEN KÖRPER DES MENSCHEN

- Zimmer-Bradley: „Die Nebel von Avalon", a.a.O., S. 67

- Rachel Pollack: „Tarot - 78 Stufen der Weisheit“, Originaltitel: „Seventy-Eight Degrees of Wisdom“; Droemersche Verlagsanstalt Th. Knaur Nachf., München 1985, ISBN 3-426-04132-4, S. 118, 119 u. 120

- Mária Szepes: „Academia Occulta - Die geheimen Lehren des Abendlandes“, Wilhelm Heyne Verlag, München 1994, ISBN 3-453-06575-1, S. 22

- Meher Baba (1894 - 1969): „Darlegungen über das Leben in Liebe und Wahrheit“, Originaltitel: „Discourses“, Avatar Meher Baba Perpetual Public Charitable Trust, Ahmednagar, India 1987; Lizenzausgabe des Scherz Verlages, Bern und München, Fischer Taschenbuch Verlag, Frankfurt am Main 1996, ISBN 3-596-13209-6, S. 330/331

- Die Bibel, N.T., „Das Evangelium nach Lukas“, Abschn. 9, V. 29, S. 74

- Johann Gottlieb Fichte (1762 - 1814): „Die Bestimmung des Menschen“, zitiert aus: „Das große Krüger Zitaten Buch“, a.a.O., S. 105

- Krishnamurti: „Einbruch in die Freiheit“ a.a.O., S. 68 u. 69

Kapitel 6: DAS GÖTTLICHE / DIE VERSCHIEDENEN KÖRPER DES MENSCHEN

- Franz Bardon (tschechischer Magier, 1909 - 1958): „Der Weg zum wahren Adepten - Ein Lehrgang in zehn Stufen, Theorie und Praxis“; Verlag Hermann Bauer, Freiburg i. Br. 1986, ISBN 3-7626-0004-X, S. 23

- „Bhagavadgita“ (eines der heiligsten Bücher der Hindus, „Das Lied der Gottheit“), Original in Sanskrit, Verlag Philipp Reclam jun., „Universal-Bibliothek“ Nr. 7874, Stuttgart 1955, Siebenter Gesang, V. 4, S. 53

- Bardon: „Der Weg zum wahren Adepten“, a.aO., S. 44

- Szepes: „Academia Occulta“, a.a.O., S. 31/32

- Carlyle: „Arbeiten und nicht verzweifeln“, a.a.O., S. 129

- Wilhelm Busch (1832 - 1908): „Der Asket“, aus „Zu guter Letzt“; zitiert aus: „Was beliebt ist auch erlaubt“, Bd. II, herausgegeben von Rolf Hochhuth, Bertelsmann Verlag Mohn + Co., Gütersloh, keine Angabe zum Erscheinungsjahr, S. 597

- Die Bibel, a.a.O., NT, „Das Evangelium nach Johannes“, Absch. 13, V. 16, S. 114

- Bardon: „Der Weg zum wahren Adepten“, a.a.O., S. 24

- „Ramtha“, a.a.O., S. 30

Kapitel 7: DAS LEBEN NACH DEM TOD

- Paul Ambroise Valéry (französischer Schriftsteller, 1871 - 1945): „Schlimme Gedanken und andere“, zitiert aus: „Das große Krüger Zitaten Buch“, a.a.O., S. 381

- Wolfgang Borchert (1921 - 1947): „Das Holz für morgen“, aus „Liebe blaue graue Nacht - Erzählungen“, die Texte wurden den Bänden „Draussen vor der Tür“ und „Die traurigen Geranien“ entnommen, Rowohlt Verlag, Reinbek bei Hamburg 1956/1962; Rowohlt Taschenbuch Verlag, Reinbek bei Hamburg 1996, ISBN 3-499-22053-9, S. 16 - 21

- Die Bibel, a.a.O., NT, „Der erste Brief des Paulus an die Korinther“, Abschn. 15, V. 26, S. 185

- a.a.O., „Das Evangelium nach Johannes“, Abschn. 10, V. 38, S. 111

- Der Koran, Verlag Philipp Reclam jun., „Universal-Bibliothek“ Nr. 4206, Stuttgart 1960, Sure (arab. surah = Stufe, Grad) 11, V. 123, S. 225

- Kurt Tucholsky (1890 - 1935): „Ein Pyrenäenbuch“, zitiert aus: „Das große Krüger Zitaten Buch“, a.a.O., S. 378

Kapitel 8: DIE WIEDERGEBURT ODER REINKARNATION / KAUSALITÄT UND KARMA

- Dr. med. Josef Gemassmer: „Geistige Heilweisen - Eine Heilkunde der Zukunft“, Verlag Die Oekumene des Geistes, Berlin, keine Angabe zum Erscheinungsjahr, S. 32/33 u. 42/43

- a.a.O., S. 39

- Die Bibel, a.a.O., N.T., “Das Evangelium nach Johannes“, Abschn. 3, V. 3, S. 99

- Der Koran, a.a.O., Sure 30, V. 19, S. 388

- „Reden des Buddha“, Verlag Philipp Reclam jun., „Universal-Bibliothek“ Nr. 6245, Stuttgart 1957, II Dhamma (die Lehre), Abschn. 10, S. 51

- a.a.O., Abschn. 5, S. 38

- Die Bibel, a.a.O., NT, „Das Evangelium nach Matthäus“, Abschn. 16, V. 19, S. 21

- Szepes: „Academia Occulta“, a.a.O., S. 14

- Schiller: „Die Braut von Messina“, zitiert aus: „Das große Krüger Zitaten Buch“, a.a.O., S. 334

- Die Bibel, a.a.O., NT, „Der zweite Brief des Paulus an die Korinther“, Abschn. 5, V. 10, S. 190

- Der Koran, a.a.O., Sure 28, V. 84, S. 379

- Die Bibel, a.a.O., NT, „Das Evangelium nach Matthäus“, Abschn. 7, V. 12, S. 9 oder „Das Evangelium nach Lukas“, Absch. 11, V. 9/10, S. 77

- a.a.O., Abschn. 7, V. 12, S. 9

- a.a.O., Abschn. 23, V. 26, S, 30

- Lao-tse: „Tao-Tê-King - Das Heilige Buch vom Weg und der Tugend“, Verlag Philipp reclam jun., „Universal-Bibliothek“ Nr. 6798, Stuttgart 1961/1994, Kap. 81, V. 195, S. 110

- Karlheinz Deschner: „Bissige Aphorismen“, Rowohlt Verlag, Reinbek bei Hamburg 1994/ 1996, ISBN 3-499-22061-X, S. 22

- Meher Baba: „Darlegungen...“, a.a.O., S. 357

- Die Bibel, a.a.O., NT, „Das Evangelium nach Lukas“, Abschn. 12, V. 15, S. 79

- Fromm: „Haben oder Sein“, a.a.O., S. 83 u. 89

- Schiller: „Das eigene Ideal“, zitiert aus: „Das große Krüger Zitaten Buch“, a.a.O., S. 325

Kapitel 9: MATERIE UND ENERGIE / ZUSAMMENFASSUNG: DIE UNIVERSALGESETZE

- Bardon: „Der Weg zum wahren Adepten“, a.a.O., S. 27 u. 215

- Schiller: „Die Gunst des Augenblicks“, zitiert aus: „Das große Krüger Zitaten Buch“, a.a.O., S. 328

- Carlos Castaneda: „Eine andere Wirklichkeit - Neue Gespräche mit Don Juan“, Originaltitel: „A Separate Reality. Further Conversations with Don Juan“, 1971; S. Fischer Verlag, Frankfurt am Main 1973, ISBN 3-596-21616-8, S. 23

- Meckelburg: „Transwelt“, a.a.O., S. 112

- Rudy Rucker: „Gödel, Zappa, Rock'n Roll - Ein Roman vom Paradies der Zukunft“, Originaltitel: „Spacetime Donuts“, Age Science Fiction

Books, New York; Fischer Taschenbuch Verlag, Frankfurt am Main 1989, ISBN 3-596-28708-1, S. 67/68

- Szepes: „Academia Occulta“, a.a.O., S. 84/85

Kapitel 10: DER TEUFEL UND DAS BÖSE

- Szene aus dem Kinofilm „Pappa ante portas“, Deutschland 1990/91; Buch und Regie: Loriot, in den Hauptrollen: Loriot und Evelyn Hamann, Produktion: Rialto Film Berlin, im Verleih der Tobis Filmkunst; Drehbuch „Loriot Pappa ante portas“, Diogenes Verlag, Zürich 1991

- Die Bibel, a.a.O., NT, „Das Evangelium nach Markus“, Abschn. 7, V. 15, S. 46

- Pollack: „Tarot - 78 Stufen der Weisheit“, a.a.O., S. 132, 133, 135 u. 138

- Ernst Barlach (deutscher Bildhauer, 1870 - 1938), zitiert aus: „Das große Krüger Zitaten Buch“, a.a.O., S. 28

- Deschner: „Bissige Aphorismen“, a.a.O., S. 13

- „Ramtha“; a.a.O., S. 34

- Deschner: „Bissige Aphorismen“, a.a.O., S. 11 u. 23

- Goethe: „Faust - Der Tragödie erster Teil“, a.a.O., Z. 1656 ff., S. 47

- Szepes: „Academia Occulta“, a.a.O., S. 243

- Zimmer-Bradley: „Die Nebel von Avalon“, a.a.O., S. 954

- a.a.O., S. 414

- Die Bibel, a.a.O., NT, „Das Evangelium nach Matthäus“, Abschn. 15, V. 28, S. 20

- a.a.O., „Das Evangelium nach Markus“, Abschn. 9, V. 23, S. 49

- Konfuzius (551 - 479 v.u.Z.): „Lun-yu“, zitiert aus: „Das große Krüger Zitaten Buch“, a.a.O., S. 219

- Die Bibel, a.a.O., NT, „Das Evangelium nach Johannes“, Abschn. 1, V. 1-3, S. 97

- Goethe: a.a.O., Z. 1224 ff., S. 36

Kapitel 11: GEHEIME POLITIK / MACHIAVELLISMUS

- Robert Anton Wilson: Einführung aus „Hinter den Kulissen des Dritten Reiches - geheime Gesellschaften machen Weltpolitik“ von Otto Rudolf Braun, Raymond Martin Verlag, Markt Erlbach 1987, ISBN 3-88631-196-1, S. 10 u. 27

- Friedrich II., König von Preußen (1712 - 1786): „Das Politische Testament von 1752“, Stuttgart 1974, S. 39; aus: „Friedrich der Große und die Philosophie - Texte und Dokumente“, Verlag Philipp Reclam jun., „Universal-Bibliothek“ Nr. 3772 [2], Stuttgart 1986, S. 50

- Die Bibel, a.a.O., NT, „Das Evangelium nach Matthäus“, Abschn. 5, V. 33-36, S. 7

- Friedrich II., König von Preußen: „Der Antimachiavell“ (1740), Vorwort u. Kap. 9, aus: a.a.O., S. 85/86 u. 128

- Friedrich II.: „Das Politische Testament von 1752“ S. 70, a.a.O., S. 50

- Deschner: „Bissige Aphorismen“, a.a.O., S. 64

- Jonathan Swift (1667 - 1745): „Erzählung von einer Tonne“ (Vorrede), zitiert aus: „Das große Krüger Zitaten Buch“, a.a.O., S. 366/367

- Die Bibel, a.a.O., NT, „Die Offenbarung des Johannes", Abschn. 13, V. 16-18, S. 266

- Michael Ende (1929 - 1995): „Momo oder die seltsame Geschichte von den Zeit-Dieben und von dem Kind, das den Menschen die gestohlene Zeit zurückbrachte" - Ein Märchen-Roman, K. Thienemanns Verlag, Stuttgart u. Wien 1973; Wilhelm Heyne Verlag, München 1996, ISBN 3-453-11813-8, S. 106 - 108

Kapitel 12: DAS NEUE ZEITALTER

- Zecharia Sitchin: „Das erste Zeitalter", Titel der Originalausgabe: „When Times Began", Originalverlag: Avon Books, New York; Droemersche Verlagsanstalt Th. Knaur, München 1994, ISBN 3-426-77108-X, S. 35

- Die Bibel, a.a.O., NT, „Das Evangelium nach Lukas", Abschn. 10, V. 1, S. 75

- a.a.O., „Die Offenbarung des Johannes", Abschn. 7, V. 4-8, S. 261/262

- A. T. Mann: „Prophezeiungen zur Jahrtausendwende", Originaltitel: „Millenium Prophecies", Originalverlag: Element Books Ltd., Longmead, Shaftesbury, Dorset; Scherz Verlag, Bern, München, Wien 1994, Wilhelm Goldmann Verlag, München 1996, ISBN 3-442-12260-0, S. 197

- a.a.O., S. 198

- Die Bibel, a.a.O., NT, „Das Evangelium nach Lukas", Abschn. 21, V. 6, 9-11 u. 25-27, S. 91 u. 92

- Charles Berlitz: „Weltuntergang 1999", Originaltitel: „Doomsday 1999 A. D.", Paul Zsolnay Verlag, Wien, Hamburg 1981; vom Autor überarbeitete Taschenbuchausgabe, Droemersche Verlagsanstalt Th. Knaur Nachf., München 1983, ISBN 3-426-03703-3, S. 13 u. 27

- Nachrichtenmagazin „Der Spiegel“ Nr. 1/1996: „Endzeit-Angst-Countdown zur Jahrtausendwende“, Titelgeschichte „Am Rande des Abgrunds“, S. 128 u. 137

- Mann: „Prophezeiungen zur Jahrtausendwende“, a.a.O., S. 91

- Die Bibel, a.a.O., AT, „Das dritte Buch Mose“, Abschn. 19, V. 31, S. 129

- a.a.O., NT, „Der erste Brief des Johannes“, Absch. 2, V. 18 - 21, S. 237

- Berlitz: „Weltuntergang 1999“, a.a.O., S. 20

- Gernot Brückner: „Das größte Abenteuer der heutigen Menschheit – Die neuen Energien und ihre Gesetzmäßigkeiten“, Zusammenfassung und Neubearbeitung der dreibändigen Ausgabe „Gespräche mit dem Unbekannten“ (1989) von Dorothea Brückner, Rowohlt Taschenbuch Verlag, Reinbek bei Hamburg 1991, ISBN 3-499-18848-1, S. 41

- Die Bibel, a.a.O., NT, „Das Evangelium nach Lukas“, Abschn. 9, V. 62, S. 75

- Fromm: „Haben oder Sein“, a.a.O., S. 49

Kapitel 13: KRANKHEIT UND HEILUNG

- „Altafrikanische Heilkunst - Europäische Reiseberichte des 15. bis 19. Jahrhunderts“, herausgegeben und kommentiert von Heinrich Loth, Verlag Philipp Reclam jun., Leipzig 1984, S. 106, 107, 117 u. 115

- „Homöopathisches Repetitorium - Arzneimittellehre in Tabellenform“, herausgegeben von der Deutschen Homöopathie-Union, Karlsruhe; Pharmazeutisch überarbeiteter Nachdruck, Ausgabe 1990 (Nr. 100890 1), aus der Einleitung, S. 8

- Meher Baba: „Darlegungen...“, a.a.O., S. 21

- Gregor A. Gregorius: Die magische Erweckung des Chakra im Ätherkörper des Menschen“, Verlag Richard Schikowski, Berlin 1978, S. 3, 4 u. 8

- a.a.O., S. 15

- Gemassmer: „Geistige Heilweisen“, a.a.O., S. 11

- a.a.O., S. 15

- a.a.O., S. 18, 22 u. 28

- a.a.O., S. 67/68

- a.a.O., S. 152

- Laubach: „Der Weg des Geistes“, a.a.O., S. 210, 211 u. 213

- Die Bibel, a.a.O., NT, „Das Evangelium nach Lukas“, Abschn. 8, V. 43-48, S. 73

- a.a.O., Abschn. 17, V. 5/6, S. 85/86

- a.a.O., Abschn. 9, V. 1/2, S. 73

- a.a.O., „Das Evangelium nach Markus“, Abschn. 11, V. 24, S. 52/53

- Goethe: „Die Farbenlehre“, Sämtliche Werke, Münchner Ausgabe, Band 10, herausgegeben von Karl Richter; Farbenlehre herausgegeben von Peter Schmidt, Carl Hanser Verlag, München u. Wien 1989, Abschn. 558, S. 175 u. Abschn. 586, S. 181

- Harald Küppers: „Harmonielehre der Farben - Theoretische Grundlagen der Farbgestaltung“, Die Farbenlehre nach Johann Itten, DuMont Buchverlag, Köln 1989, ISBN 3-7701-2192-9, S. 222/223

- a.a.O., S. 223

Kapitel 14: ERNÄHRUNG

- Peter Cox: „Gesund und fit ohne Fleisch - Ein Plädoyer für die vegetarische Ernährung", Originaltitel: „Why you don't need meat"; Wilhelm Heyne Verlag, München 1987, ISBN 3-453-00952-5, S. 212/ 213

- a.a.O., S. 223

- Zimmer-Bradley: „Die Nebel von Avalon", a.a.O., S. 180

- Cox: „Gesund und fit ohne Fleisch", a.a.O., S. 182 - 184

- a.a.O., S. 27 u. 44

- a.a.O., S. 46

- Deschner: „Bissige Aphorismen", a.a.O., S. 22

- Der Koran, a.a.O., Sure 16, V. 114/115, S. 266

- Die Bibel, a.a.O, NT, „Der Brief des Paulus an die Römer", Abschn 14, V. 21, S. 171

- a.a.O., AT, „Das erste Buch Mose", Absch. 1, V. 29, S, 20

- a.a.O., Abschn. 9, V. 4, S. 25

- a.a.O., „Das dritte Buch Mose", Abschn. 19, V. 26, S. 128

- Dr. med. Hans-Heinrich Reckeweg: „Schweinefleisch und Gesundheit - Allgemeinverständlicher Vortrag", nach Veröffentlichungen in „Biologische Medizin" 6, 437-455 (1977), „Biologische Medizin" 6, 502-506 (1977); Aurelia-Verlag, Baden-Baden 1977, ISBN 3-922907-06-7, S. 4

- a.a.O., S. 5/6 u. 7

- a.a.O., S. 10 - 12 u. 14

- a.a.O., S. 16/17 u. 19

- a.a.O., S. 46

- Ananda Mitra: „Ernährung für den ganzen Menschen", Originaltitel: „Food For Thought" von [eigentlich] Avadhútiká A'nandamitrá A'caryá, Herausgeber: A'nanda Ma'rga Praca'raka Samgha, den Ansporn für dieses Buch gaben die Arbeiten von P. R. Sarkar, besonders Carya'carya, Teil 1-3, und Yogic Treatment and Natural Remedies, Behandlung durch Yoga und natürliche Heilmittel. Der Leser wird ausdrücklich auf diese Werke hingewiesen; Dharma Verlag, Mainz 1990, ISBN 3-921769-25-6, S. 74/75

- a.a.O., S. 12/13

- a.a.O., S. 9

- a.a.O, S. 31

- a.a.O, S. 33/34

- a.a.O., S. 5/6

- Der Koran, a.a.O., Sure 16, V. 68/69, S. 261

- „Vegetarisch fit! - Magazin für bewußtes Essen & Leben" Nr. 10/1997, aus dem Beitrag „Milch - das 'weiße Gold' glänzt nicht immer" von Dipl. oec. troph. Monika Held, S. 16 u. S. 17/18

- Ananda Mitra: „Ernährung für den ganzen Menschen", a.a.O., S. 55/56

- Cox: „Gesund und fit ohne Fleisch", a.a.O., S. 237, 238 u. 239

- Ananda Mitra: „Ernährung für den ganzen Menschen", a.a.O., S. 78

- a.a.O., S. 96 u. 98

- a.a.O., S. 86

- Bardon: „Der Weg zum wahren Adepten", a.a.O., S. 69

Kapitel 15: KREBS

- Prof. Dr. med. Eli E. Lasch, Ausschnitte aus einem mündlich geführten Interview mit dem Autor in Berlin-Tiergarten, 24. 03. 1994

- Josef Issels: „Mein Kampf gegen den Krebs - Erinnerungen eines Arztes", C. Bertelsmann Verlag, München 1981; Druck und Bindung: Wiener Verlag, Himberg bei Wien, Printed in Austria, Buch-Nr. 06154-9, S. 92

- a.a.O., S. 95/96 u. 133

- a.a.O., S. 120

- a.a.O., S. 134/135

- a.a.O., S. 186

- a.a.O., S. 137 u. 138

- Gemassmer: „Geistige Heilweisen", a.a.O., S. 111/112

- Jess Stearn: „Der schlafende Prophet - Prophezeiungen in Trance 1911 bis 1998", Originaltitel: „Edgar Cayce, The Sleeping Prophet", 1967; deutsche Originalausgabe: Ariston Verlag, Genf 1967, vollständige Taschenbuchausgabe: Droemersche Verlagsanstalt Th. Knaur Nachf., München 1985, ISBN 3-426-04124-3, S. 175 u. 176

- a.a.O., S. 177

Kapitel 16: KUNDALINI

- Gregorius: „Die magische Erweckung der Chakra...“, a.a.O., S. 14/15

Kapitel 17: ÜBER DAS LACHEN

- Umberto Eco: „Der Name der Rose“, Originaltitel: „Il nome della rosa“, Gruppo Editoriale Fabbri-Bompiani, Sonzogno, Etas S.p.A., Milano 1980; deutschsprachige Ausgabe: Carl Hanser Verlag, München u. Wien, 1982, Deutscher Taschenbuch Verlag, München 1986, ISBN 3-423-10551-8, S, 621/622 u. 623

- Die Bibel, a.a.O., AT, „Die Sprüche Salomos“, Abschn. 16, V. 22, S. 631

- Timothy Ward: „Wovon Buddha nichts erzählte - Stolpersteine auf dem Pfad zur Erleuchtung“, Originaltitel: „What the Buddha Never Taught“, Element Books Ltd., Longmead, Shaftsbury, Dorset 1990; Wilhelm Goldmann Verlag, München 1992, ISBN 3-442-41255-2, S. 340

Kapitel 18: ÜBER DIE LIEBE

- Novalis, eigentlich Friedrich Leopold Freiherr von Hardenberg (1772 - 1801), zitiert aus: „Das große Krüger Zitaten Buch“, a.a.O., S. 286

- Die Bibel, a.a.O., NT, „Der erste Brief des Johannes“, Absch. 4, V. 16, S. 238

- Deschner: „Bissige Aphorismen“, a.a.O., S. 27

Kapitel 19: ÜBER SEXUALITÄT / „AIDS“

- Die Bibel, a.a.O., NT, „Das Evangelium nach Matthäus“, Abschn. 19, V. 12, S. 24

- a.a.O., „Der erste Brief des Paulus an Timotheus“, Abschn. 3, 2-4 u. 12, S. 220

- Deschner: „Das Kreuz mit der Kirche - Eine Sexualgeschichte des Christentums“, Econ Verlag, Düsseldorf u. Wien 1973, ungekürzte Taschenbuchausgabe, Wilhelm Heyne Verlag, München 1992, ISBN 3-453-02985-2, S. 83/84, 89, 97 u. 101

- a.a.O., S. 416 u. 417

- a.a.O., S. 411 u. 428

- a.a.O., S. 213/214 u. 215

- Zimmer-Bradley: „Die Nebel von Avalon“, a.a.O., S. 24

- Schiller: „Würde der Frauen“, zitiert aus: „Das große Krüger Zitaten-Buch“, a.a.O., S. 324

- Gregorius: „Die magische Erweckung der Chakra...“, a.a.O., S. 10

- Die Bibel, a.a.O., AT, „Das dritte Buch Mose“, Abschn. 20, V. 13, S. 129

- „ZeitenSchrift“ Nr. 5/Dez. 1994 - Febr. 1995, „ZeitenSchrift“-Verlag, Postfach, CH-9442 Berneck, aus dem Artikel: „Die Hintergründe der Homosexualität“ von Ursula Seiler-Spielmann, S. 13

- a.a.O., aus dem Artikel: „HIV-Lüge ist nicht mehr haltbar“ von Jo Conrad u. Benjamin Seiler, S. 6/7

- a.a.O., S. 7, 9 u. 10

- a.a.O., S. 10 u. 11

- Deschner: „Das Kreuz mit der Kirche“, a.a.O., S. 458 – 460

Kapitel 20: ÜBER DIE KUNST UND DIE MUSIK

- Albrecht Dürer (1471 - 1528): „Proportionslehre“ von 1528, zitiert aus: „Das große Krüger Zitaten Buch“, a.a.O., S. 89

- Leonardo da Vinci (1452 - 1519): „Philosophische Tagebücher“, zitiert aus: a.a.O., S. 232

- Caspar David Friedrich (1774 - 1840), zitiert aus: a.a.O., S. 114

- Vincent van Gogh (1853 - 1890), aus einem Brief an seinen Bruder Theo, Juli 1880, zitiert aus: a.a.O., S. 154

- Paul Cézanne (1839 - 1906): „Über die Kunst“, zitiert aus: a.a.O., S. 72

- Henri Matisse (1869 - 1954): „Notizen eines Malers“, zitiert aus: a.a.O., S. 258

- Wassily Kandinsky (1866 - 1944): „Über das Geistige in der Kunst“, zitiert aus: a.a.O., S. 208

- Paul Klee (1879 - 1940): „Schöpferische Konfession“, zitiert aus: a.a.O., S. 217

- Emil Nolde (1867 - 1956), aus einem Brief vom 4. 09. 1944, zitiert aus: a.a.O., S. 285

- Pablo Picasso (1881 - 1973), zitiert aus: a.a.O., S. 295

- Leo N. Tolstoj (1828 - 1910): „Was ist Kunst?“, zitiert aus: a.a.O., S. 375

- Emile Zola (1840 - 1902): „Was ich nicht leiden mag“, zitiert aus: a.a.O., S. 404

- Schiller: „Ode an die Freude“, zitiert aus: a.a.O., S. 324

- Mozart, aus einem Brief an seinen Vater vom 26. 09. 1781, zitiert aus: a.a.O., S. 271

- Ludwig van Beethoven (1770 - 1827), aus „ZeitenSchrift", a.a.O., S. 26, und aus einem Brief an Johann Kanka, 1814, „Das große Krüger Zitaten Buch", a.a.O., S. 31

- Richard Wagner (1813 - 1883): „Mitteilungen an meine Freunde" (1852) sowie „Zukunftsmusik", zitiert aus: „Das große Krüger Zitaten Buch", S. 388

- Robert Schumann (1810 - 1856), aus „Neue Zeitschrift für Musik", 1847, zitiert aus: a.a.O., S. 344

- Lothar Schmidt-Mühlisch: „Das Antlitz der Medusa", zitiert aus der Zeitung „Die Welt" vom 14. 12. 1996

- Werner Burkhardt, zitiert aus einer Kritik der „Süddeutschen Zeitung" vom 13. 04. 1993 zu einer Inszenierung von Wagners „Der Ring des Nibelungen"

- René Kollo, Zitat aus der Zeitschrift „Das Opernglas" Nr. 7/8, 1995, keine Angabe zur Seitenzahl

- Grace Bumbry, a.a.O.

- Renata Tebaldi, zitiert aus der Zeitung „Die Welt" vom 19. 08. 1991

- Günther Hofmann: „Ratschläge für einen modernen Opernregisseur", aus: „Mitteilungen der Deutschen Richard-Wagner-Gesellschaft" Nr. 24/25, Nov. 1997, ISSN 0946-1280, S. 17

- Brückmann: „Die Bühne als kosmischer Raum" - Buchbesprechung: „Die Bühne als kosmischer Raum. Zum Bühnenbildschaffen von Günther Schneider-Siemssen" von Kurt Besci, Walther Birkmayer, August Everding, Joachim Kaiser und Georg Pirckmayer, Bergland Verlag, Wien

1976; aus „Mitteilungen der Deutschen Richard-Wagner-Gesellschaft“ Nr. 7, Juli 1993, S. 7/8

- Katja von Nagy: „‘Nichts wie weg hier - aber wohin?’ Gesspräch mit dem Universalkünstler Ernst Fuchs“, aus: „Welt am Sonntag“ vom 3. 11. 1996, S. 26

Kapitel 21: MEDITATION / WUNSCHIMPRÄGNIERUNG

- Meher Baba: „Darlegungen...“, a.a.O., S. 229 - 231

- a.a.O., S. 231/ 232

- Krishnamurti: „Einbruch in die Freiheit“, a.a.O., S. 100 - 102

- Bardon: „Der Weg zum wahren Adepten“, a.a.O., S. 67 u. 68

- Gregorius: „Die magische Erweckung der Chakra...“, a.a.O., S. 39 - 42

- Die Bibel, a.a.O., NT, „Das Evangelium nach Markus“, Abschn. 11, V. 24, S. 52

- Bardon, a.a.O., S. 71/72

Kapitel 22: DAS DRITTE AUGE

- Die Bibel, a.a.O., NT, „Das Evangelium nach Lukas“, Abschn. 11, V. 17, S. 77

- Lobsang Rampa: „Das Dritte Auge - Ein Tibet-Roman“, Originaltitel: „The Third Eye“, Secker & Warburg, London; deutsche Taschenbuchausgabe: Wilhelm Goldmann Verlag, München 1979, ISBN 3-442-11758-5, S. 124 - 126

- Zimmer-Bradley: „Die Nebel von Avalon“, a.a.O., S. 204/205

- Bruce Chatwin (englischer Schriftsteller, 1940 - 1989): „Traumpfade - Roman“, Originaltitel: „The Songlines“, Jonathan Cape, London 1987; deutsche Ausgabe: Carl Hanser Verlag, München u. Wien 1990, limitierte Sonderausgabe, Fischer Taschenbuch Verlag, Frankfurt am Main 1994, ISBN 3-596-12405-0, S. 104/105

Kapitel 23: HELDEN

- Mahatma Gandhi, eigentlich Mohandas Karamchad (1869 - 1948), zitiert aus: „Das große Krüger Zitaten Buch“, a.a.O., S. 117

- Friedrich Rückert (1788 - 1866), zitiert aus: a.a.O., S. 315

- Die Bibel, a.a.O., NT, „Das Evangelium nach Lukas“, Abschn. 14, V. 11, S. 82

Kapitel 24: PAULINISMUS - UND DIE BUDDHISTISCHEN GRUNDLAGEN DES CHRISTENTUMS

- Friedrich Nietzsche (1844 - 1900): „Der Antichrist - Fluch auf das Christentum“, Taschenbuchausgabe, Wilhelm Goldmann Verlag, München 1986, ISBN 3-442-07511-4; S. 52/53

- Die Bibel, a.a.O., NT, „Die Apostelgeschichte des Lukas“, Abschn. 9, V. 20 - 22, S. 134

- a.a.O., Abschn. 26, V. 9 - 18, S. 154

- Zimmer-Bradley: „Die Nebel von Avalon“, a.a.O., S. 516

- Deschner: „Das Kreuz mit der Kirche“, a.a.O., S. 122

- Gore Vidal: „Golgatha live - oder Das fünfte Testament“, Originaltitel: „Live from Golgatha“, Randam House, New York 1992; deutschsprachige Ausgabe: Hoffmann und Campe Verlag, Hamburg 1993, Taschenbuchausgabe, Wilhelm Goldmann Verlag, München 1996, ISBN 3-442-42750-9, S. 40/41

- Mahathera Nyanaponika: „Buddhismus - Weg zur Leid-Freiheit – Ein Grundriss der Buddha-Lehre“, Broschüre herausgegeben von der Buddhist Publication Society Sri Lanka (Ceylon), Kandy 1981, S. 2 u. 13/14

- Suma Ching Hai, zitiert aus: „Suma Ching Hai - Nachrichtenmagazin“ Nr. 87 vom 10. 12. 1997, Herausgeber: Suma Ching Hai International Association, S. 1

- Elmar R. Gruber und Holger Kersten: „Der Ur-Jesus - Die buddhistischen Quellen des Christentums“, Albert Langen/ Georg Müller Verlag, München 1994, ISBN 3-7844-2504-6, S. 170/171

- a.a.O., S. 156

- Szepes: „Academia Occulta“, a.a.O., S. 421/422

- Nietzsche: „Der Antichrist“, a.a.O., S. 85/86

- Gruber/ Kersten: „Der Ur-Jesus“, a.a.O., S. 139 u. 141

<u>Kapitel 25: JESUS DER NAZARENER / DER KORAN</u>

- Die Bibel, a.a.O., NT, „Das Evangelium nach Matthäus“, Abschn. 2, V. 14/ 15 u. 22/23, S. 4

- a.a.O., „Die Apostelgeschichte des Lukas“, Abschn. 24, V. 5, S. 152

- Kersten: „Jesus lebte in Indien - Sein geheimes Leben vor und nach der Kreuzigung“, erweiterte Neufassung, Langen Müller Verlag, München 1993, ISBN 3-7844-2440-6, S. 105 - 107

- a.a.O., S. 111

- a.a.O., S. 123 - 125

- Die Bibel, a.a.O., NT, „Das Evangelium nach Johannes“, Abschn. 11, v. 4, S. 111

- Ravi Ravindra: „Mystisches Christentum - Das Johannesevangelium im Licht östlicher Weisheit“, Originaltitel: „The Yoga of the Christ“, Element Books Limited Longmead, Shaftesbury, Dorset 1990; deutsche Ausgabe: Fischer Taschenbuch Verlag, Frankfurt am Main 1996, ISBN 3-596-13029-8, S. 160 u. 161

- Elisabeth Haich (ungarische Schriftstellerin, 1897 - 1994): „Einweihung“, Drei Eichen Verlag, 1972, 28. Auflage 1997, ISBN 3-7699-0415-X, S. 321/322, 324, 329 u. 332

- Swami Prabhavananda (1926 - 1976): „Die Bergpredigt im Lichte des Vedanta“, Originaltitel: „The Sermon on the Mount“, Vedanta Society of Southern California, Originalverlag Vedanta Press, Cal., 1963, 1992; deutsche Erstausgabe: Droemersche Verlagsanstalt Th. Knaur Nachf., München 1994, ISBN 3-426-86067-8, S. 54 u. 55

- Die Bibel, a.a.O., NT, „Das Evangelium nach Matthäus“, Abschn. 5, V. 14/15, S. 6

- Kersten: „Jesus lebte in Indien“, a.a.O., S. 169/170

- Die Bibel, a.a.O., „Das Evangelium nach Matthäus“, Absch. 27, V. 22 - 24, S. 36

- a.a.O., „Das Evangelium nach Johannes“, Absch. 19, V. 6, S. 120

- a.a.O., Abschn. 18, V.33 –37, S. 120

- Kersten: „Jesus lebte in Indien“, a.a.O., S. 217/ 218

- Die Bibel, a.a.O., „Das Evangelium nach Markus“, Abschn. 15, V. 55, S. 59

- A.a.O., „Das Evangelium nach Johannes“, Abschn. 19, V. 31 – 34, S. 121

- A.a.O., V. 38 – 41, S. 121

- Tageszeitung „Berliner Morgenpost“, Artikel: „US-Forscher: Turiner Grabtuch ist fast 2000 Jahre alt“, BM/ KNA Turin, 28. 05. 1995

- Kersten: „Jesus lebte in Indien“, a.a.O., S. 231/ 232

- Der Koran, a.a.O., Sure 5, V. 18, S. 117

- a.a.O., V. 75, S. 125

- a.a.O., Sure 4, V. 157, S. 111

- Kersten: „Jesus lebte in Indien“, a.a.O., S. 274 - 279

- a.a.O., S. 280/281

- Die Bibel, a.a.O., NT, „Das Evangelium nach Matthäus“, Abschn. 5, V. 9, S. 6

Kapitel 26: DER HEILIGE GRAL

- Wagner: „Parsifal“ - Ein Bühnenweihfestspiel in drei Aufzügen; Verlag Philipp Reclam jun., „Universal-Bibliothek“ Nr. 5640, Stuttgart 1983, S. 61

- Henry Lincoln, Michael Baigent und Richard Leigh: „Der Heilige Gral und seine Erben - Ursprung und Gegenwart eines geheimen Ordens. Sein Wissen und seine Macht“, Originaltitel: „The Holy Blood and the Holy Grail“, 1982; deutsche Ausgabe: Gustav Lübbe Verlag, Bergisch Gladbach 1984, ISBN 3-404-60182-3, Klappentext (Rückseite)

- Die Bibel, a.a.O., NT, „Das Evangelium nach Matthäus“, Abschn. 12, V. 46 - 50, S. 16

- K. O. Schmidt: „Dreistufenweg zum Gral“, Drei Eichen Verlag, Ergolding 1971/1990, ISBN 3-7699-0501-6, S. 14, 18, 25, 29 u. 40

Kapitel 27: KASPAR HAUSER

- Nachrichtenmagazin „Der Spiegel“ Nr. 48/1996, Artikel: „Kaspar Hauser - Der entzauberte Prinz. Gen-Forscher lösen ein Jahrhundert-Rätsel“, Titelgeschichte

- Ulrike Leonhardt: „Prinz von Baden, genannt Kaspar Hauser“, Rowohlt Verlag, Reinbek bei Hamburg 1987, Taschenbuchausgabe 1992, ISBN 3-499-13039-4, S. 281/282

- Ferdinand Mehle: „Der Kriminalfall Kaspar Hauser“, Morstadt Verlag, Kehl, Strasbourg, Basel, Zweite Auflage 1995, ISBN 3-88571-232-6, S. 57 u. 58

- a.a.O., S. 110 - 112

- Leonhardt: „Prinz von Baden“, a.a.O., S. 101/102

- a.a.O., S. 113

- Mehle: a.a.O., S. 172/173

- Leonhardt: a.a.O., S. 131

- a.a.O., S. 157

- Mehle: a.a.O., S. 224 - 226

- Kaspar Hauser (1812 - 1833), zitiert nach: Leonhardt, a.a.O., S. 100

Kapitel 28: DIE PYRAMIDEN VON GIZEH - UND DIE ENTSCHLÜSSELUNG DER DNS

- Max Toth/ Greg Nielsen: „Pyramid Power - Kosmische Energie der Pyramiden", Originaltitel: „Pyramid Power", Warner Books, Inc., New York 1974/76; deutsche Ausgabe: Verlag Hermann Bauer, Freiburg i. B. 1977, Taschenbuchausgabe: Goldmann Verlag, Gütersloh 1982, ISBN 3-442-11722-4, S. 97

- Berlitz: „Weltuntergang 1999", a.a.O., S. 22

- Stearn: „Der schlafende Prophet", a.a.O., S. 70

- Szepes: „Academia Occulta", a.a.O., S. 419

- Toth/ Nielsen: „Pyramid Power", a.a.O., S. 85/86

- Die Bibel, a.a.O., NT, „Das Evangelium nach Johannes", Abschn. 11, V. 3/4, S. 111

Kapitel 29: PRÄHISTORISCHE RAUMFAHRT / DIE GEZIELTE BEVÖLKERUNG DER ERDE

- Brief von Erich von Däniken an den Autor; Feldbrunnen in der Schweiz, datiert vom 14. 11. 1987

- von Däniken: „Erinnerungen an die Zukunft - Ungelöste Rätsel der Vergangenheit", Econ Verlag 1968, C. Bertelsmann Verlag, München 1992, ISBN 3-570-01390-1, S. 39 u. 56/57

- Die Bibel, a.a.O., AT, „Der Prophet Hesekiel", Abschn. 1, V. 4/ 5, 13 – 17 und 26/27, S. 764/765

- a.a.O., „Das erste Buch Mose", Abschn. 2, V. 21, S. 20

- a.a.O., Abschn. 6, V. 5 - 7, S. 24

- Walter Ernsting: „Der Tag an dem die Götter starben“, Moewig Taschenbuchverlag, Rastatt 1985, Lizenzausgabe mit Genehmigung der Marion von Schroeder GmbH, ISBN 3-8118-2315-9, S. 88 - 90 u. 99

- Sitchin: „Der zwölfte Planet - Wann, wo, wie die Astronauten eines anderen Planeten zur Erde kamen und den Homo sapiens schufen“, Originaltitel: „The Twelfth Planet“, 1976; Edition Sven Erik Bergh1979, Ullstein Verlag Berlin, Sonderausgabe: Droemersche Verlagsanstalt Th. Knaur Nachf., München 1995, ISBN 3-426-77159-4, S. 338/339 u. 423

- Staatliche Museen Preußischer Kulturbesitz Berlin, Informationsblatt Nr. 1105 15 des Museums für Vor- und Frühgeschichte: „Die Erschaffung des Menschen“, Berlin 1988, S. 1

- „Götterlieder der Älteren Edda“, Verlag Philipp Reclam jun., „Universal-Bibliothek“ Nr. 781, Stuttgart 1960, durchgesehene und erweiterte Ausgabe 1991, aus: „Vafthrúdhnismál“ („Das Lied von Wafthrudnir“), V. 32, S. 37

Kapitel 30: ATLANTIS UND DIE NACHFAHREN

- Platon: „Kritias“, Sämtliche Werke, Band 4: „Timaios, Kritias, Minos, Nomoi“, Übersetzt von Hieronymus Müller und Friedrich Schleiermacher (Minos), neu herausgegeben von Ursula Wolf, Rowohlts Enzyklopädie herausgegeben von Burghard König; Rowohlt Taschenbuch Verlag, Reinbek bei Hamburg 1957-59 u. 1994, ISBN 3-499-55564-6, S. 109/110 u. 115

- Stearn: „Der schlafende Prophet“, a.a.O., S. 67 u. 68

- a.a.O., Kapitel „Atlantis“, S. 237 ff.

- Berlitz: „Das Atlantis Rätsel“, Originaltitel: „The Mystery of Atlantis“, 1974; deutsche Ausgabe: Paul Zsolnay Verlag Wien, Lizenzausgabe für Weltbild Verlag, Augsburg 1994, ISBN 3-89350-175-4, S. 97/98

- Platon: „Timaios", Sämtliche Werke, Band 4: a.a.O., S. 24, 44, 49, 52, 76, 99/100 u. 103

- Harald Braem: „Die Geheimnisse der Pyramiden - Auf der Suche nach dem Rätsel ihrer Entstehung", Originaltitel: „Das Magische Dreieck", Weitbrecht Verlag im K. Thienemanns Verlag, Stuttgart und Wien 1992; Taschenbuchausgabe: Wilhelm Heyne Verlag, München 1996, ISBN 3-453-07804-7, S. 235 - 240

- Propekt des Fremdenverkehrsamtes Malta (Frankfurt am Main): „Eine Reise zu dir selbst - auf den Spuren des Apostels Paulus", ITB Berlin 1997

Kapitel 31: „RELATIV IST ALLE THEORIE" - ALBERT EINSTEIN UND NIKOLA TESLA

- Albert Einstein (1879 - 1955): „Aphorismen für Leo Baeck", zitiert aus: „Das große Krüger Zitaten Buch", a.a.O., S. 95

- Karl Brinkmann: „Grundfehler der Relativitätstheorie", Hohenrain-Verlag, Tübingen 1988, ISBN 3-89180-019-3, S. 31, 33 u. 65

- Platon: „Timaios", a.a.O., S. 35/36

- Ende: „Momo", a.a.O., S. 169/170

- Brinkmann, a.a.O., S. 135

- a.a.O., S. 300/301 u. 304

- Einstein: aus einem Antwortbrief vom 28. 03. 1949, anläßlich seines 70. Geburtstages, an seinen Freund Solovine, „Lettres", S. 94, zitiert aus: Brinkmann, a.a.O., S. 8

- Franz Ferzak: „Nikola Tesla“, Franz Ferzak World and Space Publications (FFWASP), Neuenhinzenhausen 1986/1993, ISBN 3-9801465-0-2, S. 98/99

- Brockhaus’ Konversationslexikon zum Begriff „Teslasche Versuche“, Leipzig 1903, S. 711/712

- Ferzak, a.a.O., S. 129

- a.a.O., S. 95/96

- Margaret Cheney: „Nikola Tesla - Erfinder, Magier, Prophet - Über ein außergewöhnliches Genie und seine revolutionären Entdeckungen“, Originaltitel: „Tesla - Man Out Of Time“, Prentice Hall, Inc., Englewoods Cliffs 1981, Dell Publishing Group, Inc., New York 1993, Barnes & Noble Books, New York 1993; deutsche Ausgabe: Omega Verlag, Düsseldorf 1995, ISBN 3-930243-01-6, S. 311

Kapitel 32: BRÜDER UND SCHWESTERN IM ALL

- Jan van Helsing (Jan Udo Holey): „Unternehmen Aldebaran – Kontakte mit Menschen aus einem anderen Sonnensystem - Die sensationellen Erlebnisse der Familie Feistle“, Ewertverlag, Gran Canaria/ Lathen (Ems) 1997, ISBN 3-89478-220-X, S. 226 - 230

- a.a.O., S. 232 - 235

- a.a.O., S. 247

- Ende: „Momo“, a.a.O., S. 156/157

LITERATURVERZEICHNIS

- „Altafrikanische Heilkunst - Europäische Reiseberichte des 15. bis 19. Jahrhunderts“, herausgegeben und kommentiert von Heinrich Loth, Leipzig 1984

- Aristoteles: „Von der Seele“, München 1996

- Bardon, Franz: „Der Weg zum wahren Adepten“, Freiburg i. Br. 1986

- „Berliner Morgenpost“, Artikel: „US-Forscher: Turiner Grabtuch ist fast 2000 Jahre alt“, Zeitung vom 28. 05. 1995

- Berlitz, Charles: „Weltuntergang 1999“, München 1983, „Das Atlantis Rätsel“, Augsburg 1994

- „Bhagavadgita“, Stuttgart 1955

- Borchert, Wolfgang: „Liebe blaue graue Nacht - Erzählungen“, Reinbek bei Hamburg 1996

- Braem, Harald: „Die Geheimnisse der Pyramiden - Auf der Suche nach dem Rätsel ihrer Entstehung“, München 1996

- Braun, Otto Rudolf: „Hinter den Kulissen des Dritten Reiches – geheime Gesellschaften machen Weltpolitik“, Einführung von Robert Anton Wilson, Markt Erlbach 1987

- Brigl, Kathrin / Bicking, Andreas: Libretto des Musicals „Das Kind & der Kater - oder die seltsame Verwandlung des Großvaters“, 1996/97

- Brinkmann, Karl: „Grundfehler der Relativitätstheorie“, Tübingen 1988

- Brockhaus' Konversationslexikon zum Begriff „Teslasche Versuche“, Leipzig 1903

- Brückner, Gernot: „Das größte Abenteuer der heutigen Menschheit – Die neuen Energien und ihre Gesetzmäßigkeiten", Reinbek bei Hamburg 1991

- Busch, Wilhelm: „Was beliebt ist auch erlaubt", Bd. II, Gütersloh, keine Angabe zum Erscheinungsjahr

- Carlyle, Thomas: „Arbeiten und nicht verzweifeln", Königstein i. T. und Leipzig 1920

- Castaneda, Carlos: „Eine andere Wirklichkeit - Neue Gespräche mit Don Juan", Frankfurt a. M. 1973

- Chatwin, Bruce: „Traumpfade", Frankfurt a. M. 1994

- Cheney, Margaret: „Nikola Tesla - Erfinder, Magier, Prophet", Düsseldorf 1995

- Cox, Peter: „Gesund und fit ohne Fleisch - Ein Plädoyer für die vegetarische Ernährung", München 1987

- Däniken, Erich von: „Erinnerungen an die Zukunft - Ungelöste Rätsel der Vergangenheit", München 1992

- „Das große Krüger Zitaten Buch", zusammengestellt und herausgegeben von J. H. Kirchberger, München 1977/1981

- „Das Opernglas", Zeitschrift, Nr. 7/8, 1995

- Der Koran, Stuttgart 1960

- „Der Spiegel", Nachrichtenmagazin, aus den Titelgeschichten „Am Rande des Abgrunds", Nr.1/1996 „Endzeit-Angst - Countdown zur Jahrtausendwende" und „Kaspar Hauser - Der entzauberte Prinz. Gen-Forscher lösen ein Jahrhundert-Rätsel", Nr. 48/1996

- Deschner, Karlheinz: „Bissige Aphorismen“, Reinbek bei Hamburg 1994/1996,

- „Das Kreuz mit der Kirche - Eine Sexualgeschichte des Christentums“, München 1992

- Die Bibel - oder die ganze Heilige Schrift des Alten und Neuen Testaments - nach der Übersetzung Martin Luthers, Stuttgart 1975

- „Die Welt“, Zeitung vom 19. 08. 1991 und 14. 12. 1996 (Lothar Schmidt-Mühlisch: „Das Antlitz der Medusa“)

- Eco, Umberto: „Der Name der Rose“, München 1986

- Ende, Michael: „Momo oder die seltsame Geschichte von den Zeit-Dieben und von dem Kind, das den Menschen die gestohlene Zeit zurückbrachte“, München 1996

- Ernsting, Walter: „Der Tag an dem die Götter starben“, Rastatt 1985

- Ferzak, Franz: „Nikola Tesla“, Neuenhinzenhausen 1993

- Fremdenverkehrsamt Malta: „Eine Reise zu dir selbst - auf den Spuren des Apostels Paulus“, Prospekt, Frankfurt a. M. 1997

- „Friedrich der Große und die Philosophie - Texte und Dokumente“ („Das Politische Testament von 1752“ und „Der Antimachiavell“), Stuttgart 1986

- Fromm, Erich: „Haben oder Sein - Die seelischen Grundlagen einer neuen Gesellschaft“, Stuttgart 1976

- Gemassmer, Josef: „Geistige Heilweisen - Eine Heilkunde der Zukunft“, Berlin, keine Angabe zum Erscheinungsjahr

- Goethe, Johann Wolfgang: „Faust - Der Tragödie erster Teil“, Stuttgart 1986, „Die Farbenlehre“, München u. Wien 1989

- „Götterlieder der Älteren Edda“, Stuttgart 1991

- Gregorius, Gregor A.: Die magische Erweckung des Chakra im Ätherkörper des Menschen“, Berlin 1978

- Gruber, Elmar R. und Kersten, Holger: „Der Ur-Jesus – Die buddhistischen Quellen des Christentums“, München 1994

- Haich, Elisabeth: „Einweihung“, Ergolding 1972

- „Homöopathisches Repetitorium - Arzneimittellehre in Tabellenform“, herausgegeben von der Deutschen Homöopathie-Union, Karlsruhe 1990

- Issels, Josef: „Mein Kampf gegen den Krebs - Erinnerungen eines Arztes“, München 1981

- Jung, Carl Gustav: „Zugang zum Unbewußten“, ein Beitrag aus „Der Mensch und seine Symbole“, Olten und Freiburg i. Br. 1968

- Kersten, Holger: „Jesus lebte in Indien - Sein geheimes Leben vor und nach der Kreuzigung“, München 1993

- Krishnamurti, Jiddu: „Einbruch in die Freiheit“, Berlin1996

- Küppers, Harald: „Harmonielehre der Farben – Theoretische Grundlagen der Farbgestaltung“, Köln 1989

- Lao-tse: „Tao-Tê-King - Das Heilige Buch vom Weg und der Tugend“, Stuttgart 1994

- Laubach, Arthur: „Der Weg des Geistes“, München 1987

- Leonhardt, Ulrike: „Prinz von Baden, genannt Kaspar Hauser“, Reinbek bei Hamburg 1987

- Lincoln, Henry, Baigent, Michael und Leigh, Richard: „Der Heilige Gral und seine Erben“, Bergisch Gladbach 1984

- Loriot: „Pappa ante portas“, Spielfilm, Deutschland 1990/91, Drehbuch, Zürich 1991

- Mann, A. T.: „Prophezeiungen zur Jahrtausendwende“, München 1996

- Meckelburg, Ernst: Transwelt - Erfahrungen jenseits von Zeit und Raum“, München1994

- Meher Baba: „Darlegungen über das Leben in Liebe und Wahrheit“, Frankfurt a. M. 1996

- Mehle, Ferdinand: „Der Kriminalfall Kaspar Hauser“, Kehl, Strasbourg, Basel 1995

- Mitra, Ananda: „Ernährung für den ganzen Menschen“, Mainz 1990

- „Mitteilungen der Deutschen Richard-Wagner-Gesellschaft“: Beiträge von Udo Brückmann: „Die Bühne als kosmischer Raum“, Nr. 7, Juli 1993 und Günther Hofmann: „Ratschläge für einen modernen Opernregisseur“, Nr. 24/25, Nov. 1997

- Museum für Vor- und Frühgeschichte Berlin, Informationsblatt: „Die Erschaffung des Menschen“, Berlin 1988

- Nietzsche, Friedrich: „Der Antichrist - Fluch auf das Christentum“, München 1986

- Nyanaponika, Mahathera: „Buddhismus - Weg zur Leid-Freiheit – Ein Grundriss der Buddha-Lehre“, Broschüre, Kandy 1981

- Platon: „Timaios, Kritias, Minos, Nomoi“, Reinbek bei Hamburg 1994

- Pollack, Rachel: „Tarot - 78 Stufen der Weisheit“, München 1985

- Rampa, Lobsang: „Das Dritte Auge - Ein Tibet-Roman“, München 1979

- „Ramtha“, herausgegeben von Steven Lee Weinberg, Peiting 1989

- Ravindra, Ravi: „Mystisches Christentum - Das Johannesevangelium im Licht östlicher Weisheit“, Frankfurt a. M. 1996

- Reckeweg, Hans-Heinrich: „Schweinefleisch und Gesundheit - Allgemeinverständlicher Vortrag“, Baden-Baden 1977

- „Reden des Buddha“, Stuttgart 1957

- Rucker, Rudy: „Gödel, Zappa, Rock'n Roll - Ein Roman vom Paradies der Zukunft“, Frankfurt a. M. 1989

- Schikaneder, Johann Emanuel / Mozart, Wolfgang Amadeus: Libretto der Oper „Die Zauberflöte“, Stuttgart 1962

- Schiller, Friedrich: „Die Räuber - Ein Schauspiel“, Stuttgart 1992

- Schmidt, K. O.: „Dreistufenweg zum Gral“, Ergolding 1990

- Sitchin: „Der zwölfte Planet“, München 1995, „Das erste Zeitalter“, München 1994

- Stearn, Jess: „Der schlafende Prophet - Prophezeiungen in Trance 1911 bis 1998“, München 1985

- „Suma Ching Hai - Nachrichtenmagazin“ Nr. 87, Dez. 1997

- „Süddeutsche Zeitung“, Werner Burkhardt: Kritik zu einer Inszenierung von Wagners „Der Ring des Nibelungen“, Zeitung vom 13. 04. 1993

- Swami Prabhavananda: „Die Bergpredigt im Lichte des Vedanta“, München 1994

- Szepes, Mária: „Academia Occulta - Die geheimen Lehren des Abendlandes“, München 1994

- Toth, Max / Nielsen, Greg: „Pyramid Power - Kosmische Energie der Pyramiden“, Gütersloh 1982

- van Helsing, Jan (Holey, Jan Udo): „Unternehmen Aldebaran – Kontakte mit Menschen aus einem anderen Sonnensystem“, Gran Canaria/ Lathen (Ems) 1997

- „Vegetarisch fit! - Magazin für bewußtes Essen & Leben“, Monika Held: „Milch - das ‘weiße Gold’ glänzt nicht immer“, Nr. 10/1997

- Vidal, Gore: „Golgatha live - oder Das fünfte Testament“, München 1996

- Wagner, Richard: Libretto der Oper „Parsifal“, Stuttgart 1983

- Walt Disney Company Germany, Presseheft 1996

- Ward, Timothy: „Wovon Buddha nichts erzählte - Stolpersteine auf dem Pfad zur Erleuchtung“, München 1992

- „Welt am Sonntag“, Katja von Nagy: ‚Nichts wie weg hier – aber wohin?’ Gesspräch mit dem Universalkünstler Ernst Fuchs“, Zeitung vom 3. 11. 1996

- „ZeitenSchrift“, aus den Artikeln: „Die Hintergründe der Homosexualität“ von Ursula Seiler-Spielmann und „HIV-Lüge ist nicht mehr haltbar“ von Jo Conrad u. Benjamin Seiler, Zeitschrift, Nr. 5/Dez. 1994 - Febr. 1995

- Zimmer-Bradley, Marion: „Die Nebel von Avalon“, Frankfurt a. M. 1983

UNTERNEHMEN ALDEBARAN

Jan van Helsing

ISBN 3-89478-220-X
44,80 DM

EWERTVERLAG
Mühlentannen 14
49762 Lathen (Ems)
Tel: 05933-92620
Fax: 05933-92621

Wer fliegt tatsächlich die fliegenden Untertassen?

Das Allgäuer Ehepaar Karin und Reiner Feistle behauptet, schon seit seiner Kindheit von Außerirdischen besucht worden zu sein. Beide waren bis vor ein paar Jahren fest der Überzeugung, daß ihr „Fall" einer von vielen sei, wie sie nun langsam immer mehr an die Öffentlichkeit dringen, bei denen nachts Menschen von kleinen grauen Wesen mit großen Köpfen „entführt" werden und sich irgendwelchen „Untersuchungen" ausgesetzt finden.

Doch das änderte sich schlagartig, als Reiner Feistle zum ersten Mal den Kommandanten des Raumschiffes, auf das ihn die kleinen „Grauen" gebracht hatten, zu Gesicht bekam – er war zwei Meter zwanzig groß, hatte blaue Augen, lange dunkle Haare und sprach deutsch (im Gegensatz zu den „Grauen", die sich telephatisch mit ihm verständigten).

Das ganze Szenarium der „Grauen" entpuppte sich als ein großes Tarnmanöver für die großen Besucher aus dem Sonnensystem Aldebaran, die der Menschheit auf der Erde in der kommenden schwierigen Zeit des Umbruchs hilfreich zur Seite stehen, jedoch noch nicht persönlich in Erscheinung treten wollen, da die Mehrzahl der Menschen momentan noch dazu neigen, sie zu „Engeln" oder „Göttern" zu erklären und dazu tendieren, diesen ihre Verantwortung zu übertragen.

Doch Karin und Reiner Feistle sind nicht die ersten Deutschen, mit denen die Aldebaraner Kontakt aufgenommen haben.

Unglaublich meinen Sie?

Nun, vielleicht sind Sie nach der Lektüre dieses Buches anderer Meinung.

Das Montauk Projekt

-Experimente mit der Zeit-

Preston Nichols/Peter Moon

ISBN 3-89539-269-3
206 Seiten - 30,00 DM

Das „Montauk Projekt" deckt das erstaunlichste und am strengsten geheimgehaltene Forschungsprojekt der Geschichte auf. Es begann während des II. Weltkriegs mit dem „Philadelphia Experiment", bei dem die U.S. Navy mit der damaligen Elite der Wissenschaft (Nikola Tesla, Albert Einstein) Versuche durchführte, das Kriegsschiff „USS Eldridge" für feindliches Radar unsichtbar zu machen. Das Projekt wurde unterbrochen, nachdem es am 12. August 1943 zu einer kompletten Teleportation des Schiffes und seiner Besatzung gekommen war.

Das „Montauk-Projekt" verbindet die Modalitäten der modernen Wissenschaft mit den höchsten esoterischen Techniken und katapultiert uns letztendlich über die Schwelle des Universums und unseres Bewußtseins hinaus. Wir alle wissen, daß „da draußen" irgend etwas ist, doch wir wissen nicht genau was. Dieses Buch liefert nicht zuletzt ein paar handfeste Schlüsse darüber.

Zweifellos ist das Thema dieses Buches umstritten. Wir möchten Ihnen daher eine kleine Gebrauchsanweisung mit auf den Weg geben.
Dieses Buch wurde nach bestem Wissen und Gewissen der Autoren geschrieben, und ist daher nicht als Science-Fiction gedacht. Es bleibt jedoch dem Leser, der diese Thematik lieber im Reich der Phantasie belassen möchte, unbenommen, die Geschichte einfach als spannenden Roman zu lesen. Verstehen Sie dieses Buch als eine Einladung, das Phänomen „Zeit" aus einem ganz neuen Blickwinkel zu betrachten.

Die innere Welt

Das Geheimnis der Schwarzen Sonne

Ein Roman von Jan Udo Holey alias
Jan van Helsing

352 Seiten - 44,90 DM • ISBN 3-9805733-1-1

Aldebaran-Versand
Neusser-Straße 14
50670 Köln
Tel: 0221 – 737 000 • Fax: 0221 – 737 001

Ein mysteriöser Mann betritt eine esoterische Buchhandlung und erzählt dem Inhaber eine haarsträubende Geschichte. Er behauptet unter anderem, daß

- die Erde seit langer Zeit von verschiedenen Außerirdischen besucht wird
- diese Außerirdischen den Deutschen und Amerikanern während des Zweiten Weltkrieges geholfen haben, fliegende Untertassen zu bauen
- die Erdkruste von Tunnelsystemen durchzogen und die Erde selbsthohl und bewohnt ist
- diese verschiedenen dort lebenden Gruppen in absoluter Harmonie mit der Natur existieren und gleichzeitig über eine Technologie verfügen, die der oberirdischen Menschheit um Jahrhunderte voraus ist
- keine streitbaren Oberirdischen in deren unterirdisches Friedensreich, das seit mehr als 30.000 Jahren bestehen soll, eingelassen werden
- friedliche Deutsche Ende des Zweiten Weltkrieges einen Teil dieses innerirdischen Reiches kolonisiert und dort ihr „Goldenes Zeitalter" aufgebaut haben.
- Deutsche und Amerikaner seither mit ihren Flugscheiben den Weltraum bereisen
- das Weltraumprogramm der Amerikaner und Russen nur der Ablenkung vom eigentlichen Geschehen dient, um weiterhin geheim zu halten, daß das Universum so aufgebaut ist, daß Energie jedem Menschen kostenlos zur Verfügung steht.

Ist der geheimnisvolle Informant der Klapsmühle entsprungen oder ist er ein Top-Agent, der Einblick in hochgeheime Dokumente hatte?